以厚積薄發四字篆印一方
贈高等教育出版社

厚積薄發

李嵐清
二〇〇七年初秋

生也有涯
学無止境

任继愈

教育部哲学社会科学研究后期资助项目

管理者行为特征与上市公司盈余管理

Guanlizhe Xingwei Tezheng Yu Shangshigongsi Yingyuguanli

李延喜　王　阳　陈克兢　著

高等教育出版社·北京

图书在版编目（CIP）数据

管理者行为特征与上市公司盈余管理 / 李延喜，王阳，陈克兢著. -- 北京 : 高等教育出版社，2015.9
ISBN 978-7-04-041502-5

Ⅰ. ①管… Ⅱ. ①李… ②王… ③陈… Ⅲ. ①上市公司－企业管理－研究－中国②上市公司－企业利润－研究－中国 Ⅳ. ①F279.246

中国版本图书馆CIP数据核字(2014)第262218号

策划编辑 杨 莉　　责任编辑 杨 莉　　封面设计 张 志　　版式设计 范晓红
插图绘制 杜晓丹　　责任校对 殷 然　　责任印制 朱学忠

出版发行	高等教育出版社	咨询电话	400-810-0598
社　　址	北京市西城区德外大街4号	网　　址	http://www.hep.edu.cn
邮政编码	100120		http://www.hep.com.cn
印　　刷	高教社（天津）印务有限公司	网上订购	http://www.landraco.com
开　　本	787 mm× 1092 mm　1/16		http://www.landraco.com.cn
印　　张	18		
字　　数	320千字	版　　次	2015年9月第1版
插　　页	2	印　　次	2015年9月第1次印刷
购书热线	010-58581118	定　　价	56.00元

本书如有缺页、倒页、脱页等质量问题，请到所购图书销售部门联系调换

物 料 号　41502-00

总　　序

哲学社会科学是探索人类社会和精神世界奥秘、揭示其发展规律的科学，是我们认识世界、改造世界的有力武器。哲学社会科学的发展水平，体现着一个国家和民族的思维能力、精神状态和文明素质，其研究能力和科研成果是综合国力的重要组成部分。没有繁荣发展的哲学社会科学，就没有文化的影响力和凝聚力，就没有真正强大的国家。

党中央高度重视哲学社会科学事业。改革开放以来，特别是党的十六大以来，以胡锦涛同志为总书记的党中央就繁荣发展哲学社会科学做出了一系列重大决策，党的十七大报告明确提出："繁荣发展哲学社会科学，推进学科体系、学术观点、科研方法创新，鼓励哲学社会科学界为党和人民事业发挥思想库作用，推动我国哲学社会科学优秀成果和优秀人才走向世界。"党中央在新时期对繁荣发展哲学社会科学提出的新任务、新要求，为哲学社会科学的进一步繁荣发展指明了方向，开辟了广阔前景。在全面建设小康社会的关键时期，进一步繁荣发展哲学社会科学，大力提高哲学社会科学研究质量，努力构建以马克思主义为指导，具有中国特色、中国风格、中国气派的哲学社会科学，推动社会主义文化大发展大繁荣，具有十分重大的意义。

高等学校哲学社会科学人才密集，力量雄厚，学科齐全，是我国哲学社会科学事业的主力军。长期以来，广大高校哲学社会科学工作者献身科学，甘于寂寞，刻苦钻研，无私奉献，开拓创新，为推进马克思主义中国化，为服务党和政府的决策，为弘扬优秀传统文化、培育民族精神，为培养社会主义合格建设者和可靠接班人做出了重要贡献。本世纪头 20 年，是我国经济社会发展的重要战略机遇期，高校哲学社会科学面临着难得的发展机遇。我们要以高度的责任感和使命感、强烈的忧患意识和宽广的世界眼光，深入学习贯彻党的十七大精神，始终坚持马克思主义在哲学社会科学的指导地位，认清形势，明确任务，振奋精神，锐意创新，为全面建设小康社会、构建社会主义和谐社会发挥思想库作用，进一步推进高校哲学社会科学全面协调可持续发展。

哲学社会科学研究是一项光荣而神圣的社会事业，是一种繁重而复杂的创造性劳动。精品源于艰辛，质量在于创新。高质量的学术成果离不开严谨的科学态度，离不开辛勤的劳动，离不开创新。树立严谨而不保守，活跃而不轻浮，锐意创新而不哗众取宠，追求真理而不追名逐利的良好学风，是繁荣发展高校哲学社会科学的重要保障。建设具有中国特色的哲学社会科学，必须营造有利于学者潜心学问、勇于创新的学术氛围，必须树立良好的学风。为此，自 2006 年始，教育部实施了高校哲学社会科学研究后期资助项目计划，旨在鼓励高校教师潜心学术，厚积薄发，勇于理论创新，推出精品力作。原中央政治局常委、国务院副总理李岚清同志欣然为后期资助项目题字“厚积薄发”，并篆刻同名印章一枚，国家图书馆名誉馆长任继愈先生亦为此题字“生也有涯，学无止境”，此举充分体现了他们对繁荣发展高校哲学社会科学事业的高度重视、深切勉励和由衷期望。

展望未来，夺取全面建设小康社会新胜利、谱写人民美好生活新篇章的宏伟目标和崇高使命，呼唤着每一位高校哲学社会科学工作者的热情和智慧。让我们坚持以马克思主义为指导，深入贯彻落实科学发展观，求真务实，与时俱进，以优异成绩开创哲学社会科学繁荣发展的新局面。

教育部社会科学司

序　　言

众所周知，企业管理者的决策行为直接影响决策成败与效果。管理者并非完人，其行为决策往往存在行为偏差。按照行为经济学的思想，管理者受信息不透明的影响，在面临不确定决策时，外部环境、经验、情感、价值观等因素会影响他们对事物的判断和决策，从而导致认知偏差，因而呈现出“有限理性”的行为。行为经济学证实了当人们面临不确定的情况时，其判断和决策往往受到心理、信念、情绪以及个人偏好等个体特征因素的影响，进而表现出有限理性行为，这种有限理性现象广泛存在于证券投资者和企业管理者的行为当中。正如诺贝尔经济学奖得主丹尼尔·卡尼曼所说：我们会最大限度地忽略自己的无知，从而不断增强自信。

管理者的行为偏差对公司财务信息披露施加了不良影响，从而产生了盈余管理。财务信息是企业资产状况和经营成果的反映，上市公司应该披露相应的财务信息，尤其是公司盈利的信息。公司的股东、供应商、客户和金融机构等利益相关者，根据公司的盈利状况可以做出对他们自身有利的决策，从而获取收益、防范风险。可以认为，公司的财务信息向外界传达了重要信息，这些信息可以引导社会资源尤其是资本的有效配置。

随着价值管理成为上市公司管理的焦点，公司决策者将价值增长作为重要的业绩考核指标，并将其作为薪酬制定的重要依据。管理层为了自身利益最大化，通过盈余管理行为，提高公司利润，从而提升公司市场价值，为获取薪酬激励和股权激励创造条件。盈余管理在一定程度上扭曲了公司财务数据的真实性，降低了会计信息的可信度和有效性，容易误导利益相关者的决策。过度的盈余管理更会导致资本市场紊乱，严重侵害投资者利益。如美国的安然公司、世界通信公司，中国的广夏（银川）实业股份有限公司、东方电子公司等的财务舞弊事件，对资本市场和投资者造成了巨大影响。当然，这些丑闻被揭穿后，他们的始作俑者也受到了严重的惩罚，不仅仅被判刑、罚款，更重要的是名誉扫地，他们是真正的“搬起石头砸自己的脚”。

既然决策者披露虚假盈余信息会带来严重的恶果，为什么很多上市公司仍然进行盈余管理呢？如果他们是完全理性的人，在披露虚假信息带来的短期利益和长期损失之间权衡时，大多会选择规避短期收益而获得长远利益，从而放弃盈余管理。然而，传统经济学中的信息透明、理性决策、自由竞争、个人私利等前提条件不能完全在现实社会得到满足，因此企业管理者会利用信息优势和资源优势，做出个人利益最大化的决策，这些决策可能给企业和投资者带来危害。

本书就是从上述问题和现象出发，探讨管理者行为特征对盈余管理的影响机理，为决策行为的研究提供支持。希望本书的出版能对管理者行为决策趋于理性有所补益，以利于为市场监管者建立有效的盈余管理防范体系，促使管理者在考虑个人声誉和薪酬契约的前提下减少盈余管理，真实披露上市公司的财务信息。

本书的主要思路是：从管理者行为特征这一角度出发，在识别和度量盈余管理的基础上，通过理论分析、模型推导、实证检验等方法，对诸如风险偏好、过度自信等管理者行为进行度量和评价，深入探讨管理者行为对盈余管理的作用机理，构建管理者过度自信和过度乐观情况下的盈余管理约束模型，以及考虑管理者风险偏好的收益优化模型。

本书主要内容包括 10 章，第 1、2 章主要对盈余管理的定义、产生和发展进行了分析，对管理者行为特征，包括风险偏好、过度自信、声誉等进行了综述。第 3、4、5 章分别探讨了管理者风险偏好、乐观程度对盈余管理的影响，并重点分析了在面临业绩下滑时，管理者过度自信对盈余管理的影响。第 6、7、8、9 章分别从管理者声誉机制、管理者变更、薪酬和管理者情绪等角度，探讨这些因素对盈余管理的作用机理和经济后果。第 10 章从控股股东、中小股东、管理者角度，在考虑企业风险和收益的情况下，构建管理者风险偏好的优化模型，为规范管理者行为特征，防止出现决策偏差提供了理论基础。

本书的出版，从理论和实践的角度，对我国资本市场上决策者的非完全理性行为的经济后果进行了较为全面的梳理和证明，比较系统地分析了决策者的薪酬、情绪、变更，以及风险偏好、声誉机制和乐观态度对盈余管理的影响，为丰富盈余管理和管理者行为领域的研究提供了较为系统的资料。

从行为特征出发，分析管理者进行盈余管理决策的原因、路径及其经济后果，并从行为特征角度出发，约束管理者的盈余管理行为，对于提高上市公司财务信息披露质量，有效配置资本，健全资本市场具有重要意义。

本书由李延喜、王阳和陈克兢共同撰写，李延喜负责总体框架设计和最后的校对。本书是我们多年来围绕盈余管理研究的一个阶段性总结，也是对我国上市公司盈余管理状况的数据检验。本书从最初的选题、确定框架、撰写，到最后的修订、校对等，历时3年多的时间，最终能在高等教育出版社的支持下出版，激动之情无以言表。

本书的出版得到教育部哲学社会科学研究后续资助项目（11JHQ023）的支持，在此表示感谢!

李延喜

目　　录

第1章　盈余管理的产生与管理者行为特征

盈余管理是伴随着资本市场的发展而逐渐产生的，每个财务信息披露失真的大事件都会给资本市场和投资者造成巨大损失，所以监管制度和信息披露制度一直在不断完善和修订。然而，不论制度多么完善总会存在漏洞，不论监管多么严格总有空子可钻，资本市场始终无法杜绝盈余管理。随着监管的不断完善，盈余管理手段也更加隐蔽。为了从根本上防范盈余管理，需要分析盈余管理中管理者的行为，从人性角度发现信息披露失真的原因，从而建立相应的约束制度和模型，为防范和约束企业的盈余管理行为、提高上市公司的财务信息披露质量、维护资本市场的健康发展提供借鉴和参考。

1.1　问题的提出

1.1.1　盈余管理的产生

上市公司财务管理的目标是企业价值最大化，而企业价值最大化需要持续的盈余积累来实现。财务报表不仅可以反映公司的财务经营状况，还包含公司的其他重要信息。在公司财务报表的各个指标中，上市公司的盈利水平往往是各个利益相关者最为关注的指标。反映公司盈利水平的指标很多，具体可以包括：企业净利润、营业利润、投资收益等绝对指标，以及每股收益、销售利润率、净资产收益率和总资产收益率等相对指标。

这些反映盈利状况的指标的高低，会对公司的股票产生影响，一般盈利好的企业股票价格会较高。这就导致了投资者青睐于业绩好的企业，银行等金融机构也愿意向业绩好的企业提供融资，税务部门也会青睐于这些好企业；而亏损企业的境况正好与之相反。

希利（Healy）和瓦伦（Wahlen）研究指出，盈余管理指的是管理者在编制财务报表时，可能会通过会计选择、关联交易等手段来影响利益相关者的决策行为[①]。委托代理问题和信息不对称是导致盈余管理的根本原因，而外部治理环境以及权责发生制所存在的固有缺陷则增加了盈余管理发生的频率。更为关键的是，人性的弱点注定了企业决策者不是圣人，在实现自身利益最大化的驱动下，管理者进行盈余管理的动机更加明显。

在上市公司的实际经营中，实现盈余管理的手段主要有：变更会计方法、应计项目（包括流动性应计项目和非流动性应计项目）和改变实际经营业务（例如提前偿还债务、销售资产）。张德良、房建等认为公司良好的形象需要盈余管理的维护[②]，但是，不管选择什么手段和方式进行盈余管理，其实质都是为了掩饰或粉饰公司的会计信息和财务状况。如果公司刻意对盈余进行操纵，则需要花费数倍的后续成本和代价进行补偿。因此，通过盈余操纵来掩饰企业财务状况，即使侥幸没有被监管部门查处，但是由于提前透支了利润，最终会导致企业盈利反转，甚至严重影响企业的后续业绩。

回顾资本市场的监管历史，盈余管理作为影响利益相关人决策的隐蔽行为，在其丑闻被曝光之前，市场和投资者可能已经被欺骗多年。正如前美国证券交易委员会（SEC）主席阿瑟·莱维特（Arthur Levitt）在题为“数字游戏”的著名演讲中所指出的那样，盈余管理“经过多年演进，已成为一个市场参与者之间的数字游戏，一个与市场力量和成功背道而驰的游戏”，“如果公司对其业绩、现状及未来发展不能向利益相关者提供真实有效的信息，那么欺骗行为的危害便会接踵而至”。

由于我国资本市场起步较晚，现在尚处于发展完善和不断规范的过程中，上市公司的盈余管理更是较为普遍的现象，三保行为（保上市、保再融资、保盈利）比较常见。世界范围内诸如“世界通信”、“安然事件”、“赫伯罗特货柜航运”（HPL）之类的会计舞弊、欺诈丑闻频出，也向资本市场表明：公司盈余管理行为是现代金融市场中的一种普遍现象。盈余管理不仅会影响投资者、债权人、机构以及政府等利益相关者的利益，同时也会降低整个证券市场资源配置的效率，增大资本市场的整体风险，因此，必须对

---

① Healy P, Wahlen J. A Review of the Earnings Management Literature and Its Implications for Standard Setting [J]. Accounting Horizons, 1999 (4): 365 -389.

② 张德良. 浅析盈余管理的性质及其影响 [J]. 中国总会计师, 2010 (5): 74 ~76; 房建. 高新技术企业盈余管理策略分析 [J]. 科学管理研究, 2011 (1): 97 ~101.

盈余管理行为进行严格监管和约束。

当然，从人性自利的角度分析，作为理性的管理者，如果为了实现生命周期内的期望效益最大化，进行盈余管理是没有必要的，因为一旦被监管者发现，他们要付出巨大的代价，甚至导致后续生命周期的完结。但是贪婪、侥幸的心理，使得个别管理者的行为变得不那么理性，总是抱着“掩耳盗铃”的心理，通过盈余管理来获得短期利益。这是长期利益和短期利益、未来利益和现在利益的矛盾，只要管理者的行为存在偏差，只要利益的诱惑导致管理者偏离理性，盈余管理就会发生。

1.1.2 管理者行为特征对盈余管理的影响

理性人假设是传统经济学的基石之一，理性经济人会从期望效用最大化出发，做出科学的决策，实现自身效用最大化。冯·诺依曼（Von Neumann）和摩根斯坦（Morgenstern）在实证研究中证明了效用的随机性[①]。但是，他们也同样认可：个体理性决策者对于效用会产生影响，并认为理性经济人是指一种完全理性、完全利己的个体，实现个人效用最大化是他们选择最佳经济决策的依据。然而，由于管理者自身的特征，例如年龄、性别、受教育程度、个人阅历、性格等方面出现了“异质性”，完全相同的理性经济人是不存在的，即使是双胞胎兄弟，他们之间也存在着差异。同时，每个人成长的外部环境和家庭环境同样千差万别，管理者在决策时面临的环境更加复杂多变，导致他们做出的决策往往会偏离理性。

行为经济学注重个人复杂心理活动对于经济行为的影响，并将其纳入经济学的研究体系，这与新古典经济学的理性人假设不同。于是，在公司财务管理决策的研究中，管理者行为特征成为关键因素。随着现代心理学和认知科学的发展，将心理学、认知学和经济学进行融合已经成为行为经济学的一个重要趋势。大量的研究表明：决策者的实际行为选择与理论上的效用最大化并非完全一致，例如股票市场中的“追涨杀跌”就是一种由投资者情绪决定而不是由理性决定的行为。

在现实管理中，管理者的决策除了考虑效用最大化，在很大程度上还会受外部环境和个体心理特征的影响，做出的决策属于“有限理性”决策。美国经济学家赫伯特·西蒙（Herbert Simon）认为：个体“有限理性”假设是指个体在作决策和判断时会受到感情、外部环境、经验、价值观点的影响，最后的选择不是建立在理性基础上的“最优决

① John V N, Oskar M. The Theory of Games and Economic Behavior [M]. Princeton: Princeton University Press, 1947.

策”，而是“满意决策”①。这一假设的提出考虑到个体心理因素对于决策的影响，更符合现实生活，能够更好地反映现实经济决策行为。此后，更多学者从“有限理性”的研究思路出发研究决策模型，管理者的行为特征及其对决策效果的影响也逐渐成为公司财务管理研究中的重要领域。

根据行为经济学的观点，在信息不完全透明的前提下，当个体面临不确定的情况时，外部环境、经验、情感、价值观点等因素会影响到决策者对事物的判断和决策后果，从而导致决策者产生认知偏差，因而呈现出“有限理性”的行为，并且这种“有限理性”的行为在决策者所处的外部环境更为复杂、市场变化更快、项目风险更高时尤为明显。在以往的研究中，盈余管理的相关研究也同样是以理性人假设为基础，没有考察盈余管理主体，或者说盈余管理的决策者，即企业管理者的行为是否具有差异。而行为金融和行为会计的发展，为盈余管理的研究提供了一个崭新的视角。例如，史永东等人的研究表明，管理者过度自信程度与企业的并购行为呈正相关关系②。公司管理者的有限理性是造成公司价值损失，阻碍公司实现价值最大化的重要因素③。而当企业面临亏损问题时，管理当局可能会通过会计制度变更以及战略性投融资方案的调整来操纵公司的盈利水平，从而向外界释放好的信号。赫里巴尔（Hribar）和杨（Yang）的研究表明，过度自信的管理者更倾向于做出乐观的盈余预测，为达到预测标准，也就更有可能进行盈余管理④。王学瓅认为：公司管理者过度自信程度越高，越有可能进行盈余管理⑤。这就如同人们购买彩票时，总是对自己选择的号码充满信心，认为中奖的可能性比较大（其实中奖的概率是客观存在的，而且微乎其微），这其实没有科学依据。

管理者行为特征有各种各样的表现方式，例如：风险偏好、过度自信、过度乐观、后悔、损失厌恶等等。德波特（De Bondt）和沙勒（Thaler）认为：管理者过度自信或许是心理学中最能经得住考验的发现⑥。此外，经济学家论述最多的认知偏差之一就是过度乐观⑦。其中，人们在自我评价中产生的认知偏差会造成过度自信，而对外部环境的认知偏差会使人产生过度乐观的情绪，这从内、外两个维度解释了决策者“有限理性”的心理和认知源泉。

---

① [美] 赫伯特·西蒙. 现代决策理论的基石：限理性说 [M]. 杨砾，徐立，译. 北京：北京经济学院出版社，1989.
② 史永东，朱广印. 管理者过度自信与企业并购行为的实证研究 [J]. 金融评论，2010 (2)：73 ~85.
③ 徐学锋. 行为金融视角下金融机构管理者非理性决策行为分析 [J]. 企业经济，2010 (4)：164 ~166.
④ Hribar P, Yang H. Does CEO Overconfidence Affect Management Forecasting and Subsequent Earnings Management? [R]. Working Paper, 2010.
⑤ 王学瓅，刘爽. 管理者过度自信的度量及其对企业盈余管理的影响 [J]. 商业经济，2013 (7)：60 ~61.
⑥ De Bondt W F M, Thaler R. Does the Stock Market Overreact [J]. Journal of Finance, 1985 (40)：793 −808.
⑦ 崔巍. 行为金融学 [M]. 北京：中国发展出版社，2008：37.

本书就管理者风险偏好、管理者过度自信及过度乐观对盈余管理行为的影响进行了讨论，并且构建了在管理者过度自信和过度乐观情况下相应的盈余管理约束模型。同时，本书还讨论了其他几种与管理者行为特征有密切关联的重要因素与盈余管理之间的关系，主要包括：管理者声誉、管理者薪酬和管理者变更。当然，管理者的决策行为是复杂多变的，依靠表面观察和数据分析只能管中窥豹，可见一斑，期望本书能得到同行的指正。

1.2 研究意义

首先，在理论上，本研究是对已有研究的重要补充。传统金融学主要集中于证券投资者和金融市场的研究，对于管理者“有限理性”行为方面的研究涉猎较少，尤其是针对管理者行为特征如何影响盈余管理的研究更少；同时，关于管理者行为特征的评价和度量也存在很多争议。本书通过理论分析和数据建模，建立管理者各种行为及其偏好的评价模型，详细论述了管理者行为特征是如何影响盈余管理的，并通过构建管理者过度自信和过度乐观情况下的盈余管理约束模型，丰富了关于盈余管理影响因素和约束决策方面的内容研究。

其次，本书对于提高信息披露质量，完善上市公司的监督激励机制，提高企业价值具有重要意义。本书探讨了管理者风险偏好、声誉、过度自信、薪酬等与盈余管理之间的关系，有助于及时发现管理者经营活动中存在的问题，并且构建了管理者过度自信和过度乐观因素影响下的盈余管理约束模型。该约束模型能够良好地反映公司管理者在有限理性状况下的盈余管理行为和行为强度，并在此基础上给出相应的股东监管行为力度方面的建议。本研究对于约束公司管理者的盈余管理行为，完善上市公司的公司治理以及监督激励机制具有重要的借鉴意义。

当然，受能力和时间精力所限，本书没有穷尽管理者决策行为的方方面面，对于“有限理性”的根源、管理者的个人特征如何转化为行为特征等深刻的问题，本书没有给出相应的解释，是为不足。

第2章　相关研究综述

诺贝尔经济学奖获得者卡尼曼（Kahneman）和他的伙伴特沃斯基（Tversky）针对决策行为的各类实验，将行为经济学的研究推向了深入。随着心理学和认知科学日益与经济、金融交叉融合，越来越多的成果不断涌现，为财务管理的理论研究注入了活力。参照依赖、损失规避等不完全理性现象在管理者决策中得到了学者们的重视，针对这些现象及其背后本质的研究正在展开。

在放宽了理性人假设的基础上，行为经济学将心理学和认知科学领域的研究成果吸纳到经济学领域中。随着心理学，特别是认知心理学在社会科学领域的发展，行为经济学对决策理论进行了深入研究，并对社会经济生活中出现的异常决策现象和后果进行了剖析。企业财务管理领域的研究也开始将管理者财务决策产生的原因引向非理性行为，更多地考虑管理者的行为特征。管理者行为特征主要包括：风险偏好、过度自信、过度乐观、管理者声誉、管理者变更等。我们将对这些管理者行为特征和盈余管理的相关研究进行归纳和总结。

2.1　管理者行为特征研究综述

2.1.1　管理者风险偏好的研究综述

对管理者风险偏好的研究随着实验经济学和行为金融学等学科研究手段的丰富而日

臻成熟。在财务管理领域，风险存在于企业管理的各项经营活动中。同时，风险也存在于经济生活的众多领域，只是不同学科对风险的认识和看法存在差异。不论是学术界还是实务界，都在竭力避免风险的发生。在经济管理学领域，对于风险的认识更加深刻，荷兰的郁金香泡沫、英国的南海公司股票泡沫、1929 年美国经济大萧条、亚洲金融危机以及 2007 年次贷危机，都给社会经济带来了巨大损失。美国经济学家弗兰克·内特（Frank Netter）对风险做出了明确界定：风险是指可度量的不确定性。确切地说，风险描述的是一种情景，在该情景下，一种行为可以导致各种不同的互斥的结果，而这些结果的概率都是已知的。内特认为风险最主要的特征就是可以用概率进行可靠的估计，而不能可靠估计的风险被称为不确定性，也就是说风险代表了可知性和事物的可预测性。当然，经济学家理解的风险与投资者感受的风险是有差别的，对于投资者而言，股票价格下跌造成的损失就是风险，购买基金跌破了面值就是风险，物价涨幅超过了家庭承受能力就是风险。

在内特的定义之后，经济学家对风险的概念不断进行完善，对风险从不同的角度进行界定。马科维茨（Markowitz）将风险应用于投资组合理论中，用 δ^2 来表示组合的损失，并称其为风险，认为风险就是投资组合收益率的方差，这种度量风险的方法在金融领域得到推广，越来越多的机构和投资者利用 δ^2 来衡量风险①；罗森布鲁姆（Rosenbloom）则称风险为损失的不确定性②；威廉姆斯（Williams）将风险定义为在特定条件下和某一特定时期，未来结果的变化程度③。其实，风险就是经济结果的不确定性，经济结果可能是获得收益，也可能是产生损失，只不过人们对于损失的感受比收益要强烈一些，所以往往把损失视为风险，而没有人把收益看作风险。在日常生活中，人们往往用结果发生的概率来描述风险，概率越小，风险越大。甚至有人出于好奇，对各种常见事件的概率进行了统计，得到的数字非常有趣（见表 2.1），从中可以看出某些事件的风险有多大。

表 2.1　各种常见事件的概率统计

事件	概率	事件	概率
得头奖的概率	1：76 275 360	死于浴缸的概率	1：801 923
死于火灾的概率	1：20 788 308	飞机失事死难的概率	1：391 000
被狗咬死的概率	1：18 016 533	死于车祸的概率	1：6 200
被闪电劈死的概率	1：4 289 651		

① Markowitz H. Portfolio Selection [J]. The Journal of Finance, 1952, 7 (1): 77 -91.
② Rosenbloom J S. A Case Study in Risk Management [M]. New York: Prentice -Hall, 1972.
③ Williams R. Keywords: A Vocabulary of Culture and Society [M]. Oxford: Oxford University Press, 1985.

对于风险的研究虽然起步比较早，但是把风险和偏好联系起来研究还是最近30年的事情。随着行为金融学和行为会计学的发展，人们开始重视决策者的个人偏好与风险之间的关联。和风险一样，“偏好”一词最早也是来自经济学，表示的是决策主体在一定情景下，对于决策对象的价值判断。结合风险来说，风险偏好就是在投资时所表现出的风险喜好或者对于风险的态度。马科维茨在其投资组合理论中，假设投资者存在风险厌恶倾向，并首次提出了风险偏好这一概念：风险偏好是指投资者在进行投资选择过程中所表现出来的对待风险的心理反应、态度趋向和投资意愿[①]。

20世纪30年代，实验经济学凭借其“可重复性”和“可控制性”两大优势，对传统经济学研究方法进行了创造性拓展，并使其成为现代经济学研究中的一种重要手段。而对于风险决策和个体偏好而言，作为实验经济学的基本领域，它们除了质疑风险偏好的经典理论，还在一定程度上动摇了新古典经济学中以经济生活中个人的理性偏好以及自利动机为基础的理论基石。在风险偏好理论与实验研究的综述中，本书通过对经典理论（预期效用模型）相关研究文献进行回顾，总结风险偏好研究的发展脉络，并沿着对经典理论中公理性假设的质疑与修正，以及对经典理论中偏好存在假设的质疑与修正两条主线，对该领域的理论及实验成果进行整理。

（一） 经典理论：预期效用模型

著名的预期效用模型（expected utility model）是古典经济学中关于风险偏好问题的早期论述，在继承18世纪数学家伯努利（Bernoulli）提出的圣彼得堡悖论[②]的基础上，这个模型由冯·诺依曼和摩根斯坦（1947）等人经过严格的推理而产生。预期效用模型的基本原理是：在模拟风险情境的条件下，最后的效用水平是在管理者对所有可能的结果估计的基础上，经过加权后产生的；管理者最终追求的就是股价加权后形成的最大化预期效用[③]。管理者对待风险的态度与预期效用密切相关，如果管理者的风险用概率三角形来描述，那么就可以用无差异曲线的斜率来表示管理者风险偏好的程度，并且斜率的大小与管理者的风险偏好程度呈正相关关系。因此，准确地区分管理者风险偏好和其不确定性是期望效用理论的主要内容，其中的概率显示了最终结果的不确定性，而决策者对风险持有的态度可以用效用函数来描述。普拉特（Pratt）等对风险度量的定义进行了

---

① Markowitz H. Portfolio Selection [J]. The Journal of Finance, 1952, 7 (1): 77 -91.

② Daniel B. Exposition of a New Theory on the Measurement of Risk (Original 1738) [J]. Economitrica, 1954 (22): 23 -36.

③ John V N, Oskar M. The Theory of Games and Economic Behavior [M]. Princeton: Princeton University Press, 1944.

界定，并以此描述了大家对待风险的态度①。

现代决策理论是基于预期效用模型而产生的，在这之后，随着研究者对预期效用模型的进一步研究发展，它逐渐成为构建市场均衡及价值理论的前提条件，并逐渐成为构建新古典微观经济学理论的基石，延伸至经济理论和社会生活的各个领域。而预期效用模型是基于管理者的个体理性偏好假设而产生的，除此之外，还假设其具备完备性、独立性、简约性、传递性、确认性、连续性和替代性等特点，同时，假设稳定性偏好存在于个体选择过程中。这一系列严格的假设使得在日后的实验经济学研究中，通过不断放松假设前提，对决策个体风险偏好以及期望效用模型进行完善和改进，丰富和发展了期望效用理论。

（二）对经典理论中公理性假设的质疑

1. 阿莱斯悖论

在风险决策的研究方面，实验经济学在进行实证研究时，往往喜欢将人们购买彩票的选择行为作为实验观察的对象。阿莱斯（Allais）是最早采用彩票选择进行实验的，而众所周知的“阿莱斯悖论”就是他提出的。此外，上述悖论还可以被称为“同结果效应”（common consequence effect）。之所以会存在上述称谓，其中最主要的一个原因就是它呈现如下这种特征，即相同结果却显示出偏好不一致的情形②。阿莱斯悖论的假设是基于如下两组购买彩票的结果做出的。假设两组彩票，每组有两种选择，括号中的数字分别表示收益金额及其概率。

第一组是：

X1：（$5 000 000，0；$1 000 000，1；$0，0）

Y1：（$5 000 000，0.1；$1 000 000，0.89；$0，0.01）

第二组是：

X2：（$5 000 000，0；$1 000 000，0.11；$0，0.89）

Y2：（$5 000 000，0.1；$1 000 000，0；$0，0.90）

按照正常的期望效用理论，人们应该选择 Y1 与 Y2，但事实上，人们更偏向于选择 X1 和 Y2。可以将 X1 变形为（$1 000 000，0.11；$1 000 000，0.89），则 X1 和 Y1 均有机会获得 100 万美元，而且这个概率高达 0.89。同样的，对于 X2 和 Y2 而言，什么都得

① Pratt J. Risk Aversion in the Small and in the Large [J]. Econometrica: Journal of the Econometric Society, 1964 (32): 122-136.

② Allais M. Le Comportement de l'Homme Rationnel Devant le Risque: Critique des Postulates et Axioms de l'Ecole Americaine [J]. Economedtrica: Journal of the Econometric Society, 1953 (21): 503-546.

不到的概率是 0.89。基于相消性公理，在选择 X1 或者 Y1、X2 或者 Y2 时，消掉相同的结果，比较不同的结果。对于第一组和第二组而言，X1 和 Y1、X2 和 Y2 之间的收益和概率差额均为（$5 000 000，0.1；$1 000 000，0.11；$0，0.01）。按照期望效用理论，彩民如果在第一组中选择 Y1，那么在第二组中就应该选 Y2。

然而彩民实际选择的结果违背了期望效用理论，他们在第一组中选择了 X1，第二组中选择了 Y2，导致了期望效用悖论。关于期望效用理论的偏好独立性、替代性和传递性等公理性假定也没有得到遵守。此外，这个实验中的多数参与者具有概率方面的知识，甚至萨维奇（Savage）——预期效用模型创立者之一，也没能逃出悖论选择。

这个结果表明，当决策者面临不同的收益情景时，其对风险偏好的态度是不同的，风险偏好的变化引起了阿莱斯悖论。当面临确定的收益预期时（百分之百的概率得到 100 万美元），人们往往不愿意承担风险（百分之十的概率得到 500 万美元，百分之一的概率得到 0 美元）。反之，当面临不确定的收益预期时（百分之十的概率得到 500 万美元，百分之九十的概率得到 0 美元），人们往往愿意承担风险，选择 Y2。

2. 同比率效应

"同比率效应"（common ratio effect）也是一种决策异常现象，这种现象是卡尼曼和特沃斯基通过实验发现的。实验表明，倘若对一组彩票中获利的概率进行相同比例的变换，实验参与者前后做出的决策仍然是相悖的①。

假设两组购买彩票的实验中，实验参与者面临如下两个选择：

第一组是：

X1：（$3 000，1.0；$0，0）

Y1：（$4 000，0.8；$0，0.2）

第二组是：

X2：（$3 000，0.25；$0，0.75）

Y2：（$4 000，0.2；$0，0.8）

第二组选择中的两种收益概率同为第一组选择中两种收益概率的 1/4，如果参与者的风险偏好一致，他们两组的选择应该是相同的，都选择 X 或者 Y。然而实验的结果是：在第一组中，80% 的参与者选择了 X1；在第二组中，65% 的参与者选择了 Y2。第一组选择结果可以通过决策主体的风险规避来解释，第二组选择结果符合预期效用模型。但

① Kahneman D, Tversky A. Prospect Theory: An Analysis of Decision under Risk [J]. Econometrica: Journal of the Econometric Society, 1979, 47 (2): 263－291.

是将两组的选择联系起来看，参与者的选择结果违背了预期效用函数的线性特征，而预期效用理论无法对这个现象进行解释。

此后，在其他实验中该效应也得到了进一步证实，即便是在对动物的实验中，这种现象也并非是鲜见的。巴特利奥（Battalio）通过一种特殊装置让老鼠操纵杠杆选择食品小球的不同随机量，构造出老鼠进食的自主选择问题[①]，实验同样观察到了同比率效应。

3. 贝叶斯规则悖论

风险偏好实验对预期效用模型的信息加工法则（贝叶斯规则）也同样提出了异议。贝叶斯规则是指人们根据新的信息从先验概率得到后验概率的方法，由于它假设理性个体在不确定的情况下更倾向于不断调整和学习，因此成为预期效用理论中的重要内容。同样是卡尼曼和特沃斯基最早对贝叶斯法则提出了质疑，他们在个体决策实验中，发现参与者往往忽视了先验概率，而是根据样本信息的表征影响后验概率，个体决策的概率思维不符合贝叶斯规则中的延展性原则。这一效应被称为“表征性发展”（representativeness heuristic）[②]。另一方面，瑞法（Raiffa）发现相较于模糊的事件，人们更倾向于选择清晰具体的事件，所以概率之和小于 1 的现象会经常出现，瑞法还提出“埃尔斯伯格悖论”，对贝叶斯规则中概率可加性假设提出了挑战[③]。

同样与贝叶斯规则相悖的现象还有“后视偏差”（hindsight bias）与“锚定效应”（anchor effect）。后视偏差是人们更倾向于过高地估计先获得的信息，尤其是当其面临不确定性事件时，所以在决策上往往会产生一定程度的偏差；锚定效应是指当估计不确定性数值时，人们更倾向于在初始值或起始点值的基础上做出相应的调整。起始参照点往往会在人们做决策时影响对于估值的判断。“锚定效应”主要由参照点的信息质量决定其归属于认知偏差还是认知捷径。我国股票市场在进行股权分置改革过程中，由于第一只股改的股票“三一重工”采取了大股东对流通股东按照 10∶3 的比例进行补偿的举措，之后的大部分公司股改补偿比例基本在 10∶3 附近上下波动。股改完成之后的统计表明，流通股东得到的补偿比例就是 10∶3，符合锚定效应。

如果说相关信息形成参照点，人们依照参照点进行决策选择，这是心理决策过程的精简。但是，如果参照点的产生受到信息噪声的影响，那么之后的决策者自然而然就会

---

① Battalio R C, MacDonald D N. Animals Choices over Uncertain Outcomes: Some Initial Experimental Results [J]. American Economic Review, 1985 (75): 597-613.

② Kahneman D, Tversky A. Prospect Theory: An Analysis of Decision under Risk [J]. Econometrica: Journal of the Econometric Society, 1979, 47 (2): 263-291.

③ Raiffa H. Risk, Ambiguity, and the Savage Axioms: Comment [J]. The Quarterly Journal of Economics, 1961, 75 (4): 690-694.

出现系统性偏差。在日常生活中，人们经常遇到类似的锚定现象，例如过马路时，虽然是红灯，但是有人正在横穿马路，大部分人都会跟在他后面闯红灯。这样的“锚定”还是不要的好。

4. 对经典理论的修正

由于预期效用理论不能合理地解释实验中发现的异常现象，人们开始针对不同的风险条件下决策偏好的形成进行研究，寻找更准确的描述方式对其进行解释。自20世纪下半叶以来，相继产生了依赖加权的效用函数、排序的期望效用理论、依赖前景理论的期望效用模型。这为预期效用理论提供了更多的理论补充和更多角度的理论修正。

对预期效用模型的修正可以分为三大类：一是扩展性效用模型。扩展性效用模型具有如下特点，即对于前述的同结果效应以及同比率效应等，重新阐述了独立性、无差异性等公理，或减少了预期效用函数的线性约束特征。例如，马基纳（Machina）在原先无差异曲线的一系列特征基础上，对与局部线性相似的扇形进行拓展，突破了之前用概率三角形表示以及预期效用函数的线性特征①。但是，这种改进并没有得到其他学者的认同，卡梅拉（Camerer）和康力斯克（Conlisk）等人此后的实验也没有证实这种扇形假定②。第二类修正是主观权重效用模型。首先采用主观效用模型的是卡尔马克（Karmark），他用决策权重替代线性，虽然这能够对同结果效应以及同比率效应进行解释，但是不能解释优势原则的违背。第三类修正是非可加性效用模型。这类模型主要针对“埃尔斯伯格悖论”，例如迈德勒（Schmeidler）提出的模型，认为概率在其测量上是不可加的，对预期效用模型的可加性假设进行了改进③。

这些修正对于丰富和发展预期效用理论起到了很好的作用，为推动行为经济学的发展奠定了基础。同时，人们开始关注经典理论中决策者偏好是否存在以及是否保持稳定的研究。

（三）对偏好稳定性假设的质疑

1. 决策者的偏好反转

除上述悖论之外，决策者偏好异常的现象也开始吸引实验经济学家的目光，而其中

---

① Mark J M. Choices under Uncertainty: Problems Solved and Unsolved [J]. Journal of Economic Perspectives, 1987 (1): 121-154.

② Camerer C F, Kunreuther H. Decision Processes for Low Probability Events: Policy Implications [J]. Journal of Policy Analysis and Management, 1989, 8 (4): 565-592; Conlisk J. Three Variants on the Allais Example [J]. American Economic Review, 1989, 79 (3): 392-407.

③ Schmeidler D. Subjective Probability and Expected Utility Without Additivity [J]. Econometrica, 1989, 57 (3): 571-587.

影响较大的就是决策者偏好反转（preference reversal）现象。心理学家斯洛维克（Slovic）和利希滕斯坦（Lichtenstein）发现了决策者偏好反转现象，他们认为这种奇怪的现象普遍存在于风险决策中。在期望值相当时，决策者往往更愿意选择损益较小而概率较高的策略；而在面对损益较大但概率低的博弈策略时，人们更愿意采取较高的定价，这就出现了偏好不一致现象[①]。偏好反转的实验设计如下：

假设决策者面对以下两种选择：

X：（$4，35/36；$ -1，1/36）

Y：（$16，11/36；$ -1.5，25/36）

很多实验经济学家都对此进行了实验研究，研究结果表明：当让参与者选择 X 或 Y 时，多数参与者更倾向于选择 X，虽然 X 的期望收益低于 Y；然而，当参与者对 X 和 Y 定价时，多数参与者更愿意使 Y 的定价更高。为了验证结果的准确性，斯洛维克和利希滕斯坦在拉斯维加斯赌场利用赌场老手进行了实验研究，结论仍然相同。尼奇（Knetsch）把这种现象称为“禀赋效应”（endowment effect），即参与者鉴于其对这些物品的所有权，更愿意把卖价定得更高，而买价更低[②]。

此后的实验也证实了偏好反转的存在。格雷瑟（Grether）和普洛特（Plott）采用真实激励、控制财富效应、排除收入效应与替代效应、检测讨价还价反应以及采用不同概率器的方法，对利希滕斯坦的实验进行验证，结果证实了偏好反转现象的普遍存在[③]；汉姆马克（Hammack）和布朗（Brown）也对此进行了实验检验，研究结果表明，猎人仅愿意支付 247 美元以免猎场被破坏，但当猎场遭到破坏时愿意接受 1 044 美元的补偿[④]；霍夫曼（Hoffman）和斯皮策（Spitzer）也在实验中发现了同样的现象[⑤]。

目前，在我国相关领域中涉及偏好反转的研究并不多，张玲对以往的研究结果进行归纳总结发现，之前国外学者在研究中所涉及的概率基本上均在 20%～30% 之间，低于 10% 的小概率少之又少。因此，为了更准确地描述偏好反转的存在条件，以及理清偏好

---

① Slovic P, Lichtenstein S. Comparison of Bayesian and Regression Approaches to the Study of Information Processing in Judgment [J]. Organizational Behavior and Human Performance, 1971, 6 (6): 649 -744.

② Knetsch J L. The Endowment Effect and Evidence of Nonreversible Indifference Curves [J]. The American Economic Review, 1989, 79 (5): 1 277 -1 284.

③ Grether D M, Plott C R. Economic Theory of Choice and the Preference Reversal Phenomenon [J]. The American Economic Review, 1979, 69 (4): 623 -638.

④ Hammack J, Brown G M. Waterfowl and Wetlands: Toward Bioeconomic Analysis [M]. Washington, D C: Resources for the Future, 1974.

⑤ Hoffman E, Spitzer M L, California Institute of Technology. The Divergence Between Willingness-to-pay and Willingness-to-accept: Measures of Value [M]. Cit, 1990.

反转与风险任务特征的关系，她采取了一种有效的方法：引入极小概率博弈，增加情景实验。研究结果表明：定价中偏好风险的决策者的偏好，比定价中偏好安全的决策者的偏好更稳定；即便是大家都表现出一定的风险喜好时，偏好反转也并未因此消失。所以，在选择中偏好反转并不一定要回避风险①。

偏好反转产生的影响非常广泛，它几乎违背了经济学中关于偏好的所有原则。基于新古典经济学的视角，财富的变动方向并不影响财富本身的价值，财产权利的初始安排与经济效率无关，偏好反转现象对上述理论无疑是致命的打击。目前对于偏好反转现象的一种解释是，直接选择与估价是两种不同的思维过程，因此不能用单一的偏好排序解释；另一种解释是，偏好反转现象证明，如果偏好存在的话，那么偏好的传递性假设是错误的，而传递性假设却是理性偏好的一个根本性质。两种解释都表明，偏好反转现象对稳定偏好的存在提出了挑战，而这正是本书对理性偏好研究的基本出发点之一。

2. 框架效应

除了决策者的风险偏好存在反转现象之外，实验经济学的研究者还发现，在不同的情境下或拥有不同信息时，决策个体的偏好顺序也会表现出不一致，从而导致选择差异化。卡尼曼和特沃斯基把这种现象称为“框架效应”（framing effect），即因为个体受到不同信息特征的影响而导致不同的决策偏见②。其中，卡尼曼和特沃斯基（1981）提出的疾病问题是最著名的例子。

疾病问题首先假设某个国家正面临一种罕见疾病大规模肆虐的可能性，预计会有600人死于这次灾难，针对这种疾病，有两种替代性方案A和B。X与Y所述的是相同的两种情境，虽然二者所述的信息相同，但是不同的表达顺序却使得参与者选择了不同的策略。

X情境：选择A方案，200人获救；选择B方案，所有人都获救的概率为1/3，所有人都不获救的概率为2/3。

Y情境：选择A方案，400人死亡；选择B方案，无人死亡的概率为1/3，无人获救的概率为2/3。

上述实验结果：在X情境下，有72%的参与者更偏好于A方案；但在Y情境下，只有22%的参与者偏好于A方案③。当决策者所面临的预期效用的收益相同时，如果决策

---

① 张玲．风险任务特征与偏好反转的实验研究［J］．人类工效学，1999，5（2）：9~12.

② Kahneman D，Tversky A．Choices，Values，and Frames［M］．Cambridge：Cambridge University Press，2000：860.

③ Tversky A，Kahneman D．The Framing of Decisions and the Psychology of Choice［J］．Science，1981，211（4481）：453－458.

者更看重于可靠的收益，就更倾向于选用更具确定性的收益方案；倘若选择某项策略很可能会导致产生不可避免的损失，那么决策者更倾向于选择不确定性损失，即决策者会呈现出风险偏好的框架效应。

此外，还有很多例子印证了框架效应的存在，例如戴维斯（Davis）和博科（Bobko）在实验中发现，对某就业机构相对成功的描述（如该机构安置了39.9%的报名者）或相对失败的描述（如该机构对60.1%的人员不能予以安排）显著影响了人们对该机构绩效的评价①。麦格蒂根（McGettigan）等也对此进行了研究，研究结果表明，当采用不同的框架设计治疗方案时，在一定程度上，设计框架往往会影响内科医生的决策行为②。国外学者分别向三类人（一般病人、有经验的医生以及有统计学学习经验的学生）测试了一种肺部疾病的治疗方案，实验结果证实即便是在不同的知识背景下，框架效应仍然是明显存在的。在国内实验经济学领域，框架效应也是研究热点。何贵兵研究了决策任务的特征，表明在大概率时框架效应存在，然而并不存在于小概率的状况下，甚至是相反的③。王重鸣、梁立对风险决策的动态框架效应进行了实证研究，研究结论对任务的框架效应的动态特征进行了验证和支持，表明其主要受其性质、主要内容和其当时所处的情景的影响④。庄锦英对个体认知决策受情绪和框架效应影响的问题进行了深入分析，研究结果表明，上述两个因素对认知决策的影响具有独立性⑤。然而，卡尼曼和特沃斯基的最新研究否定了情绪和框架效应的独立性观点⑥。

在现实生活中如果了解了框架效应的原理，选择人们喜欢的表达方式，可能起到事半功倍的效果。例如在审讯罪犯时，“好警察”和“坏警察”互相配合来审案，往往会让罪犯认罪。一般情况下，“坏警察”态度恶劣，而且告诉罪犯他的罪行很严重，如果把他送到监狱，至少要判3年，并且不断地拍桌子瞪眼睛。这种情况下罪犯会很抵触。之后“好警察”上场，首先安抚罪犯，然后让“坏警察”出去给罪犯买咖啡。在“坏警察”出去后，“好警察”当着罪犯的面批评“坏警察”态度不好，赢得罪犯的好感。之后表示罪犯的罪行比较轻，如果主动交代犯罪细节，刑期可能减少1~2年。在这种情况下，罪犯往往会供认不讳。

---

① Davis M A, Bobko P. Contextual Effects on Escalation Processes in Public Sector Decision Making [J]. Organizational Behavior and Human Decision Processes, 1986, 37 (1): 121-138.

② McGettigan D. Current Account and External Sustainability in the Baltics, Russia, and Other Countries of the Former Soviet Union [R]. Washington: International Monetary Fund, 2000.

③ 何贵兵. 决策任务特征对风险态度的影响 [J]. 人类工效学, 1996, 02: 12~16.

④ 王重鸣, 梁立. 风险决策中动态框架效应研究 [J]. 心理学报, 1998, 30 (4): 394~400.

⑤ 庄锦英. 情绪边框影响决策认知过程的实验研究 [J]. 心理科学, 2004, 6 (27): 1 340~1 343.

⑥ Kahneman D, Tversky A. Choices, Values, and Frames [M]. Cambridge: Cambridge University Press, 2000: 860.

其实，“好警察”与“坏警察”讲述的是同一个问题，只不过“坏警察”传递的是“确定损失”，“好警察”传递的是“不确定损失”，罪犯最终都是要被送进监狱的。综上所述，本书对框架效应提出疑问：是否存在这样一种偏好，它不会依赖问题的表述方式，而且还能够合理地、完好地对偏好进行定义？

（四）对偏好存在假设的质疑

1. 前景理论

很多问题仅仅用偏好反转并不能够合理地进行解释，于是研究者们试图找到一种更好的风险偏好理论来解释客观存在的现象，以此来避免预期效用理论的制约。在已经形成的风险偏好理论中，卡尼曼和特沃斯基在20世纪70年代末提出的前景理论（prospect theory）是迄今为止影响力最大的理论之一，前景理论对偏好反转以及彩票选择的试验中出现的与正常现象相悖的现象具有很强的解释力[①]。

他们把风险决策过程分为编辑（editing）和评价（evaluation）。管理者在编辑阶段对前景进行编辑，形成一定简化的形式，这主要是为了在评价阶段更容易做出选择。有很多方式和方法可以对这种形式进行简化，其中最主要的就是构建一个中性参照点（neutral reference point），对收益或损失来说，不同参照点发挥的作用是不一样的。决策问题的框架是由不同编辑方式决定的，使得偏好与选择方面出现了许多差异化现象。前景理论还阐述了这样一种现象：决策过程实质上是人们的一个心理历程，个人偏好只是反映了随着问题而改变的决策过程。决策过程更多地取决于更高的价值，但两者之间没有明显的偏好关系。

在前景理论指导下，经济学者构建了一个关于个体风险的决策模型，即 $V=\sum_{i=1}^{n}W(p_i)v(x_i)$。这个模型的价值函数 $v(x)$ 和权重函数 $W(p)$ 一起构成期望价值 V 的决定因素。

由卡尼曼和特沃斯基的理论函数[②]可知，价值函数 $v(x)$ 为：

$$v(x)=\begin{cases}x^{\beta}, x\geqslant 0\\ -\theta(-x)^{\beta}, x<0\end{cases}$$

其中，$\beta\in[0,1]$，$\theta>1$。

① Kahneman D, Tversky A. Prospect Theory: An Analysis of Decision under Risk [J]. Econometrica: Journal of the Econometric Society, 1979, 47 (2): 263-291.

② Kahneman D, Tversky A. Prospect Theory: An Analysis of Decision under Risk [J]. Econometrica: Journal of the Econometric Society, 1979, 47 (2): 263-291.

由卡梅拉和何（Ho）（1994）的理论函数可知，权重函数 $W(p)$ 为：

$$\begin{cases} W^{+}(p)=\dfrac{p^{\varepsilon}}{(p^{\varepsilon}+(1-p)^{\varepsilon})^{1/\varepsilon}} \\ W^{-}(p)=\dfrac{p^{\delta}}{(p^{\delta}+(1-p)^{\delta})^{1/\delta}} \end{cases}$$

上述表达式中，x 表示其偏离中性参照点的收益或损失，θ 为行为人对风险的厌恶系数，$W^{+}(p)$、$W^{-}(p)$ 分别表示收益和损失在总体中的权重①，$\varepsilon\in[0,1]$，$\delta\in[0,1]$。

除了稳定性偏好假设外，前景理论较之期望效用理论还有很多不同点。第一，财富本身的最终值并不再是人们所关心的重点，关注重心已从前阶段的最终值过渡到中性参照点值，关注的是财富相对中性参照点的变化。第二，价值函数 $v(x)$ 呈“S”形变化，不同状态呈现出不同的趋势，例如对于收益来说，价值函数呈现出凹形状态，而对于损失来说，价值函数的形态则相反，为凸形，并且无论是对于凹形还是凸形，其变化的敏感性均呈现出递减的趋势；同时，盈利状态下的函数较损失状态下的函数而言，敏感性更弱。同样的，这也说明了损失更容易获得人们的关注，当人们所面对的是收益时，往往体现出保守的一面，也就是所谓的风险规避；反之，当人们面对的是损失时，更容易变成风险的追随者。除此之外，决策权重函数 $W(p)$ 与客观概率 p 呈非线性单调递增关系，这表明行为人在面临确定和非确定的结果时，他会更倾向于选择前者。

前景理论最好的实例是：当某人在路上捡到了 100 元钱时，他很高兴，但是一天之后就淡忘了；但是当他丢失 100 元钱时，一周之后再路过丢钱的地点时，他仍然很沮丧：“我在这里丢失了 100 元钱。”

2. 后悔理论

卢姆斯(Loomes）和瑟顿（Sudgen）率先提出后悔理论（regret theory)，这对日后的研究产生了深远的影响，在期望效用中，加入情感和动机两个因素，并认为人们不仅仅看重可能的结果或其发生的概率，还会看重决策过程中可能夹杂的情感等方面的因素②。邓宁（Dunning）和帕尔（Parpal）把此叫作“反事实推理”，指的是决策者往往会将自己所倾向于选择的行为后果，同自己不选择所带来的行为后果相比较，如果后者的期望效用优于前者，则决策者会后悔其当初的选择，即“后悔理论”。这类实验结果表明，

① Camerer C F, Ho, T-H. Violation of the Betweeness Axiom and Nonlinearity in Probability [J]. Journal of Risk and Uncertainty, 1994 (8): 167-196.

② Loomes G, Sugden R. Regret Theory: An Alternative Theory of Rational Choice under Uncertainty [J]. Economic Journal, 1982, 92 (368): 805-824.

决策者更愿意选择确定的收益，即便其很可能会因此而丧失成功的机会，也不愿意选择不确定的风险，所以，后悔理论描述的是人们更倾向于获得收益，而非选择风险，因为选择风险而导致失败会使遗憾产生的可能性更大[①]。卢姆斯和瑟顿也对此进行了证明，他们认为，大多数决策者都不愿意为了避免失望而冒险，理性人更倾向于选择获利的策略，而大卫（David）的实验则认为产生失望的决定性因素是先前选择结果的反馈[②]。由后悔理论可知，同传统期望效用理论决策时，每个行为对应独立数字的方法相反，这两个行动所产生的效用是相互影响的。主要原因是上述状态下的无差异曲线很可能会在某一点上相交，在这种情况下，就存在与传递性假设相背离的现象，从而也就印证了偏好不可能独立地存在。

所以，普通股民在中国股市上经常后悔，明明知道国家放开首次公开募股（IPO）必然导致股票市场重心下移，但是仍然忍不住去购买股票，结果导致资金被套牢。要想在股市中赚钱，避免后悔可能是必然的选择。

3. 决策规则选择理论

佩恩（Payne）等提出：决策者在经济生活中所做的决策由包括效用最大化原则在内的多项原则所指引，诸如满意规则、字典式选择规则等。在决策者遇到困难、遇到问题时，往往会先考虑他应该采取什么规则，而人们的这一选择是基于决策结果的合规性以及对各个选择策略的理解做出的。例如在交通事故处理中，如果警察先于救护车赶到，最先做的应该是布置隔离带，保持道路畅通，待救护车到达后，协助医生将伤者送医院，并开始处理事故。如果从伤者满意角度出发，可能就要颠倒这个规则了，必然造成严重的交通拥堵，甚至出现更多的交通事故。

在理性人假设的基础上，不只存在思维成本和认知协调成本（对信息的充分理解），还必须充分认识与情感、信仰等方面相关的心理成本[③]，前述两者即为心智成本。当考虑涉及这类心智成本的利益最大化时，就不再是传统上所说的理性行为。而决策者稳定、持续存在的偏好往往难以存在于实际的经济生活中。

（五）对偏好存在假设的理论修正

在保留了偏好存在假定的基础上，经济学家尝试着对偏好反转等现象做出恰当的解

---

① Dunning D, Parpal M. Mental Addition Versus Subtraction in Counterfactual Reasoning: On Assessing the Impact of Personal Actions and Life Events [J]. Journal of Personality and Social Psychology, 1989, 57 (1): 5.

② David B. Regret in Decision Making under Uncertainty [J]. Operations Research, 1982 (20): 961-981.

③ Payne J W, Bettman J R, Johnson E J. The Adaptive Decision Maker [M]. Cambridge: Cambridge University Press, 1993: 348.

释，“被发现的偏好”假说就是其中之一，它能够有力地解释偏好存在假设，这个假说是由普洛特提出的，他把理性选择分成三个不同的阶段：第一个阶段属于初级阶段，人们没有足够的经验并需要面对一系列新的任务和挑战。在这一阶段，理性人的行为具有目的性，但是由于人们不能够充分认识其所处的环境，人们的选择行为中虽包含了一些对于环境的系统性认识，但在局外人看来，人们的行为仍然是随机的，并且不能够肯定理性人选择的行为是否基于一致性偏好。照这样进行，一段时间之后，通过不断地接受反馈信息，并不断地发展，理性人的行为步入第二阶段。在这一阶段，理性人对于周围环境能够充分地认识和了解，并能够提炼和升华环境中所包含的信息，作为旁观者而言，理性人的选择行为无非是对稳定偏好的一种体现。理性人在第三阶段中，不仅仅像前两个阶段那样考虑自身利弊，同时，其他人的选择也列入其所需要考虑事项的范畴，这是因为在这一阶段，理性人能够意识到其他人的行为决策也能对自己产生一定的影响。而此时，其他人的理性特征也就显而易见了①。

这种观点在很多实验中得到了体现。在第一价格拍卖中发现的“赢者诅咒”现象，即当参与者不知道拍卖物的价值时，最终购买的价格与拍卖物的价值相比较而言，前者通常情况下会高于后者。这种现象表明，在拍卖过程中，参与者往往不太容易注意到其他人对拍卖物的报价，并据此进一步推断该拍卖物的真正价值，也就是说，拍卖参与人并不具备真正了解其他参与人理性行为的能力。现实中一个典型的例子是中央电视台的《一锤定音》鉴宝节目，夺宝人由于在出价时不知道宝物的价格，实际的竞价结果往往要比专家和拍卖行给出的价格高出100%~200%，甚至更离谱。这是一个很好的提醒，参加拍卖时，即使赢得了拍品，也可能是惨胜，甚至买到假货。

林奇（Lynch）等人通过实验探讨建立“柠檬市场”（旧货市场）的可能性，实验结果表明参与者并没有就理性选择达成共识，即当经济人在为自己的行为做决策时，往往并没有考虑其他人的行为状况②。此后麦凯尔维（McKelvey）和波尔弗里（Palprey）进行的一次“百步博弈”实验，同样得出了理性行为似乎不可能成为共同知识的结论③。

根据“被发现的偏好”这一假说，个体选择悖论假说包括：第一，在面对新问题时，人们的行为决策的理性背离；第二，考虑其他人的行为对自己行为决策的影响。理性发展的第二、第三阶段可以合理地解释第一种现象，即理性行为的背离，这样一来，

① Charles R P. Rational Foundations of Economic Behavior [C]. London: Macmillan and NY; St. Martin's, 1996.
② Lynch M, Miller R M, Plott C R. Research in Experimental Economics [C]. Greenwich, Conn. Jal Press, 1991.
③ Richard D M, Thomas R P. An Experimental Study of the Centipede Game [J]. Econometrica, 1992 (60): 803 -836.

不仅能够在第二阶段（或第一阶段）对理性行为的背离做出解释，还能够在第三阶段（或第二阶段）揭示与理性选择相一致现象的原因。“被发现的偏好”假说本质上而言，是基于稳定偏好理论而产生的，它在此基础上加入了经济人的感受这一要素，这也为稳定偏好理论的发展奠定了理论基础。

“被发现的偏好”假说得到很多实验证据的支持。考克斯（Cox）和格雷瑟以实验证明了上述假说，进一步证明了在市场条件下，反转现象能否产生。他们将心理学和实验经济学手段同时用于实验中，检验结果显示，无论何种情况下，偏好反转现象在最初阶段都会存在；可是随着多次重复以及环境刺激等原因，这种现象逐渐消失①。埃文斯（Evans）同样利用心理学手段和实验经济学手段，对人们的选择是否遵从“中间性”原则进行了实验。实验获得的数据包括利用二进制数字乘法器（BDM）引出的偏好数据、个人报价和市场价格。总体来说，经济人的出价和 BDM 数据中或多或少都表现出对“中间性”的违背，然而，这种违背在市场价格的多次竞争中会明显减少，这就说明相对于个体来说，群体经济人的行为与独立性的公理更一致。不过，这种情况的说明主要来源于市场机制本身，它避免了极端值的出现，而非个体行为的改进②。同样的，戈德（Gode）和森德（Sunder）也证实了个体行为的改变并不必然产生自身的良好行为，而更可能是市场制度本身所导致的③。

2.1.2 管理者过度自信研究综述

“理性人”假设是新古典经济学的研究基础，现代金融理论均基于这一前提假设研究和分析金融市场上的行为。然而，随着行为金融学这一交叉学科的兴起，众多研究表明，资本市场上的人类行为与传统假设存在偏差，人们的行为并非是完全理性的。这其中，过度自信是决策心理学中重要的发现之一。很多研究表明，在日常经济生活中，人们往往倾向于表现出过度自信以及过度乐观的状态。最典型的例子是人们在作投资决策时，往往表现出投资必然成功的信心，然而投资最终是否能够成功，是与决策者的信心没有太大关系的。

研究学者往往从资本市场的两个构成角色出发解释过度自信的现象：第一，投资者

---

① James C C, David M G. The Preference Reversal Phenomenon: Response Mode, Markets and Incentives [J]. Economic Theory, 1996 (7): 381 -405.

② Dorla A E. The Role of Markets in Reducing Expected Utility Violations [J]. Journal of Political Economy, 1997 (105): 622 -636.

③ Gode D K, Sunder S. Allocative efficiency of Markets with Zero-intelligence Traders: Market as a Partial Substitute for Individual Rationality [J]. Journal of Political Economy, 1993, 101 (1): 119.

在证券市场上的过度自信；第二，管理者的过度自信。以往的研究主要倾向于对第一种类型的研究，并没有相对系统地对后者即管理者的过度自信进行研究。处于决策地位的管理者如果过度自信，不仅会对个人的职业发展产生负面影响，还会影响到公司的重大决定、决策，其后果尤为严重。在本部分文献综述中，将着重梳理近年来管理者过度自信的相关研究成果、研究方法和具体应用，并对其进行述评。

（一） 过度自信与管理者过度自信

当人们过高估计自己的能力水平或者过分肯定其所掌握的信息时，便认为是过度自信，它是一种心理现象[①]。通过实证研究、分析发现，过度自信主要有如下两种表现：第一，表现为认知偏差，也就是过度自信的管理者过度相信自己的能力，高估事情成功的可能，低估外界环境比如运气、机遇等的作用，将成功归结于自己的能力[②]；第二，表现为信念，也就是管理者坚信自己所掌握的知识一定比事实更准确[③]，正是因为这一信念，过度自信的管理者往往更倾向于采取过激的决策行为。

1. 居高位者更自信

相对于一般较低层的员工而言，处于高层的管理者更具有决策权，能够获得更多的信息，并具有多年的管理经验，因此管理者在企业的经营决策过程中往往更容易表现出过度自信。诸多的实证研究也证明了管理层确实存在过度自信这一行为特征，例如，罗莉（Merrow）等的一项研究在比较项目投资的预测成本与实际成本的差异时，发现管理层容易低估项目成本[④]。兰迪尔（Landier）和特斯玛（Thesmar）发表的一篇关于创业投资的调查文章显示，初始投资时大多数企业家会高估成功概率，然而，实际投资后的经营和盈利状况与预测的情况存在很大的差距[⑤]。持有公司股票或者期权的管理者，其个人财富与企业价值具有紧密关系，为了降低风险，积累个人财富，他们应该在有利时机出售手中的公司股票或兑现股票期权。然而，马尔门迪尔（Malmendier）和泰特（Tate）在针对美国上市公司的实证研究中发现，在股价迅速上涨时，很多高管不会行权，这也

---

① 陈其安，刘星．基于过度自信和外部监督的团队合作均衡研究［J］．管理科学学报，2005，8（6）：60～68.

② 文凤华，黄德龙，兰秋军等．过度自信、后悔厌恶对收益率分布影响的数值模拟研究［J］．系统工程理论与实践，2007（7）：10～18.

③ Gervais S，Heaton J B，Odean T．Capital Budgeting in the Presence of Managerial Overconfidence and Optimism［R］．Working Paper，University of Pennsylvania，2000.

④ Merrow，Edward W，Kenneth E P，et al．Understanding Cost Growth and Performance Shortfalls in Pioneer Process Plants［M］．Santa Monica：Rand，1981.

⑤ Landier A，David T．Financial Contracting with Optimistic Entrepreneurs：Theory and Evidence［D］．University of Chicago，2004.

就证实了过度自信普遍存在于企业高管中①。中国的上市公司中也有类似情况，郝颖等的实证研究表明，中国大约四分之一实施股权激励的上市公司中的高层管理人员存在过度自信这一行为特征②。

因此，管理者的自信水平往往高于常人，即公司管理者出于自身经验和信息优势，过高估计自身的能力水平或所获信息的准确性，从而体现出一种非理性心理现象。过度自信这一特征广泛存在于管理者的决策过程中，它与企业决策行为交织在一起，必然会共同影响企业各项决策的科学性、客观性和准确性。

2. 过度自信的心理学基础

根据德波特等的研究，过度自信心理是在个人判断方面的心理学研究中最稳健的结论，在行为上解答交易问题的关键之处也即过度自信③。过度自信在情感心理学上主要来源于严重的自我归因偏差和过分的乐观主义。

自我归因偏差，也称作“基本归因偏差”（fundamental attribution error）。它可以这样理解：人们经常认为他们的技能和能力是成功的因素，不可控制的因素和坏的运气是失败的原因④。根据奥登（Odean）和贝姆（Bem）等的研究，如果失败是由自身原因造成的，那么，人们通常不愿承认其原因。为避免使自己感到悲观，人们更愿意把失败归因于客观环境因素。但这样也使得其自信心被偶然的成功强烈地助长，导致过度自信。因此，信念不能由理性的学习矫正，决策成功的次数增加则导致了盲目过度自信⑤。

乐观主义（optimism）是指人们经常对自身实力和将来的发展抱有过于乐观的想法⑥。除此之外，还存在“优于平均效应”，即在人群中，人们的优越感会使其认为自身实力超过平均水平。这种效应和乐观主义共同作用于人们的行为，促进了行为人自我归因偏差的产生，进而滋生了过度自信。

3. 管理者过度自信的原因

抽象的心理学实验对过度自信现象提供了两种解释：信息加工偏差和无偏差判断错

① Malmendier U, G Tate. Manager Overconfidence and Corporate Invesment [J]. Journal of Finance, 2005 (60): 2 661－2 700.

② 郝颖，刘星，林朝南. 我国上市公司高管人员过度自信与投资决策的实证研究 [J]. 中国管理科学，2005，13 (5): 142～148.

③ DeBondt, Werner F M, Richard H T. Financial Decision-Making in Markets and Firms: A Behavioral Perspective [J]. Finance, Handbooks in Operations Research and Management. Science, 1995 (9): 385－410.

④ 黄健柏，杨涛，朱学红. 基于过度自信的相关研究及应用综述 [J]. 预测，2007，26 (3): 1～7.

⑤ Odean T, Volume V. Price, and Profit. When All Taders Are above Average [J]. Journal of Finance, 1998, 53 (6): 1 887－1 934.

⑥ 张圣平，熊德华，张峥等. 现代经典金融学的困境与行为金融学的崛起 [J]. 金融研究，2003 (4): 44～56.

误[1]。前一观点认为人们在处理信息做出判断的过程中会由于种种原因发生偏差，但是他们相信这个过程是无偏差的，所以会更支持最初的判断[2]；后一观点认为过度自信是由实验中的随机误差和不可靠的测量手段造成的，如不能正确评估所获得的信息或不能按实验要求的方式恰当地表达主观感觉等。

不同于普通的心理学实验，管理者在经营管理过程中产生过度自信的原因更为清晰具体，归纳起来主要有以下几点：

① 决策复杂性容易引发过度自信。格里芬（Griffin）和特沃斯基的研究指出，当人们面临难题时，更容易表现出过度自信[3]。管理者的重要性在于需要做出决策，而如何决策能够让企业在变幻莫测的内外部因素作用下平稳和谐地发展，是很困难的。而决策的复杂性与艰巨性，也导致了过度自信。越是成功的企业家，越是要防止自信心的膨胀。

② 缺乏“行为坐标”可能导致过度自信。公司高管的工作以公司的发展战略为主，包括重组、并购、大规模投融资等，少有例行公事的任务，其决策缺少参照性，不易与以往的决策作比较。这种缺乏“行为坐标”的决策方式更易于导致过度自信，因为这样的情况下缺乏与以往行为的对比，容易产生过度的自豪感[4]。同时，高管的决策经常面临新环境，不易模仿和借鉴前任经验，这也会滋生过度自信的问题[5]。尤其是在信息化社会，金融领域创新面临的环境不同以往，一旦取得成功，就很可能会做出过度自信的事情。淘宝的成功是有目共睹的，支付宝结算系统解决了交易双方可能违约的难题。但是最近推出的余额宝则受到了大银行甚至监管者的制衡，过度自信引发的创新过度可能会受到打击。

③ 涉及自身利益更容易引起过度自信。人们在处理一切尽在掌握中或者与自身高度相关的事情时更容易过度自信[6]，这也可以解释为什么管理者在处理一般性事务时容易保持理性，而进行与自己相关的决策时却容易表现出过度乐观的态度。企业管理者所处的特殊位置可能使其自身的控制能力和控制范围更广；另外，企业的经营业绩与管理者的

---

① 于窈，李纾．过分自信的研究及其跨文化差异［J］．心理科学进展，2006（3）：468～474.

② Koriat A, Lichtenstein S, Fischhoff B. Reasons for Confidence [J]. Journal of Experimental Psychology: Human Learning and Memory, 1980 (6): 107－118.

③ Griffin D, A Tversky. The Weighing of Evidence and the Determinants of Confidence [J]. Cognitive Psychology, 1992 (24): 411－435.

④ Moore D A, T G Kim. Myopic Social Prediction and the Solo Comparison Effect [J]. Journal of Personality and Social Psychology, 2003, 85 (6): 1 121－1 135.

⑤ Kahneman D, D Lovallo. Timid Choices and Bold Forecasts: A Cognitive Perspective on Risk Taking [J]. Management Science, 1993 (39): 17－31.

⑥ Goel A, A Thakor. Rationality, Overconfidence, and Leadership [D]. Michigan Business School, 2000.

薪酬回报高度相关，使得管理者对其决策结果表现出极大的关心。

④ 自我归因偏差引起过度自信。在企业中，成功的管理者更可能保留职位或得到晋升，而大多数获得成功的管理者由于自我归因偏差都会过高估计自身能力在成功中所起的作用。所以在企业内部，那些成功登上高层管理职位的人会倾向于变得过度自信。戈埃尔（Goel）和塔科尔（Thakor）认为，在存在竞争的环境下，过度自信的管理者更容易获得晋升机会，因为他们低估了面临的风险，因而会获得更多展现自身能力的机会。企业管理者会因为选择性偏差而导致过度自信。因为，过度自信的人会被认为具有更强的能力，尤其在竞聘企业管理者时，具有过度自信表现的竞聘者会显得更加合适。这就是表现出过度自信和乐观的竞聘者更容易竞聘成功的原因。

在过度自信的管理者的讲话中经常听到“我做出的决策为公司赚取了多少多少利润”，很少听到“我们管理团队做出的决策取得了成功”；但是在失败时却经常听到“我们管理团队决策失误，给公司带来了损失”。这是典型的自我归因现象，管理者喜欢将成功归因于自己的决策，而将失败归因于团队的决策。

（二）管理者过度自信的影响因素

对于管理者过度自信的影响因素，不同的研究存在不同的观点，有些观点甚至针锋相对。具体而言体现在以下几个方面：

1. 性别差异

学者们对于性别的不同是否会先天性地导致过度自信的看法不一。多数学者认为，男性更易过度自信。巴伯（Barber）和奥登通过研究证券市场中不同性别的人的表现发现，男性交易者交易量更大、交易频率更高，即男性投资者更容易过度自信[①]。本格森那（Bengtssona）等对斯德哥尔摩大学（Stockholm University）考试数据的研究也得出了“男性更加过度自信”的结论[②]。除此之外，伦德贝里（Lundeberg）、韦伯斯特（Webster）等也持这样的看法[③]。但是比亚斯（Biais）等学者不认可性别的不同会导致过度自信的差异的观点[④]。

本文认为性别差异能否导致过度自信，关键在于研究时能否控制其他一些心理变量，

① Barber B M, T Odean. Boys Will Be Boys: Gender, Overconfidence, and Common Stock Investment [J]. Quarterly Journal of Economics, 2001 (116): 261 –292.

② Bengtssona C, M Perssonb, P Willenhag. Gender and Overconfidence [J]. Economics Letters, 2005 (86): 199 –203.

③ Lundeberg, Fox, Puncochar et al. Highly Confident but Wrong: Gerder Differences and Similarities in Confidence Judgments [J]. Journal of Educational Psychlogy, 1994 (86): 114 – 121; Webster E, Webster R L, T S Ellis. Men's and Wonmen's Self-confidence in Performing Financial Analysis [J]. Psychological Reports, 1996 (79): 1 251 –1 254.

④ Biais B, Hilton D, K Mazurier. Judgmental Overconfidence Self –monitoring, and Trading Performance in an Experimental Financial Market [J]. Review of Economic Studies, 2005 (72): 287 –312.

如风险偏好等。对于男女管理者在过度自信方面是否存在差异，目前还未见文献进行专门研究。但是我们在一个研究中得到了男性比女性更“恋家”的结论。通过选取广州、上海、天津、大连等四个城市数万个股票投资者的样本，以投资本地区股票市值与全部投资市值之比作为变量，最后得出女性投资者的股票账户中，投资于居住城市之外股票的比例远远高于男性，说明男性比女性更喜欢投资所在城市的股票，也就是更“恋家”。如果将“恋家”作为不自信的代理变量，则说明在股票投资中，男性比女性缺乏自信。

2. 专业知识

在特定领域具有专业知识的权威专家更容易过度自信。希思（Heath）和特沃斯基以及弗拉斯卡拉（Frascara）都证实了专家比非专家更容易过度自信[①]。

通过分析管理者的职业上升通道，高层管理者到达最高管理者职位的途径可分为两类，一类是技术途径，一类是管理途径。如果是通过技术通道因表现突出而被委以重任的管理者，在进行与技术相关的重大决策，如研发决策、财务决策时，常以专家角色分析和考虑问题，容易表现出过度自信，而对一些非技术类重大决策，反而容易表现出理性的一面。反之，如果是通过管理途径升职的管理者，在进行与管理相关的重大决策，如人力资源决策、战略管理决策时，容易表现出过度自信，而对技术类重大决策则表现出理性的一面。

3. 任务难易程度

任务的难度越大，管理者表现出来的自信程度越高。利希滕斯坦和菲施霍夫（Fischoff）的研究证明了这个观点，即面临的问题难度增加时，人们往往表现出更高的自信水平[②]。汤姆森（Thomsona）等通过实验也得出了类似的结论[③]。

这一影响因素与管理者的专业背景有一定联系，但有本质区别。如前所述，与普通员工相比，管理者面临的经常是复杂问题或重大决策，因此更容易表现出过度自信；如果所处理的问题没有前例，管理者更容易为表现决策能力和掌控力以提升威信，从而产生过度自信。

---

① Heath C, Tversky A. Preference and Belief: Ambguty and Competence in Choice under Uncertainty [J]. Journal of Risk and Uncertainty, 1991 (4): 5 -28; Frascara J. Cognition, Emotion and Other Inescapable Dimensions of Human Experience [J]. Visible Language, 1999 (8): 55 -70.

② Linchtenstein S, Fishoff B. Do Those Who Know More Also Know More about How Much They Know? The Calibration of Probability Judgments [J]. Organizational Behavior and Human Performance, 1977 (3): 552 -564.

③ Thomosona M E, D O Atayb, A C Pollockc et al. The Influence of Trend Strength on Directional Probabilistic Currency Predictions [J]. Psychological Review, 2003 (19): 241 -256.

4. 文化差别

自信程度受文化背景的影响。大量研究发现，相对于西方人而言，东方人更倾向于过度自信。这似乎与人们传统观念中的印象相悖，但是他们的研究确实得到了这样的结论。赖特（Wright）等的实验研究发现，亚洲人要比英国人更为过度自信①。耶茨（Yates）等进行研究时考虑了中国文化因素，其研究发现，中国决策者的过度自信在历史和现实决策中都有较强的体现②。我们可以从中国（中央之邦）的名字看出，国人的自信心是满满的。清朝的乾隆皇帝自封为“十全皇帝”，因为英国使者马戛尔尼不行三拜九叩之礼就拒绝了与英国建交和通商，并从盛世走向衰败，乾隆皇帝是自信得过头了。

5. 决策者的经验

成功源于积累，经验越丰富，成功的机会越大，必然也会导致过度自信。基希尔（Kirchler）等采取实验研究的方法，发现在虚拟金融市场中，经验越多的人其过度自信程度越高③。沃洛森（Wolosin）、艾伦（Allen）和埃文斯等也得到了类似的结论④。但是在这个问题上学者们并没有达成一致，劳克（Loeke）和曼（Mann）以及克里斯托弗森（Christoffersen）和萨尔基相（Sarkissian）等的研究认为，投资者过度自信的程度会随经验的增加而下降⑤。本书的看法是，一个人成功的经验越多，越容易过度自信；如果失败的教训更多，则可能会导致过度不自信。

（三）管理者过度自信的计量

现有研究中过度自信的计量方法主要有两种：一种是用过度自信者自认为的能力水平减去其实际的能力水平；另一种是用服从正态分布的随机变量方差的系数表示，具体说来，就是假设 $\varepsilon \sim N(0, \sigma^2)$ 是服从正态分布的随机变量，$k(0 \leqslant k < 1)$ 代表过度自信水平，那么过度自信者认为 $\varepsilon \sim N(0, k\sigma^2)$，也就是说，过度自信者认为实际信息不准确

---

① Wright G N, L D Philips, P C Whalley et al. Cultural Differences in Probabilistic Thinking [J]. Journal of Cross-cultural Psychology, 1978 (9): 285-299; Wright G N, L D Philips. Cultural Variation in Probabilistic Thinking: Alternative Ways of Dealing with Uncertainty [J]. International Journal of Psychology, 1980 (15): 239-257.

② Yates J F, Y Zhu, D L Ronis et al. Probability, Judgment Accuracy: China, Japan, and the United States [J]. Organizational Behavior and Human Decision Process, 1989 (43): 147-171.

③ Kirchler E, B Maciejovsky, Simultancous. Over-and-under-confidence: Evidence from Experimental Asset Markets [J]. Journal of Risk and Uncertainty, 2002 (25): 65-85.

④ Wolosin R J, S J Sherman, A Till. Effects of Cooperation and Competition on Resposibility Attribution after Success and Failure [J]. Journal of Experimental Social Psychology, 1973 (9): 220-235; Allen W D, D A Evans. Bidding and Overconfidence in Experimental Financial Markets [J]. Journal of Behavioral Finance, 2005 (6): 108-200.

⑤ Locke P R, S C Mann. House Money and Overconfidence on the Trading Floor [D]. George Washington University, 2001; Christoffersen S, S Sarkissian. Location Overconfidence [D]. McGill University, 2002.

的范围要比其对于不准确性的控制范围更大。

过度自信作为一种行为特征会对管理者的行为产生影响，但是目前几乎没有针对管理者过度自信进行计量而专门设计的分析模型。通常情况下，不论是管理者还是一般投资人，对其过度自信的衡量都是通过衡量认知偏差来实现的，因为它们均表现出同一认知偏差，只是在程度上有所不同，用同一方法可以达到计量目的。

许多学者将投资者过度自信引入到他们的模型中并很好地解释了一些传统理论不能解决的问题。企业存在投资行为，作为管理者，掌控着企业的资金管理权与投资决策权，如果企业对上市公司进行不同规模的股权投资，那么作为机构投资者的实际决策人——高层管理者，实际上也可视作资本市场上的投资者。从这一角度来讲，对投资者过度自信行为的研究同样适用于解释管理者的行为。

1. 过度自信者容易夸大私人信息

丹尼尔（Danie）等利用过度自信解释了股票价格的短期惯性和长期反转[①]。市场上的投资者可分为拥有私人信息的投资者和没有私人信息的投资者。前者因拥有私人信息而容易过度自信。由于管理者具有特殊的经营地位和社会关系，他们更容易得到一些私人信息，出于对信息来源的信任而产生过度自信，因此更容易夸大私人信息的准确性；当私人信息与公共信息不一致时，他们会忽视公共信息而信任私人信息。当私人信息包含好消息时，股价会上升；如果这时公共信息与私人信息不一致，投资者由于过度自信继续相信私人信息，那么短期内股价仍会继续上升，从而形成短期惯性。当公共信息长期与私人信息相悖，暗示股价过高时，投资者就会适当调整判断，最终会导致股价的反转。

2. 过度自信者容易过度交易

奥登（1998）认为，由于现实资本市场情况复杂，信息存在不对称，而且不能及时反馈，所以投资者的信心得不到适当的调整，容易产生过度自信的心理，从而导致了过度交易情况[②]。他将投资者分为竞争性交易者、做市商以及知情交易者，通过构建一个多期交易模型，发现投资者是价格接受者时，市场预期交易量以及风险资产的价格波动性会随着投资者过度自信程度的提高而增加；而风险资产价格的质量随着投资者过度自信程度的提高而下降。

---

① Daniel K D, Hirshleifer, A Subrahmanyam. A Theory of Overconfidence, Self-attribution and Security Market Under- and over- reactions [J]. Journal of Finance, 1998 (53): 1839 -1885.

② Odean T. Volume, Volatility, Price, and Profit When All Traders Are above Average [J]. Journal of Finance, 1998, 53 (6): 1 887 -1 934.

3. 过度自信者影响市场效率

除了以上两个经典模型，热尔韦（Gervais）和奥登（2001）还提出了一个过度自信的学习模型，在一定程度上解释了过度自信的投资者为什么能够在市场上存活的问题①。柯（Ko）和黄（Huang）研究了过度自信对市场效率的影响，结果表明过度自信在一定程度上能够改善市场效率②。

可以说，作为特殊的机构投资者的法人代表，管理者在市场上充当着重要的角色，其过度自信的行为将直接影响企业的股权投资效率。而证券市场上过度自信的投资者越多，对市场价格波动性的影响就越大。管理者的非理性行为容易导致市场交易量的异动。

（四）管理者过度自信的研究方法

过度自信行为的研究方法包括规范研究和实证研究。前者多基于心理学理论和信息经济学理论，为了降低信息不对称和提高资本市场运行效率，运用博弈、规范理论分析等方法，进行相关的过度自信行为研究，得出了有价值的结论。后者则运用大量的资本市场数据，特别是投资者或管理者个人的私人特征数据，进行过度自信行为的影响因素分析及研究。值得一提的是，问卷调查和行为学实验作为实证研究中的特例，在过度自信的研究中得到了充分的运用，并取得了一定的研究进展。

1. 规范研究方法

规范研究方法大多是指通过建立数学模型的方式来研究过度自信的问题，即运用各项参数来刻画过度自信在行为上是如何表现的，并采取理论推导或博弈分析的方式，研究其他活动如何受到过度自信行为的影响。规范研究是过度自信行为研究的基础。

2. 实证研究方法

实证研究侧重于验证规范研究的结论，取得了过度自信在不同国家和地区资本市场上存在的重要证据，同时论证了过度自信作为一种群体非理性行为容易导致市场价格的异常波动。该研究方法应用最为广泛。由于过度自信属于人的动态行为，往往难以计量，实证研究往往采用某些变量来代替过度自信等行为，例如用管理者持股比例高低来代替过度自信，或者用薪酬高低代替等。

3. 问卷调查和实验研究方法

作为实证研究方法的特例，这两类方法在研究管理者的个性与行为特征对其过度自

---

① Gervais S, Odean T. Learning to Be Overconfident [J]. Review of Financial Studies, 2001, 14 (1): 1-27.

② Ko K J, Z (James) Huang. Arrogance Can Be A Virtue: Overconfidence, Information Acqusition, and Market Efficiency [J]. Journal of Financial Economics, 2007 (84): 529-560.

信的影响方面效果显著。

问卷调查是指为了获得表示心理特征的指标，通过设计标准化的问题来描述投资者的心理特征。格拉泽（Glaser）和韦伯（Weber）使用问卷调查的方法对3 000个德国经纪人过度自信的特征进行研究，并得出如下结论：投资者交易频率和绩效都与其自信水平呈负相关[①]。该结论证明了理论研究的结果。进行类似研究的还有奥伯莱希纳（Oberlechner）和奥斯勒（Osler），托尔尼·瑞德（Tourani-Rad）和柯克拜（Kirkby）[②]等。

实验研究方法是指为寻找过度自信的证据及影响因素，通过模拟资本市场的实际交易状况，控制噪声变量来精确度量过度自信行为的方法。如迪夫斯（Deaves）等分别采用实验方法进行研究，结果表明过度自信将会导致过度交易[③]。基希尔和马克琼乌斯基（Maciejovsky）采取实验研究的方式，得到如下结论：人们并非总是过度自信，过度自信程度越高，个人的收益越低，与经验成正相关关系[④]。高鸿桢、林嘉永通过构建信息不对称的市场实验，发现投资者并不是完全理性的，存在由于过度自信导致的过度交易[⑤]；姚宏等在对盈余操纵的实验中发现，非内幕交易者在缺少私人信息的情况下存在过度自信的行为表现[⑥]。

（五）过度自信在管理者决策中的体现

围绕管理者过度自信对企业行为影响的研究基本上遵循以下框架：由于委托代理关系产生的管理者与股东的利益冲突，反映在管理者的薪酬及对其努力程度的监管问题研究中，同时这种冲突会影响公司经营效率和业绩；由于管理者存在过度自信会使公司的投融资决策发生扭曲，当投融资需求与公司的财务能力产生矛盾时，出于追求薪酬分配导致的个人利益最大化，管理者会产生盈余管理的冲动与需求，最终导致利润操纵行为，使得会计信息失真。其研究构架如图2.1所示。

1. 委托代理关系中的管理者过度自信

基于委托代理关系形成的公司治理结构是现代企业制度的核心。委托人期望将自己

---

① Glaser M, M Weber. Overconfidence and Trading Volume [D]. Mannheim Univesersity, 2004.

② Oberlechner T, C Olser. Overconfidence in Currency Markets [J]. SSRN, 2008 (3): 1-40; Tourani-Rad A, S Kirkby. Investigation of Investors' Overconfidence, Familiarity and Socialization [J]. Accounting and Finance, 2005 (45): 283-300.

③ Deaves R, E Luders, G Y Luo. An Experimental Test of the Impact of Overconfidence and Gender on Trading Activity [D]. McMaster University, 2004.

④ Kirchler E, B Maciejovsky. Simultancous Over-and-under-confidence: Evidence from Experimental Asset Markets [J]. Journal of Risk and Uncertainty, 2002 (25): 65-85.

⑤ 高鸿桢，林嘉永．信息不对称资本市场的实验研究［J］．经济研究，2005（2）：63~71.

⑥ 姚宏，李延喜，高锐等．信息结构、风险偏好与盈余操纵行为——一次实验研究的结论［J］．会计研究，2006（5）：58~65.

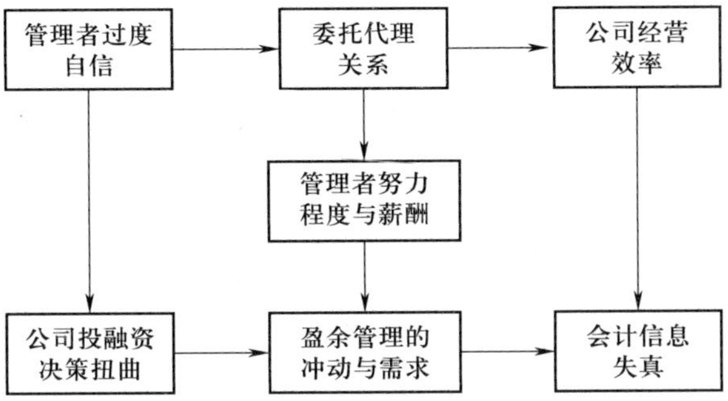

图 2.1　管理者过度自信对企业行为的影响研究构架

的资产交给一个理性的管理者经营，从而规避风险，取得收益。股东与作为代理人的企业实际管理者之间存在信息不对称，由此产生的管理者过度自信无法保证委托代理关系处于最优水平。中国历史上多少次王朝的更替，其实就是委托人与代理人之间信息不对称造成的。不论是秦始皇的郡县制，还是唐朝的藩镇制，如果代理人自信心膨胀，委托人的利益必然受损，甚至被推翻。

就委托人或合伙人的效用受管理者过度自信影响的问题，以陈其安为主的一些研究人员进行了讨论，认为公司管理效率可因适度的过度自信而提高。陈其安和杨秀苔对过度自信和外部监督同时存在的情况下，二者对团队合作的联合作用机制进行了研究①。结果表明外部监督和团队成员的过度自信对团队整体预期效用的影响是相互替代的。通过建立均衡模型，研究过度自信对合伙公司和合伙人预期效用的影响，得出结论，在理性条件下，每个合伙人的均衡努力水平都不能使合伙人和合伙公司的预期效用最大化；如果部分或全部合伙人过度自信，且合伙人之间存在相互依赖关系，那么某个合伙人过度自信程度的提高会使得所有合伙人的均衡努力水平程度提高。

但是管理者的过度自信程度过高则有碍于委托人对其行为进行监管，如陈其安、杨秀苔通过对委托代理关系受代理人过度自信作用的研究，得出如下结论：当代理人的效益工资和委托人的监督成本都非零时，代理人的最佳努力水平与过度自信的程度正相关，委托人的最佳监督力与过度自信的程度负相关；当代理人效益工资为零时，过度自信与委托代理关系无关②。陈其安等利用两期资本预算决策过程的模型和实物期权等方法研究了上市公司高管的过度自信对股票补偿的影响，结果表明，企业价值最大化条件下的股

① 陈其安，杨秀苔．基于过度自信的合伙人合作均衡研究［J］．管理评论，2005（10）：34～39.
② 陈其安，杨秀苔．基于代理人过度自信的委托代理关系模型研究［J］．管理工程学报，2007（1）：110～116.

票补偿数量与管理者过度自信程度负相关；在特殊情况中，公司股东收益最大化条件下的股票补偿数量与管理者过度自信程度负相关①。以上研究对考虑管理者过度自信状况下，有针对性地进行薪酬机制设计与开发具有现实意义。

此外，一些学者将管理者过度自信同风险偏好联系起来，研究在两者的作用下管理者经营表现与努力程度的关系。如周嘉南、黄登仕研究了在过度自信情况下，企业经理人的最优业绩分享系数和风险的相互作用机制②。研究表明，当经理人过度自信的程度较高时，无论经理人是否厌恶风险，在风险较大时，最优的业绩分享系数都与风险呈正相关；而在风险较低时，呈负相关。随着经理人过度自信程度的提高，其最优努力水平也将与风险呈正相关。

2. 管理者过度自信对投融资决策的作用

投融资决策是企业重要的决策活动，是财务管理的核心内容，若管理者存在过度自信，那么企业投融资的获得将在很大程度上受到这种认知偏差的影响。

罗尔（Roll）最早将过度自信引入公司金融研究③。他分析了大量并购案例的失败原因，并将其归结为管理者过度自信。希顿（Heaton）、马尔曼德和泰特都是在基于管理者过度自信的假设下，对企业投资扭曲程度做出重要研究④。前者的结论是：无论管理者是否以股东利益最大化为目标，企业投资不足和投资过度都会受到管理者过度自信的影响。后两者重点研究了不同的融资方式对企业投资扭曲程度的作用，他们的研究结论是：企业的过度投资往往是由经理的过度自信导致的。当存在外部融资约束时，企业投资总额与内部现金流呈正相关。股权融资依赖程度越高，投资现金流敏感性约束越严重。

国内的学者也开展了这方面的实证研究，郝颖等采取理论分析和实证检验的方式，对中国上市公司管理者过度自信与企业投资决策的关系进行研究，得出如下结论：在存在股权激励的企业中，25%的管理者存在过度自信行为；相比适度自信，投资水平越高，管理者过度自信的行为越显著。在股改前的企业中，股权安排及治理结构都很特殊，过度自信的管理人员的投资决策与配置效率负相关，导致了过度投资的产生⑤。余明桂等运用实证的方法，研究了企业债务期限及债务结构和管理者过度自信的关系，得出如下结

① 陈其安，陈耿，陈亮等．基于过度自信的上市公司经理股票补偿研究［J］．系统工程学报，2008（1）：36～44.
② 周嘉南，黄登仕．过度自信对经理业绩分享系数都与风险之间关系的影响［J］．系统管理学报，2007（6）：269～274.
③ Roll R. The Hubris Hypothesis of Corporate Takeovers［J］. Journal of Business，1986（59）：197－216.
④ Heaton J B. Managerial Optimism and Corporate Finance［J］. Financial Management，2002（31）：33－45；Malmendier U，G Tate. CEO Overconfidence and Corporate Investment［J］. Journal of Finance，2005（6）：2 661－2 700.
⑤ 郝颖，刘星，林朝南．我国上市公司高管人员过度自信与投资决策的实证研究［J］．中国管理科学，2005，13（5）：142～148.

论：当资产负债率特别是短期负债率上升时，管理者过度自信程度也上升。这说明企业债务融资决策在很大程度上受到管理者过度自信的影响①。王霞等通过对企业投资行为受管理者过度自信行为影响的研究，得出如下结论：过度投资以及对融资活动产生现金流的较高敏感性都与过度自信有关②。

可以看到，不论是国外还是国内，管理层的过度自信是普遍存在的，而且会对企业财务决策产生不良经济后果。此外，过度自信的管理者容易固守历史经验，不愿意进行调整，往往会导致企业帝国的崩塌。例如中国轻骑集团、三九集团、中国华录，以及美国的雅虎、柯达等著名企业。

相对于股东，管理者更看重控制权及这种权力带来的现实利益，这与股东的目标是不一致的，即管理者具有“建造帝国”的偏好。这种来自管理者过度自信的偏好，使得管理者会在资本充足时无节制地增加投资，进而产生企业过度投资的问题。但投资机会与融资能力相矛盾，由此管理者的过度自信对融资方式及债务结构也会产生较大的影响。目前，从对文献的分析来看，在企业投融资行为研究方面，过度自信假设的应用还不广泛；而在金融学资产定价方面的研究上，已得到充分的应用。如何将过度自信作为必要假设导入投融资决策模型中，如何在公司治理结构不足以制约管理者个人决策偏好的前提下，通过决策机制的设计来抑制或纠正过度自信引发的投融资扭曲问题，是下一步深入研究的主要方向。

3. 基金经理的过度自信与基金效率

很多学者对基金经理过度自信对基金经营效率的影响非常感兴趣。基金经理是一类很特殊的人群，兼具管理者与投资者的双重身份。作为管理者，他们直接管理着投资团队和数额巨大的投资基金；作为机构投资者，他们直接参与资本市场的交易。因此，基金经理的非理性行为直接体现在他们的基金经营业绩中。

贝诺斯（Benos）的研究发现，较大的市场深度、较高的交易量、强烈的价格波动和更多具有信息的价格都与过度自信交易者的参与有关；过度自信交易者比理性交易者的预期利润更高。这些因素维持了过度自信交易者的过度自信倾向，成为了这些交易者先发优势的诱因③。王（Wang）用双寡头模型进行研究，得出如下结论：相对于理性的情

① 余明桂，夏新平，邹振松．管理者过度自信与企业激进负债行为［J］．管理世界，2006（8）：104～112.

② 王霞，张敏，于富生．管理者过度自信与企业投资行为异化［J］．南开管理评论，2008，11（2）：77～83.

③ Benos A. Aggressiveness and Survival of Overconfident Traders［J］. Journal of Financial Markets，1998（1）：353－383.

况和理性交易者，过度自信的基金管理者可以得到更高的期望收益和效用①。

李丽、王明好的研究表明，过度自信导致基金经理交易更多的风险资产；基金经理过度自信的程度越高，基金的收益越大，基金承担的风险也越大②。

陈其安、曹国华通过建立数学模型研究了基金管理人过去的成败经历对其现在的投资心理和行为的影响，得到如下结论：悲观或自信与过去的经历有关，而过度悲观由经常失败引起，过度自信由经常成功引起。因此，过去经常成功或失败的管理人都不是良好的人选，不能带来理想的收益③。

王健、庄新田采取动态多期的研究方法，发现基金经理过度自信程度越高、交易成功次数越多，基金的收益和风险越高。过度的自信对于基金收益和风险的影响也并非长期存在，在一定条件下，逐渐增加的工作经验会使基金经理变得理性④。

陈杰为研究基金经理投资组合风险的选择行为，将过度自信与晋升制度的因素引入该问题，得出如下结论：因为基金经理投资组合风险的水平可因晋升竞争而降低，所以，为获得更多升职机会，在过度自信的促使下基金管理者通常采取较高的投资组合风险水平⑤。

基金经理的过度自信及其经济后果完全是由与委托人的信息不对称造成的。由于基民数量庞大且分散，对基金的运作影响力弱小，基金经理往往从个人短期利益出发，进行过度交易，偏好风险投资，成功了于己于人都有利，失败了会对基民造成损失，但对自己影响较小。因为目前中国的诚信体系和经理人的声誉机制没有建成，高声誉的基金经理没有得到奖励，低声誉的基金经理也没有受到惩罚。所以，加强诚信体系建设、建立经理人声誉机制是非常重要的。

4. 管理者过度自信对盈余管理的影响

多方利益冲突导致盈余管理。传统的公司治理研究忽视了管理者的非理性行为和认知偏差，没有考虑过度自信、期望理论和心理账户等对公司治理以及盈余管理的影响。

赫里巴尔和杨的研究指出，过度自信的管理者会为达到盈余预测而进行盈余管理，同时，他们更倾向于发布过分乐观的盈余预测⑥。

---

① Wang F A. Overconfidence, Delegated Fund, Management, and Survial [C]. Columbia University, Presented at the NBER-Sage Workshop on Behavioral Finance, Cambridge, MA, 1997.

② 李丽，王明好. 基金经理过度自信对基金收益与风险的影响研究 [J]. 运筹与管理，2005 (1): 95 ~97.

③ 陈其安，曹国华. 基金管理人行为对股票市场的作用机制研究 [J]. 中国管理科学，2006，14 (1): 129 ~135.

④ 王健，庄新田. 基金经理过度自信条件下基金收益与风险的动态变化关系 [J]. 系统工程，2006，24 (6): 64 ~67.

⑤ 陈杰. 晋升制度、过度自信与基金经理的投资风险水平 [J]. 现代经济，2008，7 (9): 23 ~27.

⑥ Hribar P, H Yang. Manager's Overconfidence, Management Earnings Forecasts, and Earnings Management [R]. Working Paper, 2006.

张荣武和刘文秀依据管理者任期内持有本公司股票的状况将过度自信分为长期和短期两种，并用实证的方法，分析了长期和短期过度自信对管理者盈余管理行为的作用，得到如下结论：实施股权激励的上市公司的管理者一般表现为长期过度自信；正向盈余管理通常由短期过度自信管理者采取，负向盈余管理通常由长期过度自信管理者采取①。

从目前国内外的研究现状可以看出，直接对管理者过度自信与盈余管理的关系进行研究的文献比较少，一般均通过中间变量间接研究，这些中间变量包括分析师或管理者的盈余预测、经营业绩、薪酬契约等。事实上，基于前面的管理者过度自信行为研究框架评述，两者在理论上可能存在一定关系，但尚需实证检验。

由于公司的盈利水平直接影响管理者的业绩考核、晋升、薪酬、股权激励等短期利益，所以管理者必然从个人利益最大化出发，通过各种方式来进行盈余管理，以期获得正向评价。

（六） 研究述评与展望

对于过度自信行为的研究正随着心理学与资本市场理论等交叉学科的发展而越来越深入。由于增加了管理者过度自信的前提条件，一些经典模型得以改进，一些长久以来困扰资本市场的谜题得以解释。目前有关管理者过度自信的理论研究和实证研究正在日渐丰富，但仍有一些问题需要解决。

首先，目前对管理者过度自信的研究十分零散，不能形成完整的理论体系和方法体系。这体现在对于管理者过度自信的影响机理的研究尚不充分，对中国独特的公司治理结构下管理者过度自信的特点及影响效应的挖掘还不够，而对管理者过度自信的研究主要集中于投资领域，其他相关领域的研究较少。

其次，现有的研究并没有提出一种能够很好地度量过度自信程度的方法，只是能够区分是否存在过度自信，这阻碍了过度自信相关研究的进一步深入，也因而缺乏对管理者过度自信特点与程度的国际比较。所以，找到一种能够度量过度自信程度的方法，而且在该方法中不存在偏离和差异，对于进一步的研究十分重要。

最后，在对公司治理的研究中，管理者过度自信尚未成为一项必要假设。过度自信作为人类相当普遍的心理现象，不会轻易消失。实际上，管理者的过度自信对于公司的战略定位、投融资等重大决策、薪酬的安排，以及盈余管理行为等影响重大，因此，无论是学术理论的未来发展，还是实务界的现实需求，均应考虑这一重要假设，并基于此

---

① 张荣武，刘文秀．管理者过度自信与盈余管理的实证研究［J］．财经理论与实践，2008，29（151）：72~77.

研究和探索相关机制，进一步抑制管理者过度自信的消极影响，发挥其积极作用。

综上所述，将过度自信广泛运用于管理者的相关决策行为研究具有重要意义和广阔前景，它为一系列公司治理和管理等问题的决策研究提供了崭新的视角。目前，管理者过度自信在国内的研究还仅仅是第一步，随着对课题的进一步深入研究，该行为理论将广泛渗透到金融与财务研究的各个领域，成为研究管理者决策的重要理论工具。

2.1.3 管理者声誉研究综述

声誉是公众对某人或某物的总体评价，并直接影响集体或者个人的社会形象。声誉不同于薪酬等短期激励，甚至有时会同短期业绩相矛盾，使得管理者对于声誉不太重视。尤其在中国诚信制度和声誉机制不完善的情况下，浑水摸鱼的事情比比皆是。例如房地产公司的管理者采取加快建设速度、提前销售和结算等方式，提高当期的业绩。但是忽视了建设周期、售后服务和维护等工作，导致部分房子的寿命降低，甚至出现了“房倒倒”、“楼脆脆”的劣质工程。在市场经济中，“人无信不立”，声誉的建立至关重要，如果不顾声誉而片面追求业绩，会带来巨大的损失。事实证明，由于中国市场经济体制等一系列原因，中国企业及管理者的声誉机制并没有得到有效的发挥，声誉在完善市场监督，降低代理成本、道德风险等方面的作用还存在很多不足，这是今后要努力的方向。

在这一部分，本文将对声誉、个人声誉以及集体声誉的国内外研究现状作评述，对声誉的内涵、形成模型以及现实应用等问题进行相应阐述和分析。对个人声誉和集体声誉的形成机理做出详细的阐述，并分析两者的关系。同时对已有集体声誉理论在电子商务及投资银行中的应用进行简要评述，整理管理者个人声誉的研究部分，并对管理者个人声誉的研究方向和趋势进行探讨。

（一）声誉、集体声誉及个人声誉

1. 声誉的含义

美国传统字典（AHD）将声誉定义为：“公众对某些人或事物所独有的特征或特质的总体评价。”牛津在线英语字典则将声誉具体定义为：“公众对于某人性格或其他品质的总体评价，而这种评价是建立在与同类人或事物的比较之下得到的相对结果。”

学者们对于声誉的定义始终存在着较多分歧，至今没能得到统一。部分学者以声誉的对象为切入点展开了一系列研究：鲍迈斯特（Baumeister）和焦亚（Gioia）以及西姆斯（Sims）等学者认为社会大众是声誉的基础对象，因此声誉是一种与集体息息相关的现象[①]，但杜比（Doby）和卡普兰（Kaplan）以及罗森（Rosen）等人则提出相反的观点，即声誉的主体并不是集体而应该是个人，相当于是对个体的评估[②]。徐（Tsui）集以上两种观点于一体，认为声誉是个体和群体所共有的一种认知[③]。对于声誉这一现象本身，不少学者认为它是针对声誉主体所获取到的信息，或者说是一种可被量化的客观信息；但也有不少学者认为声誉的主观性也是其一大特点，因为它是人们对质量信号以及认知印象的反映[④]。赫比格（Herbig）等认为声誉不仅能够体现为个体的特性，而且也能够作为对过去行为表现的时间反映[⑤]。此外，经济学家们还以博弈论为理论基础对声誉进行了种种研究，其中，具有代表性的有霍姆斯特罗姆（Holmstrom）创建的代理人市场声誉模型以及 KMRW 创建的标准声誉模型，上述模型将声誉界定为在长期动态博弈过程中建立起来的一种相互作用的机制[⑥]。

如前所述，声誉作为一种历史行为所积累而成的主体信息质量的评定信号，能够在群体中得到传播和扩散，当其行为主体为个体时，则称之为个人声誉；当其行为主体为集体时，即表现为集体声誉。

2. 集体声誉

集体声誉就是企业或者组织的知名度和吸引力。企业声誉和组织声誉是集体声誉研究的主要对象。魏格尔特（Weigelt）和卡默（Camer）提出声誉是企业的一组特性，产生于企业过去的行为[⑦]；玛尔威兹（Milewicz）和赫比格将声誉定义为企业的历史行为对

---

① Baumeister R F. Self-esteem, Self-presentation, and Future Interaction: A Dilemma of Reputation [J]. Journal of Personality, 1982 (50): 29 –45; Gioia D A, Jr Sims H P. Perceptions of Managerial Power as a Consequence of Managerial Behavior and Reputation [J]. Journal of Management, 1983 (9): 7 –26.

② Rosen S, Cochran W, Musser L M. Reactions to a Match Versus Mismatch between an Applicant's Self-presentational Style and Work Reputation [J]. Basic and Applied Social Psychology, 1990 (11): 117 –129; Doby V J, Kaplan R D. Organizational Stress as Threat to Reputation: Effects on Anxiety at Work and at Home [J]. Academy of Management Journal, 1995 (38): 1 105 –1 123.

③ Tsui A S. A Role Set Analysis of Managerial Reputation [J]. Organizational Behavior and Human Performance, 1984 (34): 64 –96.

④ Fombrun C J. Reputation: Realizing Value from the Corporate Image [M]. Boston, MA: Harvard Business School Press, 1996; Fombrun C, Shanley M. What's in a Name? Reputation Building and Corporate Strategy [J]. Academy of Management Journal, 1990 (33): 233 – 258; Spence M A. Market Signaling: Informational Transfer in Hiring and Related Screening Processes [M]. Cambridge, MA: Harvard University Press, 1974; Mayhew B W, Schutzberg J W, Sevcik G R. The Effect of Accounting Uncertainty and Auditor Reputation on Auditor Objectivity [J]. Auditing: A Journal of Practice and Theory, 2001 (9): 48 –70.

⑤ Herbig P, Milewicz J, Golden J. A Model of Reputation Building and Destruction [J]. Journal of Business Research, 1994 (31): 23 –31.

⑥ Kreps D, Milgrom P, Roberts Jet al. Rational Cooperation in the Finitely Repeated Prisoners' Dilemma [J]. Journal of Economic Theory, 1982 (27): 245 –252; Holmstrom B. Managerial Incentive Problems: A Dynamic Perspective [J]. Review of Economic Studies, 1999 (66): 169 –182.

⑦ Weigelt K, Camer C F. Reputation and Corporate Strategy: A Review of Recent Theory and Applications [J]. Strategic Management Journal, 1988 (9): 443 –454.

周围群体整体认知以及判断的影响①；瓦提克（Wartick）认为声誉产生的前提是单个利益相关者对组织存在需求和期望②。实际上，弗布伦（Fombrun）所提出的关于企业声誉的定义在学术界最为大家所广泛认可并被采用。弗布伦将声誉界定为利益相关者在对同行业企业进行比较时，从企业历史行为以及未来发展趋势角度表现出的对自身的吸引力③。

集体声誉这一概念在不同领域也有着不同的理解。在会计学领域中，声誉被视为一种强有力的竞争武器，拥有好的声誉可以带来丰厚的利润；相反地，当声誉差时则会招致损失。在信号理论的基础上，会计学专家对集体声誉进行了研究④。研究表明，集体声誉是一种载体，能够将公司信息以报告的形式传达给公众，与此同时，对外公布的报告又反向影响着公司的声誉。声誉在营销学范畴则被看作是品牌形成的过程⑤。其将集体声誉当作一种价值资源，并认为应使其尽可能地发挥作用。此观点与会计学界的区别在于，会计学认为财务数据一方面是声誉的来源，同时其好坏又会影响到企业的声誉；而营销学关于声誉的研究重点则是声誉的来源。

战略管理是从企业资源的角度对声誉展开研究的，从企业战略的角度出发，声誉是企业的一种无形资源，这种资源具有不可模仿性以及稀缺性等特征，构成企业的竞争优势⑥。在这种思想的引领下，企业的质量、创新能力等信息都通过声誉向大众进行传达，因此，企业应该努力保持自身的声誉，并使其在商业竞争中发挥优势资源的作用。

弗布伦总结了多方面的观点，对声誉进行了界定：①在组织行为学相关领域，它被看作是企业身份的象征；②在管理科学领域，它被看作是一种竞争优势，能够对新进入

---

① Herbig P, Milewicz J. The Relationship of Reputation and Credibility to Brand Success [J]. Journal of Consumer Marketing, 1993 (10): 5 -10.

② Wartick S L. The Relationship between Intense Media Exposure and Change in Corporate Reputation [J]. Business and Society, 1992 (31): 33 -42.

③ Fombrun C J. Reputation: Realizing Value from the Corporate Image [M]. Boston, MA: Harvard Business School Press, 1996.

④ Keller W. Accounting for Corporate Social Performance [J]. Management Accounting, 1974 (2): 39 -41; Mattews M R. A Suggested Classification for Social Accounting [J]. Journal of Accounting and Public Policy, 1984 (4): 199 -222; Riahi-Belkaoui A, Pavlik E L. Accounting for Corporate Reputation [M]. Westport, CT: Quorum Books, 1992.

⑤ Aaker D A. Brand Equity: Capitalizing on the Value of a Brand Name [M]. New York: Free Press, 1991; Bickerton D. Corporate Reputation Versus Corporate Branding: The Realist Debate [J]. Corporate Communications, 2000 (5): 42 -48; Cobb-Walgren C J, Ruble C A, Donthu N. Brand Equity, Brand Preference, and Purchase Intent [J]. Joural of Advertising, 1995 (24): 25 -40; Feldwick P. What Is Brand Equity Anyway, and How Do You Measure It [J]. Journal of the Marketing Research Society, 1996 (38): 85 -104.

⑥ Barney J. Firm Resources and Sustained Competitive Advantage [J]. Journal of Management, 1991 (17): 99 -120; Galang M C, Elsik W, Russ G S. Legitimacy in Human Resources Management [M]. Stanford, CT: JAI Press, 1999; Gioia D A, Schultz M, Corley K G. Organizational Identity, Image, and Adaptive Instability [J]. Academy of Management Review, 2000 (25): 63 -81.

者构成潜在进入壁垒；③会计方面的一个好名声；④市场领域的商标效应；⑤行为主体对自身行为负责的一种保证，用以维护和促进代理原则①。

由于集体声誉是一个集体在长时期的积累中形成的，因此影响力更大，传播速度更快。在企业界，苹果的创新、IBM（国际商业机器公司）的稳定、谷歌的自由都是长期形成的声誉。德国汽车安全、日本汽车便宜、美国汽车舒适，也是用户对于不同国家汽车产业的评价。

3. 个人声誉

目前学术界对于个人声誉的研究重点主要是怎样对其进行科学的评价。卡普兰、杜比和罗森等学者提出，个人声誉是公众对某个个体的信息搜集，甚至可以理解为对该个体的全面评估，这样就可以运用一定的方法或手段对其进行客观地评估和计量②；但是，徐认为，基于对个体的印象和期望所产生的声誉，也应该按照其产生的根源性质——主观判断，进行评价③。梅休等人基于上述两种观点提出将个性特征和历史表现相结合，能更好地做出对个人声誉的评价④。

基于以上研究，可从三方面分析个人声誉的构成：个体层面（包括自尊、性格、智力、自我表现等），绩效（包括工作能力、历史业绩等），其他（包括对其未来的预测、个人的协调性、友谊、组织等）。综上可以得出，个性特征在个人声誉评价中起到了关键作用，也就是说个性特征在个人声誉的组成中有着举足轻重的地位。

由于个人声誉的形成和传播需要市场发挥作用，只有公众人物、企业高层才能吸引市场的关注，普通员工只能在企业内部或者部门内部形成声誉，无法在外部市场建立个人声誉。因为声誉不是自己对自己的评价，而是他人对自己的评价，他人不了解你的信息，就无从评价，也就无法形成声誉了。目前中国网上购物市场中出现了商家花钱买“好评”，甚至自己制造虚假交易来评价自己等现象，这事实上是一种短视行为。而个别大众评价团体收费后就给予“好评”的做法，则完全违背了市场道德。

① Fombrun C J, Riel C V. The Reputation Landscape [J]. Corporate Reputation Review, 1997, 4 (3): 114 -125.

② Rosen S, Cochran W, Musser L M. Reactions to a Match Versus Mismatch between an Applicant's Self-presentational Style and Work Reputation [J]. Basic and Applied Social Psychology, 1990 (11): 117 -129; Doby V J, Kaplan R D. Organizational Stress as Threat to Reputation: Effects on Anxiety at Work and at Home [J]. Academy of Management Journal, 1995 (38): 1 105 -1 123.

③ Tsui A S. A Role Set Analysis of Managerial Reputation [J]. Organizational Behavior and Human Performance, 1984 (34): 64 -96.

④ Mayhew B W, Schutzberg J W, Sevcik G R. The Effect of Accounting Uncertainty and Auditor Reputation on Auditor Objectivity [J]. Auditing: A Journal of Practice and Theory, 2001 (9): 48 -70; Herbig P, Milewicz J, Golden J. A Model of Reputation Building and Destruction [J]. Journal of Business Research, 1994 (31): 23 -31.

（二）声誉的形成与测量

1. 集体声誉形成模型

企业是一种特殊的集体，原因在于其存在的根本目标是利润最大化。因此，作为集体形式的一种，其声誉也包含在集体声誉范畴之内。

（1）弗布伦和尚利（Shanley）的声誉形成模型①

弗布伦和尚利认为企业声誉的形成是极其复杂的，包含多个经济与非经济指标，而不单单是依靠经济绩效单方面得出的。他们认为要想在市场中有效地影响利益相关者和社会公众对自身的评价和看法，企业声誉是一种非常明确的信号；从另一个角度来讲，如果企业意识到自身声誉是一种价值性的资源，就会为了保住声誉而杜绝企业潜在的不良行为，使其声誉得到公众的认可，从而在商业竞争之中获得优势，这也就是声誉对于企业行为的反作用。

如图 2.2 所示，按照弗布伦和尚利的企业声誉形成模型，企业在历史活动中，通过一系列动态的经济面与非经济面的调整，形成一种声誉机制，这种机制会对企业当期的行动（*T*）产生影响，与此同时，企业在做出当期行动时，又会反过来作用于企业声誉机制并对其产生一定影响。所以，他们认为影响企业声誉的间接因素包括历史信息，即透过企业的历史信息，可以观察企业的声誉情况，而被赋予了相关声誉的企业，在未来的行动中，也将不得不考虑自身行为与其声誉的匹配程度。

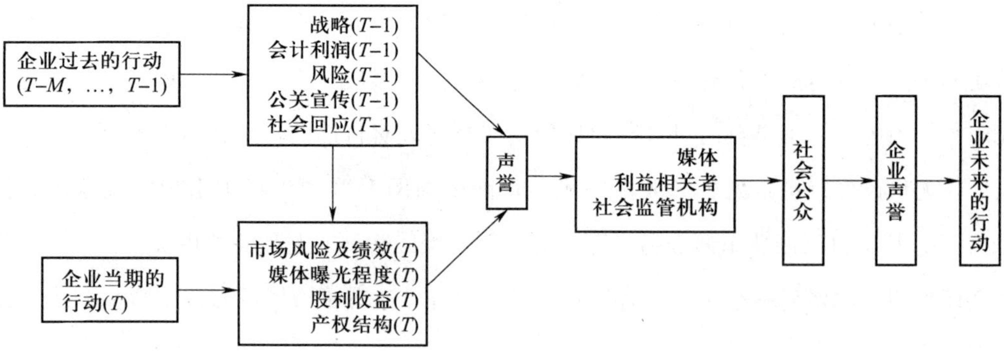

图 2.2 企业声誉形成模型

① Fombrun C, Shanley M. What's in a Name? Reputation Building and Corporate Strategy [J]. Academy of Management Journal, 1990 (33): 233 –258.

（2）巴尔默（Balmer）和格雷（Gray）的企业声誉创立模型[①]

巴尔默和格雷认为企业声誉作为企业不可或缺的重要无形资源，为企业在日趋激烈的商业竞争中赢得胜利提供了有力保障。因此，根据弗布伦的企业声誉形成模型，巴尔默和格雷提出了企业声誉创立模型，如图 2.3 所示。

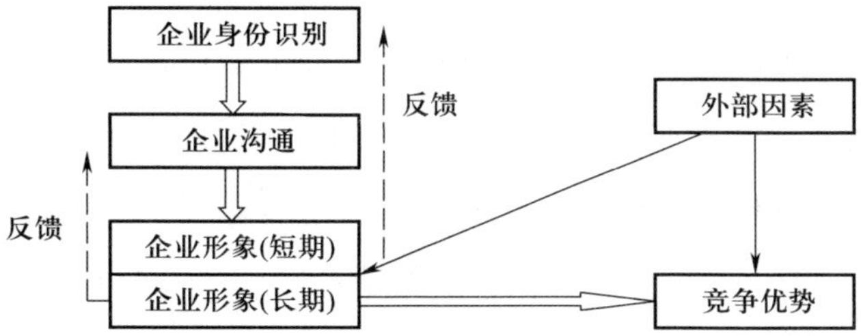

图 2.3　企业声誉创立模型

企业声誉创立模型最大的亮点在于加入了沟通、身份识别等公司特质，并将其对企业长短期形象以及声誉的影响结合起来构成一种彼此之间的传导机制。巴尔默和格雷将企业身份识别界定为企业文化、策略等组织行为特性；而将企业沟通界定为企业利用自身资源优势，将自身以一定的认知形态传达给社会大众及企业的利益相关者，这样就构建了一个与企业声誉、身份以及形象有关的网络；企业由此对外界树立的形象就是其给社会大众及一些利益相关者内心的一种特定的印象。通过积极构筑短期良好的外界形象，并辅之以精心的维护，就逐渐形成了企业的长期声誉。

2. 个人声誉形成模型

（1）管理者声誉形成机理

克瑞普斯（Kreps）等认为，声誉是在反复博弈的过程中产生的，当事人宁愿放弃短期利益而寻求长期收益[②]。法玛（Fama）[③] 认为，随着市场竞争的日益激烈，管理者作为企业竞争过程中的资源之一，其自身也有一定的经济价值，而衡量管理者价值的主要依据则是其曾经的经营业绩，这在一定程度上将会使得管理者愈发规范自己的行为。这也说明企业管理者的机会主义行为在现实中可以通过时间来解决。因此，管理者有理由在没有显著激励制度的情况下努力工作，进而提高自身在市场上的个人声誉，为将来的收

① Gray E R, Balmer J M T. Managing Corporate Image and Corporate Reputation [J]. Long Range Planning, 1998, 31 (5): 695 -702.

② Kreps D, Milgrom P, Roberts Jet al. Rational Cooperation in the Finitely Repeated Prisoners' Dilemma [J]. Journal of Economic Theory, 1982 (27): 245 -252.

③ E F Fama. Agency Problems and the Theory of the Firm [J]. Journal of Political Economy, 1980, 88 (2): 288 -307.

入增加提供保证。

经济学基于“理性人”前提，对声誉机制进行剖析。霍姆斯特罗姆认为个体的行为会受到其自身声誉的约束，良好的职业声誉能够有效地促进管理者的职业生涯向更高一层迈进。在激烈的人才市场竞争中，以自身声誉优势脱颖而出，即声誉机制在对管理者行为产生约束的同时，也对管理者个人构成一种激励机制①。

以物质激励与精神激励为代表的激励理论经常出现在对管理者声誉的研究之中。马斯洛认为人的基本需求包括生理需求、安全需求、归属需求、被尊重需求以及自我实现需求。麦格雷戈则将马斯洛需求层次理论中的归属和尊重，替换为社会和自我需要。其中，“自我需要”对于管理者而言，是最具有意义的需求。个体在追求物质满足的同时，也会追求精神层面的满足，管理者通过自身的努力经营获取报酬的同时，更渴望自身才华与价值能够得到社会公众的认可和赞赏，从而获得内心的成就感。

企业管理者都自发地拥有追求良好声誉的动机，这是两个研究领域从不同的角度解释声誉形成机理时所得出的共同点。然而，在复杂的现实中，管理者对待声誉究竟会有怎样的态度，这不仅取决于外部环境（董事会、投资人、社会机构等），同样也会受到个体内在特质因素的影响，如道德观、价值观以及意识形态等。因此，在研究管理者个人声誉时，必须将其所处外部环境以及自身内在行为特征结合起来，进行综合分析。

（2）管理者声誉的形成

管理者在努力经营企业的过程中，会使企业绩效及发展前景被利益相关者所认同，其管理能力也逐渐受到认可，这就形成了管理者声誉。已有研究表明，管理者声誉的建立是基于委托人与代理人之间的相互信任②。张维迎认为管理者声誉是在内部制度和外部环境的共同影响下，基于所有者与经营者之间的信任而产生的③。

伦乔尼（Lencioni）和帕特里克（Patrick）通过分解管理者的职业生涯，明确描述了管理者声誉形成的过程，并建立了管理者声誉形成的“五阶段模型”④，如图 2.4 所示。

---

① B Holmstrom. Moral Hazard in Team [J]. Bell Journal of Economic, 1982 (13): 324 -340.

② A Abdul-Rahman, S Hailes. Supporting Trust in Virtual Comminities [D]. Department of Computer Science, Iniversity College London: 2000; C Jonathan, B Elijah, A G Ali. Reputation Formalization for Information-Sharing Multi-Agent System [J]. Computational Intelligence, 2002, 18 (4): 515 -534.

③ 张维迎. 企业家与职业经理人：如何建立信任 [J]. 北京大学学报（哲学社会科学版），2003，40（5）：29 ~39.

④ P M Lencioni. The Five Temptations of A Manager: A Leadership Fable [M]. Press: John Wiley, 1998.

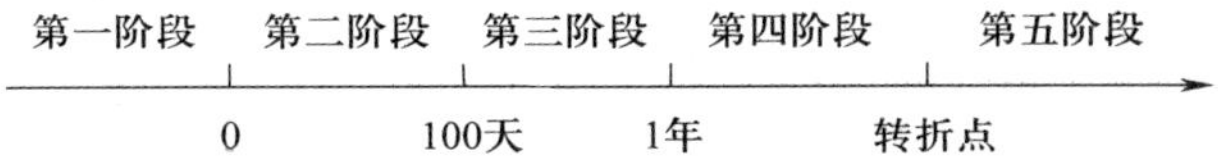

图 2.4　管理者声誉形成的“五阶段模型”

注：0 代表管理者在一个企业上任伊始

第一阶段：倒计时阶段。本阶段是管理者为自身职业生涯发展奠定基础的时期。在未正式管理企业时，管理者会首先研究其将要接管的企业事务，并组建适应自身管理模式的团队，同时，制定上任后的人员安排以及调配等解决方案。

第二阶段：管理者声誉形成的关键时期。这个时期对管理者来说最重要的就是以最快的速度去赢得企业利益相关者的支持（特别是内部员工和董事会的支持），接着就要以最大的力度清除掉离任管理者所制订的违背企业长期发展的计划等。

第三阶段：管理者声誉适应期。在此阶段，管理者应该展现出能够有效制订计划、开展行动等企业日常事务管理的能力。管理者需要让利益相关者感受到其具有作为领导者的资质，即使企业面临的实质性问题有可能尚未解决，作为管理者也至少应该向外界传达企业积极的正向态势。

第四阶段：管理者声誉累积期。此阶段对于管理者而言至关重要，如果管理者为企业改变所采取的行动失败，则意味着其并不符合企业的要求，董事会会重新寻找新的管理者。因此，管理者必须能够制订出有效并切实可行的办法来改善企业现状，并在此基础上进一步推进企业的发展。管理者上任之初企业所发生的变化，将成为董事会、股东以及其他利益相关者对管理者才华和能力的直接评价依据。

第五阶段：声誉的修正和改造阶段。由于管理者声誉在第四阶段已经成型，所以本阶段就是管理者通过自身行动来进一步强化其声誉的时期。

从伦乔尼和帕特里克建立的管理者声誉形成“五阶段模型”中可以看出，随着时间的推进，管理者通过前期准备和实际行动向董事会、股东以及其他利益相关者展示自身价值，而随着双方了解的深入，彼此之间信任的增强，管理者声誉逐渐形成，在接下来的时间里，管理者通过自身行为的调整，进一步强化其在利益相关者心目中的形象，从而使其声誉得到提升。综合以上分析可知，管理者的个体特征以及能力表现等，对于其声誉的形成和发展起着至关重要的作用。

（3）管理者声誉的测量

约翰逊（Johnson）等认为，管理者声誉包括内部声誉和外部声誉，内部声誉是基于管理者真实能力的期望绩效值，而外部声誉是外界对管理者业绩评价标准期望值的加权平均结果[①]。米尔本（Milbourn）则是选择了三个考察管理者声誉的代理变量，包括管理者的任期、任职方式（外部招聘或是内部选拔）、管理者名字共有几次在相关刊物出现[②]。在此基础上，为了避免行业萧条引起的对管理者声誉的抵损，还引入了管理者在其任期内经调整的行业绩效。

史蒂芬（Steven）和苏珊（Susan）选取管理者的道德、能力、工作机会等作为代理指标，通过问卷调查形式对管理者声誉进行了测量[③]。珍妮弗（Jennifer）等确定测量管理者声誉的代理变量时，选择了媒体对管理者的曝光率[④]。

除此之外，管理者声誉还受到其个体特质的影响，如行为特征、道德品格等。《金融世界》（*Financial World*）着眼于财务绩效、社会责任、道德以及外部环境等因素，对管理者声誉进行了研究[⑤]。在国内，孙世敏等在分析国有企业管理者声誉的问题时，选取了企业业绩和个人素质作为代理变量[⑥]。

万博宣伟国际公关公司（Weber Shandwick Worldwide）与 KRC Research 合作调查“保护声誉”，主要调查有哪些方面会损害到管理者声誉。从他们的调查数据中可以看出，影响社会对管理者声誉评价的不利因素有财务不规范、不道德、管理者管理不当以及机密信息发生泄漏。但是北美、欧洲和亚太地区管理者声誉可容忍程度的影响因素不同，因为不同地区存在文化、政治背景差异。除了数据显示的四个主要因素，伤亡事故最受亚太地区公众的关注；北美地区公众更关注环境违规；而欧洲公众更加关注的是由于健康安全召回产品和违反政策，如表 2. 2 所示。

表 2. 2　损害声誉的重要因素

因素	全球总数	北美地区	欧洲地区	亚太地区
财务不规范	72%	74%	70%	71%
不道德行为	68%	66%	69%	61%
管理不当	64%	59%	65%	56%

---

① Johnson W B, Young S M, Welker M. Managerial Reputation and the Informativeness of Accounting and Market Measures of Performance [J]. Contemporary Accounting Research, 1993, 10 (1): 305 -332.

② Milbourn T T. Manager's Reputation and Stock-based Compensation [J]. Journal of Financial Economics, 2003 (68): 233 -262.

③ Kaplan S E, Ravenscroft S P. The Reputation Effects of Earnings Management in the Internal Labor Market [J]. Business Ethics Quarterly, 2000, 14 (3): 453 -478.

④ Jennifer F, Allen H H, Shivaram R et al. CEO Reputation and Earnings Quality [J]. Contemporary Accounting Research, 2008, 25 (1): 109 -147.

⑤ Financial World, 1975, Mar. 26: 16 -32.

⑥ 孙世敏，赵希男，朱久霞. 国有企业管理者声誉评价体系设计 [J]. 会计研究，2006 (3): 75 ~79.

续表

因素	全球总数	北美地区	欧洲地区	亚太地区
诸如机密信息丢失的安全性信息泄露	62%	60%	60%	60%
环境违规	60%	60%	59%	55%
健康和安全原因的产品召回	60%	47%	64%	58%
非遵规管理	59%	49%	62%	53%
工厂故障或导致伤亡的爆炸	59%	56%	57%	61%
罢工及动荡	40%	31%	42%	39%
特殊利益团体和非政策组织的持续抗议	38%	29%	41%	34%
不可靠的供应链伙伴	38%	30%	40%	33%
支持非主流的公共政策立场	38%	31%	39%	34%
对于管理者高薪的公共异议	36%	29%	36%	40%
网络攻击或谣传	25%	16%	28%	27%
最高级管理层离职	17%	9%	19%	12%

注：n% 表示选择“经常/通常会影响”的百分比。

3. 集体声誉与个人声誉的关系

梯若尔（Tirole）认为集体声誉与个人声誉之间是包含与被包含的关系，即个人声誉的集合构成集体声誉[①]。这个结论是他研究合伙制而得出的。他在该研究中建立的模型表明，代理人自身行为很大程度上会影响到其所处团体的集体声誉。莫里森（Morrison）和威廉（Wilhelm）的研究结果显示个人声誉是一种不可交易、不可替代也不能编纂的资产[②]，委托人会根据合伙人一直以来的声誉进行付费。所以，可以看出若是丧失了声誉，就要为此承担一定的成本，这样也会严重影响合伙关系。因此，管理者个人声誉与其所处团体的集体声誉之间的关系，成为近年来声誉理论相关研究的一个主要着眼点。德国《商业周刊》（*Businessweek*）的一项调查结果显示：在被调查的公司主管中，64% 的人认为管理者声誉能够显著影响企业整体声誉。博雅公共关系公司（Burson-Marsteller）的调查发现管理者个人声誉对其所属公司的集体声誉的影响程度达到 45.4%。英国的一项调查显示，近半数的被调查者赞成企业声誉是由管理者声誉决定的这一观点。此外，伟达公共关系顾问公司（Hill & Knowlton Strategies）2001 年调查了企业声誉中管理者声誉所占的比重，结果如表 2.3 所示[③]。

① Tirole J. A Theory of Collective Reputation [J]. Review of Economic Studies, 1996 (63): 1-22.

② Morrison A D, Wilhelm Jr W J. Partnership Firms, Reputation, and Human Capital [D]. Oxford Financial Research Center, 2003.

③ Corporate Reputation Watch Survey [C]. Hill & Korn/Ferry International, Forbes/Manager/Forum. October 1-3, 2003.

表 2.3 集体声誉与个人声誉关系表

被调查的管理者比例	管理者声誉占企业声誉的比例
2%	0%
21%	1%~24%
21%	25%~49%
29%	50%~74%
27%	75%~100%

圣地亚哥（Santiago）认为，公司的成功很大程度上取决于管理者声誉①。博雅公关损害管理者声誉的影响因素调查数据显示，在企业选择接班人以及高管时，管理团队的声誉发挥着重要的影响作用，即使管理者个人的声誉也很重要。

（三）声誉机制在现实中的应用

1. 集体声誉机制的应用

（1）投资银行声誉

投资银行如何向上市公司和投资者提供服务，靠的就是其声誉。投资银行被看作是证券市场的“信息生产者”和“认证中介”，其作用的发挥受到自身“可信性”的影响。罗格（Logue）运用参数变量，对投资银行声誉与 IPO 绩效之间的关系进行了检验②，正是通过这个研究，罗格最早提出了关于投行声誉的说法。布思（Booth）和史密斯（Smith）认为声誉资本是一种不可赎回的投行资本，是作为第三方的投资银行将企业内部信息传递给投资者的前提条件③，因此，声誉资本对投资银行具有重要意义。卡特（Carter）和马纳斯特（Manaster）的研究结果表明：投资银行声誉能够对投资者判断企业价值的准确性产生影响，高声誉投行能够引导投资者正确判断企业价值，从而降低发行企业风险，提高发行企业的发行价④。高投行声誉能够有效降低新股发行折价的观点也在众多实证研究中得到了证实⑤。

邓巴（Dunbar）在研究 IPO 抑价、投行声誉以及投行市场份额三者之间关系时发现：

① Santiago H, Leslie G R. Building Manager Capital: A Manager's Reputation Is Crucial to a Company's Success [J]. Latin Manager: Executive Strategies for the Americas, 2002 (1).

② Logue D. On the Pricing of Unseasoned Equity Issues: 1965－69 [J]. Journal of Financial Quantitative Analysis, 1973 (8): 91－103.

③ Booth J, Smith R. Capital Raising Underwriting and the Certification Process [J]. Journal of Financial Economics, 1986 (15): 261－281.

④ Carter R, Manaster S. Initial Public Offerings and Underwriter Reputation [J]. Journal of Finance, 1990 (45): 1 045－1 067.

⑤ Balvers R J, McDonald B, Miller R E. Underpricing of New Issues and the Choice of Auditor as a Signal of Investment Banker Reputation [J]. Accounting Review, 1988, 63 (4): 605－622; Michaely R, Shaw W H. The Pricing of Initial Public Offerings: Test of Adverse-Selection and Signaling Theories [J]. Review of Financial Studies, 1994, 7 (2): 279－319.

投资银行声誉越高，其评估的企业价值越接近企业真实价值，并且其判断投资者投资意向方面的能力也更为突出；投行声誉越高，IPO 发行价格与市场均衡价格之间的偏离度越低[①]。贝茨（Bates）和邓巴以投行市场份额替代其声誉进行实证研究，发现投行市场份额能够对 IPO 抑价水平产生显著的抑制效果，而这种抑制效果会随着承销业务市场集中度水平的提高而降低[②]。

承销服务费作为投行资本的重要组成部分，同样成为投行声誉相关研究的关注重点之一。詹姆斯（James）通过研究承销服务费与投行声誉之间的关系发现，投行与发行企业间的专用性关系资产能够在承销服务费与投行声誉之间的关系中起到抵消作用，即当存在专用性关系资产时，投行声誉的高低并不能作为其确定承销服务费高低的衡量标准[③]。方（Fang）在随后的研究中再次证实了詹姆斯的观点[④]。总体来看，国外的研究多是基于较成熟的证券市场而展开的，因此研究成果更为成熟。

鉴于中国证券市场起步较晚，发展时间较短，在制度和经济环境方面尚未达到发达国家的水平，因此有关投行声誉机制的研究相对较少。田嘉和占卫华的实证结果表明，中国证券市场投行声誉与 IPO 溢价之间关系并不显著。他们认为，之所以无法使投行对企业实现价值发现功能，是因为中国对发行市场实行计划经济的管理方式，这同时也导致中国 IPO 溢价和投行声誉之间的关系与发达国家有很大的不同[⑤]。胡旭阳对投行声誉与股票市场信息含量之间的关系进行了研究，并没有发现二者关系显著[⑥]。徐浩萍和戴晓娟研究投资银行市场份额对发行公司配股后长期业绩的影响，结果发现二者关系不显著[⑦]。刘江会研究了中国投行承销服务费对其声誉的影响，结果同样是二者关系并不显著[⑧]。总体而言，国内现有研究结果还并不能支持投行声誉机制能够在上市公司发行股票方面发挥有效作用的假设。

（2）电子商务声誉

互联网时代的到来使得电子商务这种新兴商业模式逐渐走进广大消费者的生活，但

---

① Dunbar G G. Factor Affecting Investment Bank Initial Public Offering Market Share [J]. Journal of Financial Economics, 2000 (55): 3 -41.
② Bates T, Bates W, Dunbar G G. Investment Bank Reputation, Market Power, and the Pricing and Performance of IPOs [R]. Working Paper, University of Western Ontario, 2002.
③ James C. Relationship - specific Assets and the Pricing of Underwriter Services [J]. Journal of Finance, 1992 (47): 1865 -1885.
④ Fang L H. Investment Bank Reputation, the Pricing and Quality of Underwriting Services [R]. Working Paper, 2002.
⑤ 田嘉，占卫华. 投资银行声誉与 IPO 定价偏低关系的实证研究 [J]. 中国社会科学院研究生学报, 2000 (4): 33 ~36.
⑥ 胡旭阳. 中介机构的声誉与股票市场信息质量 [J]. 证券市场导报, 2003 (2): 58 ~61.
⑦ 徐浩萍，戴晓娟. 投资银行声誉与发行公司质量 [C]. 第四届中国实证会计国际研讨会, 2005.
⑧ 刘江会. 我国承销商声誉与承销服务费用关系的研究 [J]. 财经研究, 2004 (4): 108 ~118.

由于网络的虚拟化，消费者缺乏对电子商务的信任，使得其发展受到了一定的制约。电子商务声誉作为提升消费者安全感的手段之一，近年来得到了越来越多来自理论界和实务界的关注。

康法瑞斯（Koufaris）和威廉将电子商务声誉界定为顾客对企业诚信的信任程度[①]。帕夫鲁（Pavlou）认为人们是通过声誉评价系统来反馈信息，在网络环境下，这种适当的声誉评价已经建立并影响着顾客的信任和行为。另一方面，网络企业在希望获得更多的交易并担心不满意的顾客报复时也会对其行为进行约束[②]。耶尔文佩（Jarvenpaa）和崔克廷斯基（Tractinsky）发现，网站质量以及声誉水平的提高能够帮助电子商务企业获得客户信任，降低人们对于虚拟网络环境下交易的不安全感[③]。

在分析亚马逊及其相似竞争对手的行为之后，闰多瓦（Rindova）和科塔（Kotha）从战略角度分析了网络声誉动态建设，并指出网络声誉战略行为框架的构建基础是形象、情感以及竞争[④]。通过分析比较其战略行为，发现亚马逊提高自身声誉的战略性举措包括：对行业范式进行重新定义，同相关公众建立友好关系，树立良好的品牌形象，积极参与能够提高声誉的活动以及建立网站链接等。

2. 个人声誉机制的应用

（1）管理者声誉

如前所述，即使没有显性的激励机制，管理者也会努力工作，因为在竞争激烈的管理者市场中，管理者声誉的高低意味着其自身价值的高低，努力工作会提高管理者的声誉，进而增加他们的收入。大多数学者认为，因为体制的特殊性，国有企业经理人作为一种特殊群体，其声誉包括职业声誉和政治声誉[⑤]，且两者是负向影响关系：如果国企经理人花费更多的精力在企业经营上，由于个人精力有限，他就会较少热衷于政治争夺，则其政治声誉就会相应降低，而职业声誉则会提升；反之，则政治声誉提升，职业声誉下降。

---

① Koufaris M, William H S. The Development of Initial Trust in an Online Company by New Customers [J]. Information & Management, 2004 (41): 377 -397.

② Pavlou P A. Institution-based Trust in Inter-organizational Exchange Relationships: the Role of Online B2B Marketplaces on Trust Formation [J]. Journal of Strategic Information Systems, 2002 (11): 215 -243.

③ Jarenpaa S L, Tractinsky N. Vitale M. Consumer Trust in and Internet Store [J]. Information Technology and Management, 2000 (1): 45 - 71.

④ Rindova V P, and Fombrun C J. Constructing Competitive Advantage: The Role of Firm-constituent Interactions [J]. Strategic Management Journal, 1999 (20): 691 -710.

⑤ 严建苗，万建军．国有企业间经理人市场的声誉机制分析 [J]. 数量经济技术经济研究，2002 (3): 36 ~39; 杨亚达，徐虹．国有企业经理人声誉激励机制 [J]. 经济理论与经济管理，2004 (4): 49 ~51.

（2）独立董事声誉

法玛和詹森（Jensen）认为独立董事的声誉越高，独立性越强，则其降低代理成本的能力越强，即董事执业市场的声誉机制能够对独立董事的监督能力起到促进作用①。周繁等研究发现，独立董事“跳槽”的真实动机是为了使其自身声誉得到提高，而不是单纯的增加经济收益②。国内外大多数对独立董事声誉的研究，都是以其“跳槽后”是否能够获得新的职位作为衡量指标。有研究显示：在独立董事任职期间，其所处公司的业绩表现越好，其获得新职位的可能性就越大③。但是，在中国，“一股独大”的上市公司十分普遍，少数大股东掌握着独立董事人选的实际控制权，因此，独立董事对中小股东利益保护的作用并没有得到有效发挥。

（3）管理者声誉与公司绩效

大量学者经实证研究发现，管理者声誉能够显著影响上市公司绩效。兰伯特（Lambert）④ 以及詹森等的研究⑤都证实上市公司财务绩效与管理者声誉呈显著正相关。迪亚蒙（Diamond）构建了声誉机制模型，并发现良好的声誉能够使上市公司更容易取得外部资本，从而有效降低融资成本⑥。而管理者更换的可能性与企业绩效之间的负相关性在华纳（Warner）的研究⑦中得以体现，从反面证明了管理者声誉与公司绩效之间的正向关系。然而，彼得（Peter）和萨拉（Sarah）在对《商业伦理》（*Business Ethics*）杂志中所列的最佳公司进行研究后发现，管理者声誉与企业绩效之间并不一定总是正向关系⑧。

美国博雅公关公司的一项调查给出了管理者声誉对企业意义这一问题的一个不错的解释。他们的调查结果显示，公司因管理者声誉所可能获得的益处主要有以下八种形式：

---

① Fama E F, Jensen M C. Separation of Ownership and Control [J]. Journal of Law and Economics, 1983, 26 (2): 301 - 326.

② 周繁，谭劲松，简宇寅．声誉激励还是经济激励——独立董事“跳槽”的实证研究［J］．中国会计评论，2008，6（2）：177 ~192.

③ Yermack D. Remuneration, Retention and Reputation Incentives for Outside Directors [J]. Journal of Finance, 2004 (10): 2 281 -2 308; Kaplan S N, David R. Outside Directorships and Corporate Performance [J]. Journal of Financial Economics, 1990 (10): 389 -410; 陈艳．我国独立董事的声誉激励机制研究［J］．经济体制改革，2008（3）：77 ~82.

④ R Lambert, D Larcker. Executive Compensation, Corporate Decision—Making and Shareholder Wealth: A Review of the Evidence [J]. Midland Corporate Finance Journal, Winter 1985: 6 -22.

⑤ M Jensen, K J Murphy. Performance Pay and Top-management Incentives [J]. Journal of Political Economy, 1990, 98 (2): 225 -262.

⑥ D Diamond. Monitoring and Reputation: The Choice between Bank Loans and Directly Placed Debt [J]. Journal of Political Economy, 1991, 99 (4): 689 -721.

⑦ J Warner, R Watts, K Wruck. Stock Prices and Top Management Changes [J]. Journal of Financial Economics, 1988 (20): 461 -492.

⑧ A S Peter, D S Sarah. Manager and Ethical Reputation: Visionary of Mercenary [J]. Management Decision, 2003 (41): 1 050 -1 057.

①信任处于危机中的公司（93%）；②购买该公司股票（96%）；③公司股价下降时没有处置（95%）；④公司股票得到宣传（91%）；⑤理想的工作单位（91%）；⑥理想的战略合作对象（93%）；⑦公司网站访问量的提高（40%）；⑧公司产品或服务带来的额外佣金（51%）。

（4）管理者声誉与盈余管理

克瑞普斯等提出了标准的声誉博弈理论，认为契约有隐性与显性之分，声誉作为一种隐性契约，可以被看作是一种显性激励契约的替代机制，对于关注长期利益的投资者而言，声誉是建立在短期显性激励契约之上，保障其利益得以实现的隐性激励契约[①]。近期的研究将关注重心移向管理者的盈余管理行为，部分学者开始对声誉机制与盈余管理之间的关系进行研究，这是因为管理者声誉在经理人市场上已经成为一种信息传送方式，它能够准确反映管理者以往的工作业绩，并将短期机会主义行为与随后可能引发的声誉下降紧密联系在一起，进而对管理者的行为构成约束。

史蒂芬和苏珊经实证研究发现，与激励机制相比，盈余管理行为对管理者的声誉影响更显著，盈余管理行为能够使外界对管理者的评价产生偏差[②]。

拉伯塔（La Porta）等研究了声誉机制对上市公司自我约束的影响，并在其关于公司治理以及投资者保护的综述论文[③]中进行了叙述。马尔门迪尔和泰特实证研究发现，明星管理者往往倾向于进行盈余管理，以求向证券市场传递利好的财务信息[④]。珍妮弗等以媒体对企业管理者的曝光率代替企业声誉，建立琼斯模型以及 D－D 模型，分别对盈余质量进行测量，实证研究了盈余质量受管理者声誉的影响，结果发现两者关系显著。约翰逊等发现如果公司财务面临困难，管理者就会变本加厉地剥削中小投资者，即声誉机制与公司财务健康状况紧密相关[⑤]。

国内学者也相继研究了证券市场管理者声誉，陈国进等检验了公司治理、声誉机制与违法违规行为之间的关系，结果显示管理层的违规行为并不受声誉机制的影响[⑥]。洪剑

---

① Kreps D, Milgrom P, Roberts Jet al. Rational Cooperation in the Finitely Repeated Prisoners' Dilemma [J]. Journal of Economic Theory, 1982 (27): 245 -252.

② S E Kaplan, S P Ravenscroft. The Reputation Effects of Earnings Management in the Internal Labor Market [J]. Business Ethics Quarterly, 2000, 14 (3): 453 -478.

③ R La Porta, F Lopez-de-Silanes, A Shleifer et al. Investor Protection and Corporate Governance [J]. Journal of Financial Economics, 2000 (58): 3 -27.

④ U Malmendier, G Tate. Superstar Manager's [D]. University of California, Berkeley and University of California, Los Angeles: 2007.

⑤ S Johnson, P Boone, E Friedman. Corporate Governance in the Asian Financial Crisis [J]. Journal of Financial Economics, 2002 (58): 141 -186.

⑥ 陈国进，林辉，王磊．公司治理、声誉机制和上市公司违法违规行为分析［J］．南开管理评论，2005（6）：35 ~40.

峭等构建了关于虚假信息披露的声誉模型，并证实上市公司能够通过选择信息披露范围实施违法违规行为，监管部门应该加强相关行为的惩罚措施①。李心合认为管理者可能会为了满足部分股东的短期机会主义期望，而采取有损声誉机制的措施②。姚宏等检验了不同外部监管环境下，信息成本以及声誉机制对市场舞弊行为的影响，发现当市场博弈次数有限时，现有的声誉机制无法使企业通过重视自身声誉而获得高水平的收益，在其他情况下声誉机制都可以限制市场舞弊，降低市值泡沫。出现这一结果的原因可能是舞弊者所受到的惩罚成本低于其所获得的利益，致使其甘愿“铤而走险”。此外，由于目前的市场机制缺少对于声誉重视者的肯定性激励，致使企业及管理者建立自身声誉的动力不足③。

从国内外的大量研究可知，虽然从长远角度来说管理者拥有良好的声誉会在一定程度上对盈余管理起到约束作用，但仍然不能缺少相关法律法规、奖惩机制等的配合。尤其是在中国这样市场法制和监管制度尚不健全的国家，企业发生违规的成本较低，更需要强化市场的正面激励和负面惩罚力度。根据现有研究，我们无法确切判断管理者选择进行盈余管理是为了维护较高的声誉水平还是为了通过较高的声誉来获取投资人的信任。

(5) 管理者声誉与薪酬安排

委托人对代理人的激励机制是由管理者声誉与其薪酬二者共同组成的，部分研究者因为声誉能够成为显性契约的替代品进而选择了从薪酬安排与激励这一角度进行管理者声誉的研究。

米尔本在股东的可观察信息、无折现的前提假设情况下，以管理者声誉作为其领导能力的信号建立了一个以股票价格为基础的管理者最优契约模型，米尔本认为在股票的报酬敏感度和管理者声誉之间存在正相关关系④。彼得和萨拉（2003）实证研究了公司绩效、声誉及管理者薪酬三者的关系，结果发现管理者薪酬越高，公司业绩越差，但是公司声誉不会影响到管理者薪酬⑤。

刘惠萍、张世英在声誉管理论的基础上，利用经理人声誉机制与显性机制相结合的最

① 洪剑峭，张静，娄贺统．防止上市公司虚假信息披露机制的一个模型分析［J］．复旦学报（自然科学版），2003（5）：804~814.

② 李心合．会计制度的信誉基础［J］．会计研究，2002（4）：17~23.

③ 姚宏，李延喜，薛光等．市场监管、信息成本与声誉机制——对市场舞弊行为约束效应的实验研究［J］．中国金融评论，2007（3）：21~38.

④ T T Milbourn. Manager's Reputation and Stock-based Compensation［J］. Journal of Financial Economics，2003（68）：233-262.

⑤ A S Peter，D S Sarah. CEO and Ethical Reputation：Visionary of Mercenary［J］. Management Decision，2003（41）：1 050-1 057.

优动态契约模型，在对真实案例进行分析比照之后得出结论：在一定条件下附有声誉机制的契约对管理者的激励更为有效①。

徐晋等借助博弈模型研究了声誉效应在风险投资中对控制权激励机制的影响。其研究结果是，在建立了声誉控制权激励机制后，风险企业家有倾向追求高声誉②。

易超琴、方建平在委托代理关系的基础上，建立了博弈论多阶段动态模型，并以此来分析两阶段委托代理模型的最优激励合同。经过研究发现：以往业绩的两阶段最优激励合同具有明显的声誉效应，而且激励作用、管理者的努力水平都与工作阶段的业绩正相关③。总的来说，国内对于该问题的研究主要是从理论上构造能够结合经理人声誉和其他激励方式的优化激励模型。

李军林认为声誉效应是企业管理者重要的激励机制，并通过建立声誉模型，就声誉对国企管理者激励效应及声誉与国企绩效之间的关系等问题进行研究，得到结论如下：如果存在声誉效应激励机制，那么国企管理者拥有企业控制权对企业的运作是有效率的④。

法玛曾提出“被夸大的显性激励契约作用”及“即便没有显性激励契约，管理者也会积极工作”的思想。我们通过对管理者声誉激励机制的研究，大致印证了法玛的这个思想。但上述研究样本实证检验不足，大多数是经过理论模型计算，因此说服力稍显不足⑤。

（6）管理者声誉与投资者保护

目前市场的所有经济活动都是通过各种契约来完成的，因此可以说市场经济形成和发展的最根本元素是契约。根据麦考利（Macaulay）和格瑞夫（Grief）的研究，契约的执行机制共有两种，一种是基于声誉的私人执行机制（reputation-based private mechanism），另一种是基于法律的公开执行机制（law-based public mechanism）⑥。

事实证明，用法律武器来保证契约的执行是切实有效的，但因为法律法规通常是不完备的，并且在中国经济体制改革过程中法律诉讼的成本很高，对契约的约束能力

① 刘惠萍，张世英．基于声誉理论的我国经理人动态激励模型研究［J］．中国管理科学，2005，13（4）：78～86.

② 徐晋，王爱民，陈宏民．考虑声誉效应的风险投资控制权激励机制［J］．管理工程学报，2007，21（3）：67～71.

③ 易超琴，方建平．两阶段动态委托——代理模型研究［J］．管理学报，2005（2）：173～176.

④ 李军林．声誉、控制权与博弈均衡——一个关于国有企业经营绩效的博弈分析［J］．上海财经大学学报，2002，4（4）：38～45.

⑤ E F Fama. Agency Problems and the Theory of the Firm［J］. Journal of Political Economy，1980，88（2）：288－307.

⑥ S Macaulay. Non-contractual Relationships in Business：A Preliminary Study［J］. American Sociological Review，1963（28）：1963（28）55－67；A Grief. Institutions and Impersonal Exchange：The European Experience［D］. Department of Economics Stanford University，2003.

就会有所下降。因此，声誉机制对于保护投资者利益来讲就有了一定的作用。为了获取更多的长期利益，管理者会自我约束其短期行为以在公众和投资人面前建立良好的声誉。声誉在资本市场是管理者对投资人做出的不滥用资金的承诺，这种承诺在法律上虽然没有可执行性，但如果管理者放弃承诺，就会丧失自身的声誉，失去投资者宝贵的信任。因此管理者声誉机制在市场监管和投资者保护方面起到了积极的促进作用。

交易者声誉信息的传递，以及对不良声誉惩罚的可置信性是声誉机制的关键①。卡尔波夫（Karpoff）与西格尔（Siegel）② 分别对美国和美国交叉上市的墨西哥公司进行实证研究，得出在约束违规行为中，声誉机制比法律机制更为有效，上市企业所受处罚的直接损失要远远小于其在声誉上的损失。

声誉机制对于投资者的保护在中国同样发挥着作用。郭巧云认为会计契约的履行在声誉机制下与在法律强制机制下相比成本更低更高效③。李朝霞等通过对中国违法违规上市企业进行研究，发现目前我国的声誉机制对投资人的风险提示及内部管理者约束方面都起到了一定的作用，但声誉机制的监督作用在股市上涨时往往要高于市场平静或下跌时期④。姚贤跃认为声誉机制应该从产权和个人财产两方面进行约束。同时，声誉机制也应与相应的民事责任制度和赔偿机制共同建立⑤。

（四） 未来研究展望

本部分研究综述简要说明了集体声誉、个人声誉的形成机理以及二者之间的相互关系，同时汇总了集体声誉理论在电子商务和投资银行中的应用，及管理者个人声誉方面研究的进展情况。由于我国市场经济体制等原因，声誉机制对于投资银行业并没有有效地发挥作用。目前多采用规范式理论研究及博弈模型推导对个人声誉理论进行研究，没有实证或实验检验对理论模型加以证明。随着股权激励机制在我国资本市场上的进一步完善，作为引领企业创造价值和积累财富的重要人力资本，管理者声誉机制将在降低代理成本、完善市场监督职能、降低管理者道德风险、保证代理契约执行方面发挥巨大作用。因此，管理者声誉机制的建立及传导、管理者声誉对薪酬契约的影响、管理者声誉

① 贾生华，吴波．基于声誉的私人契约执行机制［J］．南开经济研究，2004（6）：16～20.

② J Karpoff, J Lott Jr. The Reputation Penalty Firms Bear from Committing Criminal Fraud［J］. Journal of Law and Economics, 1993（36）：757－802；J Siegel. Can Foreign Firms Bond Themselves Effectively by Renting U. S. Securities Laws［J］. Journal of Financial Economic, 2005（75）：319－359.

③ 郭巧云．声誉机制与会计契约履行［J］．商业会计，2005（6）：11～12.

④ 李朝霞，陈俊宇，吕峻．关于市场声誉监督效果的实证分析［J］．经济研究导刊，2008（9）：90～93.

⑤ 姚贤跃．法律制度、声誉机制与有限合伙制［J］．证券市场导报，2002（6）：52～56.

评价、声誉机制对职业经理人行为的约束力等方面的研究将对未来职业经理人市场的建立和完善具有重大意义。

2.2 盈余管理研究综述

众所周知，盈余管理行为是管理层在编制企业财务报告时，利用会计手段、关联交易甚至改变实质性交易活动，使盈利信息符合管理者的意愿，从而影响利益相关者决策的行为。20世纪80年代中后期，盈余管理开始作为一个重要的研究方向引起会计研究者们的重视。无论是更深刻地解读企业会计盈利水平，还是解释信息披露行为的形成和作用机制，盈余管理的研究都提供了很好的方法。不仅如此，对于盈余管理的研究还有助于优化市场配置，改善公司治理，为监管和会计修正提供依据，以及进一步验证会计行为的经济后果和会计盈余的信息含量。

2.2.1 盈余管理的概念

盈余管理是会计准则公共领域里的机会主义行为，它可以降低会计信息的真实性，就像财务报告舞弊一样。但是对盈余管理的确切定义以及其涵盖的深度，学术界还存在不同的看法。

约翰逊从制定报表与遵守会计准则的一致程度这一角度对盈余管理进行研究，认为盈余管理是企业对于会计准则滥用的行为活动①。布朗认为，在会计准则允许的范围内，将账面调整到预期水平的活动就是盈余管理②。章永奎、刘峰（2002）将盈余管理定义为企业操纵盈利的行为，这样的行为并不一定被会计准则允许，而是为达到某些目的③。还有学者提出：盈余管理并没有超出会计准则的范围，如陆建桥（1999）提出为了最大化自身价值和企业价值，管理者会在会计准则允许的范围之内选择进行盈余管理④。任春艳认为盈余管理是管理层为达到期望报告盈余而在会计准则允许范围内主动采取多种手

① Johnson N. The Problem of "Earnings Management" Insights [J]. The Corporate and Securities Law Advisor, 1999 (1): 1-10.

② Brown P R. Earnings Management: A Subtle (and Troublesome) Twist to Earning Quality [J]. Journal of Financial Statement Analysis, 1999 (4): 61-63.

③ 章永奎，刘峰. 盈余管理与审计意见的相关性研究 [J]. 中国会计与财务研究，2002 (1): 1~13.

④ 陆建桥. 中国亏损上市公司盈余管理实证研究 [J]. 会计研究，1999 (9): 25~35.

段所进行的行为①。

瓦特（Watts）和齐默尔曼（Zimmerman）从管理层在财务报表制作过程中对个人观点的侧重倾向角度研究，认为管理层采用个人观点对会计数据进行策略性调整的行为就是盈余管理②。斯科特（Scott）对盈余管理的理解是，管理者为了在薪酬契约、债务契约和政治成本中最大化自身价值而进行的机会主义行为，同时，管理者从盈余管理中获得了一定程度上能够维护公司和自身等契约各方利益的空间③。比如，很多学者持这样一种观点：为减少资本成本、政治成本，管理者通过盈余管理的方式使投资者获得内部信息④。同时，管理层和股东通过盈余管理可以影响潜在投资者对于公司的预期，后者可以从中获得巨大的收益⑤。

综上可知，目前就盈余管理的定义，学术界较为一致的观点是：企业管理层（如董事会、总经理、高级管理人员）是盈余管理的主体，其可以通过变更会计、选定会计政策和方法、安排交易的具体细节等方式来影响企业信息的加工与传播；企业管理层会刻意地选择有益于自身的会计政策和交易安排；企业管理层采取盈余管理的目的在于追求更高的自身利益。

综上，本文认为：盈余管理是公司管理层为实现自身的某种利益，通过各种途径调整企业盈利信息的行为。不论管理者出于什么动机，只要违背了企业经营活动规律而调整会计科目、关联业务或者其他业务，对盈利数据产生影响，并能误导投资者和市场，就可以称为盈余管理。严重的盈余管理行为可以称为会计信息造假，或者操纵利润。

2.2.2 盈余管理的动机

依据目前的研究结果，可知对财务信息的使用者产生误导是盈余管理的直接动机，而帮助管理层取得个人私利是根本动机，这种行为必然会对股东利益造成损害。例如，席佩尔（Schipper）提出这样的观点：盈余管理是对有目的地影响外部财务报告以获取个人私利的行为的总称。希利和瓦伦认为盈余管理是企业管理层为了误导一切利益相关

① 任春艳．上市公司盈余管理与会计准则制定［M］．北京：中国财政经济出版社，2004.

② Watts R L, Zimmerman J L. Positive Accounting Theory: A Ten Year Perspective [J]. Accounting Review, 1990 (1): 131－158.

③［美］威廉·斯科特．财务会计理论［M］．陈汉文，等译．北京：机械工业出版社，2000.

④ Healy P, Palepu K. The Effects of Firms'Financial Disclosure Strategies on Stock Prices [J]. Accounting Horizons, 1993 (1): 1－12; Healy P, Palepu K. The Challenges of Investor Communication: the Case of CUC International [J]. Journal of Financial Economies, 1995 (2): 111－140.

⑤ Kellogg I, Kellogg L B. Fraud, Window Dressing, and Negligence in Financial Statements [M]. New York: MeGraw-Hill, 1991.

者对企业业绩的判断，运用会计手段或通过对交易的安排来改变财务报告，或者影响报告盈余的契约结果[①]。霍尔索森（Holthausen）等人认为，相比未设置奖金上限的企业，递延收益的会计方法更适用于设置了奖金上限的企业[②]。盖弗（Gaver）等人认为，管理层会增加操纵性应计利润以使实际盈余不低于盈余下限，从而提升报告盈余[③]；管理者采取盈余管理可获得薪酬的增加，同时当绩效下滑时也能够降低其被解雇的可能性[④]。

盈余管理的动机比较复杂，对管理者自身而言，晋升动机、薪酬动机、能力动机、自信动机、声誉动机等自利目的都可以作为盈余管理的动机；对于企业而言，IPO 动机、增发配股动机、保本动机、发债动机、贷款动机，甚至获得好的信用评级等，都可以成为盈余管理动机。由于诱惑无处不在，要想消除盈余管理是非常困难的。随着监管制度的完善、投资者的成熟，盈余管理会越来越困难，但是正所谓“道高一尺，魔高一丈”，要想从根本上杜绝盈余管理，必须在资本市场完全有效、投资者完全成熟、管理者完全理性的情况下才能实现。

2.2.3 盈余管理的计量

由于盈余管理普遍存在于资本市场中，而且容易给投资者带来危害，所以可以通过计量模型来衡量企业盈余管理程度，为防范和约束上市公司盈余管理行为提供帮助。因此，如何准确、客观地计量盈余管理的程度一直以来都是学术界的研究重点。目前已经得到认可的计量方法包括：应计利润法、具体项目法和分布检测法。

（一）应计利润法

在衡量盈余管理的诸多方法中，应计利润分离法是最为普遍的方法。一般来说，在一个会计年度内，并不直接产生当期实际现金流入或流出的那部分利润即为应计利润，由于会计是以权责发生制为基础，因此这部分利润仍会作为收入或者费用等计入当期损益，进而影响净利润和净资产的增减。在理论层面上可通过调整应计利润额和经营现金流量实现盈余管理，但是由于经营现金流量主要受到公司销售和收款政策的影响，与会计政策选择的相关性不高，相反，应计利润更容易更改与操纵，因此，越来越多的公司

① Healy P, Wahlen J. A Review of the Earnings Management Literature and Its Implications for Standard Setting [J]. Accounting Horizons, 1999 (4): 365 -389.

② Holthausen R W, Larcker D F, Sloan R G. Annual Bonus Schemes and the Manipulation of Earnings [J]. Journal of Accounting and Economies, 1995 (19): 29 -74.

③ Gaver J J, Gaver K M, Austin J R. Additional Evidence on Bonus Plans and Income Management [J]. Journal of Accounting and Economies, 1995 (1): 3 -28.

④ Weisbach M S. Outside Directors and Manager Turnover [J]. Journal of Financial Economies, 1988 (1 -2): 431 -460.

选择通过对应计利润进行操纵，以此来实现盈余管理的目的[①]。

用个形象的比喻，企业生产了一批产品导致成本增加、现金流出。如果这批产品销售出去并收回货款，则认为销售实现并产生利润。这种情况下，一般是正常经营产生的利润。但是如果产品没有销售出去，公司却将收入入账；或者产品销售出去，公司却没有把成本计入当期。这两种情况都会导致公司利润发生变化，说明公司进行了盈余管理。

卡普兰指出，公司经营现状的改变会影响应计利润的变化，应计利润是由收付实现制和权责发生制因为存在时间差异和延迟而导致的利润数额差异。应计利润法认为企业的全部应计利润应包括可操纵性应计利润和非可操纵性应计利润，因此，区分非可操纵性应计利润和可操纵性应计利润是必要的。非可操纵性应计利润是应计利润中无法操纵的部分，一般指公司正常经营条件不变的情况下产生的利润；可操纵性应计利润或异常应计利润指的是公司正常利润扣除非可操纵性应计利润之后的剩余部分，是公司在盈余操纵中产生的应计利润，因此称为可操纵性应计利润[②]。很多学者从计量非可操纵性应计利润的角度出发来构建回归模型，并且非管理控制部分的应计利润也据此来估计，利用回归模型进行计量，得到可操纵性应计利润以及非可操纵性应计利润。本文在计量盈余管理时，使用可操纵性应计利润。

围绕应计利润的计量，经过学术界广泛、长期的研究，学者们研发了很多计量模型来对盈余管理程度进行计量，其中包括迪安戈（DeAngelo）模型、琼斯（Jones）模型、希利（Healy）模型、行业模型以及修正的琼斯模型等。对于任何一个计量模型，如果其能从应计利润中合理、有效地分离出可操纵部分，那么就认为此计量模型是具有价值的。

在研究初期，迪安戈模型和希利模型是众多应计利润分离模型中较为行之有效的方法。对于盈余质量的衡量，迪安戈模型借助于应计利润变动额，希利模型则借助于总应计利润的变动额。其中，迪安戈模型假设前一期的总体应计利润可以衡量公司当期的非可控应计利润。因此，在模型设计上，为度量当期非可控应计利润，迪安戈选用前一期的全部应计利润，该模型可以表示如下[③]：

$$NDA_{it} = TA_{i,t-1} \tag{2.1}$$

希利模型假设一种随机游走模式，从长期来看，即各期的可操纵性应计利润代数和

---

① 陆建桥. 中国亏损上市公司盈余管理实证研究［J］. 会计研究，1999（9）：25~35.

② Kaplan R S. Comments on Paul Healy: Evidence on the Effect of Bonus Schemes on Accounting Procedure and Accrual Decisions［J］. Journal of Accounting and Economies，1985（7）：109－113.

③ DeAngelo L E. Accounting Numbers as Market Valuation Substitutes: A Study of Management Buyouts of Public Stock Holders［J］. The Accounting Review，1986（3）：400－420.

为0；这是因为公司各个时期具有稳定的非可操纵性应计利润[①]。因此，希利计量模型可以表现为如下形式：

$$NDA_{it} = \frac{1}{T}\sum_{t=1}^{T} TA_{it} \tag{2.2}$$

其中，*NDA* 为非可操纵性应计利润；*TA* 为总应计利润，即净利润与经营现金流净值的差额；$t=1, 2, \cdots, T$；i 代表企业。

卡普兰通过研究发现，在数值上非可操纵性应计利润一定会随着经济环境的变化而改变，这是由应计会计程序的特点所决定的[②]。由于无法模拟经济环境影响非可操纵性应计利润这一环节，模型2.1和模型2.2的标准差存在较大异常，而且，一旦被检验样本系统性地经历了非正常经济环境，模型2.1和模型2.2将较难出现无偏估计。

1991年，德肖（Dechow）等人建立了盈余管理计量的行业模型。在这个模型中，主要是放松了对各个时期非可操纵性应计利润保持不变的宽松条件，假设在相同行业中非可操纵性应计利润的因素相同，基于这个假设条件，对于非可操纵性应计利润的计量模型如下[③]：

$$\frac{NDA_{it}}{A_{i,t-1}} = \alpha_0 + \alpha_1 median \frac{TA_{it}}{A_{i,t-1}} \tag{2.3}$$

公式中，$median \frac{TA_{it}}{A_{i,t-1}}$是同行业所有企业第 t 期总体应计利润的中值，并已经过第 $t-1$ 期总资产的调整。

琼斯[④]和德肖[⑤]等人发现，在以上的几个计量模型中，公司的可操纵性应计利润都是直接基于某个可观测变量进行估计的，作为一种非常强的假设条件，其会严重降低模型的基本准确度。鉴于此，这两位学者对原有的假设条件进行了适当放宽，并在应计利润计量模型中引入了更多的影响因子。

琼斯的研究发现，如应收、应付以及折旧一类的应计利润项目会随着固定资产规模以及营业收入的增加而增加，那么计量非可操纵性应计利润的函数应该包括两个变

---

① Healy P M. The Effect of Bonus Schemes on Accounting Decisions [J]. Journal of Accounting and Economics, 1985 (7): 85-107.

② Kaplan R S. Comments on Paul Healy: Evidence on the Effect of Bonus Schemes on Accounting Procedure and Accrual Decisions [J]. Journal of Accounting and Economies, 1985 (7): 109-113.

③ Dechow P M, Sloan R G. Executive Incentives and the Horizon problem: An Empirical Investigation [J]. Journal of Accounting and Economies, 1991 (1): 51-89.

④ Jones J. Earnings Management during Import Relief Investigations [J]. Journal of Accounting Researeh, 1991 (2): 193-228.

⑤ Dechow P M, Sloan R, Sweeney A. Detecting Earnings Management [J]. Accounting Review, 1995 (2): 193-225.

量——固定资产规模以及营业收入。可以看出，琼斯模型的核心思想即是对公司外部环境变化作用于非可操作性应计利润的影响加以控制。其中，非可操纵性应计利润由总应计利润进行回归可以得到，可操纵性应计利润由总应计利润与非可操纵性应计利润做差得到。琼斯模型如下所示：

$$\frac{NDA_{it}}{A_{i,t-1}} = \alpha_1 \frac{1}{A_{i,t-1}} + \alpha_2 \frac{\Delta REV_{it}}{A_{i,t-1}} + \alpha_3 \frac{PPE_{it}}{A_{i,t-1}} \tag{2.4}$$

其中：ΔREV 表示主营业务收入之差；PPE 表示固定资产原值。

虽然琼斯模型控制了经济环境变化的影响，但是有关费用的影响却没有在模型中予以体现，而且费用与应付账款也有较强的相关性，因此，这些因素的存在必然会影响模型的准确性。

德肖的研究发现，如果应收账款的存在引发了主营业务收入的增加，那么这些多半是由盈余操纵导致的。因此，原琼斯模型在计算可操纵性应计利润时，必须要控制其对非可操纵性应计利润的影响，如果忽略盈余管理的影响，就会导致很大的估计误差。基于此德肖等提出了修正的琼斯模型：

$$\frac{NDA_{it}}{A_{i,t-1}} = \alpha_1 \frac{1}{A_{i,t-1}} + \alpha_2 \frac{\Delta REV_{it} - \Delta REC_{it}}{A_{i,t-1}} + \alpha_3 \frac{PPE_{it}}{A_{i,t-1}} \tag{2.5}$$

其中：ΔREC 表示第 t 期的应收账款净额与第 $t-1$ 期的应收账款净额之差。

特此说明，本研究各章均采用修正的琼斯模型进行。

此外，康（Kang）和西瓦拉马克莱斯娜（Sivaramakrishnan）提出了在衡量盈余管理方面有较好效果的 K－S 模型，这一模型是基于运营资本水平而非应计利润①。国内多数围绕琼斯模型及修正的琼斯模型展开研究②。陆建桥通过控制无形资产以及长期资产对非可操纵性应计利润的影响，构建了扩展琼斯模型③。

在上述众多模型中，修正后的琼斯模型解释力最强，这主要是因为该模型可以有效地控制企业信用政策和经济交易对计量结果的影响。目前的理论研究主流是截面琼斯模型的应用，这是因为实证研究由最初采用时间序列数据来估算企业特征参数，而后使用估算参数来估计特定年度研究样本的可操纵性应计利润，转变到了目前的将琼斯模型和修正后的琼斯模型应用于横截面数据。

① Kang S H, Sivaramakrishnan K. Issues in Testing Earnings Management and an Instrumental Variable Approach [J]. Journal of Accounting Researeh, 1995 (2): 353－367.

② 张原，陈玉菲．中外盈余管理研究综述与启示［J］．商业时代，2013（8）：72～73.

③ 陆建桥．中国亏损上市公司盈余管理实证研究［J］．会计研究，1999（9）：25～35.

（二）具体项目法

如果说应计利润法有何不足之处，那主要就在于研究者将其应用于实际之中，常常受到必须得设定足够多的主观假设这一局限。为了克服该局限性，采用具体应计项目法具体分析某些项目是否存在异常，从而判定是否进行了盈余管理，这是具体项目法的主要研究思想。例如，在某一企业，往年的应收账款占销售收入的比例为30%，但是某一年该企业的应收账款占销售收入的比例达到50%，收入和利润的增加幅度很大。这说明该企业存在通过扩大应收账款提高收入和利润的可能。或者某企业往年的存货金额为两亿元，但是某一年存货达到5亿元，存货突然增加，收入和利润也增加，但是幅度没有存货增加得快，这说明该公司存在虚减销售成本的可能。

具体项目法主要是针对具体的运营项目建立模型，来判断企业是否存在盈余管理行为。如产险和意外险保险公司的索赔准备、银行业中的贷款损失准备等项目经常会被调整，从而影响利润，对于这类企业可以采取具体项目法进行分析判断。

同时，坏账准备也是经常被调整的项目，许多学者研究发现通过坏账准备的调整可以实施盈余管理①，如麦克尼科尔斯（McNichols）和威尔逊（Wilson）②，以及比弗（Beaver）和麦克尼科尔斯③等。彼得罗尼（Petroni）通过研究得出：保险公司财务状况较糟糕，相对就有低的索赔准备④。盖弗发现如果保险公司财务状况糟糕，其索赔准备远远不够，此时保险公司会进行盈余管理⑤。张（Teoh）等发现，针对坏账准备和折旧政策，IPO类公司更愿意向下调节盈余⑥。伯纳德（Bernard）和斯金纳（Skinner）认为在环境同质但不是只有大量数据的背景下开展对盈余管理的研究，不仅会使研究结果更为准确，而且研究者会更了解对于特定账户管理者是如何进行操纵的⑦。

---

① Wahlen J M. The Nature of Information in Commercial Bank Loan Loss Disclosures [J]. The Accounting Review, 1994 (3): 455-478; Beaver W H, Engel E E. Discretionary Behavior with Respect to Allowances for Loan Losses and the Behavior of Security Prices [J]. Journal of Accounting and Economies, 1996 (1-3): 177-206; Beatty A, Chamberlain S, Magliolo J. Managing Financial Reports of Commercial Banks [J]. Journal of Accounting Researeh, 1995 (2): 195-212.

② McNichols M, Wilson G P. Evidence of Earnings Management from the Provision for Bad Debts [J]. Journal of Accounting Researeh, 1988 (26): 1-31.

③ Beaver W H, McNichols M F. The Characteristics and Valuation of Loss Reserves of Property Casualty Insurers [J]. Review of Accounting Studies, 1998 (3): 73-95.

④ Petroni K R. Optimistic Reporting in the Property-casualty Insurance Industry [J]. Journal of Accounting and Economies, 1992 (4): 485-508.

⑤ Gaver J J, Paterson J S. Earnings Management under Changing Regulatory Regimes: State Accreditation in the Insurance Industry [J]. Journal of Accounting and Public Policy, 2000 (4-5): 399-420.

⑥ Teoh S H, Wong T J, Rao G. Are Accruals during Initial Public Offerings Opportunitic? [J]. Review of Accounting Studies, 1998 (2): 175-208.

⑦ Bernard V L, Skinner D J. What Motivates Managers'Choice of Discretionary Accruals [J]. Journal of Accounting and Economies, 1996 (3): 313-325.

具体项目法的优点在于它不仅适用于产生较多应计利润的行业，更为突出的是通过此方法应用者可以对公认会计原则进行解读，以获得影响应计利润的具体关键因素。然而，具体项目法无法得以大面积推广，原因在于其所适用的具体应计利润项目大多数都只限于小样本企业或者具体的公司部门，这导致其不具有普遍的应用性。

相比较而言，应计利润法就像是交通规则中的“红绿灯”，在任何地区都适用；具体项目法就像是交通肇事案例，每一起交通肇事都有其特殊的原因，要分析具体原因才能选择处罚的规则。

（三）分布检测法

分布检测法是根据公司盈余的频率分布特征，来判断是否存在盈余管理行为。这是近年来被提及的新兴方法，它的特别之处在于不必将盈余分解为可操纵性和非可操纵性两部分。这种分布检测法主要前提假设是在管理者有盈余操纵行为时，在统计意义上盈余分布函数应是光滑的；而当某个阈值处出现了盈余操纵行为，则密度分布函数在该点就不再是光滑连续的了，这样就可以通过盈余数据的合并横截面的密度分布函数判别盈余操纵行为是否存在。具体表现为，企业进行盈余管理后，盈余分布相对于阈值处的观测值的高低将直接正向影响期望观测值，这是因为盈余频率分布模型的基础是建立在企业采用盈余管理主要是为了迎合市场预期、平滑利润或减少亏损的假定上。这样一来，阈值两侧样本频数具有显著差异，使得分布函数表现出不平滑性。伯格斯塔勒（Burgstahler）和迪切夫（Dichev）发现了盈余管理研究中比较著名的现象：美国证券市场有近8%~12%的企业为了防止业绩下滑进行盈余管理，30%~40%的企业为逃避亏损进行盈余管理[①]。迈尔斯（Myers）和斯金纳（Skinner）认为企业有强烈动机来保持其股票收益处于长期平稳增长的通道之中，并通过实证研究发现其期望频数相比季节性盈余增长的期望频数，前者更低[②]。比蒂（Beatty）等在研究了银行盈余为零时的盈余管理行为后，认为上市银行为了避免盈余下降、保持稳定的盈余增长而采取盈余管理的动机要远远强于私人银行[③]。

由于上市公司的盈余水平符合正态分布，所以当在某些截面出现异常时，基本可以断定存在盈余管理行为及其比率。例如上市公司利润率大多集中在（-1，1）之间，而

① Burgstahler D C, Dichev I D. Earnings Management to Avoid Earnings Decreases and Losses [J]. Journal of Accounting and Economies, 1997 (1): 99-126.

② Myers L, Skinner D J. Earnings Momentum and Earnings Management [D]. University of Michigan, 2000.

③ Beatty A L, Harris D. The Effects of Taxes, Agency Costs and Information Asymmetry on Earnings Management: A Comparison of Public and Private Firms [J]. The Review of Accounting Studies, 1999 (4): 299-326.

且在两端数量少，中间数量多。但是对于配股的公司，其利润率的峰值在6%~8%之间，说明配股的企业将利润率调整到了6%以上，以期达到配股条件。同时，上市公司为了避免被ST（连续两个财年亏损而被特殊对待的股票——编者注）或为达到配股资格会产生将净资产收益率维持在0或者10%以上的动机。在理论研究方面，我国学者通过应用分布检测法也取得了丰硕的成果。蒋义宏通过绘制直方图和折线图对1993—1997这四年里上市公司实现10%利润的现象进行了研究[①]；孙铮、王跃堂等发现国内上市公司存在着微利或保配行为[②]。

在研究盈余管理行为方面，分布检测法的不足之处在于其并不考察具体方法，不能获得管理者盈余管理手段和程度等各方面情况，进而无法对盈余管理行为进行更为深入的定量研究。而其优点比较明显，针对研究样本，研究者仅检查公司盈余的分布而不需要特别地估计不确定的可操纵性应计利润就能检验出哪些公司存在盈余管理现象[③]。

综合分析这三种盈余管理的计量方法，发现各有优势和适用范围。由于具体项目法和分布检测法没有给定具体的计量数值，需要检测者的主观判断，因而推广有限。而应计利润法可以根据模型直接计算出可操纵性应计利润，因此适用范围比较广泛，尤其通过琼斯模型及其不断的修正和完善，其在计量应计利润方面的适用面更广。

---

① 蒋义宏，魏刚．净资产收益率与配股条件［M］．上海：上海财经大学出版社，1998.

② 孙铮，王跃堂．资源配置与盈余操纵之实证研究［J］．财经研究，1999（4）：3~9.

③ 张祥建，徐晋．盈余管理的原因、动机及测度方法前沿研究综述［J］．南开经济研究，2006（6）：123~141.

第3章　管理者风险偏好对盈余管理的影响研究

3.1　问题的提出

随着行为金融学的发展，越来越多的金融实验研究的结果与传统经典理论不一致，迫使理论研究中逐步放开了理性人假设。国内外众多学者采用理论研究和实证检验的方法发现管理者的行为特征会对上市公司的绩效、财务决策等产生重要的影响，此外，公司治理层面的因素对此也有着显著的影响，如董事会结构、股权结构、监事会结构和薪酬激励等。

目前很多学者围绕管理者个人行为特征对管理决策、经济后果的影响进行了深入研究。现有研究主要基于心理学方法，研究企业管理者的教育水平、性别、年龄等因素对其自身的风险偏好程度产生的重要影响。

由于管理者异质性的存在，不同的管理者对待风险的偏好存在差异，而不同风险偏好的管理者其决策行为也不同，必然导致不同的决策后果。

在中国上市公司中，管理者对待风险的态度也存在差异，有的喜欢冒险，有的厌恶风险，有的盲目忽视风险，有的特别重视风险。偏好风险的管理者导致了企业快速扩张而资金流断裂，例如原来的巨人集团；厌恶风险的管理者导致了企业失去发展机遇而被竞争出局，例如鞍山一工等企业。

管理者在考虑盈余管理问题时，同样受到其风险偏好的影响。偏好风险的管理者往往高估自己的能力同时高估公司盈利水平，厌恶风险者正好相反。本文的研究通过构建上市公司管理者风险偏好评价模型，利用 OLS 回归模型，分析管理者风险偏好对盈余管理的影响，探讨管理者风险偏好对盈余管理的作用机理。

3.2 文献综述与研究假设

3.2.1 影响管理者风险偏好的因素

管理者的风险偏好受到众多因素影响，管理者的个人特征是一个重要因素，其年龄、教育背景、经验、个人财富，甚至性别都会产生影响。更进一步，在风险偏好影响因素中，经济行为人的个人财富备受关注。Arrow-Pratt 模型对风险偏好程度进行测量时利用了效用函数曲线的凹凸性，该理论认为，基于个体财富产生的效用最大化是管理者所追求的，这种效用由个体的效用函数和个体财富的多少决定。根据艾罗（Arrow）的研究，个体财富与风险偏好程度呈负相关关系①。哈托格（Hartog）和卡博内尔（Carbonell）进行了多次实地调研，发现受调查对象的个人财富水平越高，该个体的风险偏好程度越弱②，支持了上述结论。但是也有相关研究发现个体财富与风险偏好存在正相关关系，富伦德（Friend）等的实证研究结果表明，个人财富越多时，风险资产的比率也就越高③。科恩（Cohn）等进一步指出，个人财富越多时个体的风险偏好程度越高，即两者之间存在着显著的正相关关系④。

管理者的年龄是影响个人风险偏好的一个重要因素，年龄不同的管理者有着不同的风险偏好特性。已有研究结果发现个体的年龄越大，其风险偏好程度越小，对风险的厌恶程度会越大，即风险偏好与个体年龄之间存在着显著的负相关关系。个体预期收入和支出的差异是促成上述研究结论的主要原因，个体年轻时预期未来的收入会提高而相对应的支出却较少，由此造成年轻人更偏好于选择有着较大风险的行为决策；然而，当个体已经步入老年时代，对未来的收入预期较低而对未来的支出预期则较高，由此造成老年人对风险较为厌恶，会选择较为保守稳健的决策。作为年龄特征研究的先驱者，富伦

---

① Arrow K J. Essays in the Theory of Risk Bearing [M]. Chicago: Markham, 1971.

② Hartog, Joop, Ada Ferrer-i-Carbonell et al. Linking Measured Risk Aversion to Individual Characteristics [J]. Kyklos, 2002, 55: 3 -26.

③ Friend I, Blume M E. The Demand for Risky Assets [J]. The American Economist Review, 1975, 65: 900 -922.

④ Cohn, Richard A, Wilbur G et al. Individual Investor Risk Aversion and Investment Portfolio Composition [J]. The Journal of Finance, 1975, 30: 605 -620.

德以美国1962—1963年美联储的普查数据作为研究对象，通过对数据的分析发现，年龄越大的美国居民的个人风险资产占总财富的比例越小。莫林（Morin）和苏亚雷斯(Suarez)以加拿大人为研究对象，对此进行了实证研究，研究结果仍然表明，个人对风险的偏好与其年龄呈反向关系①。同样，赖利（Riley）等人的研究对此关系进行了进一步的印证②。

另外，个人的任职期限也在一定程度上影响着管理者的风险偏好。我们把合同中载明的管理者在公司任职的时间长度定义为任职期限。以往文献表明，两者之间呈现显著的负相关关系。这是因为相对于具有较长任职期限的管理者而言，任期较短的管理者更偏好于风险性较大的决策，因为高风险会给他们带来高收益。但是相对于任期较短的管理者而言，因为在风险决策经济后果出现之时仍为企业的管理者，考虑到风险决策的后果均由自己承担，任期较长的管理者更偏好于低风险的决策行为。

除此之外，还有研究表明个体性别也是影响个人风险偏好的重要因素。伯恩斯（Byrnes）和沙菲尔（Shafir）通过调查数据分析发现，男性受调查者会偏好于富有冒险性的行为，而女性受调查者则会偏好于冒险性较低的行为③。巴伯进一步研究发现，男性投资者进行非理性投资的可能性要远远高于女性投资者④。国内学者也围绕性别与风险偏好的关系进行了研究，何贵兵等分析了不同性别的风险偏好预期差异，研究结果表明实验者的风险偏好预期会受到性别、情绪等因素的影响⑤。

最后，影响个体行为特征的重要因素还有个体的教育背景、经验、文化背景等。托马森那（Thomosona）通过研究发现，教育水平越高的投资者越容易做出非理性决策⑥。马戈（Margo）和劳伦斯（Laurence）采用实验研究得到的结论表明，生活在不同文化背景下的个人有着不同的风险偏好。具体而言，当个人生活在集体主义文化中时其自身的风险偏好较弱，而当个人生活在个人主义文化中时其自身的风险偏好则较强⑦。艾伦分析了个体经验与非理性行为的关系，研究发现，当个体经验越丰富的时候，其非理性行为

① Morin R A, A F Suarez. Risk Aversion Revisited [J]. The Journal of Finance, 1983, 38: 1 201 -1 216.

② Riley W B, K V Chow. Asset Allocation and Individual Risk Aversion [J]. Financial Analysts Journal, 1992, 48: 32 -37.

③ Byrnes J P, Miller D C, Shafir W D. Gender Differences in Risk Taking: A Meta-Analysis [J]. Psychological Bulletin, 1999, 125: 367 -383.

④ Barber B M, Odean T. Boys Will Be Boys: Gender, Overconfidence, and Common Stock Investment [J]. Quarterly Journal of Economics, 2001, 6: 261 -292.

⑤ 何贵兵，梁社红，刘剑. 风险偏好预测中的性别差异和框架效应 [J]. 应用心理学，2002，8 (4): 19 ~23.

⑥ Thomosona M E, Atayb D O, Pollockc A C et al. The Influence of Trend Strength on Directional Probabilistic Currency Predictions [J]. Psychological Review, 2003, 19: 241 -256.

⑦ Gardner M, Steinberg L. Peer influence on risk taking, risk preference, and risky decision making in adolescence and adulthood: an experimental study [J]. Developmental psychology, 2005, 41 (4): 625 -635.

越少①。有部分文献还指出，公职人员的风险偏好水平高于私人部门工作人员，企业家的风险偏好水平高于一般职员。

3.2.2 对管理者风险偏好的计量

预期效用模型是冯·诺依曼和摩根斯坦构建的，又称为 VN-M 预期效用函数，他们认为在不确定的条件下，通过加权平均的方法，可以得到预期效用函数的值，也就是具体的预期效用水平②。目前的研究大多是在冯·诺依曼和摩根斯坦研究的基础上，构建风险偏好模型。尽管在风险偏好的预期效用模型中，事先假定投资者是理性的，属于风险厌恶者，但研究发现，预期效用会出现单调递增或者单调递减的特征，其概率分布会呈现线性分布的规律。这主要是因为经济行为决策者有效地均衡了其对不同投资的风险和收益综合的态度，他们会根据风险报酬相结合的原则来评价不同投资项目，从而做出最优选择。因此，在预期效用函数的基础上，学者们对经济活动投资风险的预测变得更加便捷和科学合理。基于预期效用函数，萨维奇进一步提出了主观预期效用理论，该理论将原有函数中的概率换成了主观概率，以此来反映各个决策单元特征上的不同。

艾罗在效用函数的基础上，提出了绝对风险厌恶系数，采用这个系数来科学地计算和测量决策单元主体的风险偏好水平③。艾罗假设投资者的原始财富为 w，设计一个公平博弈 ε（ε 为随机变量，$E\varepsilon=0$）来衡量投资者对风险的厌恶程度。根据詹森不等式可知：$E\mu(w+\varepsilon)<\mu(E(w+\varepsilon))=\mu(w)$，即参加该公平博弈导致投资者期望效用降低。假设该投资者为了避免参加这场博弈愿意付出一定的保险金 π，即 $E\mu(w+\varepsilon)=\mu(w-\pi)$。将 $E\mu(w+\varepsilon)$ 与 $\mu(w-\pi)$ 分别按泰勒级数展开，略去高阶项，并有 $E\varepsilon=0$，最终得：

$$\pi=\frac{1}{2}Var\varepsilon\left(-\frac{\mu''(\overline{\omega})}{\mu'(\overline{\omega})}\right) \tag{3.1}$$

式 3.1 中，马克维茨风险溢价是保险金 π，$-\frac{\mu''(\overline{\omega})}{\mu'(\overline{\omega})}$ 为 Arrow-Pratt 绝对风险厌恶函数（*DARA*）。绝对风险厌恶函数可以用来衡量风险投资者持有的态度，值越大则该投资者的风险偏好程度越低。具体从图 3.1 可知，用效用曲线斜率表示绝对风险厌恶函数的值，即经济人对绝对风险的厌恶系数，投资者对风险的规避程度与绝对效用函数曲线的

---

① Allen W D, Evans D A. Bidding and Overconfidence in Experimental Financial Markets [J]. Journal of Behavioral Finance, 2005, 6: 108-128.

② Von Neumann J, Morgenstern O. The Theory of Games and Economic Behavior [M]. Princeton: Princeton University Press, 1947.

③ Arrow K J. Essays in the Theory of Risk Bearing [M]. Chicago: Markham, 1971.

弯曲程度呈正比，即绝对效用函数曲线弯曲度越大表明投资行为决策者越规避风险①。

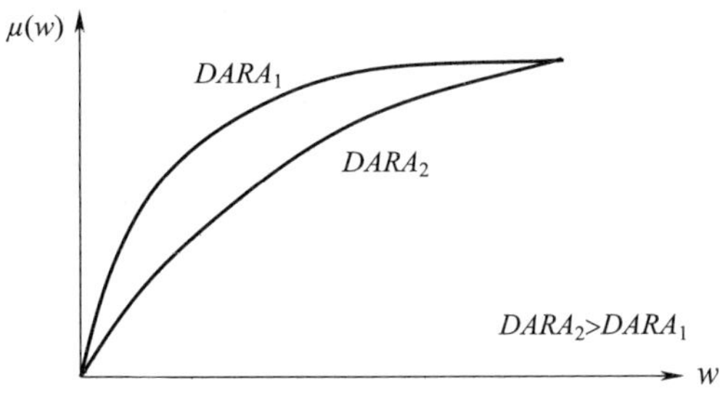

图 3.1　Arrow - Pratt 曲线

围绕着风险偏好的测度，众多学者进行了深入探索，在此基础上普拉特提出了相对风险厌恶系数（*DRRA*）②。相对于绝对风险厌恶系数而言，相对风险厌恶系数弱化了绝对财富对风险的影响。因为不同投资者的财富基础不同，一万美元对于不同富有程度的投资者有着不同的意义，在这样的情况下使用绝对财富来判断风险偏好程度会偏离实际情况。为了解决这一问题，普拉特以投资者风险资产在总资产中的比率来衡量相对风险厌恶程度，具体计算过程如式 3.2 所示。

$$RRA = \overline{\omega} \times ARA = -\overline{\omega}\frac{\mu''(\overline{\omega})}{\mu'(\overline{\omega})} \tag{3.2}$$

绝对风险厌恶系数和相对风险厌恶系数的提出，为后续开展个体风险偏好的研究提供了重要参考，之后大量文献通过构建考虑个体年龄、性别、学历和风险资产比例等特征的预期效用函数，测量个体的风险偏好水平③。

如果采用效用函数作为风险偏好计量的方法，学者们需要设定个体的具体效用函数，然而在现实生活中个体的效用函数是在不断变化的，这使得个体效用函数的设定较为困难。在这样的背景下，国外众多学者另辟蹊径进行管理者风险偏好的计量研究。韦伯等设计了计量个体风险偏好程度的调查问卷，他们开发的风险偏好量表分值的区间为 1 到 16，风险偏好指数值越大则表明该个体的风险偏好程度越高，调查问卷共由 14 个问题组成，共设定了收益和损失两种场景④。

上述研究方法有效地避免了效用函数的先验假设，具有一定的理论贡献。但是该

① Abdel K, Ahmed R. An Empirical Analysis of Managers Risk Aversion and the Propensity to Smooth Earnings Volatility [J]. Journal of Accounting, Auditing and Finance Forthcoming, 2006, 11: 138 - 160.

② Pratt J W. Risk Aversion in the Small and in the Large [J]. Econometrica, 1964, 32: 122 - 136.

③ Cohn, Richard A, Wilbur G et al. Individual Investor Risk Aversion and Investment Portfolio Composition [J]. The Journal of Finance, 1975, 30: 605 - 620; Friend, Irwin, Marshall E et al. The Demand for Risky Assets [J]. The American Economic Review, 1975, 65: 900 - 922; Donkers, Bas, Bertrand Melenberg A et al. Estimating Risk Attitudes Using Lotteries: A Large Sample Approach [J]. The Journal of Risk and Uncertainty, 2001, 22: 165 - 195; Bajtelsmit, Vickie L, Alexandra Bernasek. Risk Preferences and the Investment Decisions of Older Americans [R]. Research Report No. 2001 - 11. Washington, D. C.: American Association of Retired Persons, 2001.

④ Hsee C K, Weber E U. A Fundamental Prediction Error: Self-other Discrepancies in Risk Preference [J]. Journal of Experiment Psychology: General, 1997, 126: 45 - 53.

方法仅适用于实验研究，数据获取具有局限性，并不能获取研究所需的大量样本数据。为了解决这一难题，富伦德等创造了一个新的计量风险偏好的方法，他们采用风险资产占个人总资产的比例来作为衡量风险偏好水平的代理变量。以美国1984—1985年美联储提供的数据为研究对象，通过分析发现个人财富越高，风险资产占个人财富总额的比率也越高；而个人年龄却与风险资产占总财富的比率呈显著负相关，即个体年龄越大，其风险资产占总财富的比率越小①。莫林和苏亚雷斯以加拿大家庭为研究对象，深入分析了这类家庭对风险资产的需求量，发现风险资产占家庭总财富的比率会随着家庭财富的增加而变小②。科恩等以经纪公司中的588名个人投资者为研究对象，分析了个人财富与风险偏好的关系，研究结果表明个人财富与其风险偏好水平存在着正相关关系，即个人财富越多其风险偏好程度越高③。丹克斯（Donkers）等基于前景理论，在丹麦通过发放大量关于彩票选择问题的调查问卷，分析了个体风险偏好的影响因子，调查结果显示，年龄、收入和财富都会对个体风险偏好产生重要的影响④。莫尔斯（Moers）和匹克（Peek）研究了管理者薪酬构成与风险偏好的关系，采用管理者风险资产与其所拥有的总资产之间比值的相对波动性来表示其对风险的偏好程度。他们通过分析研究发现，如果管理者更偏向于较高的风险，即具有较高的风险偏好程度，会导致其所拥有的风险资产比率出现更大的波动性，另一方面，对于风险偏好较低的管理者而言，他们的风险资产比率波动性则较小⑤。吉索（Guiso）和帕耶拉（Paiella）以美国普通家庭为调查对象，研究了家庭背景、经济环境与个体风险偏好的关系，调查结果表明美国普通家庭的风险偏好程度会受到经济环境的显著影响，而家庭背景因素对美国家庭的风险偏好程度的影响并不显著，当家庭收入波动性较大和财产流动性较弱时个体的风险偏好程度也较低⑥。

根据上面的研究成果可以发现，决策者的年龄、经验、财富、性别、收入、学历等因素会对其风险偏好产生影响，研究者将风险偏好的计量集中在绝对风险厌恶和相对风

---

① Riley W B, K V Chow. Asset Allocation and Individual Risk Aversion [J]. Financial Analysts Journal, 1992, 48: 32-37.

② Byrnes J P, Miller D C, Shafir W D. Gender Differences in Risk Taking: A Meta-Analysis [J]. Psychological Bulletin, 1999, 125: 367-383.

③ Barber B M, Odean T. Boys Will Be Boys: Gender, Overconfidence, and Common Stock Investment [J]. Quarterly Journal of Economics, 2001, 6: 261-292.

④ Donkers, Bas, Bertrand Melenberg A et al. Estimating Risk Attitudes Using Lotteries: A Large Sample Approach [J]. The Journal of Risk and Uncertainty, 2001, 22: 165-195.

⑤ Moers, Frank, Peek et al. An Empirical Analysis of the Role of Risk Aversion in Executive Contracts [D]. Maastricht University, 2000.

⑥ Guiso, Luigi, Monica Paiella. Risk Aversion, Wealth and Background Risk [D]. Bank of Italy and University of Sassari, 2002.

险厌恶两方面，其中广泛使用风险资产占总资产的比率，即相对风险厌恶系数来计量决策者的风险偏好水平。基于此，我们综合考虑管理者的性别、学历、年龄等特征，采用相对风险厌恶系数来计算管理者的风险偏好水平。

3.2.3 风险偏好和个体风险决策

经济学家把偏好定义为决策人在对待不同的方案时，其对不同方案各自的价值以及效用的分析。由于偏好的不同，人们会基于自身的价值判断或效用，在多个可选方案中选择最优的方案，由此形成了经济行为的起点。完全信息假说是传统经济学的理论根基，但是随着人们认知的不断加深，越来越多的不确定性因素影响着个体的决策，这使得人们开始怀疑完全信息假说。个人的风险偏好是现代行为经济学中一个重要的研究课题，现有的研究成果主要有预期理论、偏好反转和框架效应、决策规则选择理论。

（一）预期理论

期望效用模型最早提出了关于决策者的风险偏好问题，在冯·诺依曼和摩根斯坦构建的 VN－M 预期效用函数基础上，萨维奇进一步提出了主观预期效用理论，该理论将原有函数中的概率换成了主观概率，以此来体现决策主体的特征差异。预期效用理论的提出引起了学术界的广泛关注，相关领域的研究也得到了长足的发展。预期效用理论对经济理论的各个分支均有涉及，特别是在风险偏好领域，其影响更为重大。但是随着现代经济理论的不断发展和完善，传统的经济理论也不能完全解释现实经济生活中的某些现象，建立在严格且脱离实际假设基础之上的预期效用理论模型受到了越来越多的质疑，特别是在实验经济学领域。其中最为典型的实验是：当人捡到 100 元时获得的快乐远远低于丢失 100 元时产生的痛苦，即得到时不知道珍惜，失去时才知道其宝贵。

（二）偏好反转和框架效应

传统的风险偏好研究认为个体存在着稳定的偏好取向，但是大量的实验研究表明，个体的风险偏好并不稳定，特别是偏好反转和框架效应的提出，使得学者们重新审视了偏好稳定性的假设。

偏好反转现象由心理学家利希滕斯坦和斯洛维克最先发现，当期望相同的决策处于博弈状态时，行为主体往往会背离理性行为思考方式，放弃概率低而预期收益高的决策，选择概率高而预期损益小的决策，即人们对选择与定价的偏好不一致①。行为主体在做出判断和选择时，除了有基本理性标准作为参考外，还会因为事件发生时的不同情境及其表现形式对基本逻辑思维下的决策顺序进行重新排序，即相同的博弈事件在不同行为主体之间会表现出不同的偏好序列，这种现象被称为“框架效应”②。“框架效应”表现为当存在预期收益，并且存在最优收益与次优收益两种决策时，行为主体更倾向于选择保障程度高的次优决策；而当决策事件存在不可避免的损失，并且损失大小存在确定与不确定两种决策时，行为主体更倾向于选择损失不确定性高的决策。“框架效应”的提出证实了完全理性假设存在的不足，指出了个体的行为并非完全理性，会存在非理性的行为。偏好反转和框架效应的最典型实验是：模拟一个投资项目，有两种可能的结果，第一个结果是100%赚取3 000元；另一个结果是80%可能赚取4 000元，20%可能不赚钱，大家基本会选择第一个结果。当我们把赚钱修改为赔钱时，大部分选择了第二个结果。也就是当决策主体面临收益情景时，大部分人会比较保守，但是当情景变为亏损时，大部分人又选择了冒险。人的风险偏好在瞬间发生了转换，这是非常值得探讨的事情。

（三） 决策规则选择理论

佩恩等认为，行为主体在做出决策的过程中，会事先确定权衡决策的标准。一方面要满足合意性，另一方面要兼顾决策过程中关于理性偏差需要付出的代价，这会涉及行为主体的认知成本和心理成本③。同时，有限理性是对理性的一种扩展和延伸，而非是一种偏离，丰富了理性和非理性研究的内容④。所以这种考虑心理成本的逐利行为本质上就是一种非理性行为，这就说明风险偏好难以维持稳定不变。

3.2.4 风险偏好理论在公司治理中的应用

大量研究结果已经表明，管理者的非理性行为会严重影响企业的日常经营决策。学者们在研究企业兼并过程中提出的狂妄自大假说⑤，揭示了管理者的过度乐观和过度自信等非理性行为造成的认知偏差。希顿认为，管理者的过度自信和过度乐观使得其面对公

---

① Lichtenstein S, Slvioc P. Reversals of Preference between Bids and Choice in Gambling Decisions [J]. Journal of Experimental Psychology, 1971 (89): 46 -55.

② Tversky A, Kahneman D. The Framing of Decisions and Psychology of Choices [J]. Science, 1981 (21): 455 -458.

③ John W Payne, James R Bettman, Eric J Johnson. The Adaptive Decision Maker [M]. Cambridge University Press, 1993.

④ Conlisk J. Bounded Rationality and Market Fluctuations [J]. Journal of Economic Behavior and Organization, 1998, 29 (2) .

⑤ Roll R. The Hubris Hypothesis of Corporate Takeovers [J]. Journal of Business, 1986, 59: 197 -216.

司实际状况时，不能对公司价值做出客观准确的判断①。而由于企业预期收益被高估使得管理者偏好债券融资而非股权融资，因为如果选择股权融资，新晋的股东会与管理者分享企业的未来收益②。法玛等通过实证分析发现，过度乐观和过度自信的管理者会选择融资次序偏好理论所提出的融资行为③。

也有部分文献研究表明，股权激励和薪酬合同给管理者带上了“金手铐”，由于管理者持有公司股权，他们会像维护自己的利益一样维护公司利益，这可以有效降低委托代理风险。这是因为站在投资者的角度，只需要针对系统风险设定有效的投资组合即可分散风险；而管理者的利益与企业直接挂钩，管理者同时面临着系统风险和非系统风险，并且作为企业经营的直接负责人，管理者所面临的非系统风险是无法予以规避的。佩里诺（Perrino）等发现，在进行项目决策时，风险厌恶程度高的管理者，通常会选择风险较低或者风险走势下降的项目进行投资④。因此，管理者所处的环境无法与投资者相比，其不能像投资者那样进行投资组合，而是借助经营者的身份通过战略性的投融资方案以及会计手段来影响报告盈余。阿卜杜勒的实证研究证明了管理者的风险偏好对盈利的影响，发现管理者的风险偏好程度与企业盈利波动呈正相关，即越强的管理层偏好会导致企业的盈余管理程度越高⑤。上述研究结果均表明，风险偏好不仅对企业的投融资决策有影响，同时也会对企业的公司治理、盈余管理产生影响。

3.2.5 研究假设的提出

认知偏差理论是行为金融学中的重要理论，认知偏差理论认为决策者的个人特征会显著影响其风险偏好水平和风险行为。

首先，当管理者的个人财富大幅度以薪酬等直接财富和股份等间接财富形式与企业利益捆绑在一起时，管理者的归属感会加强，由此可以避免第一类委托代理问题造成的不良影响。管理者在做出投资决策时会考虑企业的整体收益而非仅仅考虑自身私利，这会促使管理者的风险敏感性增强。第二，管理者的年龄越大其阅历越丰富，这样的管理者也较为成熟稳健，相对于年轻的管理者而言，年纪大的管理者对风险更加厌恶。国外

① Heaton J B. Managerial Optimism and Corporate Finance [J]. Financial Management, 2002, 31 (7): 33-46.

② Shefrin H M. Behavioral Corporate Finance [J]. Journal of Applied Corporate Finance, 2001, 14 (8): 287-312.

③ Fama E F, French K R. Testing Trade-off and Pecking Order Predictions about Dividends and Debt [J]. Review of Financial Studies, 2002, 15: 1-33.

④ Perrino R, Allen M P, Michael S W. Measuring Investment Distortions When Risk-Averse Managers Decide Whether to Undertake Risky Projects [J]. Financial Management, 2005, 34 (1): 21-60.

⑤ Abdel K, Ahmed R. An Empirical Analysis of Managers Risk Aversion and the Propensity to Smooth Earnings Volatility [J]. Journal of Accounting, Auditing and Finance Forthcoming, 2006, 11: 138-160.

学者贝兰特（Bellante）研究发现风险决策者的风险偏好随年龄增长呈递减趋势[①]，有效地验证了本研究的观点。第三，管理者的任职期限也会对其风险偏好产生重要的影响，管理者的任职期限越长表明其自身的能力越强，由此导致管理者变得过度自信，使管理者变得偏好风险。第四，管理者的学历越高说明其具有相对较高的专业素养和丰富的科学知识，这样的管理者可能会出现过度自信等行为，盲目地相信自己的能力，风险偏好程度偏高。第五，伯恩斯和沙菲尔通过调查数据分析发现，男性更加偏好冒险而女性不愿意冒险[②]。男性管理者更偏好于风险较高的投资项目，相对而言女性管理者趋于保守。所以，男性管理者的风险偏好程度更高。综上所述，本研究提出假设1：

H1：管理者个人特征会对其风险偏好程度产生重要影响。具体而言，风险偏好的程度可以受管理者自身所拥有的财富、年龄、任职期限、最高学历以及性别等特征的影响。

管理者获得的收益主要由两部分组成：一部分是薪酬，由于管理者的薪酬较为稳定，所以薪酬可以视为固定的收入；另一部分是股权，管理者持有股权的价值与企业股票的价格直接挂钩，由于股票的价格波动性较大，所以这部分收益可以视为浮动财富。不管是管理者的薪酬还是持有的股权，都与企业的经营绩效相关。上市公司股东在聘任管理者时，给予他们的报酬可以由薪酬和股权两部分组成。一般情况下，薪酬包括固定年限和浮动的绩效奖励，浮动的绩效奖励主要与企业的业绩相关，企业的业绩越好，管理者获得的绩效奖励越多，此时风险偏好程度越高的管理者，越有动机进行盈余管理，通过对企业的业绩进行调整，以此来获取绩效奖励。另外，我们知道股票价格可以反映资本市场对企业前景的预期，如果投资者认为企业在未来能取得较好的发展，那么股票的价格会随之上涨，这就使得管理者的股票期权价值与企业未来的股票价格相关联，风险偏好程度较强的管理者为了提升所持有股票的价值，有动机进行盈余管理，以此来向市场释放利好信息，推动企业股价的上涨。综上所述，本研究提出假设2：

H2：管理者风险偏好程度与企业的盈余管理程度呈正相关。具体而言，管理者风险偏好程度越高，该上市公司的盈余管理程度越大。

---

① Bellante D, Carole A G. Relative Risk Aversion among the Elderly [J]. Review of Financial Economics, 2004, 13: 269 -281

② Byrnes J P, Miller D C, Shafir W D. Gender Differences in Risk Taking: A Meta-Analysis [J]. Psychological Bulletin, 1999, 125: 367 -383.

3.3 模型设计与实证研究

3.3.1 管理者风险偏好程度的计量

根据上文的影响因素分析，本文建立如下计量模型，如式 3.3 所示：

$$RS_{i,t} = \alpha_0 + \alpha_1 \ln mw_{i,t} + \alpha_2 A_{i,t} + \alpha_3 T_{i,t} + \alpha_4 EB_{i,t} + \alpha_5 G_{i,t} + \mu_{i,t} = LRPI_{i,t} + \mu_{i,t} \quad (3.3)$$

$LRPI_{i,t}$为管理者风险偏好系数，用来计算管理者风险偏好程度；

α_0 为常数项；

$\mu_{i,t}$为误差项；

$mw_{i,t}$为第 t 期 i 公司管理者平均总财富，即 i 公司管理者第 t 期的平均持股市值与其平均薪酬之和；

$A_{i,t}$为第 t 期 i 公司管理者的平均年龄；

$T_{i,t}$为第 t 期 i 公司管理者的平均任职期限；

$EB_{i,t}$为第 t 期 i 公司管理者的平均学历；

$G_{i,t}$为第 t 期 i 公司管理者的平均性别，当管理者为男性时等于 1，否则等于 0；

$RS_{i,t}$为管理者风险资产占总财富的比例，$RS_{i,t}$值越大，说明管理者财富中风险资产越多，由此可以反映管理者风险偏好程度较高；反之，$RS_{i,t}$值越小，说明管理者财富中风险资产所占的比例越小，管理者属于风险厌恶型。

由于管理者总财富并非强制性披露信息，所以无法准确地获取。借鉴已有研究，分别以管理者持股市值和报表中披露的年薪作为风险资产和安全资产的代理变量，具体 RS 的计算过程如公式 3.4 所示：

$$RS = \frac{Value}{Value + Income} \quad (3.4)$$

其中，*Value* 为 i 公司第 t 期管理者持有股票的平均总市值；*Income* 表示 i 公司第 t 期管理者的平均年薪总额。

（一）管理者的风险偏好效用函数——基于 A-P（Arrow-Pratt）DARA 函数

1. A-P DARA 函数的定义

基于现有的研究成果，对更倾向于风险的管理者而言，即风险偏好型管理者，其效用函数为凸函数，而风险厌恶型管理者的效用函数为凹函数；管理者的效用函数可以解释管理者的风险偏好程度。本研究假定管理者 A-P 绝对风险厌恶函数是边际递减的，具有 VN－M 效用函数的特性，管理者总是追求期望效用最大的决策。另外，有的研究假设管理者的风险厌恶态度是恒定的，即无论在何种财富条件下其风险厌恶水平都是一样的，但是该假设并不为学者们所认同，所以本研究并未采纳该假设。

本研究采用随机量 w 表示管理者从公司获得的直接财富，由此得出，管理者对其未来效用的期望是 $Eu(w)$，表示为 $Eu(w)=w$，并以泰勒级数为基础，展开 $Eu(w)$ 函数，通过对级数进行收敛，以及略去高阶项两种手段，将函数进行迭代可得：

$$Eu(w)=u(\overline{w})+E(w-\overline{w})u'(\overline{w})+\frac{1}{2}E(w-\overline{w})^2u''(\overline{w})+\cdots+\frac{1}{n!}E(w-\overline{w})^nu^{(n)}(\overline{w})$$

记 $\mu^k=E(w-\overline{w})^k$，$k=2, 3, \cdots, n$，则：

$$Eu(w)=\mu(\overline{w})+\frac{1}{2}\mu^2u''(\overline{w})+\cdots+\frac{1}{n!}\mu^nu^{(n)}(\overline{w}) \tag{3.5}$$

假定在现实经济生活中总存在一个公平博弈 ε，其中，ε 是随机变量，由此可知，$E\varepsilon=0$，这样一来，这个公平博弈造成的影响反映了管理者对风险的厌恶程度①，即因为博弈的介入，导致管理者对其自身期望效用的降低。于是，管理者就更倾向于支付一定的保险金来阻止该博弈的进行，用 π 表示其支付的保险金，因此有：

$$E\mu(\overline{\omega}+\varepsilon)=\mu(\overline{\omega}-\pi) \tag{3.6}$$

将 $\mu(\overline{\omega}+\varepsilon)$ 和 $\mu(\overline{\omega}-\pi)$ 分别按泰勒级数展开并将级数收敛，略去高阶项得：

$$\mu(\overline{\omega}+\varepsilon)=\mu(\overline{\omega})+\varepsilon\mu'(\overline{\omega})+\frac{1}{2}\varepsilon^2\mu''(\overline{\omega}) \tag{3.7}$$

$$\mu(\overline{\omega}-\pi)=\mu(\overline{\omega})-\pi\mu'(\overline{\omega}) \tag{3.8}$$

于是从式 3.7 和式 3.8 可得：

$$\mu(\overline{\omega})+E\varepsilon\frac{\partial u}{\partial w}+\frac{1}{2}\frac{\partial^2u}{\partial w^2}E\varepsilon^2=\mu(\overline{\omega})-\pi\frac{\partial u}{\partial w}$$

由于 $E\varepsilon=0$，于是：

$$\pi=\frac{1}{2}Var\varepsilon\left(-\frac{\partial^2u}{\partial w^2}/\frac{\partial u}{\partial w}\right)$$

上式中的 $-\frac{\partial^2u}{\partial w^2}/\frac{\partial u}{\partial w}$ 即 A-P DARA 函数，保险金 π 就是马克维茨风险溢价②。绝对风险厌恶可以有效地反映管理者的风险偏好程度，从图 3.2 中可以发现效用函数向上弯曲

① Bellante D, Carole A G. Relative Risk Aversion among the Elderly [J]. Review of Financial Economics, 2004, 13: 269－281.

② Perrino R, Allen M P, Michael S W. Measuring Investment Distortions When Risk-Averse Managers Decide whether to Undertake Risky Projects [J]. Financial Management, 2005, 34 (1): 21－60.

的程度越大，管理者对风险的厌恶程度越高，因为此时管理者的风险承担能力较弱。

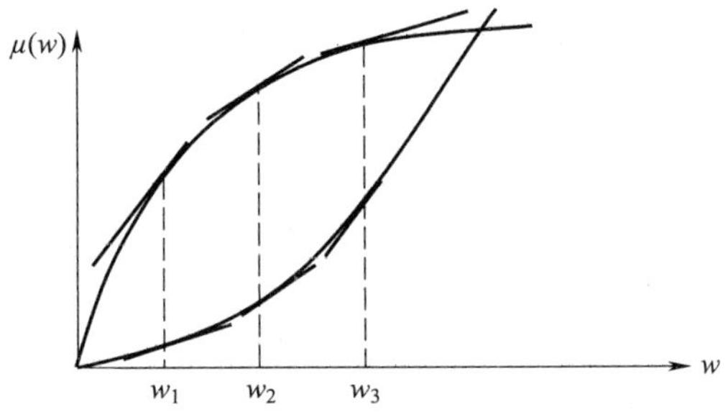

图 3.2　A-P DARA 函数图像

2. 选择效用函数

综上所述发现，将效用函数 $U\ (w)$ 的二阶导数与一阶导数作商，再取其负数，即 $-\frac{\partial^2 u}{\partial w^2}/\frac{\partial u}{\partial w}$，该函数表示了决策者的风险偏好程度，该函数值越大说明决策者风险厌恶程度越高，而该函数值越小则说明决策者风险偏好程度越高。从管理者获得财富的目标来看，管理者最终是为了获得财富效用的最大化而非财富本身最大化。基于管理者自身财富构成的角度而言，其财富大体上包括薪酬和其持有股票的市值两部分。所以，本研究以管理者任职所获取的收益作为效用函数的自变量。现阶段国内外使用的效用函数主要有以下三种：

$$U_1 = \ln mw \qquad U_2 = (mw)^{1/2} \qquad U_3 = 2\sqrt{mw} - a^2$$

其中，mw 是管理者所拥有的财富，大体上包括薪酬和其持有股票的市值两部分。效用函数 $U_3 = 2\sqrt{mw} - a^2$（其中 a 表示管理层的努力程度①）是根据如下假设提出的，即管理者拥有固定的风险厌恶系数并且其指数为负。不过，上述假设表明，在任何一种可能存在的财富条件下，所有个体的风险厌恶水平都保持相同，风险厌恶态度也完全恒定不变。这会导致在理论推导时发生矛盾，因此本研究对该效用函数不予采纳。

就其他两个函数来看，效用函数 $U_1 = \ln mw$ 和 $U_2 = (mw)^{1/2}$ 虽然表达式不一样，但是两者的 $-\frac{\partial^2 u}{\partial w^2}/\frac{\partial u}{\partial w}$ 是相似的，U_1 的 $A\text{-}P$ 指数为：

$$_{A\text{-}P}\gamma(u_1) = 1/mw \tag{3.9}$$

U_2 的 $A\text{-}P$ 指数为：

$$_{A\text{-}P}\gamma(u_2) = 1/(2mw) \tag{3.10}$$

从式 3.9 和式 3.10 不难看出：效用函数 U_1 和 U_2 的 $A\text{-}P$ 指数非常相似，U_2 的 $A\text{-}P$ 指数大致是 U_1 的 $A\text{-}P$ 指数的一半。所以，上述研究采用效用函数 $U = \ln mw$，同时，令管理者风险偏好 $A\text{-}P$ 指数为 $1/mw$。

---

① Diamond D W, Verrecchia R E. Optimal Managerial Contracts and Equilibrium Security Prices [J]. Journal of Political Economy, 1982, 37 (5): 275 -287.

（二）基于管理者个人特征的潜在风险偏好指数

高级管理者可以从上市公司获取多种形式的收益，例如年薪、业绩奖金、股权激励等，这类收益是股东对管理层的激励，是公司提供给高管人员的个人财富。莫尔斯和匹克（2000）利用管理者包含薪酬和持有股票市值的现金收入，来对管理者的风险偏好加以衡量①。余明桂等在研究企业管理者财富的时候，主要采用管理者财富变动值作为管理者财富的相对损益，其中管理者财富主要是由管理者持有股票市值和薪酬构成。卢埃林（Lewellen）等的研究则采用管理者的期权、持有股权的市值和投资国库券的市值之和作为管理者财富的代理变量，具有一定的启示作用。但是由于我国国库券持有者信息为个人隐私，尚未对社会公开披露，所以无法获取上市公司管理者持有国库券的相关信息。一般而言，当管理者的收入同公司业绩、股票价格挂钩时，必然会导致管理者为了追求个人财富增长而提高公司业绩，当实际业绩无法提升时，往往会采取创新业务、关联交易等方式，进行盈余管理，使公司有“靓丽”的盈利信息。

管理者的风险决策会受到其从公司获得的多种财富的影响。其中，薪酬和股权激励，这两部分财富与管理者的内部人控制行为最为相关。因为随着公司股价的波动，薪酬的变化量比较小，所以称其为“相对安全”财富；然而随着公司股价的波动，持有股票市值会受到直接的影响，所以称其为“相对风险”财富。随着公司的股价上涨，管理者的股权价值增长，所以当管理者的股权激励报酬增加时，其风险偏好程度增加。因此管理者所持有财富中“风险资产”的比重越高，说明该管理者更偏好于风险。因此，本研究认为管理者风险偏好程度由“相对安全”与“相对风险”资产的比例决定，具体计算公式如下：

$$RC_{i,t}=\frac{C_{i,t}}{TP_{i,t}}=\frac{C_{i,t}}{\Delta VP_{i,t}+C_{i,t}}=\frac{C_{i,t}}{(VP_{i,t}-VP_{i,t-1})+C_{i,t}} \tag{3.11}$$

其中，

$RC_{i,t}$为在第 t 期样本为 i 的管理者的安全资产比例；

$TP_{i,t}$为在第 t 期样本为 i 的管理者从上市公司取得的收入；

$C_{i,t}$为在第 t 期样本为 i 的管理者的工资、薪酬；

$\Delta VP_{i,t}$为在第 t 期样本为 i 的管理者持有本公司股票的收益，用第 t 期持有股票市值与第 $t-1$ 期持有股票市值的差额表示。

---

① Moers, Frank, Peek et al. An Empirical Analysis of the Role of Risk Aversion in Executive Contracts [D]. Maastricht University, 2000.

在前文分析的基础上，本研究认为管理者的资产可以由“相对安全”资产和“相对风险”资产构成。其中“相对风险”资产占总资产的比例可以有效地代表管理者的风险偏好程度，而其个人特征因素将会对该比例的高低产生直接影响。本研究将管理者持股比例、个人财富收入的构成、年龄、性别、任职期限等作为影响管理者风险偏好的个人特征因素。据此可以得出，管理者潜在风险偏好指数（Latent Risk Preference Index，简称LRPI）的回归模型为：

$$RC_{j,t}=\beta_{0,t}+\beta_{1,t}\ln mw_{j,t}+\beta_{2,t}A_{j,t}+\beta_{3,t}T_{j,t}+\beta_{4,t}EB_{j,t}+\beta_{5,t}G_{j,t}+e_{j,t}=\lambda_{j,t}+e_{j,t} \tag{3.12}$$

$\lambda_{j,t}$代表样本为j的管理者第t期的潜在风险偏好指数*LRPI*，$mw_{j,t}$代表j企业的管理者在第t期所获得的财富总额（mw=薪酬+当期期末持股的价值），$A_{j,t}$、$T_{j,t}$分别代表j企业管理者在第t期的年龄和任职期限（以月为单位），$EB_{j,t}$代表j企业管理者在第t期的平均学历，$G_{j,t}$代表j企业管理者在第t期的平均性别（男性管理者在管理层的比重），β_1，β_2，β_3，β_4，β_5为待估计的个人特征参数，β_0为常数项。

摩根的经验研究表明，管理者充分了解公司盈余信息与股票价格的关联关系。管理层为了追求个人收益最大化，可能会实施盈余管理行为。本研究是基于以下假设：由于管理者的风险偏好程度不同，其进行盈余管理的程度也存在差异。由于风险偏好程度可以用“安全资产和总资产的比例”表示，因此，本研究分别采用*LRPI*和*A-P*衡量管理者的风险偏好程度。首先根据管理者的财富禀赋，采用绝对风险厌恶函数来计量管理者风险偏好程度；然后再根据管理者的财富结构，利用管理者潜在风险偏好指数来间接地衡量；最后，通过多元回归来进一步检验管理者的风险偏好程度与公司盈余管理程度的关系。

3.3.2 盈余管理程度计量模型

由于盈余管理大多针对应计利润，学术界通用的计量方法是修正的截面琼斯模型，该模型是在琼斯模型的基础上，经过修改完善之后开始应用的。巴托夫（Bartov）认为该模型能够对盈余管理程度进行有效的计量[①]。李维安[②]、夏立军和陈信元[③]等学者采用

① Bartov E, Gul F A, Tsui J S. Discretionary Accruals Models and Audit Qualifications [J]. The Accounting Review, 2000, 76 (1): 27-58.

② 李维安，王新汉，王威. 盈余管理与审计意见关系的实证研究——基于非经营性收益的分析 [J]. 财经研究，2004, 30 (11): 126~135.

③ 陈信元，夏立军. 审计任期与审计质量：来自中国证券市场的经验证据 [J]. 会计研究，2006 (1): 44~53.

截面琼斯模型对中国上市公司的盈余管理行为进行了计量，得到的结果，显示该模型可以有效地衡量中国上市公司的盈余管理程度。本研究采用修正的截面琼斯模型作为盈余管理的计量方法，以截面琼斯模型计算出盈余管理值的绝对值作为盈余管理程度的代理变量。具体的计算过程如下：

首先，对全部应计利润进行计算。

$$TA_{j,t} = Income_{j,t} - CFO_{j,t} \tag{3.13}$$

式中，$TA_{j,t}$代表样本 j 在第 t 期的全部应计利润，一般等于营业利润减去经营活动产生的现金流量净额；

$Income_{j,t}$代表企业 j 在第 t 期获得的营业利润；

$CFO_{j,t}$代表企业 j 在第 t 期的经营活动现金流量净额。

其次，对行业特征的有关参数进行估计，这里借鉴包世泽[①]和付杰[②]的公式：

$$\frac{TA_{j,t}}{Asset_{j,t-1}} = \theta_1 \frac{1}{Asset_{j,t-1}} + \theta_2 \frac{(\Delta Sale_{j,t} - \Delta AR_{j,t})}{Asset_{j,t-1}} + \theta_3 \frac{FA_{j,t}}{Asset_{j,t-1}} + \varepsilon_{j,t} \tag{3.14}$$

式中，$Asset_{j,t-1}$代表企业 j 在 $t-1$ 期的资产总额；

$FA_{j,t}$是企业 j 在 t 期的固定资产原值；

$\Delta Sale_{j,t}$代表企业 j 在 t 期的主营业务收入与 $t-1$ 期主营业务收入的差额；

$\Delta AR_{j,t}$代表企业 j 在 t 期的应收账款与 $t-1$ 期应收账款的差额；

θ_1，θ_2，θ_3 代表待估计的行业特征参数。

然后，对应计利润中的非操控性部分进行计算。

$$NDA_{j,t} = \hat{\theta}_1 \frac{1}{Asset_{j,t-1}} + \hat{\theta}_2 \frac{(\Delta Sale_{j,t} - \Delta AR_{j,t})}{Asset_{j,t-1}} + \hat{\theta}_3 \frac{FA_{j,t}}{Asset_{j,t-1}} \tag{3.15}$$

式中，$NDA_{j,t}$代表企业 j 在 t 期的非操控性应计利润；$\hat{\theta}_1$，$\hat{\theta}_2$，$\hat{\theta}_3$ 代表由公式（3.14）计算得到的行业特征参数估计值。

最后，对应计利润中的操控性部分进行计算。

$$DA_{j,t} = \frac{TA_{j,t}}{Asset_{j,t-1}} - NDA_{j,t} \tag{3.16}$$

$DA_{j,t}$代表计算得到的企业 j 在 t 期的操控性应计利润。

如果 DA 的值小于0，说明管理者通过采取负向的盈余管理行为，调低了公司当期盈

① 包世泽，考虑委托代理冲突的公司治理与盈余管理研究［D］，大连理工大学博士论文，2008.

② 付杰，基于管理者风险偏好的上市公司盈余管理研究［D］，大连理工大学硕士论文，2009.

余；如果 DA 的值大于0，说明管理者通过采取正向的盈余管理行为，调高了公司当期盈余。但是，不论是正向调整还是负向调整，都是盈余管理行为。本文选取 DA 的绝对值（$|DA|$）来反映上市公司盈余管理程度，两者是正相关关系。

3.3.3 管理者风险偏好对盈余管理的影响研究

（一） 样本选取

本研究选取沪深2010—2012年A股上市公司为对象进行研究，并对上市公司的样本进行筛选，要求样本服从如下条件以保证研究结果的准确性与合理性：①由于PT、ST和 * ST公司面临退市的危险，财务数据已经恶化，所以将其剔除；②由于金融类上市公司的财务报表结构具有特殊性，所以本研究未考虑金融保险行业的上市公司；③由于上一年度的财务数据在本研究修正的琼斯模型中需要用到，所以将当年新上市的公司剔除；④将在管理者行为特征方面数据不齐全的公司剔除。经过筛选和处理之后，取得6 629家样本公司2010—2012年的面板数据，本研究据此对连续三年的盈余管理程度和管理者风险偏好程度进行分别计算。有关原始数据来自CCER数据库和国泰安数据库。

（二） 变量设定

为了验证前面提出的研究假设，选取以下研究变量，构建检验模型。对各个变量的定义和计量做出如下界定：

（1）绝对管理者风险偏好指数（*A-P DARA* 函数）

首先构造效用函数 $U = \ln mw$，其中 mw 是自变量，代表管理层在样本公司每年可以获得的直接财富，然后取效用函数的 *A-P* 指数，即可得到管理者风险偏好指数 $1/mw$，管理者风险偏好指数越小，说明企业管理者的风险偏好程度越高。

（2）相对管理者风险偏好指数（*LRPI*）

将“安全资产”与“危险资产”的比例作为相对管理者风险偏好的衡量基础，综合考虑管理者的五项个人特征因素，即个人财富的结构、年龄、任职期限、学历和性别，即可得到管理者相对风险偏好指数：

$$RC_{i,t} = \alpha_0 + \alpha_1 \ln mw_{i,t} + \alpha_2 A_{i,t} + \alpha_3 T_{i,t} + \alpha_4 EB_{i,t} + \alpha_5 G_{i,t} + \mu_{i,t} = LRPI_{i,t} + \mu_{i,t} \quad (3.17)$$

$LRPI_{i,t}$代表样本 i 的管理者第 t 期的潜在风险指数，$mw_{i,t}$代表样本 i 的管理者平均在第 t 期从其任职公司所获得的财富，$G_{i,t}$代表样本 i 的管理者在第 t 期的平均性别，$EB_{i,t}$代表 i 公司管理者第 t 期的平均学历，$A_{i,t}$、$T_{i,t}$分别代表样本 i 的管理者在第 t 期的平均年龄和任职期限，α_1，α_2，…，α_5 代表待估计的个人特征参数，α_0 代表常数项。

由表 3. 1 的描述性统计结果可知，管理者个人的风险资产比重即 *RS* 的平均水平接近 50%，但中位数仅为 0. 147。从其最值来看，*RS* 存在极端值，即管理者个人的风险资产比重最大可以达到 100%，最小则为 0。管理者的年龄 *A* 则平均在 45 岁，最小的为 33 岁，最大为 77 岁。从以月为单位的任职期限 *T* 的均值和中位数可以看出，管理者的任职期限普遍偏低，但存在极端值。从管理者的平均学历 *EB* 的数据可知，管理者的学历以本科和硕士为多数。而平均性别 *G* 的平均数和中位数则反映了男性高管多于女性高管，但数量上相差不大。

表 3. 1　样本变量的描述性统计

变量	平均数	中位数	标准差	最小值	最大值
RS	0. 425	0. 147	0. 453	0. 000	1. 000
Lnmw	14. 105	12. 698	2. 907	7. 984	21. 416
A	45. 056	45. 000	6. 026	33. 000	77. 000
T	2. 704	2. 000	2. 262	0. 000	12. 000
EB	3. 268	3. 372	1. 047	0. 000	5. 000
G	1. 212	1. 071	0. 290	1. 000	2. 000

模型 3. 3 的回归结果如表 3. 2 所示。由此可知，管理者个人财富结构与其风险资产比重 *RS* 呈正相关关系，系数是 0. 143，在 1% 的水平下显著。管理者的平均年龄 *A* 与因变量 *RS* 呈负相关关系，系数是 -0. 001，在 5% 的水平下显著，说明年龄越大，管理者风险偏好程度越低。而任职期限 *T* 与 *RS* 呈正相关关系，系数是 0. 003，且在 5% 的水平下显著。管理者的平均学历 *EB* 与 *RS* 亦呈正相关关系，系数是 0. 005，在 10% 的水平下显著。

表 3. 2　管理者风险偏好程度的实证估计

	T-statistics	Coefficient	VIF
Constant	-51. 511 ***	-1. 576	
Ln*mw*	148. 796 ***	0. 143	1. 173
A	-2. 355 **	-0. 001	1. 131
T	2. 466 **	0. 003	1. 217
EB	1. 809 *	0. 005	1. 006
G	0. 885	0. 008	1. 063
Durbin-Watson	2. 012		
Adj-R^2	0. 838		
F	5 157. 167 ***		
Obs	6 629		

注：* 表示置信度为 10%，** 表示置信度为 5%，*** 表示置信度为 1%，后续不重述。

从模型的整体角度来看，DW 值为 2. 012，说明其不存在一阶自相关性。Adj-R^2 为 0. 838，F 值在 1% 的水平下显著，这些均表明模型拟合良好。各个变量的方差膨胀因子

（VIF）值均小于10，说明变量间不存在多重共线性。由此可知，该模型的建立比较完善，具有较强的说服力。

因此，管理者的潜在风险偏好指数 *LRPI* 的计算式为：

$$LRPI_{j,t} = -1.576 + 0.143\ln mw_{j,t} - 0.001A_{j,t} + 0.003T_{j,t} + 0.005EB_{j,t} + 0.008G_{j,t} \tag{3.18}$$

除此之外，为了保证研究结果的准确性，本研究还设定了若干控制变量，主要包括公司特征变量以及公司治理变量：

企业规模（*Size*）：上市公司年末总资产的自然对数，即为企业的规模。

自由现金流（*CFO*）：自由现金流量 = ［息税前营业利润 ×（1 - 所得税税率）+ 折旧与摊销 - 营运资本净增加 - 资本支出］/总资产。

资产收益率（*ROA*）：资产收益率 = ［归属于母公司的净利润 ×2/（上一报告期期末资产总计 + 本报告期期末资产总计）］×100%。

成长性（*Growth*）：即营业收入增长率，营业收入增长率 = ［（本报告期期末营业收入 - 上一报告期期末营业收入）/上一报告期期末营业收入］×100%。

董事会规模（*DSH*）：董事会总人数的自然对数。

监事会规模（*JSH*）：监事会总人数的自然对数。

独立董事比率（*DLDS*）：独立董事人数占董事会总人数的比率。

股权集中度（*H*1）：第一大股东持股比例的平方。

为了对研究假设进行检验，本研究根据上文中设定的研究变量和控制变量，构建了以下模型进行分析：

$$|DA|_{j,t} = \alpha_0 + \alpha_1 LRPI_{j,t} + \alpha_2 Size_{j,t} + \alpha_3 CFO_{j,t} + \alpha_4 ROA_{j,t} + \alpha_5 Growth_{j,t} + \alpha_6 DSH_{j,t} + \alpha_7 JSH_{j,t} + \alpha_8 DLDS_{j,t} + \alpha_9 H1_{j,t} + \varepsilon_{j,t} \tag{3.19}$$

$$|DA|_{j,t} = \gamma_0 + \gamma_1 AP_{j,t} + \gamma_2 Size_{j,t} + \gamma_3 CFO_{j,t} + \gamma_4 ROA_{j,t} + \gamma_5 Growth_{j,t} + \gamma_6 DSH_{j,t} + \gamma_7 JSH_{j,t} + \gamma_8 DLDS_{j,t} + \gamma_9 H1_{j,t} + \varepsilon_{j,t} \tag{3.20}$$

其中，$|DA|$为上市公司的盈余管理程度；α_1，…，α_9 以及 γ_1，…，γ_9 代表待估计的回归系数；α_0、γ_0 代表常数项；ε 代表残差项。

（三）描述性统计

1. 行业分类

本研究采用修正的截面琼斯模型计量公司盈余管理程度，首先对观察样本按照行业进行分类，在分类的基础上再对各行业观察样本的盈余管理水平进行测量。以2001年中国证监会颁布的《上市公司行业分类指引》为分类标准，本研究所选的观察样本可以分为13个大类，在此基础上对6 629个观察样本进行行业划分。本研究把盈余管理计量模型的要求考虑在内，依据行业划分编码的前两位，并且合并了样本公司中性质相近但数量较少的行业，6 629家样本公司最终划分结果如表3.3所示。由表3.3可以看出，机械、设备、仪表制造业所占比重最大，为19.385%。其次是石油、化学、橡胶、塑造业和金属、非金属制造业，所占比重分别为10.816%和8.312%。所占比重最小的行业是木材、家具制造业，仅为0.468%，研究样本大部分为制造业上市公司。

表3.3 样本的行业分类

行业代码	行业名称	样本量	占总样本的百分比
A	农、林、牧、渔业	125	1.886%
B	采矿业	173	2.610%
C0	食品、饮料业	264	3.983%
C1	纺织、服装、皮毛制造业	212	3.198%
C2	木材、家具制造业	31	0.468%
C3	造纸、印刷业	214	3.228%
C4	石油、化学、橡胶、塑造业	717	10.816%
C5	电子制造业	309	4.661%
C6	金属、非金属制造业	551	8.312%
C7	机械、设备、仪表制造业	1 285	19.385%
C8	医药和生物制品制造业	417	6.291%
C9	其他制造业	69	1.041%
D	电力、煤气及水的生产和供应业	216	3.258%
E	建筑业	141	2.127%
F	交通运输、仓储业	218	3.289%
G	信息技术业	518	7.814%
H	批发和零售贸易	362	5.461%
J	房地产业	353	5.325%
K	社会服务业	219	3.304%
L	传播与文化产业	92	1.388%
M	综合类	143	2.157%
样本总数		6 629	100.00%

2. 变量的描述性统计

表3.4是对模型3.19和模型3.20的变量的描述性统计分析结果。由此表可以看出，盈余管理程度$|DA|$的平均值和中位数分别是0.105和0.063，但存在极端值，最大值是8.802。管理者的潜在风险指数*LRPI*的值域是$-0.445 \sim 1.471$。绝对管理者风险偏好指数的分布区间较小，其值域是$0.047 \sim 0.125$。由自由现金流*CFO*的描述性统计结果可以

表 3.4　样本变量的描述性统计

变量	平均值	中位数	标准差	最小值	最大值
$\mid DA \mid$	0.105	0.063	0.227	0.000	8.802
LRPI	0.433	0.230	0.414	-0.445	1.471
A-P	0.074	0.079	0.014	0.047	0.125
Size	21.755	21.570	1.300	17.049	28.405
CFO	-0.102	-0.016	0.278	-9.102	5.401
ROA	0.054	0.047	0.109	-1.997	4.091
Growth	0.281	0.156	4.606	-1.000	367.532
DSH	2.400	2.398	0.302	1.099	3.738
JSH	1.472	1.386	0.431	0.693	2.944
DLDS	0.354	0.333	0.087	0.000	1.000
H1	0.158	0.121	0.131	0.000	0.980

看出，公司的自由现金流 *CFO* 的平均水平是负值。资产收益率的均值为 0.054，最大值却可以达到 4.091。另外的极端值情况则出现在营业收入增长率这一指标中，其最大值为 367.532，而均值仅为 0.281。从独立董事比率这一指标可以发现，样本公司的独立董事所占比重平均在 35% 左右。从股权集中度可以得出，样本公司股权集中度的平均水平在 15% 左右。

3. 变量的相关性检验

表 3.5 是所有变量的皮尔森相关性检验结果。由表中结果可以发现，本研究各个控制变量之间的相关系数均较小，最大值为 0.468，远小于 0.8 的经验判断值。这说明本研究设计的模型各变量之间并不存在严重的多重共线性问题，所有变量的选取均是合理的。

（四）基于个人特征分析管理者风险偏好与盈余管理的关系

为了分析基于个人特征计量的管理者风险偏好程度与上市公司盈余管理的关系，本研究对模型 3.17 进行了 OLS 回归分析。根据 *LRPI* 的决定因素，管理者的个体特点都会直接影响风险偏好的水平。*LRPI* 的数值越小，管理者从其工作的企业中获得的收益越大，但是现金收益比例会逐渐变小，而风险资产比例却日益增加，由此可以说明管理者的风险偏好程度越高。

模型 3.17 的回归结果如表 3.6 所示。管理者的潜在风险指数 *LRPI* 与因变量 $\mid DA \mid$ 呈负相关关系，系数为 -0.018，在 5% 的水平下显著。这说明，管理者的风险偏好程度越高，企业的盈余管理程度越高，支持了本研究的研究假设 2。控制变量中，企业规模 *Size*、自由现金流 *CFO* 和股权集中度 *H1* 均与因变量 $\mid DA \mid$ 呈负相关关系，系数分别为 -0.008，-0.110 和 -0.110，且均在 1% 的水平下显著相关。资产收益率 *ROA* 与因变量

表 3.5 皮尔森相关性检验结果

		|DA|	LRPI	A-P	Size	CFO	ROA	Growth	DSH	JSH	DLDS	H1
|DA|	系数	1.000	0.000	0.015	-0.067***	-0.135***	0.362***	0.012	-0.008	0.000	0.011	-0.049***
	Sig 值		0.986	0.216	0.000	0.000	0.000	0.347	0.532	0.982	0.370	0.000
LRPI	系数	0.000	1.000	-0.989***	-0.158***	-0.200***	0.149***	-0.002	-0.356***	-0.343***	0.179***	-0.133***
	Sig 值	0.986		0.000	0.000	0.000	0.000	0.860	0.000	0.000	0.000	0.000
A-P	系数	0.015	-0.989***	1.000	0.112***	0.192***	-0.151***	0.002	0.345***	0.334***	-0.178***	0.116***
	Sig 值	0.216	0.000		0.000	0.000	0.000	0.888	0.000	0.000	0.000	0.000
Size	系数	-0.067***	-0.158***	0.112***	1.000	0.163***	-0.042***	-0.006	0.257***	0.233***	-0.008	0.289***
	Sig 值	0.000	0.000	0.000		0.000	0.001	0.608	0.000	0.000	0.531	0.000
CFO	系数	-0.135***	-0.200***	0.192***	0.163***	1.000	-0.201***	-0.004	0.133***	0.137***	-0.037***	0.038***
	Sig 值	0.000	0.000	0.000	0.000		0.000	0.744	0.000	0.000	0.003	0.002
ROA	系数	0.362***	0.149***	-0.151***	-0.042***	-0.201***	1.000	0.010	-0.072***	-0.088***	0.026**	0.048***
	Sig 值	0.000	0.000	0.000	0.001	0.000		0.413	0.000	0.000	0.036	0.000
Growth	系数	0.012	-0.002	0.002	-0.006	-0.004	0.010	1.000	0.008	0.013	0.006	-0.011
	Sig 值	0.347	0.860	0.888	0.608	0.744	0.413		0.507	0.273	0.652	0.381
DSH	系数	-0.008	-0.356***	0.345***	0.257***	0.133***	-0.072***	0.008	1.000	0.468***	-0.338***	-0.022
	Sig 值	0.532	0.000	0.000	0.000	0.000	0.000	0.507		0.000	0.000	0.070
JSH	系数	0.000	-0.343***	0.334***	0.233***	0.137***	-0.088***	0.013	0.468***	1.000	-0.169***	-0.001
	Sig 值	0.982	0.000	0.000	0.000	0.000	0.000	0.273	0.000		0.000	0.922
DLDS	系数	0.011	0.179***	-0.178***	-0.008	-0.037***	0.026**	0.006	-0.338***	-0.169***	1.000	0.045***
	Sig 值	0.370	0.000	0.000	0.531	0.003	0.036	0.652	0.000	0.000		0.000
H1	系数	-0.049***	-0.133***	0.116***	0.289***	0.038***	0.048***	-0.011	-0.022*	-0.001	0.045***	1.000
	Sig 值	0.000	0.000	0.000	0.000	0.002	0.000	0.381	0.070	0.922	0.000	

表 3.6　基于个人特征的管理者风险偏好对盈余管理的影响

	T-statistics	Coefficient	VIF
Constant	4.524 ***	0.243	
LRPI	-2.452 **	-0.018	1.278
Size	-3.420 ***	-0.008	1.227
CFO	-10.638 ***	-0.110	1.098
ROA	30.972 ***	0.763	1.061
Growth	0.523	0.000	1.001
DSH	0.302	0.003	1.528
JSH	2.035 **	0.014	1.366
DLDS	1.755 *	0.056	1.145
H1	-5.173 ***	-0.110	1.136
Durbin-Watson		2.283	
Adj-R^2		0.146	
F		126.290 ***	
Obs		6 629	

盈余管理程度 $|DA|$ 呈正相关关系，系数为 0.763，在 1% 的水平下显著。监事会规模 *JSH* 和独立董事比例 *DLDS* 均与盈余管理程度 $|DA|$ 呈正相关关系，系数分别为 0.014 和 0.056，监事会规模 *JSH* 在 5% 的水平下显著，独立董事比例 *DLDS* 在 10% 的水平下显著。

从模型的整体角度可以得出，DW 值为 2.283，说明该模型无自相关性。F 值在 1% 的水平下显著，表明该模型整体拟合度较好。各个变量的 VIF 值均小于 10，说明变量间不存在多重共线性。综上所述，该模型的建立具有较完备的理论基础，能够有效地解释本研究的相关问题。

（五）利用 *A-P DARA* 效用函数研究管理者风险偏好与盈余管理的关系

从管理者个人财富禀赋角度来看，其风险偏好的代理变量应使用 *A-P DARA*。这一点可以从以下两个方面进行解释：第一，从理论推导角度来看，$A\text{-}P\ DARA = 1/mw$，由此可见管理者从公司得到的财富与 *A-P* 值是成反比例关系的，也就是说管理者会随着公司给予的财富的增多，而加大对风险的偏好程度。第二，从效用函数角度来看，效用函数 $\mu = \ln mw$ 的凸性性质用 *A-P DARA* 表示，*A-P* 指数的值越低，表明具有越陡峭的效用函数曲线：曲率越高，管理者个人对风险的偏好程度越高。基于上述分析，管理者风险偏好的代理变量使用 *A-P* 指数，采用公司规模、自由现金流、资产收益率、成长性、董事会规模、监事会规模、独立董事比率和股权集中度等公司特征和公司治理变量作为控制变量，利用 OLS 进行回归分析。

表3.7是模型3.18的回归结果。由此表可以发现，绝对管理者风险偏好指数 *A-P* 与因变量 *DA* 呈负相关关系，系数为 -1.517，且在1%的水平下显著。这说明，管理者的风险偏好程度越高，企业的盈余管理程度越高，支持了本研究的研究假设2。控制变量中，企业规模 *Size*、自由现金流 *CFO* 和股权集中度 *H1* 均与因变量 $|DA|$ 呈负相关关系，系数分别为 -0.007、-0.059 和 -0.113，且这三个控制变量均在1%的水平下显著。资产收益率 *ROA* 与盈余管理程度 $|DA|$ 呈正相关关系，系数为0.767，在1%的水平下显著。监事会规模 *JSH* 和独立董事比例 *DLDS* 均与盈余管理程度 $|DA|$ 呈正相关关系，系数分别为0.013和0.058，均在10%的水平下显著。

表3.7　基于 A-P DARA 的管理者风险偏好对盈余管理的影响

	T-statistics	Coefficient	VIF
Constant	1.438	0.073	
A-P	-7.201 ***	-1.517	1.258
Size	-3.099 ***	-0.007	1.227
CFO	-6.065 ***	-0.059	1.098
ROA	31.160 ***	0.767	1.061
Growth	0.529	0.000	1.001
DSH	0.055	0.001	1.528
JSH	1.79 *	0.013	1.366
DLDS	1.840 *	0.058	1.145
H1	-5.341 ***	-0.113	1.136
Durbin-Watson		2.288	
Adj-R^2		0.149	
F		128.474 ***	
Obs		6 629	

从模型的整体角度来看，DW值为2.288，说明该模型不存在自相关性。F值在1%的水平下显著，表明该模型拟合度较好。各个变量的VIF值均小于10，说明变量间不存在多重共线性。由此可知，该模型建立得比较科学、完备。

3.4　研究结论

综合上述分析，本研究发现管理者风险偏好程度很大程度上受其个人特征影响，证明了管理者风险偏好程度与所在公司的盈余管理程度呈正相关。

一方面，管理者的个人特征对其风险偏好水平有着显著的影响。本研究在 *LRPI* 的基础上构建了 OLS 回归模型，通过对 6 629 个观察样本进行普通最小二乘法分析，验证了管理者的财富、年龄、任职期限、学历、性别等五项个人特征对其风险偏好的重要影响。

另一方面，管理者对风险的偏好程度和上市公司的盈余管理程度之间呈现出显著的正相关关系。本研究采用 *A-P* 指数作为管理者风险偏好程度的代理变量，*A-P* 指数越小，说明企业管理者从公司得到的回报（持股的价值 + 薪酬）越大，其风险偏好程度越高。在执行管理工作过程中，由于股价的波动直接影响管理者个人收益，出于个人利益最大化的目的，管理者为了使其持有的股票升值，有动机和能力加强公司盈余管理的程度。除此之外，本研究考虑管理者的个人薪酬和收益的比重时，用 *LRPI* 衡量管理者对风险的偏好。管理者的 *LRPI* 值越小，表明管理者获得的薪酬越多，并且在其个人收益中，现金薪酬占总收入的比率越小，管理者就越偏好风险。由于股价的波动直接影响其个人财富中的股权价值，管理者会进行盈余管理来谋求股票价格的上涨，以此来增加个人财富。

根据管理者个人行为特征的分析研究文献，能够得出如下结论：针对风险偏好程度和个体决策的研究尽管在很早就已经开始，并取得了许多研究成果。然而，多数研究着眼于投资者个体对风险的偏好程度，关于管理者个体对风险的偏好程度的研究却为数不多。同时，此类研究的大部分文献基于实验经济学的视角，采用实证方法研究风险偏好和盈余管理关系的文章比较少。查询现有的盈余管理文献发现，虽然世界范围内针对盈余管理问题的研究进展比较迅速，然而多数都是立足公司治理、会计制度等方面，从管理者个人特征出发，对盈余管理进行研究的成果还是不多见的。

相比现有文献资料，我们的研究的主要贡献为：

① 完善了管理层风险偏好的计量方法。传统研究在衡量个体的风险偏好时，均以理论推导和模型构建为基础，鲜有文献能对管理者风险偏好进行定量分析。本研究把个体特征变量的综合影响纳入考虑范围之内，对 *LRPI* 指数进行研究的同时，研究了管理者个人财产的变动指数和 *A-P* 指数。本研究构建了风险偏好计量模型，衡量了观察样本的管理者风险偏好指数，具有较大的现实和理论意义。

② 实证检验了管理者风险偏好对上市公司盈余管理的作用机理。国内外现有文献大多数研究的是投资者个体风险偏好，而针对管理者的风险偏好衡量进行的研究较少。同时，这些针对管理层的风险偏好衡量的研究，缺少在盈余管理层面上的分析，大多停留

在投融资决策的层面。

本章成果丰富了行为金融和盈余管理的相关研究，明晰了管理者风险偏好对盈余管理的作用机理，希望可以为后续学者深入研究管理者行为特征对盈余管理影响提供有益的参考。

第4章 管理者乐观程度对盈余管理的影响研究

4.1 问题的提出

如前所述，盈余管理问题一直是我国资本市场的难题，向前可以追溯到红光实业、琼民源、银广夏以及郑百文，直至中科健、湘火炬、科龙电器、托普软件等公司恶性财务造假案件。财政部于2008年委托驻各地的财政监察专员办事处对152个国有企业的会计信息质量进行检查，结果显示，152个企业中利润不实的金额达28.27亿元，所有者权益不实达到了41 138亿元，资产不实的为85.88亿元。其中，6个国有企业存在虚亏实盈的状况，私自设置账外账的有16个企业[①]。高质量信息披露是资本市场健康运行的重要保障[②]。盈余管理使企业的经营状况无法通过会计信息公允、客观地反映，从而会误导利益相关者的决策，进而无法有效地配置社会资源。

除此之外，人们在不确定性情况下普遍存在不同程度的认知偏差，这一点可以在心理学中得到证明。认知偏差对管理者而言，容易在企业投融资方面导致管理者的低效决策，而管理者为了掩盖这一过失，会被迫进行盈余管理。而且，如果管理者对盈余管理的报酬和风险判断失误，还可能会导致其采取更多的盈余管理措施。所以说，影响盈余管理最重要的因素是管理者的有限理性，而这一有限理性是由认知偏差引起的。由于现在较多的研究是基于“理性人”假设，不符合资本市场的实际，因此需要开展管理者非

① 高志蕊．我国国企会计信息质量的现状及原因分析［J］．现代商业，2010（2）：248～249.

② 于国红．基于盈余管理视角的会计信息披露质量研究［J］．生产力研究，2010（3）：237～239.

理性行为对盈余管理的影响研究，从而帮助企业约束管理者行为，提高财务信息披露质量，尤其是盈利信息披露的准确性。

个体“有限理性”假设是由赫伯特·西蒙提出的，西蒙认为“有限理性”人是在现实生活中介于完全理性和非理性二者之间的决策者①。由于盈余管理行为容易受到多种认知偏差的影响，因此在研究中需要进一步区分管理者的有限理性行为特征，并对这些特征对于盈余管理的影响一一进行验证。

德波特和沙勒认为，在行为心理学中最经得起考验的发现就是过度自信。与过度自信相比，过度乐观也是认知偏差的一种②。其中，过度自信来源于认知偏差中的自我评价，而过度乐观则是源于外部事由及环境，两者从内、外两方面对有限理性进行了阐释。

通过分析我们发现，由于经济学研究的基本假设之——理性人假设受到现实的质疑，那么基于理性人假设基础上的财务、会计理论也会受到影响。在前期研究盈余管理时，基本没有考虑管理者和股东行为特征的影响，因为假设他们是理性的。但是由于管理者和股东的行为往往是有限理性的，所以需要考虑在有限理性状态下，管理者的情绪和行为特征对盈余管理的作用机理和影响程度。

综上所述，我们将对管理者过度乐观对盈余管理的重要影响进行实证检验，初步对其作用机理进行分析，并为将过度乐观引入到盈余管理约束模型中提供充分的依据。

4.2 理论背景与文献综述

基于理性人假设的投资组合选择理论、资本资产定价理论等，作为主流金融理论不断涌现并被实践证明，这些理论对金融市场和企业的财务决策实践产生了重要影响。理性人假设对决策主体进行假定，认为该主体是理性的，能够正确地处理已知信息，做出对市场的无偏估计。随着越来越多的学者进入到这个研究领域，他们的研究结果表明：理性人假设不能对决策人的行动方式做出充分的解释，还应当考虑其心理感受、行为习惯等主观因素。

（一）理性人假设受到资本市场异象的挑战

通过对经济学的研究文献进行梳理可以发现，经济学研究按照人的理性程度可以分

① [美] 赫伯特．西蒙．管理行为 [M]．詹正茂，译．北京：机械工业出版社，2009.
② 崔巍．行为金融学 [M]．北京：中国发展出版社，2008：37.

为理性和非理性两大类别[①]。

经济学中的理性包含三层含义，即极大化原则、自利性假设、个人与他人的自利行为一致性假设[②]。一般而言，传统经济学理性决策理论的精髓包括“有序偏好”和“效用最大化”。但是，完全理性只是一种理想状态[③]，理性理论和人们的实际选择存在着系统性偏差，导致证券市场中存在异常现象，包括股票溢价之谜、股利之谜、期间异常现象、长期反转现象、动量效应等[④]。

当事实证明传统的“理性人”假设不能够对现实生活中人们的决策行为做出充分的解释时，人们也就开始对主流金融理论产生了质疑。行为经济学放宽理性人假设，结合金融学、社会学、经济学、心理学等方面知识，重点解释证券市场存在的异象问题。特沃斯基和卡尼曼发表的《展望理论：在风险情况下的决策分析》（*Prospect Theory：an Analysis of Decision Under Risk*），提出前景理论，将心理学引入到金融领域的研究中，二人因此获得了诺贝尔经济学奖[⑤]。

赫伯特·西蒙提出有限理性假设，认为在生活中决策者是介于完全理性和非理性之间的“有限理性”者，由于其有限的信息、知识、能力和经验，管理者不可能也不期望能够得到最优解[⑥]。何大安认为在决策前，行为人会经历一个理性思考的过程，而那种完完全全的非理性决策，在现实生活中基本上是不可能出现的[⑦]。

此外，对于人们在经济决策中的行为，主要有三种共存的偏差，认知偏差是其中的一种[⑧]。当个体对外部事由和环境所产生的认知偏差导致过度乐观的表现时，会影响人们的行为决策，可能在兼并收购、企业投融资等领域导致管理者的低效决策行为，因此盈余管理的相关研究中引入过度乐观这类管理者行为特征是非常必要的。

在这里要特别强调，人的理性决策、非理性决策或者有限理性决策，其实都不能动摇理性人假设。虽然资本市场存在着异象，这种异象与理性预期理论不一致，导致了人们对于期望效用理论的怀疑，但我们认为从短期看违背期望效用的决策事件，从长期角

① 何大安．选择行为的理性与非理性融合［M］．上海：上海人民出版社，2006：1.
② 汪丁丁，叶航．理性的追问——关于经济学理性主义的对话［M］．桂林：广西师范大学出版社，2003.
③ 李智勇，何明升．理性与非理性的撞击——现代金融理论的拓展研究［J］．哈尔滨工业大学学报（社会科学版），2010（2）：84～88.
④ Jegadeesh N，Titman S. Returns to Buying Winners and Selling Losers：Implications for Stock Market Efficiency［J］. Journal of Finance，1993（1）：65－91.
⑤ Kahneman D，Tversky A. Prospect Theory：An Analysis of Decision under Risk［J］. Econometrica，1979（47）：313－327.
⑥［美］赫伯特·西蒙．管理行为［M］．詹正茂，译．北京：机械工业出版社，2009.
⑦ 毛明来，陈通．项目投资决策中的有限理性实现程度［J］．科技进步与对策，2008（07）：138～140.
⑧ Kahneman D，Riepe M. Aspects of Investor Psychology［J］. The Journal of Portfolio Management，1998（24）：52－65.

度可能是符合期望效用的，反之亦然。举个简单的例子：有的学生偏科，特别喜欢动手做实验，而不愿意学习数学等理科课程。从短期的期望效用角度分析，由于数学等理科成绩低，他的总成绩也很低，拿不到奖学金，也无法保送研究生，所以偏科是一种非理性的决策，应该各科都同等对待，都学好，才能得到好成绩和奖学金。但是从他人生的长远角度看，由于他把时间投入到了他喜欢的实践操作课程，而且能创造出很好的设计和产品，他可能成为实践设计的专家，因此可以得到更好的工作，并获得很高的薪酬和很好的发展，长期的期望效用会很高。

所以在具体分析人的行为特征时，一定要将长期和短期相结合，将环境变化与内心变化相结合，将他人感受与个人感受相结合，才能看得清楚，不能“一叶障目，不见泰山”。

（二）管理者过度乐观研究评述

对于认知上的偏差，研究最多的是过度乐观[①]。多数人认为不随人愿的事情往往不会发生在自己的身上；而在与其他人进行比较的时候，自己就更容易获得成功[②]。比如，对投资者来说，通常会高估市场的经济水平、证券市场前景以及未来投资收益，并期待好事能够更多地发生在自己身上。

1. 乐观和过度乐观的概念

部分研究学者认为，乐观和自信是可以相互替代的概念，它们都用于对创业者和其他主体的个性特征进行描述，但是实际上两者具有明显的不同。乐观是对未来积极预期的反映，并对外部环境和事件进行评价，乐观是一种看问题的态度；而自信着重于对自我能力的评定，是对个体自身进行评价，自信是个体决策的态度[③]。心理学研究发现，基因遗传[④]、生活经历[⑤]都影响着个体乐观的程度。

卡弗关于人的行为自我调节模型[⑥]认为，积极的期望即为乐观，消极的期望即为悲观。希切尔[⑦]、登伯[⑧]等人给出了更为广义的概念。

---

① 崔巍．行为金融学［M］．北京：中国发展出版社，2008：37.

② 陈其安，杨秀苔．基于代理人过度自信的委托—代理关系模型研究［J］．管理工程学报，2007（1）：110～116.

③ 夏欢欢．高管过度自信与企业多元化［D］．西南交通大学，2008：10～26.

④ Heinonen K，Raikkonen K，Keltikangas J L. Dispositional Optimism：Development over 21 Years from Perspectives of Perceived Temperament and Mothering［J］. Personality and Individual Differences，2005（38）：425－435.

⑤ Ellen E K，Remes J，Sovio U. Social and Developmental Predictors of Optimism from Infancy to Early Adulthood［J］. Social Indicators Research，2004（69）：219－242.

⑥ Carver C S，Scheier M F. Attention and Self-regulation：A Control-theory approach to Human Behavior［M］. New York：SPringer-Verlag，1981：372.

⑦ Scheier M F，Carver C S. Optimism，Coping and Health：Assessment and Implications of Generalized Outcome Expectancies［J］. Health Psychology，1985（4）：219－247.

⑧ Dember W. N，Martin S. H.，Hummer M. K，et al. The Measurement of Optimism and Pessimism［J］. Current Psychology 1989（8）：102－109.

在对乐观进行定义的基础上，学者们进一步对过度乐观进行了定义，认为过度乐观是一种信念，即个体对未来预期高的事件发生的概率远高于事件真实发生的概率。而陈野华则认为过度乐观是指人们主观相信事件的未来结果将超过基本情形[①]。

2. 乐观程度和过度乐观程度的评价方法

希切尔和卡弗提出的生活倾向问卷[②]和修正的生活倾向问卷[③]是应用最为广泛的问卷。在这种类型的问卷中，只存在一个维度。而乐观和悲观即为维度的两端，是对个体行为积极程度的测量。马歇尔等人对希切尔和卡弗的方法提出了质疑，认为乐观和悲观应该是问卷的两个维度，而不是一个维度的两端[④]。袁莉敏将其区分为三个维度，对大学生的乐观程度进行研究。除此之外，对管理者的乐观程度，有些学者采用代理变量来进行评价。例如，格拉泽和韦伯以高管所持公司股票的交易情况对其乐观程度进行计量[⑤]，林（Lin）、胡（Hu）和陈（Chen）（2005）也提出了过度乐观的指标[⑥]。

3. 过度乐观程度的表示方式

就现阶段的研究而言，学者们通常以管理者对未来收益的高估程度来衡量其过度乐观程度。希顿认为，过度乐观的管理者大多会高估现金流，并基于此构建了过度乐观与融资决策的模型进行分析[⑦]。

4. 乐观和过度乐观对于管理者行为的影响

（1）管理者乐观程度对投资行为的影响

研究表明，管理者乐观程度与过度投资的倾向有较高的相关性。之所以会出现这种倾向，主要是因为他们通常过度自信，相信自己具有超出其实际承受水平的能力，能够以积极乐观的心态面对未来[⑧]。

① 陈野华. 行为金融学［M］. 成都：西南财经大学出版社，2006：370 ~371.

② Scheier M F，Carver C S. Optimism，Coping and Health：Assessment and Implications of Generalized Outcome Expectancies［J］. Health Psychology，1985（4）：219 –247.

③ Scheier M F，Carver C S，Bridges M W. Distinguishing Optimism from Neuroticism（and Trait Anxiety，Self-mastery and Self-esteem）：A Reevaluation of the Life Orientaion Test［J］. Journal of Personality and Social Psychology，1994（67）：1 063 –1 078.

④ Marshall G N，Wonrtlna C B，Kusulas J W et al. Distinguishing Optimism from Pessimism：Relations to Fundamental Dimensions of Mood and Personality［J］. Journal of Personality and Social Psychology，1992（62）：1 067 –1 074.

⑤ Glaser M，Schäfers P，Weber M. Managerial Optimism and Corporate Investment：Is the Managers Alone Responsible for the Relation［C］. AFA 2008 New Orleans Meetings Paper Cambridge，2008.

⑥ Lin Y-h，Hu S-y，Chen M-s. Managerial Optimism and Corporate Investment：Some Empirical Evidence from Taiwan［J］. Pacific-Basin Finance Journal，2005（5）：523 –546.

⑦ Heaton J B. Managerial Optimism and Corporate Finance［J］. Financial Management（Summer），2002（31）：33 –45.

⑧ Hooker K，Monahan D，Shifren K，et al. Mental and Physical Health of Spouse Caregivers：the Role of Personality［J］. Psychology and Aging，1992（7）：367 –375.

罗尔的研究表明，过度乐观的管理者会导致赢家的诅咒问题①。格拉泽和韦伯的成果表明，企业的管理者持乐观态度，那么这样的公司往往会倾向于进行更多的投资，并有较高投资现金流的敏感度。特别是对于在财务上受到严格限制的公司来说，这种现象会更明显②。

谢夫林也对上述问题进行了实证研究③，他认为，即便是整个市场都不看好公司并购，过度自信的管理者仍然喜欢并购行为④。叶蓓认为，过度乐观的管理者可能导致对公司决策的次优选择⑤。

但是，当涉及对外扩张所需要的过度投资方面的倾向时，与之前探讨的又有所不同。琼·塞巴斯蒂安（Jean-Sebastien）等人以IPO企业为样本，研究发现，在投资方面乐观的管理者更倾向于进行较少的研发投资，且对现金流量更敏感。在融资方面，持乐观态度的管理者更愿意支付较少的资本成本，上述这种行为会拉低企业的绩效⑥。

除此之外，还有学者对管理者乐观程度与企业价值进行了研究。朗等人也对此进行了实证研究，结果表明，持乐观态度的管理者更倾向于快速采取行动，从而有更大的利润可获取⑦。

（2）管理者乐观程度与融资行为

迪安戈等人发现，公司股息增加的部分原因是管理者的乐观态度所致⑧。此外，还有研究表明，过度乐观的管理者更倾向于采取债务融资的融资策略。希顿认为，对于过度乐观的管理者来说，他们会认为发行股票会有更高的成本，因而更偏好于进行债务融资，同时这也能够解释优序融资理论⑨。李延喜、王阳（2009）等利用中国上市公司的数据进行实证研究，研究结论支持了优序融资理论，说明我国上市公司的管理者大多持过度

① Roll R. The Hubris Hypothesis of Corporate Takeovers [J]. Journal of Business 1986 (2): 197 -216.

② Glaser M, Schäfers P, Weber M. Managerial Optimism and Corporate Investment: Is the Managers Alone Responsible for the Relation [C]. AFA 2008 New Orleans Meetings Paper Cambridge, 2008.

③ Shefrin H. Beyond Greed and Fear: Understanding Behavioral Finance and the Psychology of Investing [M]. MA: Harvard Business School Press, 1999: 360 -371.

④ Shefrin H. Behavioral Corporate Finance [M]. New York: McGraw -Hill, 2006: 250 -280.

⑤ 叶蓓. 管理者过度自信、投资——现金流敏感度与投资效率 [D]. 华中科技大学, 2008: 116.

⑥ Jean-Sebastien M. Does Managerial Optimism Lead to Long-run Underperformance? Evidence from Venture Capital-backed IPOs HEC Montreal. Working Paper, 2010.

⑦ Long J B D, Sehleifer A, Summers L H, et al. The Survival of Noise Trades [J]. Journal of Business, 1991 (64): 1 -19.

⑧ DeAngelo H, DeAndelo L, Skinner D. Reversal of Fortune Dividend Signaling and the Disappearance of Sustained Earnings Growth [J]. Journal of Financial Economics 1996 (40): 341 -371.

⑨ Heaton J B. Managerial Optimism and Corporate Finance [J]. Financial Management (Summer), 2002 (31): 33 -45.

乐观态度[①]。

4.3 理性程度评价模型研究

4.3.1 概念框架的建立

1. 理性的定义

理性的概念是经济学和哲学的基石。在哲学研究中，通常把理性定义为一种能力。赫拉克利特指出，只有人的“思想”才能获得真理，而不是所谓的感觉，这种“思想”其实就是“理性”，他之所以会这么想，就是因为他认为自然中的真理是在事物之中“躲藏”起来的。

《现代汉语词典》第五版中对理性做出如下解释：理性是与感性相对，从理智上控制行为的能力。本书借鉴《现代汉语词典》的定义，将真实事物的发展变化规律与主体意识的契合程度定义为理性。

非理性能够作为理性的一种状态表现出来，理性程度也就等于1减去非理性程度。有限理性属于一种状态，这种状态介于理性和非理性之间，绝对理性和绝对的非理性基本上不会出现在现实生活中，更多的是一种有限理性的状态。现在很多学者利用过度反应与反应不足来度量有限理性。

广义的过度反应，是指人们对信息的反应远大于理论的反应程度；狭义的过度反应则特指在股票市场上，投资者对某种信息产生了非理性反应，同时，由于在某一时间内进行过度交易，从而导致股票的价格变化超过了其所应有的理性水平。德·波特和塔勒尔通过搜集、分析美国证券市场数据，验证了美国股市的过度反应行为。实证研究结果显示，过度反应会导致股票价格的变化，但是这种变化最终会因为理性套利的存在而被修正[②]。

资本市场的过度反应现象被发现后，与其相反的现象“反应不足”也逐渐引起人们的关注。杰加迪西（Jegadeesh）和迪特曼（Titman）（1993）在研究中最早应用这个词。

---

① Li Y-x, Wang Y, Zheng C-y, et al. Testing the Pecking Order Theory and Trade-off theory of Capital Structure [C]. International Conference on Engineering Management and Service Sciences. Beijing, 2009.

② DeBondt W F M, Thaler R. Does the Stock Market Overreact? [J]. Journal of Finance, 1985 (40): 793-805.

他们同样使用美国股票收益的混合截面数据，进行了再次验证。他们将股市上的反应不足定义为，股价不会发生不可预期的变化趋势，它会保持相一致的变化态势，原因是信息能够对投资者产生持续一段时间的影响[①]。由于理性套利的存在，最终反应不足也会得到修正。

2. 理性的要素

本书认为，理性的要素包括意识、规律、契合关系等多个方面。

（1）意识的定义

《现代汉语词典》对意识的定义为人脑对客观世界的反映。我们认为，意识是主体对事物状态的认知及反作用于事物的意愿，所以意识应该包括认知意识、反应意识等内容。认知意识是主体对事物状态的认识过程；反应意识是主体对事物状态所产生的心理反馈。影响是人的行为对事物状态的干涉过程。意识定义的示意如图 4.1 所示。

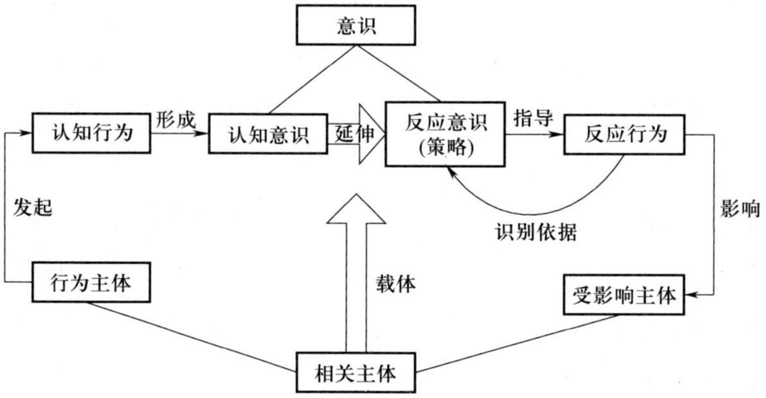

图 4.1　意识定义示意图

认知意识向外延伸即为反应意识，而认知意识信息包含于反应意识当中，因而我们采用反应意识作为意识的代理变量；在研究中又以实际策略作为反应意识的代理量对其进行计量；更进一步地，实际策略的行为表现为反应的行为，所以又把反应行为当作实际策略的代理变量来进行衡量；在经济学中，资源配置行为一般情况下是反应行为的体现。最后，我们在研究中将意识的代理变量定义为行为主体在企业经营中采取的实际投资行为。

① Jegadeesh N，Titman S. Returns to Buying Winners and Selling Losers：Implications for Stock Market Efficiency [J]. Journal of Finance，1993 (1)：65 -91.

（2）规律的定义

参照《现代汉语词典》中相关定义，我们将规律定义为，不以行为主体的意志为转移的事物之间客观的关系。经济学中规律的定义为，在特定环境中，行为主体之间对资源的供求关系。经济学中，标准策略的行为表现是一种投资行为，这种投资行为被称为有效投资行为，它符合宏观经济周期，能实现收益最大化。

（3）契合关系的定义和内容

契合关系在《现代汉语词典》中定义为相合，这种相合在数量、情节、形状等方面都能够表现出来；把关系定义为一种状态，在这种状态下事物与事物之间相互影响、相互作用。我们借鉴词典中的定义，把关系作为事物之间相互对比、相互影响的一种状态。

在经济学中，标准策略与实际策略之间对比一致的状态通常被作为规律与意识的契合关系的具体体现，其实这也是经营过程中的行为主体采取的实际投资行为与宏观经济周期、收益最大化目标相符合的一种对比一致的状态。

3. 理性程度的定义

根据之前对理性的定义，在此对理性程度做进一步的描述，即主体意识与实际规律之间的一致程度。我们强调规律与意识相对比，而不强调两者的相互影响。所以规律与意识的契合程度在本研究中指的是，规律与意识之间相对比得到的距离小于最大距离的数值。

理性程度包括三部分构成要素，分别为实际规律、主体意识和两者的契合程度。其中，理性程度的载体是规律和意识，理性程度的内容是两者之间的契合程度。

4.3.2 设定评价依据

1. 理性程度评价依据

反应意识的代理变量是实际策略，本研究以实际投资行为来衡量意识，把在经营生产过程中行为主体的实际投资行为当作意识的代理变量来进行衡量。

就规律方面而言，规律的代理变量是标准策略，本研究把最优投资行为当作规律的代理变量，这种最优投资行为是指符合宏观经济周期而且有助于实现公司价值最大化目标的投资行为。

在经营过程中，规律与意识的契合程度用行为主体所采取的实际投资行为与最优投资行为相对比所得到的距离小于最大距离的数值来代理。举个简单的例子，如果在特定的宏观经济背景下，理性投资得到的收益为100，而完全非理性决策的收益为0，甲的行为出现偏差，收益为80，则甲的理性程度为80（80－0＝80）。

2. 距离的计量依据

状态距离和价值距离是距离的两个组成部分。投资行为的实际状态与最优投资行为状态的距离就是状态距离；而价值距离是其市场价值发现过程后产生的，是由状态距离形成的。

当人们利用价值距离对理性程度进行评价时，无法反映造成盈亏结果的原因，也不能对行为主体未来决策水平的提高进行相应的指导，而只能反映盈亏的结果。因为价值距离被人们所感知，只有在市场价值发现之后才能够发生。

与此形成对比的是，在市场价值尚未被发现的时候，通过状态距离就可以对理性程度进行评价，并且它也可以反映盈亏结果形成的原因，因此，本文采用状态距离作为计量变量。

3. 最优投资行为

（1）投资行为

最优的投资行为就是与宏观经济相符的投资行为，我们可以把行为主体所处经济领域的宏观经济状况作为衡量最优投资行为的一个重要的依据。其中，投资主体所处的经济领域构成主要包括实体经济和资本市场，本文选择从实体经济维度入手来反映宏观经济（Macro Economy）的状况，具体代理变量将在下文详细阐述。

宏观经济周期包含波峰和波谷。当然波峰和波谷并没有硬性的先后顺序之分，如图4.2所示，表现为先降后升的过程。其中，以宏观经济状况（Macro Economy）作为纵轴，并简写为ME，以时间（Time）作为横轴，横轴上具体的时间点用t表示。若下文中出现上述标识，其含义相同。

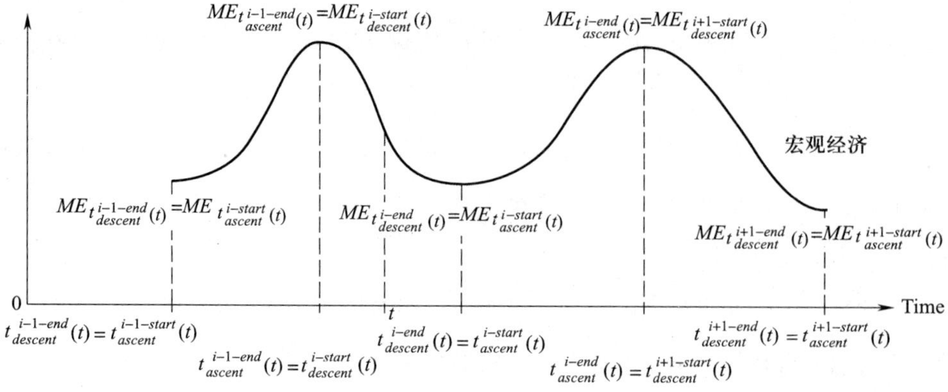

图4.2　宏观经济周期主要节点

如图4.2所示，虚线用于标识曲线中的波峰、波谷等具体点位在横、纵坐标轴上的投影。以 i 表示紧邻的，紧邻的意味着与第 t 期位于同一个周期且没有隔着峰值；$i-1$ 表示向前跨一个峰值，也就是上一个先降后升周期；$i+1$ 则表示向后。图4.2中相关符号的含义如下：

$t_{descent}^{i-start}(t)$ 为第 t 期所处周期中的下降半周期起始时刻；

$t_{descent}^{i-end}(t)$ 为第 t 期所处周期中的下降半周期结束时刻；

$t_{ascent}^{i-start}(t)$ 为第 t 期所处周期中的上升半周期起始时刻；

$t_{ascent}^{i-end}(t)$ 为第 t 期所处周期中的上升半周期结束时刻。

（2）投资行为的决策目标

低投入、高产出是投资行为的两个决策目标。为实现决策目标，随着价格波动，投资者将交替进行低买和高卖决策。

4.3.3 评价模型的参数设定

根据上面的论述，我们确定各个参数和变量，为以后的计量和实证研究提供基础。

1. 增量投资行为的边际成本节约系数

与经过上一个波峰后形成的下跌幅度相比，我们设定：衡量宏观经济状况的指标为增量投资行为成本的节约系数 *CIIS*，即增量投资行为能够以更低现行价格进行买入，基于此产生了投资行为的边际成本的节约效率。从数据上来看，该节约系数的值越大，则表明以更低的现行价格买入，会节约更多的投资成本。

公式如下：

$$CIIS_t = \frac{ME_{t_{descent}^{i-start}(t)}}{ME_t} - 1,\ t \in [\, t_{descent}^{i-start}(t),\ t_{ascent}^{i-end}(t) \,] \tag{4.1}$$

其中，$t_{descent}^{i-end}(t) = t_{ascent}^{i-start}(t)$，$CIIS_t$ 在该点处连续。$CIIS_t$ 的值域是：

$$CIICS_t \in \begin{cases} \left[0,\ \dfrac{ME_{t_{descent}^{i-start}(t)}}{ME_{t_{descent}^{i-end}(t)}} - 1\right],\ t \in [\, t_{descent}^{i-start}(t),\ t_{descent}^{i-end}(t) \,] \\ \left[\dfrac{ME_{t_{descent}^{i-start}(t)}}{ME_{t_{ascent}^{i-end}(t)}} - 1,\ \dfrac{ME_{t_{descent}^{i-start}(t)}}{ME_{t_{ascent}^{i-start}(t)}} - 1\right],\ t \in [\, t_{ascent}^{i-start}(t), t_{ascent}^{i-end}(t) \,] \end{cases}$$

$CIIS_t$ 值域的非0端点取值范围如下：

$$
\begin{cases}
\dfrac{ME_{t_{descent}^{i-start}(t)}}{ME_{t_{descent}^{i-end}(t)}}-1>0 \\
\dfrac{ME_{t_{descent}^{i-start}(t)}}{ME_{t_{ascent}^{i-end}(t)}}-1>-1 \\
\dfrac{ME_{t_{descent}^{i-start}(t)}}{ME_{t_{ascent}^{i-start}(t)}}-1>0
\end{cases}
$$

$CIIS_t$ 的图形如图 4.3 所示。

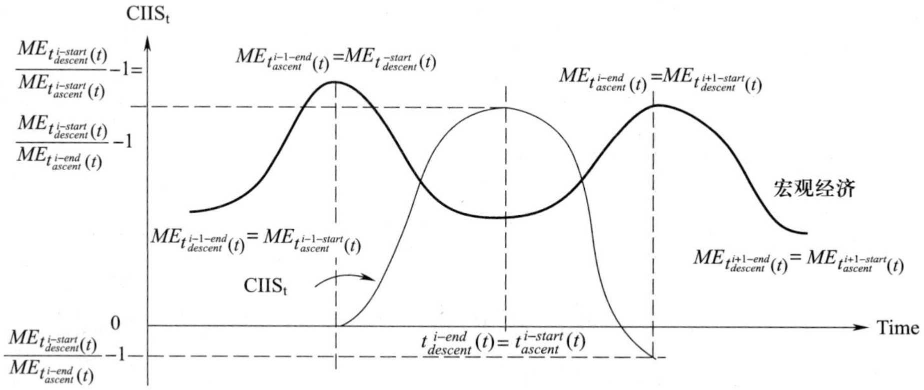

图 4.3　增量投资边际成本节约系数曲线

2. 减量投资行为的边际成本节约系数

当主体减少投资时，所引发的成本节约效率称为减量投资行为的边际成本节约系数，系数越小表明节约的投资成本越低。

表达式如下：

$$
CDIS_t=\begin{cases}
\dfrac{ME_t}{ME_{t_{descent}^{i-end}(t)}}-1,\ t\in\left[t_{descent}^{i-start}(t),\ t_{descent}^{i-end}(t)\right] \\
\dfrac{ME_t}{ME_{t_{descent}^{i+1-end}(t)}}-1,\ t\in\left[t_{ascent}^{i-start}(t),\ t_{ascent}^{i-end}(t)\right]
\end{cases}
\tag{4.2}
$$

$CDIS_t$ 的值域是：

$$
CDIS_t\in\begin{cases}
\left[0,\ \dfrac{ME_{t_{descent}^{i-start}(t)}}{ME_{t_{descent}^{i-end}(t)}}-1\right],\ t\in\left[t_{descent}^{i-start}(t),\ t_{descent}^{i-end}(t)\right] \\
\left[\dfrac{ME_{t_{ascent}^{i-start}(t)}}{ME_{t_{descent}^{i+1-end}(t)}}-1,\ \dfrac{ME_{t_{ascent}^{i-end}(t)}}{ME_{t_{descent}^{i+1-end}(t)}}-1\right],\ t\in\left[t_{ascent}^{i-start}(t),\ t_{ascent}^{i-end}(t)\right]
\end{cases}
$$

$CDIS_t$ 值域的非 0 端点取值范围如下：

$$
\begin{cases}
\dfrac{ME_{t_{descent}^{i-start}(t)}}{ME_{t_{descent}^{i-end}(t)}}-1>0\\[2ex]
\dfrac{ME_{t_{ascent}^{i-start}(t)}}{ME_{t_{descent}^{i+1-end}(t)}}-1>-1\\[2ex]
\dfrac{ME_{t_{ascent}^{i-end}(t)}}{ME_{t_{descent}^{i+1-end}(t)}}-1>0
\end{cases}
$$

$CDIS_t$ 的图形如图 4. 4 所示。

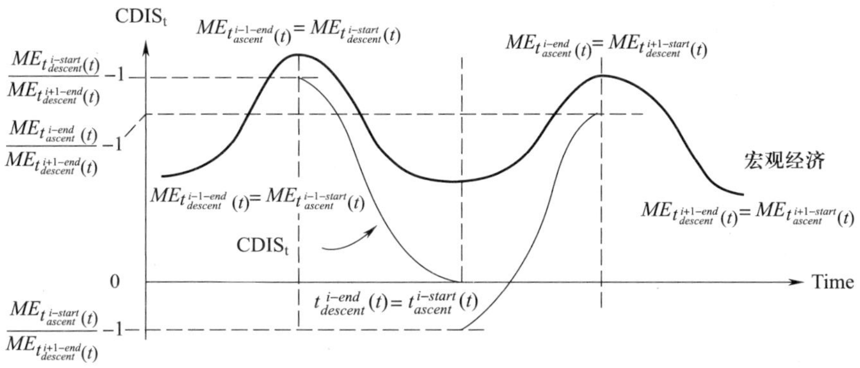

图 4. 4　减量投资边际成本节约系数曲线

3. 增量投资行为的收益增长系数

增量投资行为收益增长是指在一个不变的宏观经济周期之内，投资行为中潜在的投资收益的增长幅度。我们使用增量投资行为收益增长系数（*CIIG*）作为增量投资行为参与未来投资回报的代理变量。

具体表达式如下：

$$
CIIG_t=\frac{ME_{t_{ascent}^{i-end}(t)}}{ME}-1,\ t\in\left[t_{descent}^{i-start}(t),\ t_{ascent}^{i-end}(t)\right] \tag{4.3}
$$

$CIIG_t$ 的值域：

$$
CIIG_t\in
\begin{cases}
\left[\dfrac{ME_{t_{ascent}^{i-end}(t)}}{ME_{t_{descent}^{i-start}(t)}}-1,\ \dfrac{ME_{t_{ascent}^{i-end}(t)}}{ME_{t_{descent}^{i-end}(t)}}-1\right],\ t\in\left[t_{descent}^{i-start}(t),\ t_{descent}^{i-end}(t)\right]\\[3ex]
\left[0,\ \dfrac{ME_{t_{ascent}^{i-end}(t)}}{ME_{t_{ascent}^{i-start}(t)}}-1\right],\ t\in\left[t_{ascent}^{i-start}(t),\ t_{ascent}^{i-end}(t)\right]
\end{cases}
$$

当 t 值在第一个取值范围内，即宏观经济周期上升半周期内时，增量投资行为收益增长系数处于上升半周期状态；当 t 值在第二个取值范围内，即宏观经济周期下降半周期内时，增量投资行为收益增长系数处于下降半周期状态。

针对 $CIIG_t$ 的非 0 端点，有下列定义：

$$\begin{cases} \dfrac{ME_{t_{ascent}^{i-end}(t)}}{ME_{t_{descent}^{i-start}(t)}}-1>-1 \\ \dfrac{ME_{t_{ascent}^{i-end}(t)}}{ME_{t_{descent}^{i-end}(t)}}-1>0 \\ \dfrac{ME_{t_{ascent}^{i-end}(t)}}{ME_{t_{ascent}^{i-start}(t)}}-1>0 \end{cases}$$

图 4.5 对 $CIIG_t$ 的图形进行了具体描绘。

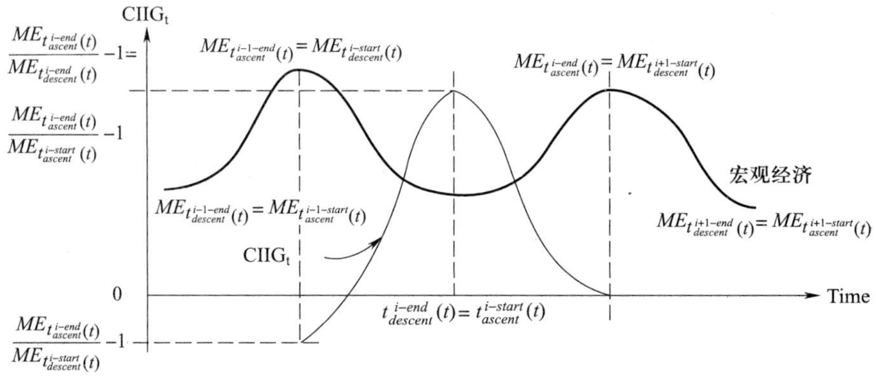

图 4.5　增量投资收益增长系数曲线

需要说明的是，经过与如下指数差额之比表达式的比较和分析，本研究采用了前面所列示的宏观经济指数之比形式的表达式。

$$CIIG_t=\frac{ME_{t_{ascent}^{i-end}(t)}-ME_t}{ME_{t_{ascent}^{i-end}(t)}-ME_{t_{ascent}^{i-start}(t)}},\quad t\in\left[t_{descent}^{i-start}(t),\ t_{ascent}^{i-end}(t)\right]$$

其中，$CIIG_t$ 的值域为：

$$CIIG_t\in\begin{cases}\left[\dfrac{ME_{t_{ascent}^{i-end}(t)}-ME_{t_{descent}^{i-start}(t)}}{ME_{t_{ascent}^{i-end}(t)}-ME_{t_{ascent}^{i-start}(t)}},\ 1\right],\quad t\in\left[t_{descent}^{i-start}(t),\ t_{descent}^{i-end}(t)\right]\\ \left[0,\ 1\right],\quad t\in\left[t_{ascent}^{i-start}(t),\ t_{ascent}^{i-end}(t)\right]\end{cases}$$

考虑到指数差额比的取值能够随着 $ME_{t_{descent}^{i-start}(t)}$ 的变化而取遍全部小于 1 的实数，这会造成$\dfrac{ME_{t_{ascent}^{i-end}(t)}-ME_{t_{descent}^{i-start}(t)}}{ME_{t_{ascent}^{i-end}(t)}-ME_{t_{ascent}^{i-start}(t)}}$的结果出现小于 -1 的情况，这与要求的资产损失不超过其本金相矛盾。此外，无论是投资成本还是收益，都必然受到宏观经济指数变化起点的影响，指数差额比只考虑了其与宏观经济指数变化进度的关系而忽视了这一点，也是不符合实际的。

4. 减量投资行为的收益增长系数

减量投资行为收益增长是指在一个不变的宏观经济周期之内，投资行为中已经实现的投资收益的增长幅度。投资者通过减量投资行为来匹配历史投资收益的增长幅度。因此，本文将减量投资行为收益增长系数（*CDIG*）作为减量投资行为参与兑现历史增长的代理变量。

具体表达式如下：

$$CDIG_t = \begin{cases} \dfrac{ME_t}{ME_{t_{ascent}^{i-1-start}(t)}} - 1, & t \in \left[t_{descent}^{i-start}(t),\ t_{descent}^{i-end}(t)\right] \\ \dfrac{ME_t}{ME_{t_{ascent}^{i-start}(t)}} - 1, & t \in \left[t_{ascent}^{i-start}(t),\ t_{ascent}^{i-end}(t)\right] \end{cases} \tag{4.4}$$

$CDIG_t$ 的值域：

$$CDIG_t \in \begin{cases} \left[\dfrac{ME_{t_{descent}^{i-end}(t)}}{ME_{t_{ascent}^{i-1-start}(t)}} - 1,\ \dfrac{ME_{t_{descent}^{i-start}(t)}}{ME_{t_{ascent}^{i-1-start}(t)}} - 1\right], & t \in \left[t_{descent}^{i-start}(t),\ t_{descent}^{i-end}(t)\right] \\ \left[0,\ \dfrac{ME_{t_{ascent}^{i-end}(t)}}{ME_{t_{ascent}^{i-start}(t)}} - 1\right], & t \in \left[t_{ascent}^{i-start}(t),\ t_{ascent}^{i-end}(t)\right] \end{cases}$$

当 t 值在第一个取值范围内，即宏观经济周期上升半周期内时，减量投资行为收益增长系数处于下降半周期状态；当 t 值在第二个取值范围内，即宏观经济周期下降半周期内时，增量投资行为收益增长系数处于上升半周期状态。

针对 $CDIG_t$ 的非 0 端点，有下列定义：

$$\begin{cases} \dfrac{ME_{t_{descent}^{i-end}(t)}}{ME_{t_{ascent}^{i-1-start}(t)}} - 1 > -1 \\ \dfrac{ME_{t_{descent}^{i-start}(t)}}{ME_{t_{ascent}^{i-1-start}(t)}} - 1 > 0 \\ \dfrac{ME_{t_{ascent}^{i-end}(t)}}{ME_{t_{ascent}^{i-start}(t)}} - 1 > 0 \end{cases}$$

图 4.6 对 $CDIG_t$ 的图形进行了具体描绘。

4.3.4 评价模型的构建

1. 评价模型构建原理

宏观经济周期的变化过程可能是从波谷到波峰，也有可能是从波峰到波谷，但是不

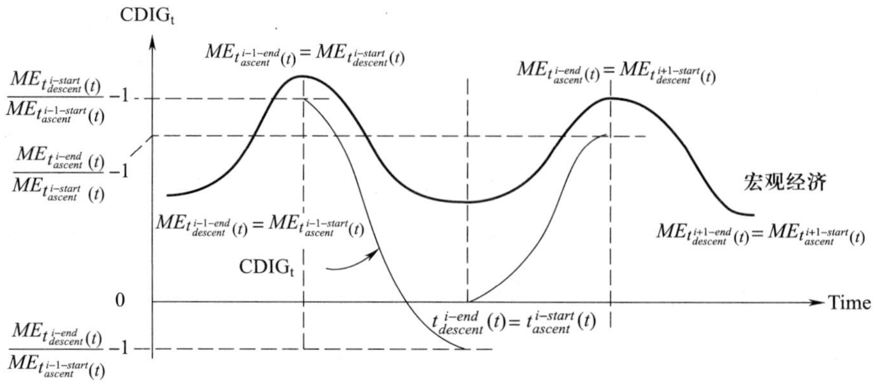

图 4.6　减量投资收益增长系数曲线

论哪种过程，投资者通过“买”和“卖”的相互配合都可以抓住最佳买点和卖点。首先，在宏观经济周期分别为先降后升和先升后降的情况下，ME_t 在前后变化的两个半周期内分别存在相同的最佳买点和最佳卖点。此外，由于宏观经济周期先降后升时 ME_t 在上升半周期结束时点和下降半周期开始时点都会分别出现一个最佳卖点，且其间隔期较长，而在宏观经济周期先升后降时 ME_t 在上升半周期开始时点和下降半周期结束时点都会分别出现一个最佳买点，同样间隔期较长，这就使得投资者可以充分利用这些变化特征，根据宏观经济周期的变化规律，选择“卖—买—卖”或“买—卖—买”的模式进行投资运作，实现投资收益的最大化。

通过以上分析可知，在进行相关决策之前，首先要针对下降半周期和上升半周期的特点对行为主体的理性程度进行系统分析和评价，再对各半周期的投资行为强度进行加权平均。当 $T_{half} = T_{ascent}$ 的时候表示经济发展正处于上升半周期，当 $T_{half} = T_{descent}$ 的时候表示经济发展正处于下降半周期。

2. 投资行为效率系数的构建

借鉴玉阳的研究，我们构建投资行为效率系数，包括增量投资行为效率系数（*CIIE*）和减量投资行为效率系数（*CDIE*）。这两类系数分别表示决策主体增加投资或者减少投资时，所引起的成本节约或者收益增长。按照边际效率的规律，当投资者增加或者减少投资时，其投资的效率必然会出现变化，可能增加，也可能减少，反映在收益和成本上，就是收益增减系数和成本增加系数。其中，$CIIS_t$ 和 $CIIG_t$ 分别表示增量投资行为成本节约系数和收益增长系数，$CDIS_t$ 以及 $CDIG_t$ 分别表示减量投资行为成本节约系数和收益增长系数。

$$
\begin{cases}
CIIE_t = \dfrac{CIIS_t + CIIG_t}{2} \\
CDIE_t = \dfrac{CDIS_t + CDIG_t}{2}
\end{cases}
\tag{4.5}
$$

将式 4.1 ~4.4 代入上式可得到：

$$
\begin{cases}
CIIE_t = \dfrac{ME_{t^{i-start}_{descent}(t)} + ME_{t^{i-end}_{ascent}(t)}}{2ME_t} - 1, \quad t \in \left[t^{i-start}_{descent}(t),\ t^{i-end}_{ascent}(t) \right] \\
CDIE_t = \dfrac{ME_t}{2}\left(\dfrac{1}{ME_{t^{i-end}_{descent}(t)}} + \dfrac{1}{ME_{t^{i-1-start}_{ascent}(t)}} \right) - 1, \quad t \in \left[t^{i-start}_{descent}(t),\ t^{i-end}_{descent}(t) \right] \\
CDIE_t = \dfrac{ME_t}{2}\left(\dfrac{1}{ME_{t^{i-start}_{ascent}(t)}} + \dfrac{1}{ME_{t^{i+1-end}_{descent}(t)}} \right) - 1, \quad t \in \left[t^{i-start}_{ascent}(t),\ t^{i-end}_{ascent}(t) \right]
\end{cases}
$$

因此有：

$$
\begin{cases}
\min\limits_{t \in T_{descent}} CIIE_t = \dfrac{1}{2}\left(\dfrac{ME_{t^{i-end}_{ascent}(t)}}{ME_{t^{i-start}_{descent}(t)}} - 1 \right) \\
\max\limits_{t \in T_{descent}} CIIE_t = \dfrac{ME_{t^{i-start}_{descent}(t)} + ME_{t^{i-end}_{ascent}(t)}}{2ME_{t^{i-end}_{descent}(t)}} - 1 \\
\max\limits_{t \in T_{ascent}} CIIE_t = \dfrac{ME_{t^{i-start}_{descent}(t)} + ME_{t^{i-end}_{ascent}(t)}}{2ME_{t^{i-start}_{ascent}(t)}} - 1 \\
\min\limits_{t \in T_{ascent}} CIIE_t = \dfrac{1}{2}\left(\dfrac{ME_{t^{i-start}_{descent}(t)}}{ME_{t^{i-end}_{ascent}(t)}} - 1 \right)
\end{cases}
\tag{4.6}
$$

和

$$
\begin{cases}
\min\limits_{t \in T_{descent}} CDIE_t = \dfrac{1}{2}\left(\dfrac{ME_{t^{i-end}_{descent}(t)}}{ME_{t^{i-1-start}_{ascent}(t)}} - 1 \right) \\
\max\limits_{t \in T_{descent}} CDIE_t = \dfrac{ME_{t^{i-start}_{descent}(t)}}{2}\left(\dfrac{1}{ME_{t^{i-end}_{descent}(t)}} + \dfrac{1}{ME_{t^{i-1-start}_{ascent}(t)}} \right) - 1 \\
\min\limits_{t \in T_{ascent}} CDIE_t = \dfrac{1}{2}\left(\dfrac{ME_{t^{i-start}_{ascent}(t)}}{ME_{t^{i+1-end}_{descent}(t)}} - 1 \right) \\
\max\limits_{t \in T_{ascent}} CDIE_t = \dfrac{ME_{t^{i-end}_{ascent}(t)}}{2}\left(\dfrac{1}{ME_{t^{i-start}_{ascent}(t)}} + \dfrac{1}{ME_{t^{i+1-end}_{descent}(t)}} \right) - 1
\end{cases}
\tag{4.7}
$$

3. 构建评价增量和减量投资行为理性程度的指标体系

增量投资行为理性程度（*RDI*）是指增量投资行为效率与其最小值之间的相对距离；

减量投资行为理性程度（RDD）是指减量投资行为效率与其最小值之间的相对距离。其中，RDI 和 RDD 的取值范围均在 0 和 1 之间。

式 4.8 为增量投资行为理性程度的计算公式：

$$RDI_{T_{half}} = \frac{\sum_{t \in T_{half}} \left(\frac{II_t}{\sum_{t \in T_{half}} II_t} CIIE_t \right) - \min_{t \in T_{half}} \left(\sum_{t \in T_{half}} \left(\frac{II_t}{\sum_{t \in T_{half}} II_t} CIIE_t \right) \right)}{\max_{t \in T_{half}} \left(\sum_{t \in T_{half}} \left(\frac{II_t}{\sum_{t \in T_{half}} II_t} CIIE_t \right) \right) - \min_{t \in T_{half}} \left(\sum_{t \in T_{half}} \left(\frac{II_t}{\sum_{t \in T_{half}} II_t} CIIE_t \right) \right)} \tag{4.8}$$

$$= \frac{\sum_{t \in T_{half}} \left(\frac{II_t}{\sum_{t \in T_{half}} II_t} CIIE_t \right) - \min_{t \in T_{half}} CIIE_t}{\max_{t \in T_{half}} CIIE_t - \min_{t \in T_{half}} CIIE_t}$$

在上式中，II_t 表示时间 t 的增量投资数额；$\frac{II_t}{\sum_{t \in T_{half}} II_t}$ 表示增量投资行为在半周期内的分布系数；$\sum_{t \in T_{half}} \left(\frac{II_t}{\sum_{t \in T_{half}} II_t} CIIE_t \right)$ 表示以 $\frac{II_t}{\sum_{t \in T_{half}} II_t}$ 为权重的 $CIIE_t$ 的加权平均值，这里可以表述为在一个半周期内，行为主体进行增量投资的行为效率，以一个距离来表示，此距离是实际宏观经济状况在增量投资时与达到波峰状态时刻的加权平均距离。本研究将 $\sum_{t \in T_{half}} \left(\frac{II_t}{\sum_{t \in T_{half}} II_t} CIIE_t \right)$ 进行一种标准化处理，即得到 $RDI_{T_{half}}$，取值范围介于 0 和 1 之间。

将式 4.6 代入式 4.8 得到：

$$RDI_{T_{descent}} = \frac{\sum_{t \in T_{descent}} \left(\frac{II_t}{\sum_{t \in T_{descent}} II_t} \frac{1}{ME_t} \right) - \frac{1}{ME_{t^{i-start}_{descent}(t)}}}{\frac{1}{ME_{t^{i-end}_{descent}(t)}} - \frac{1}{ME_{t^{i-start}_{descent}(t)}}} \tag{4.9}$$

和

$$RDI_{T_{ascent}} = \frac{\sum_{t \in T_{ascent}} \left(\frac{II_t}{\sum_{t \in T_{ascent}} II_t} \frac{1}{ME_t} \right) - \frac{1}{ME_{t^{i-end}_{ascent}(t)}}}{\frac{1}{ME_{t^{i-start}_{ascent}(t)}} - \frac{1}{ME_{t^{i-end}_{ascent}(t)}}} \tag{4.10}$$

同理，可得到：

$$RDD_{T_{half}} = \frac{\sum_{t\in T_{half}}\left(\frac{DI_t}{\sum_{t\in T_{half}}DI_t}CDIE_t\right) - \min_{t\in T_{half}}\left(\sum_{t\in T_{half}}\left(\frac{DI_t}{\sum_{t\in T_{half}}DI_t}CDIE_t\right)\right)}{\max_{t\in T_{half}}\left(\sum_{t\in T_{half}}\left(\frac{DI_t}{\sum_{t\in T_{half}}DI_t}CDIE_t\right)\right) - \min_{t\in T_{half}}\left(\sum_{t\in T_{half}}\left(\frac{DI_t}{\sum_{t\in T_{half}}DI_t}CDIE_t\right)\right)} \quad (4.11)$$

$$= \frac{\sum_{t\in T_{half}}\left(\frac{DI_t}{\sum_{t\in T_{half}}DI_t}CDIE_t\right) - \min_{t\in T_{half}}CDIE_t}{\max_{t\in T_{half}}CDIE_t - \min_{t\in T_{half}}CDIE_t}$$

在上式中，DI_t 表示时间 t 的减量投资数额；$\frac{DI_t}{\sum_{t\in T_{half}}DI_t}$ 表示减量投资行为在半周期内的分布系数；$\sum_{t\in T_{half}}\left(\frac{DI_t}{\sum_{t\in T_{half}}DI_t}CDIE_t\right)$ 表示以 $\frac{DI_t}{\sum_{t\in T_{half}}DI_t}$ 为权重的 $CDIE_t$ 的加权平均值，这里可以表述为在一个半周期内，行为主体进行减量投资的行为效率，以一个距离来表示，此距离是实际宏观经济状况在减量投资时与达到波谷状况时刻的加权平均距离。本研究将 $\sum_{t\in T_{half}}\left(\frac{DI_t}{\sum_{t\in T_{half}}DI_t}CDIE_t\right)$ 进行同样的标准化处理，即得到 $RDD_{T_{half}}$，取值范围介于 0 和 1 之间。

将式 4.6 代入式 4.11 得到：

$$RDD_{T_{descent}} = \frac{\sum_{t\in T_{descent}}\left(\frac{DI_t}{\sum_{t\in T_{descent}}DI_t}ME_t\right) - ME_{t^{i-end}_{descent}(t)}}{ME_{t^{i-start}_{descent}(t)} - ME_{t^{i-end}_{descent}(t)}} \quad (4.12)$$

和

$$RDD_{T_{ascent}} = \frac{\sum_{t\in T_{ascent}}\left(\frac{DI_t}{\sum_{t\in T_{ascent}}DI_t}ME_t\right) - ME_{t^{i-start}_{ascent}(t)}}{ME_{t^{i-end}_{ascent}(t)} - ME_{t^{i-start}_{ascent}(t)}} \quad (4.13)$$

这里需要说明的是，由于宏观经济状况在半周期内是单调上升或下降的，$RDI_{T_{half}}$ 和 $RDD_{T_{half}}$ 又都是标准化实际宏观经济状况与达到波谷或波峰时的加权平均距离后产生的结果，$RDI_{T_{half}}$ 和 $RDD_{T_{half}}$ 在半个周期内均可以确定一个唯一的投资行为发生时间点。基于此，为了简化推导过程，本研究将 $RDI_{T_{half}}$ 和 $RDD_{T_{half}}$ 对应的投资时点定义为增量投资行为平均发生时点和减量投资行为平均发生时点，并将 $RDI_{T_{half}}$ 和 $1-RDD_{T_{descent}}$ 分别定义为下降半周期内增量和减量投资行为的时间分布，将 $1-RDI_{T_{ascent}}$ 和 $RDD_{T_{half}}$ 分别定义为上升半周期内增量和减量投资行为的时间分布。其中，投资分布指的是半周期内一段时间投资行为发生的时间点与该段时间的起始时间点之间的相对距离。

4. 行为主体理性程度评价模型的构建

行为主体理性程度是将 *RDI* 和 *RDD* 进行综合处理，利用二者的行为强度相对于总体强度的程度，将 *RDI* 和 *RDD* 进行加权平均形式的整合，进而得到整体的理性程度结果。具体表达式如下：

$$RD_{T_{half}} = \frac{\sum_{t\in T_{half}} II_t}{\sum_{t\in T_{half}} IBS_t} RDI_{T_{half}} + \frac{\sum_{t\in T_{half}} DI_t}{\sum_{t\in T_{half}} IBS_t} RDD_{T_{half}} \tag{4.14}$$

其中，

$$\sum_{t\in T_{half}} IBS_t = \sum_{t\in T_{half}} II_t + \sum_{t\in T_{half}} DI_t \tag{4.15}$$

$RD_{T_{half}}$ 等于半周期内实际投资时点之宏观经济状况与最优投资时点之宏观经济状况之间加权平均距离的标准化结果，代表半周期内投资行为效率的标准化结果，取值范围在 0 和 1 之间。

4.4 过度乐观评价模型研究

4.4.1 基本定义

1. 乐观程度

自信和乐观作为一组近义词，经常被作为对行为主体特征的描述而同时引用，然而，学术界对于自信和乐观所反映的具体特征对象却有明确的划分。首先，库帕斯米特（Cooppersmit）认为，自信是行为主体对自身相关能力、重要性以及价值的自我内在评价和认可程度，这种自我评价式的认知是基于自身相关能力的获得以及一种长期或与生俱来的性格特质的养成①。卡弗和希切尔认为，乐观是行为主体对于未来不确定事物的一种积极预期②。国内一些学者认为自信和乐观的具体评价对象是不同的，自信强调对行为主

① Cooppersmith S. The Antecedents of Self-esteem [M]. San Francisco: Freeman, 1967.

② Scheier M F, Carver C S. Optimism, Coping and Health: Assessment and Implications of Generalized Outcome Expectancies [J]. Health Psychology, 1985 (4): 219 -247.

体自身的评价和认可，乐观则是行为主体对于外在事物所处环境和未来状况的正面、积极的看法[①]。

一般情况下，乐观与自信往往相伴而生，乐观的人更自信，或者说自信的人更乐观，他们给别人的感觉始终是向上、朝气、正面的。

因此，我们将行为主体对于外部境况的预期所表现出的积极性以及正面性定义为乐观（optimism）；将行为主体对于外部境况的预期所表现出的积极程度以及正面程度定义为乐观程度（optimism degree）。

这里指的行为主体的正面积极程度有两层涵义：第一，行为主体对外部境况的预期所表现出的正面积极性的概率超过负面消极性的概率，即在乐观的情况下，行为主体主观上判断好结果发生的概率在50%以上，正面积极程度的符号为正；反之，则为负。其次，相对于中立的理性行为主体而言，乐观行为主体在反应行为上所表现出的时点选择和行为强度与前者是存在一定距离的，该距离的概念体现了正面积极程度的绝对值。因此，正面积极程度是一个从消极负面到积极正面的态度变化的数列。

由于任何事物本身都存在相对性，当行为主体存在乐观情绪时，相应地也可能存在悲观情绪。由于悲观是乐观的反面，因此，研究中我们用乐观程度的相反数来表示悲观程度。

2. 过度乐观和过度乐观程度

本研究中将过度乐观（over optimism）定义为行为主体关于外部境况的预期做出积极正面的过度估计情况，同时将过度乐观程度（over optimism degree）定义为行为主体对于外部境况的预期做出积极正面的过度估计程度。

与之对应的，过度悲观视为过度乐观的反面，则过度悲观程度可以视为过度乐观程度的相反数，过度乐观程度为负，则过度悲观程度的值就为正。

4.4.2 设定评价依据

1. 乐观程度指标的评价依据

按照前面所定义的乐观程度概念，将行为主体对同一外部事物或环境的正面积极预期发生概率与负面消极预期概率的差值作为乐观程度的评价依据。

① 夏欢欢．高管过度自信与企业多元化［D］．西南交通大学，2008：10～26.

在行为主体对外部事物或环境未来状况预期良好的情况下，即正面乐观程度符号为正时，行为主体会增加投资行为；当行为主体对外部境况的预期较差时，即正面乐观程度符号为负时，行为主体会减少投资。而对于中立的理性行为主体而言，外部事物或环境的未来状况属于等概率随机事件，其增加和减少投资行为的强度之间没有差别。由此设定乐观程度的评价依据为：在一段时期内，行为主体增加与减少投资行为的强度差值。

2. 过度乐观程度指标的评价依据

类似乐观程度指标的评价依据，我们以实际投资行为强度相对于最优投资行为强度的偏差导致行为主体降低理性程度作为过度乐观程度的评价依据。当行为主体增加投资行为或减少投资行为从而导致行为主体理性程度降低时，过度乐观程度符号为正；当行为主体减少增量投资行为或增加减量投资行为从而导致行为主体理性程度降低时，过度乐观程度符号为负。举个简单的例子，假设在某一宏观经济状况下，最优投资为100，而某企业家对于宏观经济状况的判断高于现实，因此投资150，所以出现了过度乐观行为。反之，如果他的判断低于现实，投资只有60，则出现了过度悲观行为。

如前所述，行为主体对于外部环境的判断是其乐观程度的表现，具体表现为对理性决策的影响。决策者的态度往往会经历乐观—过度乐观—坚持—悲观—过度悲观—坚持—乐观等循环过程，在这个过程中，决策者的判断会时而理性，时而有限理性，时而非理性。

（1）决策者主观初始判断逆向变化

在经济环境发生变化的初始阶段，行为主体主观判断市场上相关资源的供求关系在短时间内将发生逆向变化，因此不按照正常的顺势决策思路进行运作，而是反其道而行之。在下降半周期内，行为主体主观臆断价格的下降是暂时的，并且将很快止降转升，因此做出买入决策；在上升半周期内，行为主体主观臆断价格的上升是暂时的，并且将很快止升转降，因此做出卖出决策。

（2）决策者主观顺势决策及其影响

在趋势结束阶段，行为主体主观判断市场上相关资源的供求关系在短时间内将不会发生大的变化，因此不按照正常的逆势决策思路进行运作，而是反其道而行之。在下降半周期内，行为主体主观臆断价格的下降将在一段时间内一直持续下去，因此做出卖出而不是买入的决策；在上升半周期内，行为主体主观臆断价格的上升将在一段时间内一直持续下去，因此做出买入而不是卖出的决策。这种顺势选择通常的结果仍然是明显降低行为主体的理性行为程度。

前述评价依据可归纳如图 4.7 所示。

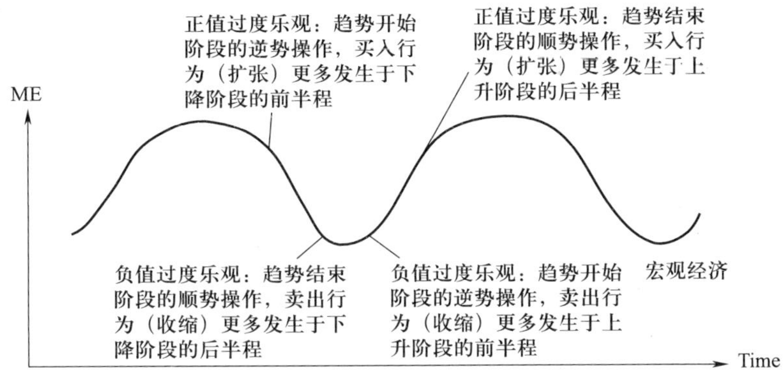

图 4.7　决策者过度乐观程度趋势判断

4.4.3　构建评价模型

1. 乐观程度评价模型

遵循乐观程度评价的依据，本研究构建如式 4.16 的乐观程度评价模型，其数值上等于行为主体的增量投资行为强度与减量投资行为强度的差值。

$$OD_{T_{half}} = \frac{\sum_{t \in T_{half}} (II_t - DI_t)}{\sum_{t \in T_{half}} IBS_t} \tag{4.16}$$

$OD_{T_{half}}$的取值范围在 -1 和 1 之间。当 $OD_{T_{half}} > 0$ 时，表示行为主体对外部事物和环境的未来状况预期是“乐观”的；当 $OD_{T_{half}} < 0$ 时，表示行为主体对外部事物和环境的未来状况预期相对“悲观”。

2. 过度乐观程度评价模型

遵循过度乐观程度指标评价的依据，本研究构建如式 4.17 的过度乐观程度指标评价模型，其取值范围介于两个差额之间，第一个差额 = 增量投资行为下理性程度的降低额 -1；第二个差额 = 1 - 减量投资行为下理性程度的降低额，以行为主体投资行为强度为权重计算两种差额的加权平均数值。具体表达式如下：

$$OOD_{T_{half}} = \frac{\sum_{t \in T_{half}} II_t}{\sum_{t \in T_{half}} IBS_t}[(1 - RDI_{T_{half}}) - 1] + \frac{\sum_{t \in T_{half}} DI_t}{\sum_{t \in T_{half}} IBS_t}[1 - (1 - RDD_{T_{half}})]$$

$$= -\frac{\sum\limits_{t\in T_{half}} II_t}{\sum\limits_{t\in T_{half}} IBS_t} RDI_{T_{half}} + \frac{\sum\limits_{t\in T_{half}} DI_t}{\sum\limits_{t\in T_{half}} IBS_t} RDD_{T_{half}} \tag{4.17}$$

$OOD_{T_{half}}$的取值范围在 -1 和 1 之间。当 $OOD_{T_{half}} > 0$ 时，表示行为主体对外部事物和环境的未来状况预期是“过度乐观”的；当 $OOD_{T_{half}} < 0$ 时，表示行为主体对外部事物和环境的未来状况预期是“过度悲观”的。

4.5 管理者过度乐观程度对盈余管理的影响研究

4.5.1 样本与数据来源

为了验证管理者过度乐观程度对上市公司盈余管理的影响，本研究选取了中国 2012 年的上市公司为样本。针对研究的需要，对全样本进行如下剔除处理：

① 考虑到金融、保险业相比其他行业特殊的会计制度和监管要求，因此剔除金融、保险业的上市公司。

② 由于盈余管理的计算需要上一年度的财务数据，因此剔除样本期当年新上市的公司。

③ 剔除掉数据有缺失的公司。

最终得到 566 个样本数据，其中，所采用的原始数据取自锐思数据库、国泰安CSMar 数据库以及中国经济统计数据库。

4.5.2 上市企业盈余管理计量方法概述

目前研究上市企业盈余管理程度的计量模型包括琼斯模型和修正的琼斯模型，这两种模型在学术界得到了广泛的认可并经过多次证实，德肖和杨等认为相比其他模型，修正的琼斯模型能够更准确地测量企业盈余管理水平①。

琼斯模型及修正的琼斯模型在我国也同样得到了广泛的应用。陈共荣和李琳利用修

① Dechow P M, Sloan R, Sweeney A. Detecting Earnings Management [J]. Accounting Review, 1995 (2): 193 -225; Young S. Systematic Measurement Error in the Estimation of Discretionary Accruals: An Evaluation of Alternative Modeling Procedures [J]. Journal of Business Finance and Accounting, 1999 (7): 833 -861.

正的琼斯模型检查了中国IPO公司的盈余管理行为①。陆正飞和魏涛研究了我国上市公司配股与盈余管理之间的关系②。支晓强和童盼检验了上市企业独立董事变更对盈余管理的影响③。王少飞和唐松实证检验了审计质量对盈余管理的影响④。陈小悦等人的实证研究结果表明截面琼斯模型能够有效反映我国资本市场中上市公司的盈余管理水平⑤。夏立军通过对多个盈余管理模型的检验，发现截面琼斯模型在揭示上市公司盈余管理行为方面的有效性最高⑥。此外，陆建桥将修正的琼斯模型增加了无形资产在其中的作用，并以此对我国亏损上市公司的盈余管理程度进行了计量⑦。最后，吴克平和于富生基于修正琼斯盈余管理计量模型，利用上市公司的相关财务数据，从总体上揭示出新会计准则与盈余管理的关系，为完善会计准则，进一步遏制盈余管理提供了建议⑧。

在这里，选择修正的截面琼斯模型，计量上市企业盈余管理程度。具体的步骤如下：

（1）应计利润的总额（TA）

$$TA_{it} = E_{it} - CFO_{it} \tag{4.18}$$

式4.18中，TA_{it}是企业i在t期全部的应计利润；E_{it}是企业i在t期的净利润；CFO_{it}是企业i在t期经营活动的现金流量净额。

（2）非操纵性的应计利润（NDA）

$$\frac{TA_{it}}{A_{i(t-1)}} = \alpha_0 \frac{1}{A_{i(t-1)}} + \alpha_1 \frac{\Delta Sale_{it} - \Delta AR_{it}}{A_{i(t-1)}} + \alpha_2 \frac{FA_{it}}{A_{i(t-1)}} + \varepsilon_{it} \tag{4.19}$$

式4.19中，NDA_{it}是企业i在t期全部的应计利润；$A_{i(t-1)}$是企业i在$t-1$期的资产总额；FA_{it}是企业i在t期期末的固定资产总额；$\Delta Sale_{it}$为企业i在第t期主营业务收入的变动额；ΔAR_{it}为企业i在第t期的应收账款变动额；α_0，α_1，α_2为待估计的行业特征参数。

$$NDA_{it} = \hat{\alpha}_0 \frac{1}{A_{i(t-1)}} + \hat{\alpha}_1 \frac{\Delta Sale_{it} - \Delta AR_{it}}{A_{i(t-1)}} + \hat{\alpha}_2 \frac{FA_{it}}{A_{i(t-1)}} \tag{4.20}$$

---

① 陈共荣，李琳．IPO前盈余管理与抑价现象的实证研究［J］．系统工程，2006（9）：74~80.
② 陆正飞，魏涛．配股后业绩下降：盈余管理后果与真实业绩滑坡［J］．会计研究，2006（8）：52~59.
③ 支晓强，童盼．盈余管理、控制权转移与独立董事变更［J］．管理世界，2005（11）：137~144.
④ 王少飞，唐松，李增泉．盈余管理、事务所客户资源控制权的归属与审计质量［J］．审计研究，2010（1）：55~64.
⑤ 陈小悦，肖星，过晓燕．配股权与上市公司利润操纵［J］．经济研究，2000（1）：30~36.
⑥ 夏立军．盈余管理计量模型在中国股票市场的应用研究［J］．中国会计与财务研究，2003（2）：94~153.
⑦ 陆建桥．中国亏损上市公司盈余管理实证研究［J］．会计研究，1999（9）：25~35.
⑧ 吴克平，于富生．新会计准则对盈余管理影响的实证研究［J］．山西财经大学学报，2013（2）：107~115.

（3）计算可操纵性应计利润（DA）

$$DA_{it} = \frac{TA_{it}}{A_{i(t-1)}} - NDA_{it} \tag{4.21}$$

4.5.3 研究假设与模型的确定

从心理学以及行为经济学分析，行为主体普遍存在着一定程度的非理性行为，使得企业管理者并不总能保持理性思维。经济学家论述较多的认知偏差是过度乐观，即人们总认为幸运在己身，不幸离己远，自己比别人更能获得成功。例如，股市中的投资者就对股市前景和预期投资收益高估。谢夫林认为，过度乐观很可能对企业投融资以及治理方面影响较大①。叶蓓同样也认为，过度乐观的决策者会造成决策上的次优选择②。对盈余管理产生的回报进行高估的管理者往往是过度乐观的，过度乐观的管理者也会加大盈余管理力度，同时，过度乐观的管理者还会对高估企业经营收益，乐观估计当前经济状况，因此企业实际经营业绩无法达到预期目标时，过度乐观的管理者为了粉饰业绩，往往会采取盈余管理行为。

基于以上分析，提出如下假设：

企业管理者过度乐观行为会导致其高估业绩，从而使管理者过度乐观程度与盈余管理正相关。

根据假设，选择公式4.22作为计量模型，验证管理者过度乐观程度对企业盈余管理的影响程度。研究模型设定如下：

$$DA_{it} = a_1 + a_2 OOD_{it} + a_3 TS_{it} + a_4 Bsize_{it} + a_5 INDR_{it} + a_6 Lnsize_{it} + a_7 Growth_{it} + a_8 Lev_{it} \tag{4.22}$$

其中，DA 代表盈余管理程度，OOD 为管理者的过度乐观程度。

根据已有的相关理论和文献，本研究选取了表4.1所列的主要控制变量。控制变量的选取主要分为公司治理和公司特征两方面。其中，公司治理方面的控制变量包括前十大股东持股比例（TS）、董事会规模（$Bsize$）、独立董事比例（$INDR$）等；企业特征方面的控制变量有企业成长机会（$Growth$）、资产负债率（Lev）和公司规模（$Lnsize$）等。

① Shefrin H. Beyond Greed and Fear：Understanding Behavioral Finance and the Psychology of Investing [M]. MA：Harvard Business School Press，1999：360－371.

② 叶蓓．管理者过度自信、投资、现金流敏感度与投资效率 [D]．华中科技大学，2008：116.

表 4.1　控制变量描述

变量类型	变量名称	含义	计算方法
公司治理变量	*TS*	前十大股东持股比例	企业前十大股东持股比例的和
	Bsize	董事会的规模	董事会的成员数量
	INDR	董事会独立性	独立董事的数量/董事会的成员数量
公司特征变量	*Lnsize*	公司的规模	总资产年末值的自然对数
	Growth	公司成长性	(期末净资产－期初净资产)/期初净资产
	Lev	资产负债率	期末总负债/期末总资产

4.5.4　实证研究结果

1. 变量的描述性统计

表 4.2 列示了主要研究变量的描述性统计结果。从表 4.2 可以看出，管理者过度乐观程度的最大值为 0.44，最小值为－0.84，均值为－0.50。不难发现，不同上市公司的管理者乐观程度存在较大差异，但管理者过度乐观的均值远小于 0，表明中国上市公司的管理者对样本期的经营形势并不乐观。

表 4.2　企业管理者过度乐观与盈余管理研究变量的描述性统计

变量	N	最小值	最大值	均值	标准差
DA	566	－0.44	1.19	0.03	0.12
OOD	566	－0.84	0.44	－0.50	0.19
TS	566	0.14	0.96	0.51	0.16
Bsize	566	5.00	29.00	12.76	3.80
INDR	566	5.88	62.50	34.61	8.84
Lnsize	566	18.91	26.48	22.21	1.24
Growth	566	－77.00	23.00	－0.02	3.51
Lev	566	0.08	11.51	0.57	0.51

2. 变量的相关性分析

表 4.3 列示了变量间的相关系数。从表 4.3 中可以看出，*OOD* 与 *DA* 间呈显著正相关，说明过度乐观程度越高，则盈余管理程度也越高，从而初步验证了本研究的假设。

表 4.3　管理者过度乐观与盈余管理研究变量的皮尔森相关系数

	DA	*OOD*	*TS*	*Bsize*	*INDR*	*Lnsize*	*Growth*	*Lev*
DA	1.000							
OOD	0.090	1.000						
TS	0.096 **	－0.050	1.000					
Bsize	0.070 **	－0.080 **	0.101 ***	1.000				
INDR	0.020	0.010	0.020	－0.207 ***	1.000			
Lnsize	－0.020	－0.077 **	0.398 ***	0.112 ***	0.073 **	1.000		
Growth	0.040	－0.030	－0.030	0.010	00.01	0.070 *	1.000	
Lev	－0.168 ***	－00.03	－0.050	0.050	－0.060 *	－0.040	－0.040	1.000

变量的相关系数值最大为0.398。经验表明，如果相关系数值小于0.8，则表明不存在显著多重共线性，由于0.398小于0.8，初步推断本研究模型变量间不存在显著的多重共线性。

3. 假设检验

表4.4中列出了模型4.22的回归结果。

表4.4 管理者过度乐观与盈余管理的回归结果表

变量	β	t
Intercept	0.15	1.53
OOD	0.06 **	2.27
TS	0.09 **	2.55
Bsize	0.00 *	1.81
INDR	0.00	0.83
Lnsize	-0.01 **	-2.16
Growth	0.01 *	0.86
Lev	-0.04 ***	-4.10
Adj. R^2	0.158	
N	566	

回归结果表明，管理者过度乐观水平与盈余管理程度呈正相关，并且在5%的水平下显著，验证了本研究的假设。

从公司治理控制变量来看，模型中前十大股东持股比例的回归系数均在两组样本中显著为正，这说明股权集中加重了企业盈余管理程度。董事会规模的回归系数不显著，这就说明我国企业中董事会规模没有显著影响盈余管理。另外，董事会独立性的回归系数并不是显著的，说明独立董事的行为对盈余管理水平并无明显影响。

从公司特征的控制变量来看，公司成长性的回归系数是显著正向的，说明越具有成长性的企业，其利用盈余管理来增加利润的概率也会越高；资产负债率的回归系数显著为负，说明负债水平越高，企业进行盈余管理的程度就会越低，即债务人的引入对上市公司盈余管理程度有一定的约束作用。另外，公司资产规模的回归系数为-0.01，并且在5%的水平下显著，说明上市公司的资产规模对盈余管理程度具有一定的约束作用。

4.6 研究结论

现有的研究认为，人们在现实生活做出的决策并不完全理性，复杂的外部环境及企业管理者的过度乐观会对其判断和决策产生影响。本研究以理性和乐观的概念为出发点，建立管理者过度乐观程度的评价模型。以宏观经济周期为参照系，分析了企业管理者认知偏差导致企业投资行为偏离最优投资行为的程度，并在此基础上，研究管理者过度乐观对于盈余管理的影响规律。首先，选取 2012 年 A 股公司为研究样本，使用修正的琼斯模型计算盈余管理程度；其次，构建评价模型，计算企业管理者过度乐观程度，进而建立管理者乐观程度与盈余管理关系研究模型。研究发现，管理者过度乐观程度这一指标会对公司的盈余管理产生较大影响，管理者过度乐观程度与企业盈余管理程度呈正相关关系，验证了本研究的假设。

第 5 章　管理者过度自信、业绩滑坡与盈余管理

5.1　问题的提出

自信是一个人对自己的正面认可，但是过度自信就会导致自信心膨胀，做出失去理智的行为。人们熟知的“巨人大厦”、“三九扩张”，以及“房利美、房地美金融创新”，都是决策者因过度自信而无法做出最优决策造成的恶果。

一个人过度相信所捕获的外界信息，或是过分高估自身的能力和水平，这便是过度自信行为。在资本市场中，国内外的很多学者认为投资者以及管理者的非理性行为，都是源于过度自信这一认知偏差。罗尔提出“管理者自大假说”（hubris），用来解释企业的许多并购决策为何最终会损害公司的长期价值[①]。此假说认为，由于并购公司对自己管理能力的过度自信，往往会高估目标公司并购活动所产生的协同效应，从而使并购价格高于市场价格，导致公司支付不必要的费用。马尔门迪尔和泰特的研究发现，经理人的过度自信会使其更容易进行不合理的收购活动，而且并购效率低下，企业的现金流量与并购后的效益呈显著负相关[②]。国内学者史永东、李善民等的实证研究也表明，并购绩效与管理者过度自信呈显著负相关[③]。上述研究为罗尔的假说提供了有力支持。

---

① Roll R. The hubris hypothesis of corporate takeovers ［J］. Journal of Business，1986（59）：197～216.

② Malmendier U，Tate G. Who Makes Acquisitions? CEO Overconfidence and the Market's Reaction ［J］. Journal of Financial Economics，2008，89（1）：20－43.

③ 史永东，朱广印．管理者过度自信与企业并购行为的实证研究［J］．金融评论，2010（2）：73～85；李善民，陈文婷．企业并购决策中管理者过度自信的实证研究［J］．中山大学学报，2010（5）：192～201.

沈艺峰与陈舒予、饶育蕾与王建新从公司治理角度，研究了经理人过度自信与公司绩效之间的关系，发现公司治理水平提高时，会约束经理人过度自信引发的非理性决策，从而提高公司业绩，即公司治理水平越高，经理人的过度自信程度越低①。由于经理人能够主导公司的日常经营活动，同时对公司的重大事项起到决定性作用，其决策效率会对公司绩效产生直接的影响。研究结果表明，经理人过度自信同公司经营绩效呈显著负相关。

近年来，管理者过度自信开始被逐步引入盈余管理的研究范畴内，并发现公司的盈余质量同管理者过度自信具有显著的相关性。相较于正常条件下，过度自信的经理人更倾向于选择激进的盈余管理行为。赫莱博（Hriber）等人的研究认为，由于存在企业管理经营目标的导向作用，经理人如果表现为过度自信，则在对公司盈余进行超额乐观估计后，很有可能进行盈余管理②。斯兰德（Schrand）和泽赫曼（Zechman）发现过度自信的CEO所在的企业发生财务欺诈的概率更高③。国内学者运用不同过度自信度量指标也得出类似结论。何威风等用估算的薪酬水平的回归残差与管理者实际的薪酬水平度量管理者信心水平，发现管理者过度自信不仅会造成负向盈余管理行为的发生，而且也会造成公司正向盈余管理行为的发生④。张荣武与刘文秀也得出类似结论⑤。上述研究多数从CEO过度自信角度总体考察其对盈余管理行为的影响，与现有研究不同，我们关注的问题是，企业的盈余管理是否因为CEO过度自信倾向造成的负面经济后果而变得更为激进。研究发现，如果企业存在过度自信的CEO，那么其会显著负向影响企业的经营业绩，导致产生更为激进的盈余管理行为。

5.2 文献综述与研究假设

5.2.1 文献综述

根据心理学研究成果，过度自信来源于人类强烈的自我归因偏差以及乐观主义，具

① 沈艺峰，陈舒予．董事会过度自信CEO变更与公司经营业绩关系的实证研究［J］．管理学报，2009（10）：1 340 ~1 346，1 383；饶育蕾，王建新．CEO过度自信、董事会结构与公司业绩的实证研究［J］．管理科学，2010，23（5）：2 ~12.

② Hriber P，Yang H. Does CEO Overconfidence Affect Management Forecasting and Subsequent Earnings Management?［R］．SSRN Working Paper，2010.

③ Schrand C，Zechman S. Executive Overconfidence and the Slippery Slope to financial misreporting［J］．Journal of Accounting and Economics，2012（53）：311 ~329.

④ 何威风，刘启亮，刘永丽．管理者过度自信与企业盈余管理行为研究［J］．投资研究，2011（11）：73 ~92.

⑤ 张荣武，刘文秀．管理者过度自信与盈余管理的实证研究［J］．财经理论与实践，2008（29）：72 ~77.

体表现在人们通常会过高估计自身所掌握信息的准确性或自身的能力水平。这一认知偏差在管理者人群中的表现尤为突出①，罗尔首先在企业财务学界引入过度自信这一概念，并对过度自信在财务决策中产生的经济后果进行了检验。马尔门迪尔和泰特发现企业的现金流量与并购后的效益呈显著负相关，支持了罗尔的结论②。希顿则通过研究发现，过度自信的经理人会对项目的风险持有低估的态度，同时高估项目的投资收益，进而有可能选择投资净现值为负的项目③。在这一前提下，公司的现金流量将与过度投资呈显著正相关。这之后，国内外的一些学者为了考察出经理人过度自信与公司非理性投资决策之间的关系，开始对经理人过度自信的度量和检测进行设计和检验。林、马尔门迪尔和泰特等学者通过研究发现，如果公司现金流量较为雄厚，则会存在更多的过度投资问题④。马库斯·格拉泽（Markus Glaser）在前人的研究基础上把管理者的非理性研究拓展到管理者团队的非理性研究，他的研究结果表明，管理者过度自信将会造成公司的过度投资。国内学者郝颖⑤、余明桂⑥，王霞⑦、姜付秀⑧、史永东⑨、李善民⑩、陈其安⑪、李云鹤⑫和肖峰雷⑬等的研究也表明，公司分红、并购以及投资筹资等公司财务行为与经理人的过度自信具有显著的相关性。

盈余管理作为实证会计研究的重要领域，受到实务界与理论界的广泛关注。作为比较具有代表性的论述，盈余管理其实是机会主义行为中的一种，其目的是为了使公司的会计信息符合某些决策者的要求。立足于新古典经济学理论，对盈余管理现阶段的研究主要是从理性人的假设出发，综合考察监管、契约以及资本市场三个维度的因素，进而

① Cooper A. C，Carolyn Y. Woo，William C. Dunkelberg. Entrepreneurs Perceived Chances for Success [J]. Journal of Business Venturing，1988，2 (1)：97～108；Russo J，Schoemaker P. Managing Overconfidence [J]. Sloan Management Review，1992，33 (2)：7－17.

② Malmendier U，Tate G. Who Makes Acquisitions? CEO Overconfidence and the Market's Reaction [J]. Journal of Financial Economics，2008，89 (1)：20－43.

③ Heaton J B. Managerial Optimism and Corporate Finance [J]. Financial Management，2002 (31)：3－45.

④ Malmendier U，Tate G. CEO Overconfidence and Corporate Investment [J]. Journal of Finance，2005 (6)：2 661－2 700；Lin Y H，Hu S Y，Chen M S. Managerial Optimism and Corporate Investment：Some Empirical Evidence from Taiwan [J]. Pacific-basin Finance Journal，2005 (13)：523－546.

⑤ 郝颖，刘星，林朝南．我国上市公司高管人员过度自信与投资决策的实证研究 [J]．中国管理科学，2005 (5)：142～148.

⑥ 余明桂，夏新平，邹振松．管理者过度自信与企业激进负债行为 [J]．管理世界，2006 (8)：104～112.

⑦ 王霞，张敏，于富生．管理者过度自信与企业投资行为异化——来自我国证券市场的经验证据 [J]．南开管理评论，2008，11 (2)：77～83.

⑧ 姜付秀，张敏，陆正飞，陈才东．管理者过度自信、企业扩张与财务困境 [J]．经济研究，2009 (1)：131～143.

⑨ 史永东，朱广印．管理者过度自信与企业并购行为的实证研究 [J]．金融评论，2010 (2)：73～85.

⑩ 李善民，陈文婷．企业并购决策中管理者过度自信的实证研究 [J]．中山大学学报，2010 (5)：192～201.

⑪ 陈其安，方彩霞，肖映红．基于上市公司高管人员过度自信的股利分配决策模型研究 [J]．中国管理科学，2010，18 (3)：174～184.

⑫ 李云鹤，李湛．自由现金流代理成本假说还是过度自信假说? [J]．管理工程学报，2011 (3)：155～161.

⑬ 肖峰雷，李延喜，栾庆伟．管理者过度自信与公司财务决策实证研究 [J]．科研管理，2011 (8)：151～160.

深入研究管理者进行盈余管理的动机和目的①。目前来看，盈余管理的现有研究已经取得了可观的研究成果，但是以往的研究都是基于管理者是理性人的假设，往往忽略了管理者的非理性行为。因此，在研究盈余管理行为的同时兼顾管理者的非理性行为，将帮助人们更全面、系统地了解企业进行盈余管理的本质，从而对企业盈余管理加强监管与防范。

从现实角度讲，控制财务信息的是管理人员，他们有自身的利益追求，其晋升、薪酬、激励等往往同盈余信息挂钩，为了完成股东会和董事会设定的目标，他们有盈余管理的动力和压力。当然，在国家不断加强监管的环境下，以前赤裸裸的、低水平的造假行为已逐渐减少，取而代之的是隐蔽的、高水平的操纵行为。例如资本市场曾经流传一个故事：某企业因为长江发大水，养殖的鱼类和乌龟等被水冲走，公司中期报告亏损；但是年报出来的时候，盈利能力又大幅增长，原因是被冲走的鱼类和乌龟在外面长大后，在收获的季节又回到了公司养殖场。股东调侃道，真是好龟认家啊！

5.2.2 研究假设的提出

由于经理人能够主导公司的日常经营活动，同时对公司的重大事项起到决定性作用，因此其决策效率会对公司绩效产生比较直接的影响。经理人对自我能力水平的过分高估或是对持有信息的过度信任，这一认知偏差很有可能出现在对经营投资活动的收益风险评估中，从而对经理人的理性决策产生一定的影响②。相比其他经理人，过度自信的经理人所做出的非理性决策将对公司绩效产生巨大的负向影响。一般来说，虽然管理者在过度自信行为的驱使下，同样会以股东利益最大化为经营目标，但是因此导致的非理性决策不仅不能对公司的即期业绩产生较好的影响，而且还会损害企业的长期业绩，进而导致企业价值和股东财富贬值。因此，本文提出假设1：

H1：管理者的过度自信行为与企业的未来业绩呈显著负相关，即管理者过度自信程度越高，企业未来经营业绩越容易出现下滑。

一般来说，管理者的过度自信行为也表现为非理性的投资决策，特别地，对公司自由现金流的非正常使用是较为常见的一种行为。此种行为必定会预支公司现存的自由现金流，因此，会导致公司在未来的管理经营中遭遇现金流约束的困境。于富生等的实证

---

① Healy P, Wahlen J. A Review of the Earnings Management Literature and its Implications for Standard Setting [J]. Accounting Horizons, 1999 (17): 365-383.

② Baker M, Ruback R, Wurgler J. Behavioral corporate finance: A survey [C]. In The Handbook of Corporate Finance: Empirical Corporate Finance edited by Eckbo, E, New Yourk: Elsevier /North Holland, 2006: 145-186.

研究发现，管理者过度自信通过影响企业的投资行为造成过度投资，进而影响到投资与融资现金流关系，导致企业激进融资，使得企业权益资本成本急剧增加①。姜付秀等通过建立联立方程模型，研究发现过度自信的经理人如果选择采取内部扩张战略，将会增加公司产生财务风险的几率②。因此，经理人的过度自信行为会对公司绩效产生负面的影响，同时增加公司的筹资成本，进而迫使过度自信的经理人出于尽快缓解资金压力与摆脱财务困境的考虑，实施更为激进的盈余管理行为。另一方面，由于经理人对自我能力水平的过分高估或是对持有信息的过度信任，其在很大程度上容易高估公司的未来愿景，很有可能描绘一个过于乐观的公司业绩预期目标③。当公司业绩出现下滑时，他不愿承认经营失败，往往更多地把错误归因于不利的外部环境或者说坏运气等不可控制的因素，并相信这只是暂时的，为了维护自己言行一致的形象，有可能利用盈余管理来达到预期的盈利目标，以此掩盖自己的经营失误。通过上述分析，我们提出假设2：

H2：管理者的过度自信行为与企业的盈余管理程度呈显著正相关，即管理者过度自信程度越高，企业越倾向于进行盈余管理。

5.3 研究样本与研究变量

5.3.1 研究样本

本研究的研究样本源于2010—2012年沪深两市的上市公司，并进行如下数据筛选：

① 剔除了发行H股和B股的公司，这是因为存在监管环境和准则要求的差异；

② 剔除了金融、保险业等具有特殊经营性质和会计制度的上市公司；

③ 剔除了当期新上市的公司；

④ 剔除了PT类以及ST类的公司；

---

① 于富生，张胜，李岩．管理者过度自信与权益资本成本［J］．审计与经济研究，2011（1）：72～80.

② 姜付秀，张敏，陆正飞，陈才东．管理者过度自信、企业扩张与财务困境［J］．经济研究，2009（1）：131～143.

③ Malmendier U，Tate G. Who Makes Acquisitions? CEO Overconfidence and the Market's Reaction［J］．Journal of Financial Economics，2008，89（1）：20－43；Hriber P，Yang H. Does CEO Overconfidence Affect Management Forecasting and Subsequent Earnings Management?［R］．SSRN Working Paper，2010；Malmendier U，Tate G. CEO Overconfidence and Corporate Investment［J］．Journal of Finance，2005（6）：2 661－2 700.

⑤ 剔除了数据不能完整获取的公司；

⑥ 剔除了所在年份发生经理人变更的公司。

最后得到盈余管理的样本数据，3 年合计 1 150 个观测样本，其中 2010 年 487 个，2011 年 372 个，2012 年 291 个。管理者过度自信行为观测样本共计 687 个，2010 年 171 个，2011 年 314 个，2012 年 202 个。样本数据来源于锐思数据库与国泰安数据库。

5.3.2 研究变量

（一） 管理者过度自信的衡量变量

虽然针对管理者表现出过度自信这一行为，学术界已经有了广泛的研究，但是，对管理者过度自信行为的衡量，学者们仍未达成共识①。自 20 世纪 90 年代伊始，各国学者对此进行了比较系统、深入的研究，分别从宏观环境角度和微观企业角度分析和设计了诸多代理变量，以此来衡量管理者是否表现为过度自信，这些代理变量包括公司景气指数、公司盈利预测偏差、经理人持股、经理人相对薪酬、经理人媒体评价以及公司历年业绩等，但是这些代理变量是否能真正表示管理者过度自信，其合理性仍需要进一步的探讨和研究。一般来看，自然人如果产生心理偏差，通常会表现为过度自信。心理学的相关典籍中对过度自信做过详细的论述。在心理学中，如果人的判断远离标准，即实际情况远低于乐观预期，那么此种倾向表现为过度自信；相反，如果实际情况与预期基本相符，那么此种行为则表现为适度自信。

我们从心理学角度出发，参考其评判标准，同时考虑数据与研究假设的匹配性及可获得性，以此建立经理人过度自信的衡量方法。首先建立标准的投资机会集（investment opportunity set，简称 IOS），以此反映企业综合信息。之后借鉴郝颖②等的思想，分析经理人的投资决策，如果投资决策大于投资机会，则认为其存在过度自信倾向。具体来讲，在既定的研究年份内，如果公司的成长性较前期有所下滑，但是经理人手中的股票数量保持不变或增加，那么在这种情况下，经理人对公司发展的乐观估计就在股票交易行为中得到了很好的体现，即过度自信。因此，我们得到判定经理人是否过度自信的标准：

$$HOLD_t - HOLD_{t-1} \geqslant 0 \tag{5.1}$$

$$IOS_t - IOS_{t-1} < 0 \tag{5.2}$$

① Malmendier U，Tate G. CEO Overconfidence and Corporate Investment ［J］. Journal of Finance，2005 （6）：2 661 – 2 700.

② 郝颖，刘星，林朝南. 我国上市公司高管人员过度自信与投资决策的实证研究［J］. 中国管理科学，2005 （5）：142 ~148.

公式 5.1 中，$HOLD_{t-1}$表示前一期经理人持有的公司股票总额，$HOLD_t$ 表示当期经理人持有的公司股票总额；公式 5.2 中，IOS_{t-1}表示前一期公司的成长机会，IOS_t 表示当前公司的成长机会。我们假设，公式 5.1 和公式 5.2 可以同时满足，即并集成立，则认为经理人过度自信，那么相应的二元变量 *Con* 取值为 1；反之，经理人非过度自信，二元变量 *Con* 取值为 0。

（二）盈余管理程度的衡量变量

德肖[①]和夏立军[②]等分别基于美国市场以及中国市场进行分析，通过建立实证模型来验证企业的盈余管理行为，研究结果发现，在区分行业分类的前提下，可操纵性应计利润可以通过修正的截面琼斯模型进行有效估计。目前来看，国内的大多数学者较多采用此种方法对盈余管理进行估计。在此我们也采用修正的截面琼斯模型对盈余管理进行计量。详细变量定义见表 5.1。

表 5.1　研究变量定义

变量	具体定义
ROA	业绩评价指标，采用资产净利率来衡量，计算公式 = ［净利润/平均资产总额］ ×100%
Con	CEO 过度自信虚拟变量，CEO 过度自信时赋值为 1，否则为 0
DA_t	区分年份和行业分类，通过修正的截面琼斯模型计量可操纵性应计利润
Size	表示公司规模，对公司总资产做自然对数处理
Lev	表示资产负债率，计算公式为总负债/总资产 ×100%
Growth	表示主营业务收入增长率，（当年主营业务收入 - 上年主营业务收入）/上年主营业务收入 ×100%
Pro	是否国有控股虚拟变量，国有控股赋值 1，否则为 0
Her	股权集中度，等于前 10 位股东持股比例的平方和
Ind	行业分类的虚拟变量，参考《上市公司行业分类指引》（2012 年修订 4 版），在剔除金融类公司后，将样本划分为 21 个行业，其中制造业分类采用二级代码，其他均采用大类代码，虚拟变量共 20 个
Year	年份虚拟变量，从 2010 年开始，2011 年为 1，2012 年为 2

5.4　实证研究结果与分析

5.4.1　描述性统计与相关性分析

表 5.2 为所有样本变量的描述性统计。可见，样本的盈余管理程度（*DA*）的平均值

① Dechow P, Sloan R, Sweeney A. Detecting Earnings Management ［J］. The Accounting Review, 1995 (70): 193 -225.
② 夏立军．盈余管理计量模型在中国股票市场的应用研究［J］．中国会计与财务研究，2003 (5): 94 ~125.

为0.061，样本中位数为0.047，表明样本比较偏向正向盈余管理，但*DA*的最大值为1.231，最小值-0.583，说明我国部分上市公司的激进盈余管理行为仍然很严重。

表5.2 全样本描述性统计

变量	全样本（样本数=1 150）				
	均值	中位数	最大值	最小值	标准差
DA	0.061	0.047	1.231	-0.583	0.131
Lev	0.354	0.317	6.715	0.013	0.288
ROA	0.068	0.063	0.455	-0.7193	0.063
Growth	0.253	0.214	8.202	-0.797	0.388
Size	21.338	21.154	26.097	17.849	1.113
Her	0.154	0.130	0.808	0.004	0.103
Pro	0.597	1.000	1.000	0.000	0.491
Contr	0.207	0.000	1.000	0.000	0.405

控制变量之间的相关性分析见表5.3。从控制变量相关系数矩阵中可知，各个控制变量之间的相关系数均小于0.5，且有很大一部分变量之间的相关性系数在0.1以下，说明控制变量之间的相关性相对较弱，各个变量之间关系相对较独立。

表5.3 控制变量相关系数矩阵

	Lev	*ROA*	*Growth*	*Pro*	*Size*	*Her*	*DA*	*Con*
Lev	1.000							
ROA	-0.404***	1.000						
Growth	-0.002	0.251***	1.000					
Pro	0.287***	-0.157***	-0.039	1.000				
Size	0.373***	-0.187***	0.076***	0.433***	1.000			
Her	0.011	0.196***	0.074**	-0.056*	-0.041	1.000		
DA	-0.137***	0.149***	0.047	-0.120***	-0.010	-0.011	1.000	
Con	0.050*	-0.098***	-0.040	0.074**	0.152***	-0.087***	-0.090***	1.000

5.4.2 单变量分组检验

根据管理者过度自信程度，将其分成过度自信和非过度自信两组，对两组样本进行实证检验和比较，检验结果如表5.4所示。结果发现，综合业绩*ROA*在过度自信组具有较好的表现，这是因为，如果企业当年的综合业绩较佳，那么管理者很有可能产生对未来的乐观预期，更有可能做出非理性的财务决策，比如过度投资，最终损害企业的价值。通过对公司未来一年的盈余管理程度进行分组考虑，所得组间差异更是尤为明显，盈余管理在过度自信组具有较高的操纵程度。这说明，在企业经营业绩表现欠佳的时候，过度自信的管理者更有可能选择进行盈余管理。这些检验结果都基本支持了假设 1 和假设 2。

表 5.4　单变量分组检验

变量	非过度自信管理者公司（*Con* =0）		过度自信管理者公司（*Con* =1）		组间差异	
	均值	中位数	均值	中位数	T 检验	Wilcoxon 检验
ROA	0.075	0.077	0.063	0.053	0.010（3.852 4 ***）	（5.847）***
DA	0.075	0.055	0.051	0.042	0.012（3.960 9 ***）	（2.380）**

5.4.3　实证研究结果分析

（一）管理者过度自信对企业业绩的影响

为了验证管理者过度自信对公司未来业绩的影响，借鉴罗进、李延喜的思想①，本文建立以下模型：

$$ROA_{i,t+1} = \alpha_0 + \alpha_1 Con_{it} + \alpha_2 Size_{it} + \alpha_3 Grow_{it} + \alpha_4 Lev_{it} + \alpha_5 Pro_{it} + \alpha_6 Her_{it} + \alpha_7 Ind_{it} + \alpha_8 Year_{it} \tag{5.3}$$

模型中，公司业绩变量为 *ROA*，过度自信变量为 *Con*（虚拟变量）。值得注意的是，在进行回归时，对于未来一年的 ROA_{t+1}，模型中的控制变量采用下一年的变动数，控制变量的具体定义见表 5.1。根据方差膨胀因子的多重共线性检验结果，由于回归模型可能表现为异方差性，我们参照怀特②的方式对回归模型进行异方差校准。由表 5.5 可知，*Con* 回归系数显著为负（$P<0.05$），支持了前文提出的假设 1，即管理者过度自信表现得越强烈，非理性财务决策对公司未来经营业绩的影响越大，进而会造成公司未来经营业绩的大幅下滑。

（二）管理者过度自信对盈余管理的影响

为检验假设 2，建立联合多元回归模型：

$$DA_{i,t} = \beta_0 + \beta_1 ROA_{i,t} + \beta_2 ROA_{i,t} \times Con_{i,t} + \beta_3 Con_{i,t} + \beta_4 Size_{i,t} + \beta_5 Grow_{i,t} + \beta_6 Lev_{i,t} + \beta_7 Pro_{i,t} + \beta_8 Her_{i,t} + \beta_9 Ind + \beta_{10} Year \tag{5.4}$$

① 罗进，李延喜．管理者过度自信与盈余管理［J］．财务月刊，2012（12）：33 ~38.

② White H. A Heteroskedasticity-Consistent Covariance Matrix Estimator and a Direct Test for Heteroskedasticity［J］. Econometrica，1980（48）：817 –838.

表 5.5 管理者过度自信对下一年业绩的影响

变量	系数	*T* 值
Constant	0.132**	2.81
Con	-0.001**	-2.43
Size	-0.003	-1.54
Grow	0.014***	3.45
Lev	-0.073***	-10.39
Pro	-0.006	-1.28
Her	0.086***	5.90
Ind	控制	
Year	控制	
Adjusted R^2	0.233	
F	13.49***	
Obs	1 150	

模型中，被解释变量 *DA* 表示盈余管理程度，即可操纵性的应计利润。解释变量 *Con* 为虚拟变量，表示过度自信。变量 *ROA* × *Con* 是交互项，代表管理者过度自信同公司经营业绩的交互项，变量回归系数表示盈余管理受公司经营业绩变化的影响敏感度。如果假设 2 成立，基于假设 1 的结果，则该系数应显著为负。值得注意的是，在模型中回归盈余管理时，所有控制变量应采用滞后一期的数据。根据方差膨胀因子的多重共线性检验结果，自变量的方差膨胀因子全部符合标准。所以，我们认为此多元回归模型中的解释变量间并不具有多重共线性。考虑到回归模型可能存在的异方差性，本研究也依照怀特的方法对回归模型进行异方差校准。

表5.6 为模型的回归结果。其中，变量 *ROA* × *Con* 的系数显著小于0（$P<0.05$），表明假设 2 成立。CEO 越倾向于过度自信，业绩的下滑幅度越大，公司越有可能遭遇现金流约束以及财务困境，考虑到保全目前的职位和薪酬，过度自信的管理者便会选择进行更为严重的盈余操纵。值得注意的是，*ROA* 的系数在模型中也为正数，且在 5% 水平下显著，说明对于过度自信的 CEO，他们更有可能通过盈余操纵来提高当期的盈利，从而提升企业业绩，该实证研究结果与现有盈余管理研究结论是一致的。

表 5.6 管理者过度自信对盈余管理的影响

变量	系数	T 值
Constant	-0.215 *	-2.25
ROA	0.323 **	2.84
ROA × *Con*	-0.189 **	-2.83
Con	-0.001 **	-2.59
Size	0.016 ***	3.88
Grow	-0.006	-0.44
Lev	-0.076 ***	-3.91
Pro	-0.021	-0.64
Her	0.086 ***	5.90
Ind	控制	
Year	控制	
Adjusted R^2	0.128	
F	6.63 ***	
Obs	1 150	

5.4.4 稳健性检验

本文通过如下方法来检验回归结果的稳健性：①通过选用营业收入增长率代替公司成长机会，回归结果基本相同；②对模型中的部分财务数据变量进行 1% 的极值调整缩尾处理，以此来消除数据中存在异常值的影响，并且提升了模型的拟合优度；③替换了一些控制变量，包括用总资产长期负债比代替资产负债率、对营业收入总额做自然对数处理代替公司规模，以及用公司独立董事的人数表示公司治理程度，回归结果基本相同；④在进行假设 2 的检验时，将业绩评价指标替换成公司股票的每股收益，新回归结果与原结果类似。

5.5 研究结论

上市公司的盈余管理行为不仅影响企业股东、债权方、政府机构等利益相关者的决策，并且对投资方等外部信息使用者的利益产生了侵蚀，同时严重降低了证券市场的资源配置效率，因而受到各方的广泛关注。现有盈余管理研究均建立在理性人假设之上，以委托代理冲突与信息不对称为研究出发点，从资本市场、契约与监管等视角研究企业的盈余管理行为①。我们的研究以上市企业管理层持股数的变动为研究背景，立足于管理者过度自信，实证检验了管理者过度自信对公司经营业绩的不良影响，以及同盈余管理之间的相关关系。我们研究发现，管理者越表现为过度自信，则公司在未来越可能出现经营业绩的下滑；管理者越表现为过度自信，盈余管理就越激进。我们的研究贡献在于：考虑公司业绩下滑时，不仅要考虑公司正常经营活动带来的影响，更要考虑管理者过度自信等非理性特征的影响；同时在公司面临业绩下滑时，更要分析管理者盈余管理的程度。这为我们进一步理解企业盈余管理行为提供了经验证据，有助于增强监管部门和资本市场参与者对于管理者非理性行为的识别能力，从而为监管与防范盈余管理提供新的视角。

① 王克敏，王志超．高管控制权、报酬与盈余管理——基于中国上市公司的实证研究［J］．管理世界，2007（07）：111～119.

第 6 章　管理者声誉对盈余管理的影响研究

6.1　问题的提出

学者们一般都将公司盈余管理的研究与公司治理的代理变量相联系，以往的研究结果表明，不同企业在信息披露和会计政策的选择上差异显著，但是此类差异却不能仅仅用公司自身的特征（例如公司资产）来加以解释。因为这种把公司盈余管理与公司治理的代理变量相联系的方法并不能对盈余管理行为进行全面彻底的说明，而是需要从企业管理者或决策者自身的角度出发来考虑问题。对企业管理者来讲，声誉被认为是一种信息传导机制，能将管理者过去任职的主要经历、现在职业发展所具备的机会主义行为以及未来职业发展的声誉水平紧密联系在一起，使得管理者不得不在现阶段约束自身行为。美国注册会计师协会（AICPA）1994 年的报告中指出，财务报表的使用者通过对公司报表进行评价来衡量那些高层管理者的外部声誉。许多公司的财务总监提出，管理者（尤其是那些非常重视个人声誉的管理者）往往会因为对自己职业生涯的担忧，在做决策时会充分考虑对公司的影响。杰克・韦尔奇（Jack Welch）是美国通用电气的前任总裁，公司盈余水平在他任职期间达到了较高的水平，这使得高声誉的管理者是否会利用盈余管理来维持他们的声誉，并将盈余信息逐步传递给市场的问题在学术界引发了一定的关注。《说苑・杂言》中讲道："夫君子爱口，孔雀爱羽，虎豹爱爪，此皆所以治身法也。"说明管理者、投资者以及其他利益相关者都会珍惜自己的声誉。

基于此，本文对盈余管理程度和上市公司管理者声誉之间的关系进行研究，希望借此来构建上市公司管理者声誉的管理制度，完善管理者声誉对盈余管理的影响的研究，并针对管理者的盈余管理行为进行一定的约束。

在中国现阶段非完全竞争市场的条件下，管理者、股东以及其他利益相关者之间都存在着明显的信息不对称，这就导致一定比例的管理者滥用手中的权力，对公司财务信息的披露造成很大影响。财务报表的使用者会依据财务报表所反映出来的信息来衡量管理者对于某一类职位的胜任能力，或是管理者是否能为他们创造更多财富，抑或是在未来能否给公司带来更多潜在的投资机会，实现公司利润最大化等。而公司的管理者们会倾向于选择那些有利于提高自己的职业声誉，树立良好的个人形象，提升工作能力，并且能够获得良好业绩的企业。

从以往关于管理者的声誉与盈余管理关系的实证研究中可以发现，高声誉的管理者更愿意进行盈余管理①。在一般情况下，人们普遍会认为“声誉高的管理者会拥有较高的道德标准，所以他们进行盈余管理的概率就比较小。而实证研究的结果与人们的日常认知恰恰相反。这主要是由资本市场的信息不对称造成的，同时还与公司内部治理水平有关：有些公司对管理者的盈余管理行为惩罚力度不够，或许会由于对外信息披露等原因采取默许的态度。这就会使一部分进行盈余管理的管理者被查处的风险变小，即使被查处，受惩罚的力度也很小。因此管理者由于盈余管理行为所能获得的丰厚利益要远远大于因此而受到的惩罚，这在一定程度上加剧了管理者的盈余管理行为。此外，我国的市场还不够完善，缺乏一种正向引导机制，兢兢业业的管理者获得的收益并不一定比铤而走险进行盈余管理的经营者所获得的收益多，这种不公平性也导致了盈余管理问题的产生。

对于那些本身影响力就比较大的管理者，他们的声誉水平本身较高，对自己的声誉保护程度越高，越希望通过各种方式来巩固和提升自己的声誉，以便寻求更大的职业发展。对于管理者而言，良好的经营业绩当然是其声誉的重要衡量指标。因此，声誉水平较高的这类管理者出于维护自己声誉以及未来职业发展的考虑，会比声誉水平低的管理者进行盈余管理的动机更加强烈。此外，如果公司聘请了比较“有名”的管理者，那么所有的利益相关者都会对公司未来的盈利能力持乐观态度。此类管理者将会有较大的业绩压力，为了证明自己的能力，维持自己的声望，他们会适当地改变业绩水平来迎合外界的期望。

此外，由于中国特殊的国情，国有企业的管理者不仅仅是经营者，还具备一定的行

① Malmendier U, Tate G. Superstar Managers [D]. University of California, Berkeley and University of California, Los Angeles, 2007; Francis J, Huang A H, Rajgopal S et al. CEO Reputation and Earnings Quality [J]. Contemporary Accounting Research, 2008, 25 (1): 109-147.

政级别。对于这类管理者而言，他们寻求职业发展的途径则更加广泛，既可以继续经理人生涯，又希望进一步得到政治上的提升。在这种情况下，国有企业上级主管部门对管理者工作的评价就非常重要了。因此，相比民营企业和外资企业，国有企业的管理者更加注重短期经营业绩带来的利益，这样可以使他们在短时间内获得仕途晋升的机会。而民营企业和外资企业的管理者，在企业经营行为的选择上会更加小心谨慎，对社会影响和个人声誉也更加注重。

通过以上的分析，考虑中国不完善的资本市场条件并结合现有的市场监管制度，提出如下假设：

H1：声誉较高的管理者所在的公司盈余管理程度要高于声誉较低的管理者所在的公司。

H2：声誉较高的管理者所在的公司倾向于采用正向的盈余管理。

6.2 问题的理论背景

6.2.1 国外有关管理者声誉与盈余管理的研究

根据前文对管理者声誉的总结，我们把管理者的声誉定义为：社会群体对企业经理人经营企业的品质、能力、业绩以及职业道德等表现做出的评价。

克瑞普斯等①认为，经理人声誉的形成是一个反复博弈的复杂过程，良好的声誉则会给博弈的参与者带来一定的长期收益。因此，参与博弈的经理人就有动机选择以牺牲眼前利益为代价来获得长期的收益。声誉机制在管理者市场上扮演了一种信息集成平台的角色，在这个平台上，所有有关该管理者过去、现在的任职信息都能被快速搜寻到，同时管理者现阶段的各种机会主义行为以及声誉水平会与未来的职业发展紧密相关，并因此对当前管理者的经营决策活动产生强大的约束。基于此，已有一些学者对声誉机制和管理者盈余管理行为的约束机制进行了研究。

史蒂芬和苏珊②通过实验方法对管理者的盈余管理行为对其声誉的影响进行了检验。

① Kreps D M，Milgrom P，Roberts J et al. Rational Cooperation in the Finitely Repeated Prisoners' Dilemma [J]. Journal of Economic Theory，1982，27：245－252.

② Steven K，Susan R. The Reputation Effects of Earnings Management in the Internal Labor Market [J]. Business Ethics Quarterly，2004，14 (3)：453－478.

研究结果表明：经理人的盈余管理行为会显著影响其声誉评价。他们向实验的参与者发放问卷，以此评估从事盈余管理的经理人和未从事盈余管理的经理人的声誉。结果发现从事盈余管理的经理人声誉明显高于未从事盈余管理的经理人，并且由于评估人的专业背景不同，对盈余管理的接受程度也不相同，有财务管理专业背景的人更容易接受经理人的盈余管理行为。马尔门迪尔和泰特[①]的研究则表明"super star"管理者会因为报告好的财务业绩而从事盈余管理活动。根据他们的实证研究结果，被媒体评为"super star"的那些管理者所获得的薪水要明显高于公司其他高管，他们在得到嘉奖后盈余管理的程度比之前更甚。弗朗西斯（Francis）等人[②]就管理者声誉对盈余质量的影响进行了验证。

6.2.2 国内有关管理者声誉与盈余管理的研究

国内学者针对证券市场管理者声誉的研究也有了一定的发展。陈国进等[③]对声誉机制和公司治理在企业行为方面的约束力进行了检验，研究结果表明声誉机制对管理层的不合法不合规行为约束力非常弱。洪剑峭等[④]就上市公司虚假信息披露的声誉模型进行研究，认为监管部门应该减少对上市公司信息披露的选择范围，并对上市公司和其管理层采取一定的惩罚手段。李心合[⑤]的研究则表明，为了满足股东的短期欲望，管理层有破坏声誉机制的动机。姚宏等[⑥]根据实验结果得出声誉机制和信息成本对市场违规行为具有一定约束力的结论，表明声誉机制不仅具有降低市值泡沫的作用，而且还能有效约束市场舞弊行为。然而令人遗憾的是，拥有声誉机制的企业并没有在激烈的市场竞争中获得更大的收益。同时，由于市场机制的不健全以及监管机构惩罚力度较小，使得公司进行舞弊的操作成本较低，这就使得一部分管理者选择冒险进行舞弊以改善业绩。现有的市场体系还不够完善，并没有对重视声誉的管理者建立正向激励机制，这使一部分管理者失去建立良好声誉的信心。

---

① Malmendier U, Tate G. Superstar Managers [D]. University of California, Berkeley and University of California, Los Angeles, 2007.

② Francis J, Huang A H, Rajgopal S et al. CEO Reputation and Earnings Quality [J]. Contemporary Accounting Research, 2008, 25 (1): 109 −147.

③ 陈国进，林辉，王磊. 公司治理、声誉机制和上市公司违法违规行为分析 [J]. 南开管理评论，2005，(6): 35 ~40.

④ 洪剑峭，张静，娄贺统. 防止上市公司虚假信息披露机制的一个模型分析 [J]. 复旦学报（自然科学版），2003，(5): 803 ~806.

⑤ 李心合. 会计制度的信誉基础 [J]. 会计研究，2002，4: 17 ~23.

⑥ 姚宏，李延喜，薛光等. 市场监管、信息成本与声誉机制——对市场舞弊行为约束效应的实验研究 [J]. 中国金融评论，2007，(3): 21 ~38.

总体而言，国内外的研究说明，声誉机制并不能完全对经理人的行为产生有效的约束作用，这可能是由于公司治理力度不够以及惩戒机制不完善造成的。

6.3 研究设计与变量选取

6.3.1 变量的选取

被解释变量：盈余管理程度。运用可操纵性应计利润来衡量企业的盈余管理程度是国内外学者的主流方法，据此得出的实证结果也比较准确。本文把盈余管理分为两部分：应计盈余管理和真实盈余管理。

解释变量：管理者声誉。如今衡量管理者声誉主要有两种方法，其中之一是凭借主流媒体评选出的先后排序来衡量管理者的声誉。此外，还有一个方法是把媒体对管理者姓名的曝光频率作为管理者声誉的代理变量。因为国内所评选出的经理人榜单中还有许多非上市公司的管理者，这将导致上榜管理者的其他个人信息搜集具有一定难度。所以，本研究把管理者在新闻中曝光的频率看成是管理者声誉的代理变量。

控制变量：除解释变量之外，其他一些变量也会对被解释变量产生一定的影响，如果忽视这些变量，可能会对最终的回归结果产生一定影响。为了论证的科学合理性，我们参照了国外学者的方法，把回归模型的控制变量设定为两类：一类是管理者个人特征层面的变量，另一类是公司层面的变量。通过对影响管理者声誉的个人特质进行分析，我们选取了三个指标作为管理者个人特征的控制变量，分别是：管理者薪酬、管理者年龄、管理者性别。根据国内外学者的研究及公司特质，本研究选取了六个指标作为公司层面的控制变量，分别是：资本结构、公司规模、现金流量、资产收益率以及应收账款周转率。

本文选取公司规模（公司年末总资产的自然对数）作为公司层面控制变量之一的原因是在中国的资本市场上，规模越大的公司，取得项目和贷款的机会就越多。除此之外，规模大的公司运营状态稳定，受关注度高，媒体曝光率相对也高，因此此类公司在处理财务信息的时候相比中小公司会更加小心谨慎。

模型中涉及的变量的说明如表 6.1 所示。

表 6.1　相关变量的界定

变量类型	变量代码	变量计算
被解释变量	$\|DA\|$	可操纵性应计利润绝对值
	$\|DREM\|$	真实盈余管理绝对值
解释变量	*CEOrp*	管理者姓名百度新闻搜索频次
	Age	管理者报告期年龄
	Salary	管理者报告期薪酬
	Managerial Sex	管理者性别
控制变量	*LEV*	资本结构，总负债/总资产
	SIZE	公司规模，取年末总资产的自然对数
	ROA	资产收益率，利润总额/总资产
	CFO	经营活动产生的现金流量净额
	ASSTUR	固定资产周转率
	REC	应收账款周转率

6.3.2　模型的构建

基于前面提出的研究假设，构建如下回归模型：

$$|DA| = \beta_0 + \beta_1 CEOrp + \beta_2 Age + \beta_3 Salary + \beta_4 Sex + \beta_5 Lev + \beta_6 Size + \beta_7 ROA + \beta_8 Cfo + \beta_9 Asstur + \beta_{10} REC + \varepsilon \tag{6.1}$$

$$|DREM < 0| = \beta_0 + \beta_1 CEOrp + \beta_2 Age + \beta_3 Salary + \beta_4 Sex + \beta_5 Lev + \beta_6 Size + \beta_7 ROA + \beta_8 Cfo + \beta_9 Asstur + \beta_{10} REC + \varepsilon \tag{6.2}$$

6.3.3　样本选取与数据来源

现阶段有关管理者声誉的研究中，通常都会考虑行业对管理者声誉的影响，具体包括行业特性、行业周期差异、公众对行业的认知程度等。所以一般在跨行业的研究中会采取消除行业因素影响的方法，例如衡量不同类型行业管理者的声誉，采用各行业处于领导地位的期刊等媒介的被索引总次数①，或是通过调整后的行业业绩来降低业界差异对管理者声誉的抵损，这种方法是由米尔本首先提出的。我国拥有数量众多、范围广泛的各行业媒介，但目前各方面媒介的可信度、曝光度、传播范围等都有待提高，因此通过

① Malmendier U, Tate G. Superstar Managers [D]. University of California, Berkeley and University of California, Los Angeles, 2007; Francis J, Huang A H, Rajgopal S et al. CEOReputation and Earnings Quality [J]. Contemporary Accounting Research, 2008, 25 (1): 109 –147; Kreps D M, Milgrom P, Roberts J et al. Rational Cooperation in the Finitely Repeated Prisoners' Dilemma [J]. Journal of Economic Theory, 1982, 27: 245 –252; Steven K, Susan R. The Reputation Effects of Earnings Management in the Internal Labor Market [J]. Business Ethics Quarterly, 2004, 14 (3): 453 –478.

媒介来筛选管理者声誉（即管理者的姓名出现在知名媒介的频次）的方法还有一定的局限性。在研究工作中，我们选定了机械行业的上市公司作为研究对象。

本文以2008—2011年沪深两市机械类上市公司为研究对象。样本剔除管理者个人信息、财务数据披露不完全的公司，最终得到的样本总数量分别为2008年114家，2009年122家，2010年154家，2011年150家。

有关公司财务数据和股权结构数据都来自锐思金融数据库和国泰安数据库，从国泰安数据库中主要获取了管理者的个人信息，管理者名字的检索次数则是通过百度新闻搜索得到的。

6.4 研究结果与分析

6.4.1 管理者声誉的描述与测量

（一）管理者声誉的测量

本研究在前面的论述中已经针对管理者声誉做出了解释：社会群体对企业经理人经营企业的品质、能力、业绩以及职业道德等表现做出的评价。这样评价的主体和被评价者之间会因为存在利害关系而导致评价结果出现偏差。比如股东对管理者的评价标准主要是考察管理者能为股东带来多少利益，以及能否实现股东利益最大化的目标；而公司员工针对管理者的评价标准主要是他在组织中扮演的角色的重要性，看一个管理者能否给员工创造轻松愉快的工作环境，能否为员工的未来职业发展提供帮助；投资者对管理者的评价则主要是考察管理者所创造出的价值；消费者则更重视管理者任期内产品的质量、服务的好坏程度等等。现实生活中，绝大多数人的评价标准都是为自身利益服务的，但每个人都处在不同的利益阶层，那么对于管理者的评价也会不尽相同。这种不同利益相关者的评价过程会对管理者声誉的实证研究过程产生一定影响。

根据米尔本[①]和罗基戈帕（Rajgopal）等人[②]的实证研究，管理者声誉和薪酬水平呈显著正相关关系，即管理者声誉越高，薪酬水平就越高。除此之外，米尔本还在他的研

① Milbourn T T. CEO Reputation and Stock-based Compensation [J]. Journal of Financial Economics, 2003, 68: 233-262.
② Rajgopal S, Shevlin T, Zamora V. CEOs'Outside Employment Opportunities and the Lack of Relative Performance Evaluation in Compensation Contracts [J]. The Journal of Finance, 2006, 61 (4): 1 813-1 844.

究中引入了其他一些变量，包括管理者的任职年限、管理者加入公司的渠道（属于外部招聘还是内部招聘），研究这些变量对管理者声誉的影响程度。同时，考虑到行业差异对管理者声誉的重要影响，米尔本采用管理者任职期内经过调整的行业绩效（industry - adjusted stock price performance）来消除这种影响。从众多学者的研究角度出发，假如管理者在自身所在行业的媒介中出现的次数较多，频率较高，那么就认为这名管理者的声誉水平较高。一般情况下，管理者的任职期限越长，其业务能力就会更多地得到董事会的认可。但是研究也发现，内部选拔出的管理者的声誉普遍低于从外部招聘来的管理者的声誉。斯坦威克（Stanwick）（2003）① 以美国的《商业伦理》杂志列举的“百佳经理人”榜单为媒介，研究了薪酬、财务绩效以及管理者声誉的关系。此外，弗朗西斯等人（2008）② 也采用类似的方法，将管理者的媒体曝光率作为其声誉水平的代理变量。同米尔本和罗基戈帕等学者相比较而言，弗朗西斯等人还把管理者年龄以及管理者以前阶段的任职状况作为声誉的控制变量。

通过前期搜集阅读大量文献资料，我们发现大多数国内外学者均采用媒体曝光率作为管理者声誉的衡量标准。学者们采用此种方法的原因如下：①大众媒体的报道并不代表某一类特定利益相关者的利益诉求，所以大众媒体能够以相对客观公正的态度来评价和披露与管理者相关的信息；②对于新闻媒体来说，无论管理者所处的企业规模大小、业绩如何，无论管理者自身有何个人特征，只要有新闻价值都不会影响他们的媒体曝光度，因此各个管理者的媒体曝光率差异不大；③大众媒体更加倾向于曝光那些人们有一定了解的管理者，或者是管理者中的公众人物。因此，本研究也采取这种做法，用媒体索引频率来衡量管理者声誉。

本研究对已有文献进行搜集整理，发现目前管理者媒体覆盖率数据的取得主要是根据一些主流的商业期刊搜集的。比如弗朗西斯等人的数据来源于美国 5 家主要的商业期刊②；米尔本③检索管理者名字出现的频率是通过道琼斯新闻检索服务实现的。纵观国内的商业杂志，其对于上市公司的报道不甚全面，对于管理者的报道更是少之又少，但是互联网媒介在国内的发展却是日新月异，人们获取信息的渠道也越来越多地扩展到网络上。因此本文决定采用网络媒介来考察管理者的媒体覆盖率。国内常用的三大搜索引擎

① Stanwick P A, Stanwick S D. CEO and Ethical Reputation: Visionary orMercenary [J]. Management Decision, 2003, 41: 1 050 -1 057.

② Francis J, Huang A H, Rajgopal S et al. CEO Reputation and Earnings Quality [J]. Contemporary Accounting Research, 2008, 25 (1): 109 -147.

③ Milbourn T T. CEO Reputation and Stock-based Compensation [J]. Journal of Financial Economics, 2003, 68: 233 -262.

有谷歌、搜狗、百度，但因搜索功能都有一定的缺陷，故本研究最终选取“百度新闻搜索”作为管理者姓名出现频率的搜索途径。通过百度新闻搜索我们还发现一些财经贴吧、主流博客、各大论坛中都会出现与管理者声誉相关的报道。下面是机械制造业类上市公司管理者新闻覆盖率描述性统计结果，如表 6. 2 所示。

表 6. 2　管理者新闻覆盖率描述性统计

Year	N	Mean	Std	Min	Max	10%	25%	75%	90%
2008	114	33. 211	63. 490	0. 000	716. 000	0. 000	4. 000	30. 000	90. 000
2009	122	40. 893	82. 868	0. 000	539. 000	1. 000	3. 000	33. 000	108. 000
2010	154	62. 760	110. 226	0. 000	1 400. 000	2. 000	5. 000	31. 000	253. 000
2011	150	41. 667	82. 449	0. 000	368. 000	1. 000	3. 000	22. 000	169. 000

从表 6. 2 可知，2011 年公司管理者被平均提及的次数为 41. 667 次，而 2008 年被提及的平均次数为 33. 211 次。在此样本中，管理者名字提及次数最多的为 1 400 次，最少的为 0 次，可以看出管理者名字被索引次数之间的差距比较大。这表明，各媒体对于本行业中管理者的关注程度会有一定的不同，样本数据差异比较显著，这也比较符合现实情况。

为了验证新闻的倾向，我们对样本进行了抽样研读，经过统计发现，大多数报道都属于中性报道，其中 2011 年的中性报道占统计文章总数的 88. 78%；负面报道的比例是报道总数的 1. 28%。从媒体对于管理者的新闻报道来看，非负面的新闻占到了总数的 98% 以上。据此本研究认为绝大多数媒体都报道了管理者声誉的正向影响，因此我们可以在研究中忽略负面新闻的影响。

根据以上对管理者媒体覆盖率的统计分析，本研究将百度新闻的检索次数作为衡量管理者声誉的依据，把百度新闻覆盖率作为管理者声誉的代理变量。

（二）个人特征与管理者声誉的关系

管理者声誉是管理者经过长时间的职业历练获得的一种无形资产。由于普通民众对管理者的个人能力、道德标准等个人特质不甚了解，所以他们会受管理者的任职履历、个人特征所影响。

米尔本①认为管理者的任期与其声誉呈正相关关系，即任期越长，声誉就越高。他认为管理者的任期长短代表了董事会对其工作业绩的满意程度，如董事会认为该管理者能力出众，有利于增加企业利润，那么管理者就会被留任。这也表明董事会对管理者的评

① Milbourn T T. CEO Reputation and Stock-based Compensation [J]. Journal of Financial Economics, 2003, (68): 233 -262.

价越高，管理者的任职期限就越长。

朱斯（Joos）等人[①]用管理者的年龄来反映管理者的个人特征，据此作为公司挑选管理者的参考。弗朗西斯等人[②]的研究中也出现了管理者年龄这一代理变量。实证检验认为：管理者的年龄与其声誉呈负相关关系，即管理者年龄越小，声誉水平就会越高。霍姆斯特罗姆[③]同样也证实了管理者年龄与声誉激励机制的负相关关系，年轻的管理者会在工作中投入更多的时间精力，来体现自身价值，追求更长远的职业发展。反倒是那些面临退休的管理者对于未来职业发展的要求较低，相比个人声誉，他们更注重自己的身体状况、退休后生活的保障等。

在委托代理关系这一方面，本文构建了激励机制，它由管理者的薪酬与声誉共同组成。通常来讲，声誉越高的管理者的代理成本也越高，所以委托人需要支付的薪酬也越高。米尔本对管理者薪酬与声誉的关系进行了实证检验，研究结果表明：管理者薪酬越高，声誉水平也越高。徐冬林[④]的研究认为个人财产决定了独立董事的声誉。马连福和刘丽颖[⑤]认为声誉激励能提高代理效率，从而提升经营绩效。从另一方面来讲，当一个管理者的声誉水平达到一定的高度，他的薪酬水平自然也会随之上升，反之亦然。

性别也是研究管理者声誉不可忽视的因素。管理者的性别是由先天因素决定的，但由于性别造就的性格差异还会受到后天环境的影响。现今社会上两性差异问题显著，各个国家和地区对于两性问题有着不同的规范和要求，这就造成了男性管理者、女性管理者在处事风格、行为方式、价值引导上都存在显著差异。在全球500强企业中，女性高层管理者的比例明显低于男性管理者，仅占到总数的13%，而在全世界担任高层管理职位的女性人数竟然只占到总数的5%。这些数据也说明在一定程度上大众对男性管理者的认同程度要比女性管理者高。

根据以上分析，本研究引入了性别、年龄、薪酬等变量，以检验上市公司管理者个人特性是否对其声誉产生影响。这些数据主要是在国泰安数据服务中心收集，最后共获得540个样本数据。其中对管理者性别的赋值男性为2，女性为1。

---

① Joos P, Leone A J, Zimmerman J L. Selecting CEOs: Matching the Person to the Job [D]. University of Rochester, 2002.

② Francis J, Huang A H, Rajgopal S et al. CEO Reputation and Earnings Quality [J]. Contemporary Accounting Research, 2008, 25 (1): 109－147.

③ Holmstrom B. Moral Hazard in Team [J]. Bell Journal of Economic, 1982, 13: 324－340.

④ 徐冬林. 上市公司独立董事的声誉机制研究 [J]. 中南财经政法大学学报, 2005, (2): 72～76.

⑤ 马连福, 刘丽颖. 高管声誉激励对企业绩效的影响机制 [J]. 系统工程, 2013, 31 (5): 22～32.

表6.3为研究样本的描述性统计结果。统计结果显示，在所统计的上市公司四年的样本中，管理者年龄最大的67岁，最小的30岁，平均年龄47.229岁。从样本总体来看，年龄在40~50岁之间的管理者所占的比例较大，占到了59.86%；关于管理者年终的薪酬，最高的为2 501 000元，平均的薪酬水平是364 805.2元；管理者的性别主要是男性，女性管理者只占7.4%。

表6.3 管理者年龄、性别、薪酬及公司特征变量的描述性统计结果

变量	N	Mean	Med	Std.	Min	Max
Age	540	47.229	47.000	6.473	30.000	67.000
Salary	540	364 805.2	261 200	363 549.6	0.000	2 501 000
Sex	540	1.070	1.000	0.255	1.000	2.000
Lev	540	50.011	49.733	26.523	5.331	156.724
Size	540	21.633	21.587	1.266	18.477	25.205
Roa	540	0.027	0.032	0.081	-0.326	0.245
Cfo	540	0.034	0.035	0.082	-0.204	0.297
Asstur	540	0.710	0.582	0.522	0.052	2.90
Rec	540	66.147	9.139	200.522	0.843	1 379.969

此外，本研究还分别检验了管理者的年龄、性别、报告期的薪酬以及公司财务指标与管理者声誉的关系，结果如表6.4所示。

表6.4 管理者声誉与管理者及公司特征的相关关系

	CEOrp	*Age*	*Salary*	*Sex*	*Lev*	*Size*	*Roa*	*Cfo*	*Asstur*	*REC*
CEOrp	1.000									
Age	-0.087**	1.000								
Salary	-0.035	0.110***	1.000							
Sex	0.043	-0.046	-0.025	1.000						
Lev	-0.062*	0.005	-0.072*	-0.012	1.000					
Size	-0.120***	0.114***	0.252***	-0.137***	0.118***	1.000				
Roa	-0.043	0.051	0.190***	0.040	-0.330***	0.152***	1.000			
Cfo	-0.084**	0.082**	0.075**	0.001	-0.138***	0.066*	0.298***	1.000		
Asstur	0.033	-0.071*	0.118***	-0.091**	0.036	0.189***	0.210***	0.170***	1.000	
REC	-0.065*	0.071*	-0.037	-0.03	0.083**	0.121***	0.054	0.045	0.191***	1.000

从表6.4中可以看出，管理者声誉与公司财务指标、年龄在1%的水平下显著相关，而与其薪酬和性别无关。根据相关性检验结果，没有发现解释变量中存在较强的相关性，因此不存在多重共线性问题。

6.4.2 盈余管理程度计量

本章利用修正的截面琼斯模型来衡量样本公司应计盈余管理程度，使用Roychowdhury

的做法来度量真实盈余管理，其描述性统计如表6.5所示。

表6.5　样本公司盈余管理程度描述性统计

Year	Variables	N	Mean	Med	Std.	Min	Max
2008	*DA*	114	-0.010	-0.004	0.147	-0.362	0.656
2009		122	-0.004	-0.004	0.149	-0.564	0.559
2010		154	0.052	0.034	0.164	-0.360	1.453
2011		150	0.076	0.057	0.256	-0.621	2.726
2008	| *DA* |	114	0.097	0.071	0.111	0.001	0.656
2009		122	0.099	0.060	0.111	0.000	0.564
2010		154	0.093	0.051	0.145	0.000	1.453
2011		150	0.123	0.080	0.236	0.000	2.726
2008	*DREM*	114	0.022	0.032	0.239	-0.535	1.040
2009		122	0.046	0.034	0.241	-0.940	0.884
2010		154	0.086	0.038	0.359	-0.631	3.217
2011		150	-0.006	0.021	0.546	-5.940	0.944
2008	| *DREM* |	114	0.169	0.116	0.171	0.002	1.040
2009		122	0.167	0.103	0.180	0.000	0.940
2010		154	0.194	0.112	0.313	0.001	3.217
2011		150	0.202	0.118	0.508	0.000	5.940

由统计结果可以得出，在2008—2011年之间样本公司的可操纵性应计利润（*DA*）的均值由负变正，且不断变大，并且在2011年达到最大值，这表明在2008—2011年之间，中国机械制造类上市公司盈余管理的程度明显上升，其原因可能是受宏观经济环境影响，许多公司为了减小经济危机给公司未来经营带来的冲击，采取了盈余管理的手段。从统计结果可以看出，2008—2010年样本公司的*DA*、*DA*的方差与2011年相比明显偏低，说明在2011年虽然有很多样本公司实行盈余管理，但是其具体情况存在着较大的差异。图6.1非常直观地表现了观测期间样本公司的*DA*、| *DA* |、*DREM*和| *DREM* |的均值变化情况。

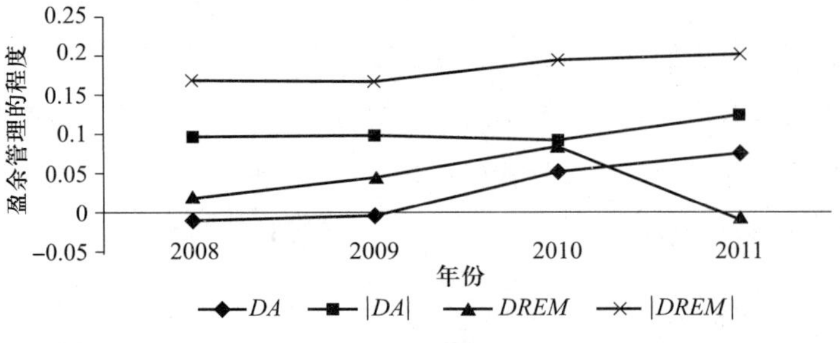

图6.1　盈余管理均值变化趋势

管理者通过提高盈余水平（$DA>0$ 或 $DREM>0$）或者降低盈余水平（$DA<0$ 或 $DREM<0$），帮助上市公司的管理当局来进行利润操纵。各个上市公司的盈余管理方式不同，为了解其具体方式，在接下来的研究中，需要把研究样本分成两个组进行比较，分别统计观测期间取得正向可操纵性应计利润和负向可操纵性应计利润的公司数，结果如表 6.6 所示。

表 6.6　可操纵性应计利润的分段统计表

年度	$DA>0$	$DA<0$	$DREM>0$	$DREM<0$
2008	55	59	61	53
2009	59	63	78	44
2010	106	48	96	58
2011	108	42	86	64
Total	328	212	321	219

由表 6.6 可以得出，2008—2011 年进行正向盈余管理的企业逐年增加。2008 年应计项目正向盈余管理的公司有 55 家，负向的有 59 家，而到了 2011 年进行正向应计盈余管理的公司有 108 家，负向盈余管理的企业仅为 42 家。真实盈余管理的情况与应计的类似。我们的研究认为，促使这种现象产生的原因可能有以下几方面：

一是，公司的股东通常会利用增长率这一指标来衡量管理者的工作业绩。因为股东总是希望公司的业绩持续稳定地增长，这就使得管理者为了迎合股东的期望采取一些使利润更加平滑的方法，向股东展示自己的工作业绩和成果。自 2008 年经济危机以来，企业的利润受到大幅度影响，管理当局有可能在利润降低时调高当期的利润，并将其递延到下一期，从而增强了下一期利润的下滑对公司和管理当局造成的影响。

二是，在金融危机时期，企业融资变得困难，企业刻意提高自身的利润，向市场释放积极信号，从而获得更多资金。

此外，在样本公司观测期，中国的宏观经济增速变缓，国内市场和国际市场的需求量变少，企业的产能过剩而内需不足，这就使得众多国内公司的业绩有所下滑。在经济不景气的大环境下，管理者从利润平滑角度考虑，选择进行正向盈余管理。

6.4.3　实证检验结果

将样本数据通过模型 6.1 进行回归，得到结果如表 6.7 所示。从回归结果来看，在对 $|DA|$ 和 $|DREM|$ 的回归模型中，经营活动产生的现金流量净额、管理者性别以及管理者声誉，分别在 1%、5% 和 1% 的水平下通过了检验；在 $|DREM|$ 模型中资产收益

率在1%的显著性水平下通过了检验。而可操纵性应计利润绝对值 | *DA* | 与真实盈余管理绝对值 | *DREM* | 受管理者年龄和管理者报告期薪酬的影响并不明显。

基于上述回归分析结果，可以得出这样的结论：盈余管理程度和管理者声誉之间呈显著正相关，验证了假设H1。盈余管理程度与公司管理者个人声誉及管理者性别呈正相关；盈余管理程度和在公司层面上的控制变量以及上市公司的经营活动产生的现金流量净额呈负相关，而与资产收益率呈正相关关系。

表6.7 回归结果

	| *DA* |	| *DREM* |	*DA* >0	*DA* <0	*DREM* >0	*DREM* <0
CEOrp	0.014 *** (5.10)	0.013 *** (2.70)	0.010 *** (4.20)	-0.009 *** (-3.21)	0.006 (1.16)	-0.024 *** (-3.62)
Age	-0.001 (-1.54)	-0.000 (-0.28)	-0.001 (-1.59)	-0.000 (-0.23)	0.002 (1.54)	0.002 (1.13)
Salary	0.006 (1.13)	-0.004 (-0.44)	0.006 (1.37)	0.001 (0.19)	-0.011 (-1.17)	-0.007 (-0.56)
Sex	0.045 *** (2.88)	0.057 ** (2.08)	0.028 ** (2.15)	-0.015 (-0.86)	0.027 (0.82)	-0.046 (-1.43)
Lev	0.000 (1.89)	0.001 *** (2.60)	0.000 (0.42)	-0.000 (-0.33)	0.000 (1.05)	-0.001 ** (-2.21)
Size	-0.003 (-0.90)	-0.006 (-1.04)	0.005 (1.47)	0.005 (1.41)	0.004 (0.53)	0.014 (1.63)
Roa	-0.063 (-1.09)	0.059 (0.59)	0.836 *** (9.53)	0.636 *** (12.31)	-0.169 (-1.60)	-0.375 ** (-2.54)
Cfo	-0.355 *** (-7.33)	-0.455 *** (-5.34)	-1.160 *** (-22.27)	-0.714 *** (-11.65)	-1.419 *** (-13.74)	-0.755 *** (-5.80)
Asstur	0.000 * (0.02)	0.055 *** (3.80)	-0.009 (-1.23)	-0.009 (-0.99)	0.114 *** (7.74)	0.022 (0.89)
REC	0.000 * (1.71)	0.000 (1.60)	0.000 (0.62)	-0.000 ** (-2.14)	0.000 (0.71)	-0.000 (-1.62)
Cons	0.054 (0.62)	0.204 (1.32)	-0.119 (-1.56)	-0.085 (-0.90)	-0.010 (-0.06)	-0.217 (-1.08)
N	459	459	286	173	271	188
$Adj-R^2$	0.223	0.146	0.692	0.617	0.485	0.290
F	12.850 ***	7.666 ***	61.910 ***	26.110 ***	24.470 ***	7.246 ***

根据表6.7中 *DA* >0、*DA* <0、*DREM* >0、*DREM* <0 的回归结果，管理者声誉与负向盈余管理在1%的显著性水平下通过了检验，与正向真实盈余管理相关性不显著，与负向真实盈余管理在1%的水平下显著负相关。资本结构显著影响真实盈余管理，与负向真实盈余管理呈负相关。上市公司经营活动产生的现金流量净额会显著地降低公司盈

余管理水平，固定资产周转率会提高正向真实盈余管理水平。

通过对比表6.7回归结果可以看出，管理者声誉与负向盈余管理在1%显著性水平下通过了检验，但是为负相关关系；与正向应计盈余管理在1%的水平下显著正相关，与假设H2的结论一致。

6.5 研究结论

本章选取沪深两市机械行业上市公司为研究样本，通过大量搜集和阅读国内外关于管理者声誉的文献，利用新闻媒体检索的次数作为管理者声誉的代理变量，综合考虑了管理者的年龄、性别及报告期间的薪酬对管理者声誉所产生的影响；同时运用修正的截面琼斯模型和真实盈余管理模型对样本公司的应计盈余管理和真实盈余管理程度进行了测量，检验了盈余管理程度与管理者声誉之间的关系。

通过对观察样本2008—2011年的盈余管理程度的分析发现，我国上市公司普遍存在盈余管理的行为，而且绝大多数样本公司所采取的是负向的盈余管理。在观测期间，样本公司的*DA*均值和最大值都呈上升趋势，显示了在这四年中，公司盈余管理程度是逐年增强的，这可能是由于宏观经济环境的改变而造成的。

本章构建了一个管理者声誉对上市公司盈余管理程度影响的线性回归模型，通过实证检验发现，管理者声誉与上市公司盈余管理程度呈显著正相关，管理者声誉越高的上市公司盈余管理程度越强，而且倾向于进行正向的盈余管理。研究结果表明，管理者选择进行盈余管理的行为在我国上市公司中确实存在，目的就是为了维护其声誉。这进一步说明，较弱的监管力度和不甚完善的处罚机制，使得上市公司的管理者倾向于冒着被查处的风险选择从事盈余管理活动。通常情况下，如果管理者的这种行为不被发现，那么他的声誉就会得到提高。

本章从上市公司管理者声誉的视角出发，有效地推进了基于管理者行为特征的盈余管理研究，有助于建立上市公司盈余管理行为约束模型。同时，也为我国经理人市场的规范做出了一定的贡献，有助于国有企业管理者人事任命制度的改革和违规处罚机制的完善。需要说明的是，为了避免盈余管理水平与基于公司业绩的管理者声誉之间的内在关系，本文并没有把公司业绩指标纳入考虑范围，而是仅以媒体评价及个人特质为主，选取管理者声誉代理指标。尽管如此，本文依然不能否认管理者声誉会受到公司层面因素的影响。因此，怎样有效消除盈余管理水平与管理者声誉之间存在的内在联系因子，将会是我们以后研究的侧重点，以便用更为科学的手段来研究二者的关系。此外，由于我们所使用的样本数量比较少，管理者盈余管理程度与声誉之间的关系不可避免具有一定的特殊性，因此未来将转为采取大样本数据的方法来研究二者之间的关系。我们以盈余管理程度作为唯一被解释变量，通过建立回归模型来研究盈余管理程度与管理者声誉之间的关系，并未对盈余管理行为对管理者的声誉产生影响与否做深入的研究。如果能对这两者之间的关系做出很好的解释，将会为有效约束管理者的盈余管理行为提供方法。

第7章　管理者变更对盈余管理的影响研究

7.1　问题的提出

公司治理和盈余管理作为国内外研究的热点领域，学术界的研究结论主要集中于以下几个方面：大股东作为抑制代理问题的重要影响因素，能够在很大程度上影响公司的会计报告质量[①]；董事会的独立性（主要采用董事会中独立董事的比例来衡量）能够显著抑制上市公司的盈余管理程度，即董事会中的独立董事比例越高，上市公司的会计报告质量越高[②]。但是，并没有证据表明我国的监事会制度对抑制公司财务报告作假有显著作用[③]。

国际上围绕着高管变更与盈余管理关系的研究较多：巴特勒（Butler）和纽曼（Newman）认为，当经理人的职业前景不容乐观甚至会低于自己的预期时，经理人会在各自任职期间的最后阶段对一些长期性投资支出进行一定比例的缩减，这样就使得会计报表层面的收入和利润有所增加[④]；兰姆（Lam）和玛楚伽（Machuga）（2002）以高管变更的日本上市公司为研究样本，实证研究表明高管职位变动的前一年一般都会出现利

---

① Hart O. Corporate Governance: Some Theory and Implications [J]. The Economic Journal, 1995 (105): 678 -689; 雷光勇，刘慧龙．大股东控制、融资规模与盈余操纵程度 [J]. 管理世界，2006 (1): 129 ~136.

② Beasley M S. An Empirical Analysis of the Relation between the Board of Director Composition and Financial Statement Fraud [J]. The accounting review, 1996 (71): 443 -465; Xie B, Davidson W N, Dadalt P J. Earnings Management and Corporate Governance: the Role of the Board and the Audit Committee [J]. Journal of Corporate Finance, 2003 (9): 295 -316.

③ 刘立国，杜莹．公司治理与会计信息质量关系的实证研究 [J]. 会计研究，2003 (2): 28 ~37.

④ Butler S A, Newman H A. Agency Control Mechanisms, Effectiveness and Decision Making in An Executive's Final Year with a Firm [J]. Journal of Institutional and Theoretical Economics, 1989, 145 (3): 451 -464.

润较高的现象[①]；雷特娜（Reitenga）和特尼（Tearney）在研究中认为公司的职业经理人为了在退休前获得更高的报酬，更有可能进行盈余管理，且实证结果也表明在经理人退休前一两年盈余管理的程度显著高于其他年度[②]。

通过对国内外的文献进行回顾，本文总结出以下几点：①国外对高管变更与盈余管理的研究相对较为丰富，而国内对于高管变更导致的盈余管理行为研究较为缺乏。与国外资本市场环境相比，我国的资本市场相对较为落后，在公司治理方面也与国外存在较大差别。因此在研究中国资本市场问题时，不能简单地将国外的理论研究成果运用到我国资本市场的研究中。②国外研究的样本公司大部分都是私企[③]。但是，在中国的研究中，大部分样本都取自上市公司，其中很多企业都为国有性质的企业，其管理层往往都代表“国家”对公司进行管理，因此，其发展目标并不和一般的私有企业完全相同，可能会带有政府的一些目标。因此，在研究中国企业的盈余管理时，有必要考虑企业性质以及董事长变更的情况。③现有的研究忽视了公司治理结构对盈余管理产生的影响。目前关于盈余管理的研究中，控制变量的选择主要集中于控制公司的规模和绩效等事项，而对于公司治理结构这个影响盈余管理的因素却鲜有涉及，因而本研究将公司治理结构也纳入到控制变量组中以完善该问题的研究。

在综合分析中国上市公司治理水平与盈余管理关系的基础上，本章通过考察上市公司董事长和总经理的变更情况，对高管变更与上市公司盈余管理的关系进行了实证分析，完善了现有的盈余管理理论研究。

7.2 研究假设

经理人离职前的“短视行为”，是指在公司正常运作的背景下，即将离职的经理人认为公司的长远利益与自身的个人利益不再具有紧密的相关性，因而经理人会企图将企业未来收入缩减，来满足他个人名利双收的欲望[④]。部分学者也认为公司经理人面临离职

① Lam D M, Machuga S M. Earnings Management Surrounding Top Executive Turnover in Japanese Firms [J]. Review of Pacic Basin Financial Markets and Policies, 2002, 5 (3): 343 -371.

② Reitenga A, Tearney M. Mandatory Manager Retirements, Discretionary Accruals, and Corporate Governance Mechanisms [J]. Journal of Accounting, Auditing and Finance, 2003, (18): 255 -280.

③ 赵震宇，杨之曙，白重恩．影响中国上市公司高管层变更的因素分析与实证检验［J］．金融研究，2007（8）：76 ~88.

④ Dechow P, Sloan R G. Executive Incentives and the Horizon Problem [J]. Journal of Accounting and Economics, 1991, 14 (5): 51 -89.

时，会将自身利益独立于公司利益之外，依据经理人的自利心理，其往往会选择自身利益最大化的行为决策①。而在经理人离职前的短视行为中，以盈余操纵的手段最为常见。部分研究表明，即将离职的经理人之所以有强烈的动机去进行盈余管理，实现自己理想中的业绩，实际上是为了获得更高的奖酬及以后在经理人市场上获取更高的声誉②。为验证高管变更所导致的盈余管理是否会损害公司的价值，本文就高管变更与盈余管理的关系进行实证检验，以便于完善中国公司治理的规章制度。

管理者变更可以分为管理者正常变更与非正常变更两类。本研究中的正常变更定义为“退休”和“任期届满”两类，主要是指并非由于当事人管理和决策失误等因素而导致的职位改变。非正常变更主要包括：“个体自身原因”、“辞职”、“违规甚至犯罪”、“非到期被解聘”以及“工作的变动”等，主要是指由于管理者自身管理或决策失误而直接或间接导致经理人职位变化的情况。

高管的正常变更往往在其离职前伴随着严重的盈余管理行为。这表明即将离开的经理人认为公司的长远利益与自身的个人利益不再具有紧密的相关性，因此在其任职的最后阶段，经理人更有可能利用信息不对称来谋取私利。为了在届满离任时获得理想的奖励以及良好的个人声誉，经理人往往会采用正向盈余管理的行为来提高企业的经营业绩。上市公司董事长和总经理是对公司业绩影响最大的两位管理者，在公司的经营决策中起着举足轻重的作用，因此我们认为即将离职的董事长或总经理，更倾向于采取正向盈余管理行为。基于此，提出如下假设：

H1：管理者在正常离职前一年或两年，会对上市公司进行正向盈余管理。

随着资本市场的不断成熟，上市公司股权呈现出分散状态，管理者内部人控制行为更加明显，使得股东和管理层委托代理博弈更加激烈。股权越分散，内部人控制力度越大。而中小股东缺乏监管和激励管理层的意愿，他们往往更希望于“搭便车”，这更使得股东对管理层的监督形同虚设。反之，在股权集中度较高的上市公司，大股东拥有监督管理层的机会与能力，能够在一定程度上削弱“搭便车”所导致的问题。因此，增强公司的股权集中度能够更好地监督管理层，从而有效地抑制经理人的自利行为。基于此，提出如下假设：

H2：管理者在其正常离职前一年或者两年中的盈余管理程度与公司的股权集中度呈

① Gibbons R, Murphy K. Optimal Incentive Contracts in the Presence of Career Concerns: Theory and Evidence [J]. Journal of Political Economy, 1992 (100): 468 -506.

② Murphy K, Zimmerman J. Financial Performance Surrounding Manager Turnover [J]. Journal of Accounting and Economics, 1993 (16): 273 -316.

负相关。

依据委托代理理论，为了缓解所有权与经营权的冲突，董事会应最大程度上对经营管理层进行监督。由于董事会是股东利益的代言人，董事会对管理层的盈余管理行为有着较强的约束作用，会避免管理层通过盈余管理来谋求私利而造成股东利益的损害。一般情况下，规模较小的董事会有着更强的监管能力和监督功效。规模较大的董事会由于人员冗杂，难以统一决策意见，这就造成在经营管理过程中可能会产生摩擦，在一定程度上制约了董事会的治理效率。所以，相对于董事会规模较大的上市公司，董事会规模较小的上市公司，更能有效地抑制其高管的盈余管理行为。基于此，提出如下假设：

H3：董事会规模较大的上市公司的管理者在其正常离职前一年或者两年中盈余管理程度明显大于董事会规模小的上市公司。

7.3 研究设计

7.3.1 样本的选取与数据来源

本研究选取2010—2012年作为研究区间，初始样本均来自国泰安CSMAR数据库和锐思数据库，并对数据进行如下筛选：①选择沪深两市2010—2012年非金融类的上市公司；②为提高样本的准确性，去掉了上市时间不长的企业，即剔除2010年之后上市的公司；③剔除财务数据异常的公司以及ST公司；④剔除财务数据不全的样本公司，最终得到观测样本6 629个。采用SPSS11.5软件对本研究中的数据进行处理。

7.3.2 变量的选取

（一）被解释变量

上市公司操纵性应计利润作为被解释变量。基于中国资本市场的特有情况，本研究采用基本琼斯模型来衡量上市公司的盈余管理程度，同时控制年度和行业效应，然后通过模型计算上市公司应计利润总额的期望值，并用计算所得的应计利润期望值与实际的应计利润之差作为非常规应计利润[①]。具体计算过程如下：

---

① 夏立军．盈余管理计量模型在中国股票市场的应用研究［J］．中国会计与财务研究，2003，5（2）：94～122.

① 对模型 7.1 分行业逐步进行 OLS 回归，得到参数 a_1、a_2、a_3 的估计值将带入模型 7.3 中分别作为 a_1、a_2、a_3 的参数。

$$TA_t/A_{t-1} = a_1(1/A_{t-1}) + a_2(\Delta REV_t/A_{t-1}) + a_3(PPE_t/A_{t-1}) + \varepsilon_t \quad (7.1)$$

其中，TA_t 代表第 t 期总应计利润；ΔREV_t 代表第 t 期总收入减去第 $t-1$ 期总收入的差额；PPE_t 代表第 t 期期末固定资产；A_{t-1} 代表第 $t-1$ 期期末总资产；ε_t 代表模型 7.1 的残差。

② 通过模型 7.2，可以计算得出操纵性应计利润 DA_t：

$$DA_t = TA_t/A_{t-1} - NDA_t \quad (7.2)$$

NDA_t 代表总应计利润减去非可操纵性应计利润的差额：

$$NDA_t = \alpha_1(1/A_{t-1}) + \alpha_2(\Delta REV_t/A_{t-1}) + \alpha_3(PPE_t/A_{t-1})$$

（二）解释变量与控制变量

解释变量这里主要是指本研究的观测变量，即董事长与总经理是否发生正常变更，若发生正常变更则取值为 1，反之取值为 0[①]。本研究控制变量的选取主要参考现有研究中较为常见的变量，包括企业规模、自由现金流、业绩水平和成长性。将企业规模作为控制变量的原因是公众更容易关注拥有较大规模的公司，为了取得好的声誉，这类公司的经理人可能有相应的实行盈余管理的动机。自由现金流就像上市公司的血液，对于上市公司的正常运转具有至关重要的作用，如果公司缺少自由现金流则可能会面临诸多危机，因此公司很有可能通过盈余管理等手段来获取现金流。公司的业绩作为上市公司的一个综合评价指标，经理人必然会根据真实经营业绩的情况以及利益相关者对业绩水平的期望，然后通过一定手段来粉饰最终呈现给利益相关者的业绩水平。例如，经理人往往会在公司真实业绩较差时，选择适当地调增盈余，而在真实业绩较好时，选择适当地控制盈余，从而把当期的高利润平滑到将来各期。本研究采用资产报酬率作为企业业绩水平的代理变量[②]，以资产负债率来衡量公司的负债情况；同时，研究还选取成长性作为控制变量，用营业收入增长率衡量，选取该变量的原因是处于不同成长阶段的公司，其盈余管理程度会有差异。

本研究将通过样本分组来分别比较不同治理结构下，高管正常变更和盈余管理间的关系。分组依据有两种，即股权集中度、董事会规模。表 7.1 给出了相关研究变量的定义。

① 雷晶晶．公司治理、高管变更与盈余管理的关系研究［D］．大连理工大学硕士论文，2009.
② 林永坚，王志强，李茂良．高管变更与盈余管理——基于应计项目操控与真实活动操控的实证研究［J］．南开管理评论，2013，16（1）：4～14.

表 7.1　相关变量的界定

变量	符号	代表含义	计算方法
被解释变量	*DA*	操纵性应计利润	琼斯模型计量的盈余管理程度
解释变量	*DC*1	董事长正常变更前一年	虚拟变量，若当年正值公司董事长正常变更前一年则取值为 1，否则为 0
	*DC*2	董事长正常变更前两年	虚拟变量，若当年正值公司董事长正常变更前两年则取值为 1，否则为 0
	*JC*1	总经理正常变更前一年	虚拟变量，若当年正值公司总经理正常变更前一年则取值为 1，否则为 0
	*JC*2	总经理正常变更前两年	虚拟变量，若当年正值公司总经理正常变更前两年则取值为 1，否则为 0
控制变量	*SIZE*	规模	总资产的对数
	CFO	自由现金流	[息税前营业利润×（1－所得税税率）＋折旧与摊销－营运资本净增加－资本支出］/总资产
	ROA	资产收益率	[归属于母公司的净利润×2/（上一报告期期末资产总计＋本报告期期末资产总计）］×100%
	Growth	成长性	营业收入增长率
	Lev	资产负债率	总负债/总资产×100%
分组变量	*H*1	股权集中度	第一大股东持股比例
	DSH	董事会规模	董事会总人数的自然对数

7.3.3　模型的构建

根据上面的分析，构建如下模型：

$$DA = \beta_1 DC1 + \beta_2 Size + \beta_3 CFO + \beta_4 ROA + \beta_5 Growth + \beta_6 Lev + \varepsilon \tag{7.3}$$

$$DA = \beta_1 DC2 + \beta_2 Size + \beta_3 CFO + \beta_4 ROA + \beta_5 Growth + \beta_6 Lev + \varepsilon \tag{7.4}$$

$$DA = \beta_1 JC1 + \beta_2 Size + \beta_3 CFO + \beta_4 ROA + \beta_5 Growth + \beta_6 Lev + \varepsilon \tag{7.5}$$

$$DA = \beta_1 JC2 + \beta_2 Size + \beta_3 CFO + \beta_4 ROA + \beta_5 Growth + \beta_6 Lev + \varepsilon \tag{7.6}$$

7.4　实证结果与分析

7.4.1　管理者变更对盈余管理影响的实证分析

（一）主要变量描述统计

本研究涉及的所有变量的描述性统计分析如表 7.2 所示。通过此表可以清楚地看出，

操纵性应计利润 *DA* 的均值仅为 0.105，但存在极端值 8.802，同时存在无操纵性应计利润的公司。*DC*1、*DC*2、*JC*1 和 *JC*2 的均值很小，都不超过 0.5，说明绝大部分样本公司的董事长或总经理并不处于正常变更前的一年或两年。自由现金流的最小值为 -9.102，最大值是 5.401，分布较为广泛。而资产收益率的分布则相对集中，从 -1.997 到 4.091。从成长性指标的统计结果来看，最大值为 367.532，而均值仅为 0.281，说明不同公司的成长性差别很大。具备同样特征的指标是资产负债率，最大值为 18.940，而平均值是 0.460。

表 7.2 研究变量的描述性统计

Variable	Mean	Median	Std. Dev.	Min.	Max.
DA	0.105	0.063	0.227	0.000	8.802
*DC*1	0.069	0.000	0.254	0.000	1.000
*DC*2	0.032	0.000	0.177	0.000	1.000
*JC*1	0.102	0.000	0.303	0.000	1.000
*JC*2	0.048	0.000	0.213	0.000	1.000
Size	21.755	21.570	1.300	17.049	28.405
CFO	-0.102	-0.016	0.278	-9.102	5.401
ROA	0.054	0.047	0.109	-1.997	4.091
Growth	0.281	0.156	4.606	-1.000	367.532
Lev	0.460	0.437	0.550	0.000	18.940

（二）相关性分析

表 7.3 为主要变量的皮尔森相关系数矩阵。从此表可以得出，上市公司盈余管理程度 *DA* 与总经理变更前一年变量 *JC*1、前两年变量 *JC*2 之间的相关系数是显著的，符合本研究的预期。然而盈余管理程度变量和董事长变更前一年变量 *DC*1、前两年变量 *DC*2 的相关系数均不显著。这表明总经理变更更容易诱发盈余管理，关于此问题，本研究将通过后续的实证分析进行进一步的验证。通过表 7.3，可以看出在总体样本中，皮尔森相关系数均比 0.8 小，由此可以认为，各研究变量间不存在明显的多重共线性。

（三）回归结果

表 7.4 为董事长变更对盈余管理影响的回归分析结果。从表中可以发现，董事长正常交替离职前一年变量 *DC*1 与盈余管理程度呈显著正相关，影响系数为 0.033，并在 1% 的水平下显著。通过以上的回归结果可以发现，董事长正常变更前一年有较强的调增利润的动机，验证了研究假设 1。董事长正常交替离职前两年变量 *DC*2 与盈余管理的影响系数是 0.019，但 T 值仅为 1.330，没有通过显著性检验。

表 7.3　皮尔森相关性检验结果

		DA	*DC1*	*DC2*	*JC1*	*JC2*	*Size*	*CFO*	*ROA*	*Growth*	*Lev*
DA	系数	1.000	0.019	0.017	0.037***	0.027**	-0.067***	-0.135***	0.362***	0.012	0.119***
	Sig 值		0.122	0.177	0.003	0.025	0.000	0.000	0.000	0.347	0.000
DC1	系数	0.019	1.000	0.034***	0.320***	0.072***	0.036***	0.031**	-0.062***	-0.005	0.050***
	Sig 值	0.122		0.006	0.000	0.000	0.004	0.012	0.000	0.682	0.000
DC2	系数	0.017	0.034***	1.000	0.046***	0.327***	-0.009	0.022*	-0.019	0.000	0.053***
	Sig 值	0.177	0.006		0.000	0.000	0.465	0.079	0.125	0.974	0.000
JC2	系数	0.037***	0.320***	0.046***	1.000	0.037***	-0.002	0.015	-0.052***	-0.003	0.040***
	Sig 值	0.003	0.000	0.000		0.003	0.849	0.223	0.000	0.795	0.001
JC2	系数	0.027**	0.072***	0.327***	0.037***	1.000	-0.039***	-0.009	-0.008	-0.002	0.029**
	Sig 值	0.025	0.000	0.000	0.003		0.001	0.457	0.501	0.865	0.016
Size	系数	-0.067***	0.036***	-0.009	-0.002	-0.039***	1.000	0.163***	-0.042***	-0.006	0.089***
	Sig 值	0.000	0.004	0.465	0.849	0.001		0.000	0.001	0.608	0.000
CFO	系数	-0.135***	0.031**	0.022*	0.015	-0.009	0.163***	1.000	-0.201***	-0.004	-0.014
	Sig 值	0.000	0.012	0.079	0.223	0.457	0.000		0.000	0.744	0.244
ROA	系数	0.362***	-0.062***	-0.019	-0.052***	-0.008	-0.042***	-0.201***	1.000	0.010	-0.131***
	Sig 值	0.000	0.000	0.125	0.000	0.501	0.001	0.000		0.413	0.000
Growth	系数	0.012	-0.005	0.000	-0.003	-0.002	-0.006	-0.004	0.010	1.000	0.007
	Sig 值	0.347	0.682	0.974	0.795	0.865	0.608	0.744	0.413		0.591
Lev	系数	0.119***	0.050***	0.053***	0.040***	0.029**	0.089***	-0.014	-0.131***	0.007	1.000
	Sig 值	0.000	0.000	0.000	0.001	0.016	0.000	0.244	0.000	0.591	

表 7.4　董事长变更对盈余管理的影响

	DC1			DC2		
	T-statistics	Coefficient	VIF	T-statistics	Coefficient	VIF
Constant	5.812***	0.248		5.735***	0.250	
DC1	3.330***	0.033	1.007			
DC2				1.330	0.019	1.004
Size	-5.275***	-0.011	1.037	-5.160***	-0.010	1.036
CFO	-4.129***	-0.039	1.073	-4.103***	-0.039	1.073
ROA	32.411***	0.782	1.065	32.269***	0.778	1.062
Growth	0.560	0.000	1.000	0.544	0.000	1.000
Lev	15.050***	0.071	1.030	15.095***	0.071	1.031
Durbin-Watson		1.913			1.911	
$Adj\text{-}R^2$		0.167			0.166	
F		222.298***			220.435***	
Obs		6 629			6 629	

为了使研究结果更加完备，本模型选取了企业规模、资产负债率、成长性、自由现金流和资产收益率五个控制变量，来研究企业的规模、负债水平、成长性与业绩的影响机制。根据表 7.4，企业规模与盈余管理程度呈显著负相关，说明资产规模越大的上市公司，越不倾向于进行盈余操纵。公司越大，被公众关注的可能性也越大，因此，为了向公众展示良好的一面，保持企业良好的声誉，管理者更不愿意进行盈余管理。资产负债率与盈余管理程度呈显著正相关，说明公司的债务水平越高，公司越容易进行盈余管理。实证分析结果表明，企业负债水平越高，往往越展现出一个更高的利润水平，从而使债权人认为公司业绩优良，进而缓解债务融资问题。资产收益率和盈余管理程度代理变量呈正相关关系，系数是 0.782，在 1% 的水平下显著，即上市公司的资产收益率越高，盈余管理程度就越高。资产收益率在一定程度上表明了上市公司的经营活动成果，这也意味着拥有较高资产收益率的上市公司更有可能采用盈余管理达到业绩平滑的目的。

从模型的整体角度来看，*DW* 值分别为 1.913 和 1.911，说明其不存在自相关性。$Adj-R^2$ 值为 0.167 和 0.166，*F* 值均在 1% 的水平下显著，这些均表明模型拟合良好。各个变量的 *VIF* 值均小于 10，说明变量间不存在多重共线性。由此可知，该模型的建立比较完善，具有较强的说服力。

表 7.5 为总经理变更对盈余管理的影响的回归分析结果。从表中可以发现，总经理正常交替离职前一年变量 *JC*1 与盈余管理的影响系数是 0.037，在 1% 的水平下显著正相

关，这说明总经理正常交替离职前一年有较强的调增利润的动机，验证了研究假设1。总经理正常交替离职前两年变量 *JC2* 与盈余管理的影响系数是0.024，在5%的水平下显著正相关，这说明总经理正常交替离职前两年就已经有较强的调增利润的动机，进一步证实了研究假设1。

表7.5 总经理变更对盈余管理的影响

	JC1			*JC2*		
	T-statistics	*Coefficient*	*VIF*	*T-statistics*	*Coefficient*	*VIF*
Constant	5.653 ***	0.246		5.658 ***	0.247	
JC1	4.452 ***	0.037	1.004			
JC2				2.030 **	0.024	1.003
Size	−5.153 ***	−0.010	1.036	−5.097 ***	−0.010	1.038
CFO	−4.112 ***	−0.039	1.072	−4.068 ***	−0.039	1.072
ROA	32.471 ***	0.782	1.064	32.278 ***	0.778	1.062
Growth	0.558	0.000	1.000	0.549	0.000	1.000
Lev	15.048 ***	0.071	1.029	15.118 ***	0.071	1.029
Durbin-Watson		1.916			1.912	
Adj-R^2		0.168			0.166	
F		224.043 ***			220.905 ***	
Obs		6 629			6 629	

企业规模和盈余管理代理变量呈显著的负相关关系，也就是说规模越大的上市公司，总经理越倾向于不进行盈余管理。资产负债率和盈余管理程度代理变量呈显著正相关，即上市公司付息债务的比率越大时，盈余管理的程度也越高。

7.4.2 基于公司治理差异的管理者变更对盈余管理影响的实证分析

（一）股东治理结构差异下的实证分析结果

表7.6是关于股东治理结构差异下管理者变更对盈余管理影响的回归结果，在股权较为集中的治理机制下，董事长正常变更前一年变量 *DC1* 与盈余管理的系数为0.010，但是 *T* 值仅为1.202，并未通过显著性水平检验，这说明在股权集中度高的情况下，董事长并不能在正常离职前进行盈余管理。而股权集中度低的时候，董事长正常变更前一年变量 *DC1* 与盈余管理的系数为0.047，在1%的水平下显著正相关，这说明在股权集中度低的时候，董事长在离职前进行盈余管理的可能性更大。上述结论支持了研究假设2。

表 7.6　股东治理结构差异下的董事长变更对盈余管理的影响

	股权集中度高			股权集中度低		
	T-statistics	*Coefficient*	*VIF*	*T-statistics*	*Coefficient*	*VIF*
Constant	7.423 ***	0.271		2.738 ***	0.225	
*DC*1	1.202	0.010	1.010	2.826 ***	0.047	1.007
Size	-5.977 ***	-0.011	1.390	-2.364 ***	-0.009	1.019
CFO	-11.546 ***	-0.116	1.148	-0.746 ***	-0.011	1.074
ROA	3.565 ***	0.150	1.379	27.222 ***	0.878	1.061
Growth	4.629 ***	0.028	1.092	0.388	0.000	1.000
Lev	5.466 ***	0.068	1.829	11.360 ***	0.069	1.023
Durbin-Watson		1.842			1.888	
$Adj\text{-}R^2$		0.069			0.197	
F		38.852 ***			146.715 ***	
Obs	3 032			3 597		

从表 7.6 的回归结果还可以看出控制变量和因变量之间的关系。在股权集中度高和股权集中度低两种治理环境下，企业规模均与因变量呈显著的负相关关系，说明规模大的公司受公众监督的限制，不易进行盈余操纵。资产负债率与因变量操纵性应计利润 *DA* 均呈显著的正相关关系，表明负债率高的企业倾向于利用盈余管理实现调整利润的目的。在股权集中度高的样本中，成长性与盈余管理呈正相关关系且在 1% 的水平下显著；而在股权集中度低的样本中，这种关系并未通过显著性检验。由此可以得出，当股权集中度高时，成长性与盈余管理呈正比例变化趋势。

从模型的整体检验情况来看，*DW* 值分别为 1.842 和 1.888，说明该模型不存在自相关性。$Adj-R^2$ 值为 0.069 和 0.197，*F* 值均在 1% 的水平下显著，这些均表明模型拟合良好。各个变量的 *VIF* 值均小于 10，说明变量间不存在多重共线性。由此可知，本研究建立的模型具有科学依据。

表 7.7 表示的是在不同的股东治理结构下，总经理变更对盈余管理的影响。当一个公司的股权集中度较高时，总经理正常变更前一年变量 *JC*1 与盈余管理的系数为 0.009，但是 *T* 值仅为 1.343，并未通过显著性水平检验，这说明在股权集中度高的情况下，总经理并不能在正常离职前进行盈余管理。而股权集中度低的时候，总经理正常变更前一年变量 *JC*1 与盈余管理的系数为 0.054，且在 1% 的水平下显著正相关，这说明在股权集中度低的时候，总经理在离职前进行盈余管理的可能性更大。上述结论同样支持了本研究的假设 2。

表 7.7 股东治理结构差异下的总经理变更对盈余管理的影响

	股权集中度高			股权集中度低		
	T-statistics	*Coefficient*	*VIF*	*T-statistics*	*Coefficient*	*VIF*
Constant	7.380 ***	0.269		2.577 ***	0.212	
*JC*1	1.343	0.009	1.010	3.786 ***	0.054	1.005
Size	-5.943 ***	-0.010	1.390	-2.230 **	-0.008	1.018
CFO	-11.473 ***	-0.115	1.148	-0.826	-0.012	1.075
ROA	3.583 ***	0.151	1.379	27.268 ***	0.878	1.060
Growth	4.555 ***	0.027	1.092	0.395	0.000	1.000
Lev	5.460 ***	0.067	1.829	11.349 ***	0.069	1.022
Durbin-Watson		1.841			1.885	
$Adj\text{-}R^2$		0.069			0.198	
F		38.917 ***			148.031 ***	
Obs	3 032			3 597		

控制变量和因变量之间的关系与表 7.6 的结果类似。在股权集中度高和股权集中度低两种治理环境下，企业规模均与因变量呈显著的负相关关系，资产负债率与因变量操纵性应计利润 *DA* 均呈显著的正相关关系。在股权集中度高的样本中，成长性与盈余管理呈正相关关系，且在 1% 的水平下显著；而在股权集中度低的样本中，这种关系并不显著。

此外，*DW* 值分别为 1.841 和 1.885，说明该模型不存在自相关性。$Adj-R^2$ 值为 0.069 和 0.198，*F* 值均在 1% 的水平下显著，这些均表明模型拟合良好。各个变量的 *VIF* 值均小于 10，说明变量间不存在多重共线性。

（二） 董事会治理结构差异下的实证分析结果

表 7.8 为在不同董事会治理结构下，董事长变更对盈余管理影响的回归结果。在董事会规模较大的治理结构下，董事长正常变更前一年变量 *DC*1 与盈余管理呈正相关关系，系数为 0.036，在 1% 的水平下显著，这说明在董事会规模较大的情况下，董事长有机会在正常离职前进行盈余管理。而董事会规模较小的时候，董事长正常变更前一年变量 *DC*1 与盈余管理的系数为 0.006，但并未通过显著性检验，这表明在董事会规模较小的时候，董事长在离职前进行盈余管理的可能性也较小。在规模大的董事会中，成员间的沟通会受到一定程度的阻碍，不利于遏制盈余管理。上述结论验证了研究假设 3。

表 7.8 董事会治理结构差异下董事长变更对盈余管理的影响

	董事会规模大			董事会规模小		
	T-statistics	*Coefficient*	*VIF*	*T-statistics*	*Coefficient*	*VIF*
Constant	6. 301 ***	0. 395		5. 415 ***	0. 327	
*DC*1	2. 685 ***	0. 036	1. 001	0. 400	0. 006	1. 021
Size	-5. 771 ***	-0. 016	1. 010	-5. 889 ***	-0. 017	1. 110
CFO	1. 510	0. 022	1. 103	-11. 390 ***	-0. 137	1. 099
ROA	35. 035 ***	1. 060	1. 054	11. 506 ***	0. 449	1. 172
Growth	-0. 210	0. 000	1. 000	6. 979 ***	0. 028	1. 009
Lev	7. 104 ***	0. 038	1. 050	19. 850 ***	0. 221	1. 280
Durbin-Watson		1. 994			1. 980	
$Adj\text{-}R^2$		0. 328			0. 131	
F		222. 570 ***			98. 960 ***	
Obs		2 728			3 901	

从表 7. 8 的回归结果还可以看出控制变量和因变量之间的关系。在两种不同的治理环境下，即董事会规模大和董事会规模小的情况下，企业规模均与因变量呈显著的负相关关系，这说明规模大的公司盈余管理程度较低。资产负债率与因变量操纵性应计利润 *DA* 均呈显著的正相关关系，表明负债率越高，企业越倾向于利用盈余管理来调增利润。在董事会规模较大的样本中，成长性与盈余管理之间的关系并不显著；而在董事会规模较小的样本中，二者呈正相关关系，系数是 0. 028，且在 1% 的水平下通过显著性检验，由此可以得出，当董事会规模较小时，盈余管理程度随成长性的增加而增加。

从模型的整体检验情况可以得出以下结论，*DW* 值分别为 1. 994 和 1. 980，说明该模型不存在自相关性。$Adj - R^2$ 值为 0. 328 和 0. 131，*F* 值均在 1% 的水平下显著，这些指标均表明模型设定有效，且回归结果拟合度较高。同时，各解释变量和控制变量回归结果的 *VIF* 值均远小于 10，这说明在本研究中，多重共线性问题在解释变量和控制变量之间是不存在的。由此可推断，本研究建立的模型具有很强的解释力度。

表 7. 9 是不同董事会治理结构下，总经理变更对盈余管理影响的回归结果。在董事会规模较大的治理结构下，总经理正常变更前一年变量 *JC*1 与盈余管理呈正相关关系，系数为 0. 043，在 1% 的水平下显著，这说明在董事会规模较大的情况下，总经理倾向于在正常离职前进行盈余管理。而董事会规模较小的时候，总经理正常变更前一年变量 *JC*1 与盈余管理的系数为 0. 016，但并未通过显著性检验，这表明在董事会规模较小的时候，总经理在离职前进行盈余管理的可能性较小。上述结论也验证了本研究的假设 3。

表 7.9 董事会治理结构差异下总经理变更对盈余管理的影响

	董事会规模大			董事会规模小		
	T - statistics	*Coefficient*	*VIF*	*T - statistics*	*Coefficient*	*VIF*
Constant	6.182 ***	0.387		5.293 ***	0.320	
*JC*1	3.332 ***	0.043	1.002	1.571	0.016	1.013
Size	-5.720 ***	-0.016	1.009	-5.762 ***	-0.016	1.109
CFO	1.574	0.023	1.103	-11.359 ***	-0.136	1.099
ROA	35.215 ***	1.064	1.055	11.393 ***	0.444	1.169
Growth	-0.194	0.000	1.000	6.974 ***	0.028	1.009
Lev	7.131 ***	0.038	1.050	19.878 ***	0.222	1.283
Durbin - Watson	1.997			1.979		
$Adj-R^2$	0.330			0.130		
F	225.288 ***			98.051 ***		
Obs	2 728			3 901		

控制变量和因变量之间的关系与表 7.8 的结果类似。在两种不同的治理环境下（董事会规模大和董事会规模小），企业规模均与因变量呈显著的负相关关系，资产负债率与因变量操纵性应计利润 *DA* 均呈显著的正相关关系。在董事会规模小的样本中，成长性与盈余管理呈正相关关系，且在 1% 的水平下显著；而在董事会规模大的样本中，这种关系并不显著。

从模型的整体检验情况可以得出以下结论，*DW* 值分别为 1.997 和 1.979，说明该模型不存在自相关性。$Adj-R^2$ 值为 0.330 和 0.130，*F* 值均在 1% 的水平下显著，这些指标均表明模型设定有效。同时，回归结果中各变量的 *VIF* 均小于 10，说明变量间不存在多重共线性问题。由此可推断，本研究的模型在设计上具备较强的完备性。

7.5 研究结论

本研究在对公司治理、高管变更和盈余管理的相关文献与理论进行回顾和梳理的基础上，运用多元线性回归分析、相关性分析等方法，对高管（董事长与总经理）变更与盈余管理的关系进行了实证研究，并在此研究基础上，进一步比较了在股东、董事会存在差异的治理环境下，上市公司董事长与总经理在进行变更前的盈余管理行为。

本研究发现，在正常变更情况下，公司高管在正常变更前一年内调增利润的可能性要显著高于正常变更的前两年，即在正常变更的情形下，将要离职的公司高管会在离职前一年采取一定的手段或方法使得账面利润提高，这样就可以获得较高的离职报酬并且为以后的职业声誉奠定良好的基础。然而，有时公司高管为了让这种行为更加可信且更具有合理性，会将此种行为稍微提前，这就使得公司高管有可能选择在变更的前两年进行调增利润行为。此外，不同的公司治理水平也对这类现象产生不同的影响。在股权集中程度相对较低、董事会规模较小（我们认为这类公司的治理水平较弱）的公司，公司高管正常变更前一两年内利润上涨的现象要比股权集中程度相对较高、董事会规模较大的公司（我们认为这类公司的治理水平较强）更明显。上述结论与我们所做假设基本一致。

本文的结论主要有以下两点：①公司高管在正常变更前一年或者前两年内会存在增加公司利润的行为，这种行为是为了在职位变更之后获得良好的职业声誉和高额薪酬，而且变更前一年利润增加的现象要高于前两年。②我们的研究还说明，治理水平较高的公司对公司高管正常变更所诱发的盈余管理行为能起到有效的抑制作用。

根据本文的研究结论，提出以下三点建议：①结合中国现今的经济发展水平和市场环境，要采取一定的措施来预防正常变更情况下公司高管离职前一两年的盈余管理行为。此种行为在公司高管离职前一年内更加显著，要提前做好准备并给予足够重视。②从用人市场的层面来讲，要尽快建立完善的企业高层管理人员声誉机制，将高管人员的职业声誉定义在较长时期内，把高管人员的职业发展和所在公司的长期利益结合在一起，这样可以从根本上减少高管人员离职前进行的由利己主义驱动的短视行为。③从公司层面来讲，切实提高公司的治理水平是迫在眉睫的问题。若想通过提升公司治理水平来解决高管离职前的盈余管理问题，加强股权集中程度、完善董事会的治理结构和落实监事会的权利是重中之重。

第 8 章　管理者薪酬对盈余管理的影响研究

8.1　问题的提出

在公认会计准则的约束下，由于受到以自身利益为导向的盈余信息的制约，上市公司一般会通过某种手段和方式对公司的财务报告盈余信息进行操纵，这种机会主义行为就是盈余管理①。

现代企业制度产生了委托代理关系，在此种背景下，公司的所有者开始聘用职业经理人经营和管理公司，通过此种方式来使得经营权和所有权高度分离。委托人即是企业的所有者，代理人则是企业的经理人，二者之间会通过契约的形式相互关联，契约中明确其报酬。值得一提的是，公司的经营绩效和盈余质量经常作为契约报酬的评判标尺。在初始阶段，契约的报酬形式较为简单，考虑到理性人假设，经理人会将自身利益最大化设定为经营目标，但是这样很容易导致其围绕既定目标，选择性地使用会计政策，人为地上调或下调公司的盈余数额，进而很可能损害公司价值和股东利益。鉴于此，为了有效地减轻此过程中的代理冲突问题，股权激励政策开始被逐步引入契约中。那么，股权激励到底是什么呢？一般来说，管理层通过持有公司股票，使经理人同时身兼公司的所有者，以此来强化经理人的主人翁意识，帮助其从所有者的角度同时兼顾自身和公司的双重利益，以此来最终实现降低乃至消除代理冲突的目标，这便是股权激励。但是，

① 包世泽．考虑委托代理冲突的公司治理与盈余管理研究［D］．大连：大连理工大学出版社，2008.

从另一方面考虑，管理层手中的股票，近年来由于受到股市持续低迷的影响，以及自身短期利益的考虑，出现了大范围的变现、套现，致使股权激励并没有达到既定的目标，反而或多或少地强化了企业进行盈余管理的动机。这一切可能都源于管理层急于积累财富，为了提升手中股票的价值，进而对公司的盈余信息适当调整。截至目前，很多国外的上市公司推出了一系列包含奖金、股票、期权以及年薪等多种方式的薪酬激励政策。最近几年，国内上市公司的管理层也逐步开始享受股权激励政策所带来的诸多便利和收益。因此，本研究主要考察了我国上市公司盈余管理同管理层报酬契约之间的内在联系。

管理层同股东之间的信息不对称，主要是因为所有权和经营权的高度分离。相较于公司的所有者，经理人对公司的盈余状况有较为全面的了解。管理层为了使自身利益最大化，很有可能对公司的利润进行操纵，以此来美化公司业绩，转嫁公司利润等。但是，这种盈余管理行为必然会危害公司股东的长远利益，降低公司的成长性，甚至会干扰资本市场的发展。

一般来说，公司所有权同经营权高度分离是现代企业制度背景下的产物，经理人接受公司股东即公司所有者的委托，对公司进行日常经营和管理，这便产生了委托代理关系。如果假定代理人和委托人均为理性人，那么他们都将设定自身利益最大化的经营目标。一方面，考虑公司委托人，即公司所有者，他们认为增加自身收益最有效的方式就是提升企业价值；另一方面，代理人的追求则显得较为简单，主要包括积累物质财富、维护并提升商界声誉以及赢得较高的社会地位等。但是，由于受到信息不对称的影响，相较于经理人对公司全局的熟谙，公司所有者很有可能无法全面了解企业的基本状况。在此种背景下，经理人很有可能为了既得利益以及规避风险，侵害公司和所有者的利益；或者，经理人由于不作为，而丧失增加公司价值以及为股东积累财富的机会。因此，公司为了统一所有者同经理人之间的目标要求，就需要采取一些行之有效的激励措施和机制，保证经理人在提升企业价值、积累股东财富的同时，同样能实现自身价值的提升。

随着越来越多的公司致力于采取相应措施，以此来减缓甚至消除公司管理层同所有者之间的委托代理冲突，管理层的薪酬契约政策应运而生。目前阶段，管理层薪酬激励体系已经囊括年薪、奖金、股票以及期权等激励方式。

2009 年 9 月，《关于进一步规范中央企业负责人薪酬管理的指导意见》（以下简称《指导意见》）出台，国家多部委联合规定管理层薪酬体系主要包括两个方面，分别是股权激励和现金报酬。《指导意见》中详细规定，年薪、中长期激励收益以及绩效年薪共同构成央企经理人薪酬的主要部分。一般来说，薪酬内容和结构因上市公司的不同而存在些许差异，但是从整体看，基本工资、福利津贴、岗位工资以及奖金等共同构成了现金报酬的主要部分。其中，年薪制被大部分上市公司所采纳。值得注意的是，考虑到数据的可获得性和披露限制，本研究中提及的管理层年薪源自于锐思数据库，等于公司高级管理人员、监事以及董事的薪金总和。

股权激励在我国上市公司中实施得较为滞后。2006年相关文件的先后颁布，例如《上市公司股权激励管理办法》，标志着我国已经逐步建立并完善了比较适宜的股权激励机制。文件指出，股权激励作为一种长期性激励机制，旨在将本公司的股票发放给公司的一般员工、高级管理人员、监事会成员以及董事会成员。

目前来看，以中国的上市公司为例，股权激励涵盖了股票期权、限制性股票以及股票增值权。股票期权指公司给予被激励经理人在以后的经营过程中，可以按照签订合同时约定的价格买入固定数量公司普通股的选择权；限制性股票一般是指被激励人根据事先约定的股权激励计划的详细内容，从约定公司取得固定份额的股票；股票增值权是指根据公司与被激励对象的约定内容，在以后的经营过程中，伴随股票价格上涨而获取收益的权利。这三种股权激励政策的主要区别是：对于股票期权，激励对象获得的仅仅是一种权利，而其未来是否会选择行使这一权利，主要是看其行使这种权利对自己的正向影响大，还是放弃权利对自己的正向影响大；另一方面，同样作为权利的一种，股票增值权与股票期权基本类似，其最大的区别主要在于被激励经理人可以选择在以后的经营阶段换取股票，或是直接计算股票上涨折算价格差价来换取现金或者现金等价物；而对于限制性股票激励这一方式来说，激励对象一开始获得的就是股票，只不过在一定时期内，该种激励机制不允许股票持有人转让这部分股票。

本研究中所指管理层股权激励不仅包括2010年之前以各种手段所持有的本公司股票，还包括2010年之后管理层通过股权激励所获得的股权。

8.2 文献综述与研究假设的提出

希利第一次比较全面地分析了盈余管理与管理层报酬契约的关系①，研究表明：公司如果制定了奖金激励政策，出于收益最大化的考虑，经理人通常会对利润进行操纵。一

① Healy P M. The Effect of Bonus Schemes on Accounting Decisions [J]. Journal of Accounting and Economics, 1985 (7): 85-107.

般来说，适当调低或是调高财务报告的盈余数额，既能有助于其满足获得奖金的既定条件，又不会超过标准太多。

吉德里（Guidry）、利昂和罗克（Rock），霍尔索森、拉克尔（Larcker）和斯隆（Sloan）等的研究结论也与此类似。吉德里、利昂和罗克研究发现，对于大型跨国公司来说，当其分部经理不能按照事先约定的报酬契约得到最高奖金，又或者是不能达到预定的盈余水平时，管理层更可能对收益进行递延①；霍尔索森等人的研究表明，如果公司设定了奖金政策上限，那么在对外发布财务报告时，经理人很有可能倾向于递延收益，即有动机将当期盈利调低②。

除此之外，沃茨和齐默尔曼也对盈余管理和管理层报酬契约之间的关系进行了研究，研究发现，对于那些制定分红政策的公司，为了极大化地发挥自身效用，经理人倾向于提前确认盈利信息，通过将未来的利润转移到当期，以此来在短期内提升其报酬的现值③。

现阶段，国内对于盈余管理同经理人薪酬关系的研究还较为罕见。李延喜等人通过实证检验，选取沪深两市2002—2004年的上市公司数据，以此分析盈余管理同高级管理人员、董事会监管之间的关系，研究发现，当上市公司蓄意调高当期利润，即存在正向盈余管理时，经理人薪酬水平对公司盈余管理有显著的促进作用④。此外，高志谦、王平心和崔宏利用修正的琼斯模型，通过实证分析，发现对于具有央企背景的上市公司来说，在与经理人约定契约合同的当年，存在并不十分显著的利润调减，即负向盈余管理。对于这一结论，作者认为政治成本是支撑该结论的主要因素⑤。从周泽将、杜兴强的研究发现：第一，公司总应计项目会显著地正向影响经理人的薪酬水平；第二，虽然高管薪酬同可操纵应计项目之间的相关性不高，但是经理人员为了提高薪酬而进行的可操控应计项目操纵行为，依然值得上市公司加强防范和管理⑥。

奖金、年薪等现金报酬都属于薪酬激励机制，当然，其中还应该包括期权、股票等

① Guidry F, Leone A, Rock S. Earnings-based Bouns Plans and Earnings Management by Business Unit Managers [J]. Journal of Accounting and Economics, 1999 (26): 113－142.

② Houlthausen R W, Larcker D, Sloan R. Annual Bonus Schemes and the Manipulation of Earnings [J]. Journal of Accounting and Economics, 1995 (2): 9－74.

③ Watts R, Zimmerman J. Positive Accounting Theory [M]. Prentice Hall, 1986.

④ 李延喜，包世泽，高锐，孔宪京. 薪酬激励、董事会监管与上市公司盈余管理 [J]. 南开管理评论，2007，10 (6): 55～61.

⑤ 高志谦，王平心，崔宏. 中央企业负责人基于薪酬的盈余管理行为检验 [J]. 生产力研究，2007，(15): 105～109.

⑥ 周泽将，杜兴强. 高层管理人员薪酬与盈余成分相关性的实证研究——基于中国证券市场的经验证据 [J]. 财贸研究，2009 (2): 114～120.

股权激励机制。早些年间，为促进股东和管理层利益相一致，西方国家的公司运用了股权激励等手段；然而，我国上市公司实施股权激励起步较晚，同时股票持有比例也较低。虽然国内外对于盈余管理同经理人股权激励的研究较为丰富，但是到目前为止，仍没有达成共识。纳格尔（Nagar）和伯恩斯（Burns）等人研究得出，上市公司的管理者持股比例越高，其盈余管理行为就越显著①。另外，博格斯特莱斯（Bergstresser）和菲利蓬（Philippon）也对两者的关系进行了实证研究，研究发现，经理人薪酬与盈余管理行为呈显著正相关关系②。沃菲尔德（Warfirld）、J. 怀尔德（J. Wild）和K. 怀尔德（K. Wild）研究发现，经理人持股比例越高，公司可操纵性应计利润的绝对值越低；值得注意的是，对于经理人持股比例在5%以下以及在35%以上的公司来说，可操纵性应计利润的绝对值竟然达到了两倍之差③。詹森通过实证检验得出结论：经理人的股权激励同股东财富呈显著正相关关系④。

在中国，有关部门相继出台的股权激励政策对此类研究提供了广泛的研究空间。与此同时，各种股权激励计划也正在被我国的大批上市公司逐步采用和实施，并以此推导和总结了大量的研究成果。但是，类似于国外的研究，我国的研究同样没有达成共识。

一方面，一些研究发现，公司盈余管理同股权激励呈正相关。陈千里对委托代理模型进行研究，检验了在减少国有控股数量背景下，盈余质量同股权激励之间的关系。研究发现，持有激励性股权的人很有可能霸占公司资产，并对中小股东的利益进行侵蚀，进而无法对盈余质量进行有效监管⑤。赵息等人的研究表明，公司的股权激励政策越有效，那么盈余管理程度表现得越好，而这种盈余管理一般发生在股权激励契约制定的前一年⑥。耿照源、邬咪娜和高晓丽以2006—2008年实行股权激励机制的上市公司为研究对象，与未实行这种机制的公司相对比，通过计算实行盈余管理的程度，实证研究了实行股权激励与盈余管理的关系。实证结果表明，实行股权激励机制的上市公司比尚未实

① Nagar V, Nanda D, Wysoki P. Discretionary Disclosure and Stock-based Incentives [J]. Journal of Accounting and Economics, 2003 (34): 283-309; Burns N, Kedia S. Do Executive Stock Options Generate Incentives for Earnings Management? Evidence from Accounting Restatements [J]. Working Paper, Harvard Business School, 2004.

② Bergstresser D, Philippon T. Manager Incentives and Earnings Management [J]. Journal of Financial Economics, 2006 (80): 511-529.

③ Warfirld T D, Wild J J, Wild K L. Managerial Ownership, Accounting Choices, and Informativeness of Earnings [J]. Journal of Accounting and Economics, 1995 (20): 61-91.

④ Jensen M. The Modern Industrial Revolution, Exit, and the Failure of Internal Control System [J]. Journal of Finance, 1993 (13): 831-880.

⑤ 陈千里. 股权激励、盈余操纵与国有股减持 [J]. 中山大学学报（社会科学版），2008，48（1）：149~155.

⑥ 赵息，石延利，张志勇. 管理层股权激励引发盈余管理的实证研究 [J]. 西安电子科技大学学报（社会科学版），2008，18（3）：23~28.

行这种机制的公司更容易存在更加严重的盈余管理现象，也就是说，经理人出于对既定公司经营业绩目标的考虑，会选择对公司的盈余进行操纵①。

另一方面，部分研究发现，经理人的股权激励水平与盈余管理呈显著负相关关系。韩丹、闵亮和陈婷通过分析股权激励、经理人薪酬以及会计造假之间的关系，发现经理人的股权激励以及薪酬激励同会计造假呈显著负相关关系。因此得出，为了保证上市公司的会计信息真实性，需要适当提高经理人报酬以及股权数额②。郭佳瑜（2009）根据股权集中度的不同对上市公司进行了区别分析，研究发现，管理层持股与盈余管理显著负相关③。除此之外，在《上市公司股权激励管理办法》出台后，肖淑芳、张晨宇和张超等（2009）通过对上市公司进行单样本和配对样本T检验，实证研究了第一批对股权激励计划进行披露的上市公司的具体情况，实证结果表明，在股权激励计划公告前的三个季度中，这些样本公司会对盈余进行向下调整；然而在公告日后，盈余却向相反方向调整，即上调盈余管理④。冉茂盛等人通过研究2002—2005年我国上市公司面板数据，实证分析了盈余管理与股权激励之间的关系，研究发现，高层经理人的股权激励效果越好，公司盈余质量也会相应提升，但是这种提升并不明显⑤。

国内外对于盈余管理同经理人股权激励之间关系的研究尚未达成共识，究其原因主要是：一方面，股权激励只是影响盈余管理的一个因素；另一方面，上市公司的大环境不同，即外部环境不同，以及股权激励方式与时间点也不尽相同。整体来看，我们更倾向于股权激励对盈余管理的正向影响。我们认为，单次的股权激励多被应用于大部分的公司激励计划中，此时，经理人进行盈余管理主要是为了实现既定经营目标，以此实现股权价值以及自身效用最大化，同时迅速积累财富。因此，我们在管理层薪酬契约中所指的股权激励部分，实际上是对管理层持股情况的具体描述。

公司中的利益冲突主要源于委托代理关系，公司所有者为了有效遏制此类冲突进而与经理人签订薪酬契约。一般来说，经理人在取得年薪报酬后，会全面系统地权衡短期既得利益和长期盈余质量之间的利弊⑥。经理人在对利润进行操纵时，主要考虑股东或监事对经理人的监管风险，一旦有任何问题出现，经理人必须要承担巨大损失与责任。与

① 耿照源，邬咪娜，高晓丽．我国上市公司股权激励与盈余管理的实证研究［J］．统计与决策，2009（10）：141～143.
② 韩丹，闵亮，陈婷．管理层股权激励与上市公司会计造假相关性的实证检验［J］．统计与决策，2007（9）：69～72.
③ 郭佳瑜．基于股权结构分析的上市公司盈余管理与薪酬激励的实证研究［J］．河北企业，2009（6）：5～7.
④ 肖淑芳，张晨宇，张超，轩然．股权激励计划公告前的盈余管理——来自中国上市公司的经验证据［J］．南开管理评论，2009，12（4）：113～119.
⑤ 冉茂盛，向伟，罗富碧．股权激励与盈余管理关系的实证研究——基于面板数据模型［J］．商场现代化，2009（4）：362～363.
⑥ 何威风，熊回，玄文琪．晋升激励与盈余管理行为研究［J］．中国软科学，2013（10）：111～123.

此同时，中国上市公司给经理人发放的薪酬数额水平较低，但是薪酬所产生的边际效用程度却远高于正常水平，因此增加经理人薪酬会产生较高的边际效用，即越高的薪酬越有利于激励管理者尽责职守。基于此，我们提出研究假设 1：

H1：管理层年薪总额会负向影响上市公司的盈余管理程度，即提高管理层年薪能够提升上市公司的盈余质量。

与经理人年薪激励类似，盈余管理也受到股权激励的影响，但是作为不同的激励手段，其作用机理也不尽相同。对于股权激励来说，它更侧重于激励的长期效用。一旦股权激励帮助经理人获得了公司的股票，那么其身份就发生了实质性改变，由最初的公司经营者直接转变为公司的所有者，具有一种双重身份。几年前，由于，我国相关法律法规对经理人持有股票进行了一定程度的限制，导致其曾一度丧失股票的买卖权，这时经理人的个人利益同公司乃至股东的利益显得尤为密切。这样，管理层自己作为公司的股东不会想要对公司进行盈余管理，因为，当其实施盈余管理时，其自身享有的利益也可能会受到侵害。但是，在 2011 年前后，由于相关政策的逐步放开，以及股市持续低迷等多方面因素的共同影响，导致企业管理层更倾向于关注短期利益，而非长远收益，并急于将股票变现以获取现实收益。据统计，在过去的 2012 年和 2013 年 1 月，中国企业高管减持市值高达 192 亿元，为同期增持市值的 4 倍，共有 1 518 位公司管理层抛售股票，平均每位高管套现 1 200 万元。考虑到股票套现价值的直接影响因素，公司经营业绩的好坏对公司股票的价格走势起到决定性作用。鉴于此，管理层可能更倾向于在最短的时间里将手中所持股票快速升值以获取收益，进而对公司的盈余信息进行操控。因此，我们提出研究假设 2：

H2：管理层持股比率越高，该上市公司越倾向于进行盈余管理，即公司管理层股权激励能够诱发上市公司盈余管理行为，降低盈余质量。

8.3 研究设计

8.3.1 中国上市公司盈余管理程度计量与分析

（一）盈余管理程度的计量

大量的研究表明，修正的截面琼斯模型在计量可操纵性应计利润时，具有较高的可信度，因此我们选择其作为盈余管理的代理变量。

（二）样本筛选

我们选取2010—2012年沪深两市的上市公司作为样本，并进行了如下剔除和筛选：

① 剔除了保险类与金融类上市公司，因为这两类上市公司数据的可获得性较差。

② 由于修正的截面琼斯模型需要使用到前一年的财务数据，特此剔除IPO的公司。

③ 剔除ST和*ST的上市公司。

④ 剔除数据遗漏和不全的上市公司。

⑤ 使用winsorize进行1%的极端值缩尾处理。

剔除处理完成后，最终得到1 397个上市公司样本。此外，由于各年公司存在数据缺失、不完整等问题，故各年份的公司数量有少许差异，三年样本总量为4 156。

我们的数据选取自锐思数据库，分析软件为Excel和Stata。

（三）行业分类

本研究中盈余管理的计算选用修正的截面琼斯模型，因此在计算盈余质量时要划分上市公司所属行业。我们参照《上市公司行业分类指引》对样本中1 397家公司进行了行业划分。

《上市公司行业分类指引》主要包括13个大类行业，本研究选取行业代码前两位，同时考虑到盈余管理计量模型的特征，合并了样本公司数量较少但行业属性类似的几个行业，最终共得到18个行业分类，如表8.1所示。

表8.1 样本所在行业分布情况

代码	名称	样本数量	样本比例（%）
A	农、林、牧、渔业	31	2.22
B	采掘业	38	2.72
C0	食品、饮料业	60	4.29
C1	纺织、服装、皮毛制造业	51	3.65
C3	造纸、印刷制造业	35	2.51
C4	石油、化学、橡胶、塑料制造业	145	10.38
C5	电子制造业	68	4.87
C6	金属、非金属制造业	114	8.16
C7	机械、设备、仪表制造业	212	15.18
C8	医药和生物制品制造业	107	7.66
D	电力、煤气及水的生产和供应业	60	4.29
E	建筑业	33	2.36
F	交通运输、仓储业	44	3.15

续表

代码	名称	样本数量	样本比例（%）
G	信息技术业	84	6.01
H	批发和零售贸易	99	7.09
J	房地产业	108	7.73
K	社会服务业	42	3.01
M	综合类	66	4.72
	样本总数	1 397	100.00

（四）盈余管理统计分析

1 397 家上市公司的盈余管理情况如表 8.2 所示。

表 8.2　盈余管理计量描述性统计表

变量	年度	COUNT	MIN	MAX	MEAN	STD.
DA	2010	1 381	−0.331	0.558	0.033	0.129
	2011	1 384	−0.340	0.415	0.043	0.113
	2012	1 391	−0.301	0.454	0.023	0.111
	总体	4 156	−0.973	1.427	0.099	0.353
|*DA*|	2010	1 381	0.000	0.558	0.089	0.099
	2011	1 384	0.000	0.415	0.088	0.083
	2012	1 391	0.000	0.454	0.080	0.081
	总体	4 156	0.000	1.427	0.256	0.262

从表 8.2 和图 8.1 可以看到，样本公司盈余管理程度逐年降低，表明 2010—2012 年间我国上市公司盈余质量逐渐提升。

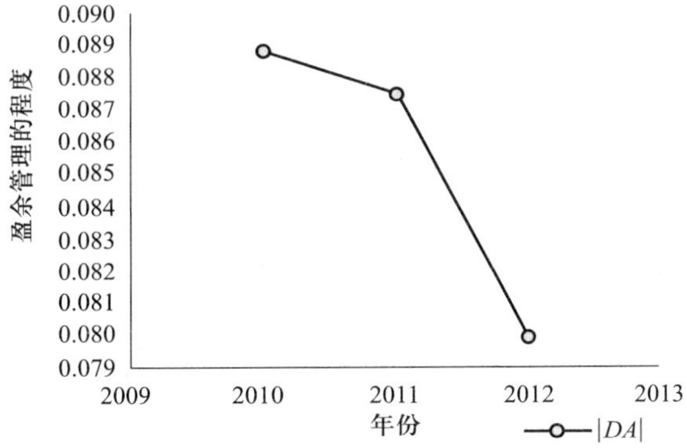

图 8.1　|*DA*|均值变化趋势

正向盈余管理（$DA>0$）和负向盈余管理（$DA<0$）是上市公司盈余管理的重要分类，我们将样本中的上市公司按照 $DA>0$ 和 $DA<0$ 划分为两个研究组别，表 8.3 所示为

盈余管理的分类数据统计结果。

表 8.3 可操纵应计利润分类统计

年份	COUNT	$DA \geqslant 0$		$DA < 0$	
		公司个数	所占比例	公司个数	所占比例
2010	1 381	817	59.160%	564	40.840%
2011	1 384	973	70.303%	411	29.697%
2012	1 391	792	56.937%	599	43.063%
总体	4 156	2 582	62.127%	1 574	37.873%

从表 8.3 可以看出，样本公司中较多的公司倾向于进行正向盈余管理，正负比例大致为 5∶4，在 2011 年达到了最大比例 7∶3。但是，在 2010—2012 年，实行负向盈余管理的样本公司数量呈现正 U 型增长趋势，到 2012 年，所占份额已经增加到 43.063%。对此，本研究推断原因如下：

首先，在年度业绩目标并不明晰的前提下，上市公司出于长远利益考虑，通常会将业绩超额完成的部分进行适当隐藏。通常来看，上市公司均会设定依年份递增的业绩目标，所以经理人可以在保证本年度既定目标完成的前提下，隐藏部分本年的盈利信息，以此规避未来年份不能完成目标的风险。

其次，由于国内股权激励政策的影响，上市公司经理人十分清楚，倘若公司制定了股权激励政策，肯定会以公司经营业绩为导向。在 2012 年，国内上市公司出现了大幅度的高管套现，在套现后，公司的盈余信息对其已经无关痛痒。基于以上因素，纵观 2010—2012 年，正向盈余管理存在些许减缓。

8.3.2 中国上市公司管理层薪酬契约现状分析

基于上文 8.3.1 中选取的 1 397 家沪深两地上市公司，对于在管理层的薪酬契约方面，数据不够齐全的样本公司加以剔除，由此获得样本进行进一步的统计分析。

通过进一步的整理，本节最终获得 4 181 个样本公司作为观测值，包括 2010 年 1 396 个，2011 年 1 392 个和 2012 年 1 393 个。基于样本公司在管理层的年薪和持股情况方面的相关数据，本节不仅从宏观上进行了总体分析，而且对不同的行业也分别进行了详细分析。

以上样本公司的相关数据均由锐思数据库查阅得到，并且通过软件 Stata 和 Excel 对数据进行整理和进一步的统计分析。

（一） 管理层年薪水平的统计和分析

根据表 8.4 中的数据可以看出，在 2010 年，单一企业的管理层年薪总额达到最大值，即中国有色金属建设股份有限公司（000758）6 409 万。在 2012 年，不同企业的管理层年薪总额之间的差异达到最大值。从均值方面来看，在 2010—2012 年连续三年的时间内，管理层的年薪总额不断增加。

表 8.4　管理层年薪总额描述性统计表

年度	COUNT	MIN	MAX	MEAN	STD.
2010	1 396	25 000	64 090 000	3 674 010	3 746 586
2011	1 392	74 100	39 303 800	4 250 023	4 071 666
2012	1 393	22 000	52 475 000	4 685 549	4 549 308

基于上文 8.3.1 中得到的不同行业间的分类标准，本节对于 2010—2012 连续三年间，不同行业中样本公司管理层的年薪水平分别进行了描述性统计和详细分析，从而对其在不同行业中的分布进行进一步研究。统计结果如表 8.5、表 8.6 和表 8.7 所示。

表 8.5　2010 年管理层年薪分行业统计表

行业代码	行业名称	COUNT	MIN	MAX	MEAN	STD.
A	农、林、牧、渔业	31	663 600	13 383 000	2 733 552	2 569 299
B	采掘业	38	468 500	64 090 000	5 242 508	10 049 157
C0	食品、饮料业	60	410 000	15 428 867	3 703 907	3 172 749
C1	纺织、服装、皮毛制造业	51	206 400	33 365 100	2 500 857	4 607 125
C3	造纸、印刷制造业	35	776 000	7 199 700	2 750 927	1 397 751
C4	石油、化学、橡胶、塑料制造业	145	400 000	16 592 600	3 005 660	2 312 855
C5	电子制造业	68	923 400	21 082 300	3 610 564	2 904 852
C6	金属、非金属制造业	114	25 000	20 218 300	3 457 223	3 404 486
C7	机械、设备、仪表制造业	212	228 800	18 912 400	3 462 975	2 957 460
C8	医药和生物制品制造业	107	268 000	3 864 482	3 864 482	3 145 269
D	电力、煤气及水的生产和供应业	60	612 000	11 069 800	2 903 200	1 853 118
E	建筑业	33	93 600	20 283 000	5 055 379	4 204 204
F	交通运输、仓储业	44	1 121 200	9 755 800	3 907 463	1 998 923
G	信息技术业	84	562 300	30 346 300	3 770 094	3 666 640
H	批发和零售贸易	99	172 000	16 780 700	4 361 979	3 400 017
J	房地产业	108	408 300	39 250 000	4 905 799	5 585 724
K	社会服务业	42	704 280	17 737 000	3 397 534	3 609 641
M	综合类	66	300 300	21 697 000	3 704 976	3 308 218
Total	总体	1 396	25 000	64 090 000	3 674 010	3 746 586

从表 8. 5 可以看出，2010 年各行业管理层年薪总额差别不大，采掘业、批发和零售贸易、仓储业、建筑业、交通运输、房地产业、医药和生物制品制造业、信息技术业、综合类以及食品、饮料业等行业的平均水平略高于总体平均水平，但是行业之间的差异并不显著，而且样本总体的均值都略接近于各行业的平均水平。

表 8. 6　2011 年管理层年薪分行业统计表

行业代码	行业名称	COUNT	MIN	MAX	MEAN	STD.
A	农、林、牧、渔业	31	8 800	12 582 100	2 876 846	2 545 067
B	采掘业	38	168 570	12 784 000	4 540 431	2 891 889
C0	食品、饮料业	60	490 000	16 604 700	4 225 948	3 417 955
C1	纺织、服装、皮毛制造业	51	74 100	36 563 700	3 091 957	5 104 049
C3	造纸、印刷制造业	35	978 200	8 358 900	2 816 627	1 366 422
C4	石油、化学、橡胶、塑料制造业	144	333 000	18 337 300	3 513 391	2 935 621
C5	电子制造业	68	867 200	21 036 400	4 428 902	3 406 296
C6	金属、非金属制造业	113	358 400	16 274 800	3 925 369	3 071 611
C7	机械、设备、仪表制造业	212	303 000	28 102 100	3 936 115	3 624 651
C8	医药和生物制品制造业	107	510 000	22 980 537	4 042 238	3 530 275
D	电力、煤气及水的生产和供应业	59	648 000	12 382 000	3 522 677	2 130 336
E	建筑业	33	456 000	23 016 530	5 869 426	4 514 570
F	交通运输、仓储业	44	116 200	10 574 800	4 019 254	2 154 340
G	信息技术业	83	779 000	38 777 100	4 676 184	5 112 613
H	批发和零售贸易	99	176 800	22 432 600	5 126 418	4 169 269
J	房地产业	108	430 000	39 303 800	6 349 567	7 185 719
K	社会服务业	42	1 017 500	23 470 000	4 249 560	4 218 240
M	综合类	65	521 800	27 402 200	4 439 995	4 176 271
Total	总体	1392	74 100	39 303 800	4 250 023	4 071 666

2011 年，相对于总体均值来说，大多数行业的均值与其较为接近，同时与 2010 年相比而言有了显著的提高。根据表 8. 6 的数据可以看出，在房地产行业，管理层的年薪总额有大幅度的提高，远远超出总体均值以及其他行业水平，由此可以反映出国内宏观经济发生的变化。同时，在电子制造业中，管理层的年薪总额也发生了较大变化，而且其水平略高于总体水平。

表 8. 7　2012 年管理层年薪分行业统计表

行业代码	行业名称	COUNT	MIN	MAX	MEAN	STD.
A	农、林、牧、渔业	31	612 000	13 649 351	3 135 629	2 535 156
B	采掘业	38	850 300	12 518 600	4 911 553	2 469 962
C0	食品、饮料业	60	598 500	16 673 000	4 774 703	3 520 143

续表

行业代码	行业名称	COUNT	MIN	MAX	MEAN	STD.
C1	纺织、服装、皮毛制造业	51	581 000	23 762 100	3 220 837	3 658 466
C3	造纸、印刷制造业	35	931 000	9 061 200	3 161 765	1 583 737
C4	石油、化学、橡胶、塑料制造业	144	404 500	14 812 400	3 785 222	2 911 931
C5	电子制造业	68	1 152 200	18 817 900	4 694 890	3 244 347
C6	金属、非金属制造业	114	557 500	17 111 658	4 120 975	3 068 723
C7	机械、设备、仪表制造业	212	469 600	48 540 600	4 360 550	4 397 774
C8	医药和生物制品制造业	107	539 760	28 749 484	4 534 529	4 264 636
D	电力、煤气及水的生产和供应业	59	795 500	13 041 300	4 000 167	2 201 242
E	建筑业	33	475 000	15 130 201	6 366 891	3 794 019
F	交通运输、仓储业	43	1 387 600	13 191 900	4 514 056	2 414 865
G	信息技术业	84	920 400	52 475 000	5 039 984	6 096 695
H	批发和零售贸易	98	112 400	50 759 051	5 896 162	6 401 948
J	房地产业	108	460 000	44 310 000	7 174 471	8 040 430
K	社会服务业	42	1 144 500	26 606 000	4 904 225	4 598 776
M	综合类	66	22 000	18 501 700	4 784 068	3 256 054
Total	总体	1 393	22 000	52 475 000	4 685 549	4 549 308

2012 年，房地产业、建筑业、批发和零售贸易业、信息技术业、采掘业的管理层年薪平均水平依然位列前五名，且幅度高于总体平均水平；社会服务业，综合类，食品、饮料业以及电子制造业次之，略高于总体水平，整体上比 2010 年和 2011 年有所提高。

（二）管理层持股情况统计分析

表 8.8 为管理层持股比例的描述性统计结果。可以看出，管理层持股比例最小值为零，共有 4 180 家，其中，2010—2012 年分别有 1 397 家、1 396 家和 1 397 家，最大值为 75%。三年的均值均低于 5%，方差保持在 13% 左右。但是，从 2010—2012 年，均值下降了 0.4 个百分点，说明 2012 年高管套现的情况比较明显。同时，以上结果还说明，我国上市公司股权激励程度比较低。

表 8.8 管理层持股比例描述性统计表

年度	COUNT	MIN	MAX	MEAN	STD.
2010	1 397	0	75.000%	4.946%	0.138
2011	1 396	0	73.597%	4.796%	0.133
2012	1 397	0	73.511%	4.534%	0.126

本章以行业为类别，对管理层持股比例也进行了研究，结果见表 8.9、表 8.10 和表 8.11。从表 8.9 可以看出，上述指标在 2010 年具有较大分布差距，其中，最高的是信息技术业，达到 12.804%；造纸、印刷制造业次之，持股比例为 11.908%；而综合类最

低，均值只有0.084%。由此可知，行业性质的不同是导致管理层持股比例存在较大差异的原因之一。2011年和2012年，各行业分布状况与2010年基本相同。较高的是信息技术业，造纸、印刷制造业；而与之相对应的是综合类等行业，其指标近乎于零。具体参见表8.10和表8.11。

表8.9 2010年管理层持股比例分行业统计表

行业代码	行业名称	COUNT	MIN	MAX	MEAN	STD.
A	农、林、牧、渔业	31	0	53.917%	2.553%	0.978
B	采掘业	38	0	19.795%	0.573%	0.032
C0	食品、饮料业	60	0	66.908%	4.284%	0.132
C1	纺织、服装、皮毛制造业	51	0	63.954%	4.769%	0.132
C3	造纸、印刷制造业	35	0	68.091%	11.908%	0.225
C4	石油、化学、橡胶、塑料制造业	145	0	62.905%	4.954%	0.133
C5	电子制造业	68	0	60.567%	8.996%	0.169
C6	金属、非金属制造业	114	0	73.500%	4.762%	0.145
C7	机械、设备、仪表制造业	212	0	73.266%	7.238%	0.162
C8	医药和生物制品制造业	107	0	75.000%	6.331%	0.156
D	电力、煤气及水的生产和供应业	60	0	3.830%	0.113%	0.006
E	建筑业	33	0	68.486%	8.558%	0.166
F	交通运输、仓储业	44	0	5.089%	0.160%	0.790
G	信息技术业	84	0	74.766%	12.804%	0.215
H	批发和零售贸易	99	0	23.090%	1.512%	0.068
J	房地产业	108	0	51.732%	1.993%	0.080
K	社会服务业	42	0	29.612%	1.542%	0.058
M	综合类	66	0	2.167%	0.084%	0.003
Total	总体	1 397	0	75.000%	4.946%	0.138

表8.10 2011年管理层持股情况分行业统计表

行业代码	行业名称	COUNT	MIN	MAX	MEAN	STD.
A	农、林、牧、渔业	31	0	38.380%	1.975%	0.070
B	采掘业	38	0	18.940%	0.500%	0.307
C0	食品、饮料业	60	0	66.075%	5.338%	0.151
C1	纺织、服装、皮毛制造业	51	0	63.954%	4.697%	0.131
C3	造纸、印刷制造业	35	0	66.192%	9.042%	0.199
C4	石油、化学、橡胶、塑料制造业	145	0	61.829%	4.476%	0.121
C5	电子制造业	68	0	60.683%	9.000%	0.164
C6	金属、非金属制造业	114	0	69.577%	4.449%	0.137
C7	机械、设备、仪表制造业	212	0	66.530%	6.988%	0.154
C8	医药和生物制品制造业	107	0	63.689%	5.915%	0.143
D	电力、煤气及水的生产和供应业	59	0	1.667%	0.041%	0.002

续表

行业代码	行业名称	COUNT	MIN	MAX	MEAN	STD.
E	建筑业	33	0	67.853%	8.352%	0.163
F	交通运输、仓储业	44	0	2.731%	0.117%	0.005
G	信息技术业	84	0	73.597%	13.081%	0.216
H	批发和零售贸易	99	0	51.832%	1.489%	0.067
J	房地产业	108	0	51.732%	2.245%	0.081
K	社会服务业	42	0	29.852%	1.801%	0.060
M	综合类	66	0	3.017%	0.129%	0.005
Total	总体	1 396	0	73.597%	4.796%	0.133

表 8.11　2012 年管理层持股比例分行业统计表

行业代码	行业名称	COUNT	MIN	MAX	MEAN	STD.
A	农、林、牧、渔业	31	0	40.378%	2.079%	0.074
B	采掘业	38	0	28.800%	1.286%	0.056
C0	食品、饮料业	60	0	66.075%	5.336%	0.151
C1	纺织、服装、皮毛制造业	51	0	63.537%	3.988%	0.119
C3	造纸、印刷制造业	35	0	66.192%	10.696%	0.209
C4	石油、化学、橡胶、塑料制造业	145	0	61.829%	4.105%	0.110
C5	电子制造业	68	0	58.698%	8.203%	0.149
C6	金属、非金属制造业	114	0	66.201%	3.865%	0.123
C7	机械、设备、仪表制造业	212	0	65.853%	6.592%	0.146
C8	医药和生物制品制造业	107	0	63.662%	5.237%	0.132
D	电力、煤气及水的生产和供应业	60	0	1.362%	0.034%	0.002
E	建筑业	33	0	67.423%	8.141%	0.161
F	交通运输、仓储业	44	0	2.731%	0.124%	0.005
G	信息技术业	84	0	73.511%	12.163%	0.205
H	批发和零售贸易	99	0	52.621%	1.761%	0.076
J	房地产业	108	0	50.428%	2.218%	0.079
K	社会服务业	42	0	29.717%	1.228%	0.049
M	综合类	66	0	3.205%	0.116%	0.005
Total	总体	1 397	0	73.511%	4.534%	0.126

8.3.3　中国上市公司管理者薪酬与盈余管理关系研究

（一）样本筛选和数据来源

本部分采用 8.3.1 节中筛选出的观测样本，同时与管理层薪酬以及管理层持股的样本进行匹配，共得到4 146个观测值，包括2010年1 381个，2011年1 378个，以及2012年1 387个。所有数据均来自锐思数据库。数据处理软件为Excel和Stata。

（二） 变量设计

被解释变量：盈余管理，通过使用修正的截面琼斯模型，以此计量样本公司的可操纵性应计利润，即上市公司盈余管理程度。

解释变量：考虑到我国管理层薪酬契约的组成主要包括持股情况和年薪水平，我们选取如下解释变量。

① 管理层年薪水平的代理变量，用 *PAYASSET* 表示，即上市公司监事、董事以及高级管理人员年薪总额同公司总资产的比值。

② 管理层持股情况的代理变量，用 *STOCKRATE* 表示，即上市公司中管理层持股的实际值。

③ 管理层年薪和股权激励乘积的交叉项，用 *PASTOCK* 表示，以对管理层年薪和股权激励相互作用进行考察，此时管理层股权激励变量为二元变量。其中，管理层持股取值为1；反之，取值为0。*PASTOCK* 取值为上述两个解释变量对应值的乘积。

控制变量：

① 扣除非经常性损益后净利润（*CUTNETPROASSET*）

以上市公司扣除非经常性损益后净利润同总资产的比值作为代理变量，控制不同上市公司对可操纵性应计利润的影响。

② 资产负债率（*LEV*）

考虑到盈余管理与公司债务契约的相关性，本部分选取资产负债率作为控制变量，由此可以对由于上市公司承担债务而操纵公司盈余的动机对回归结果的影响进行控制。

③ 每股收益（*EPP*）

上市公司的每股收益情况，可以充分反映公司经营业绩及公司价值，并对股权激励进行有效衡量，以此对不同上市公司的股权情况进行控制。

④ 资产收益率（*ROA*）

资产收益率可以充分反映一家公司的盈利情况，对不同上市公司的经营情况进行有效控制。

表8.12对相关变量进行了界定。

表 8.12 相关变量的界定

变量名称		变量取值
被解释变量	*DA*	可操纵性应计利润
解释变量	*PAYASSET*	监事、董事以及高级管理人员年薪总额同总资产的比值
	STOCKRATE	管理层持股的实际值
	PASTOCK	相应 *PAYASSET* 同 *STOCKRATE* 二元变量值的乘积
控制变量	*CUTNETPROASSET*	扣除非经常性损益后净利润同总资产的比值
	LEV	负债总额/资产总额
	EPP	每股收益
	ROA	资产收益率，利润总额/总资产

（三）模型设计

基于以上假设，建立如下回归模型：

$$DA = \beta_0 + \beta_1 PAYASSET + \beta_2 STOCKRATE + \beta_3 PASTOCK + \beta_4 LNASSET + \beta_5 CUTNETPROASSET + \beta_6 DR + \beta_7 EPP + \beta_8 ROA + \varepsilon \quad (8.1)$$

其中，β_0 是常数项；β_1，β_2，…，β_8 是待估计参数；ε 是残差项。

8.4 研究结果

8.4.1 变量描述性统计

（一）被解释变量描述性统计

被解释变量盈余管理的描述性统计如表 8.13 所示，方差和均值的描述性统计结果表明各年的盈余管理程度均存在较大的差异。

表 8.13 被解释变量的描述性统计

变量	年度	COUNT	MIN	MAX	MEAN	STD.
DA	2010	1 381	-0.331	0.558	0.033	0.129
	2011	1 378	-0.340	0.415	0.043	0.112
	2012	1 387	-0.301	0.454	0.023	0.111
	总体	4 146	-0.340	0.558	0.033	0.118

（二）解释变量的描述性统计

表 8.14 是解释变量的描述性统计结果。不同的公司，管理层年薪水平和管理层股权激励水平存在较大差异，但是其均值基本上保持不变。

表 8.14　解释变量的描述性统计

变量	年度	COUNT	MIN	MAX	MEAN	STD.
	2010	1 381	0.000	0.029	0.002	0.002
PAYASSET	2011	1 378	0.000	0.019	0.002	0.002
	2012	1 387	0.000	0.038	0.002	0.002
	2010	1 381	0.000（501）	0.750	0.050	0.138
STOCKRATE	2011	1 378	0.000（488）	0.736	0.047	0.131
	2012	1 387	0.000（477）	0.735	0.045	0.126
	2010	1 381	0.000	0.029	0.001	0.002
PASTOCK	2011	1 378	0.000	0.012	0.001	0.001
	2012	1 387	0.000	0.038	0.001	0.002

2010—2012 年，管理层未持有本公司股票的样本约占总样本的 35% 左右，表 8.14 中括号内的数字为变量取相应值样本的个数。

（三）控制变量的描述性统计

观察控制变量可以看出，公司规模和资产负债率稳中有升，而且各样本之间的差异也逐渐缩小；扣除非经常性损益后净利润同总资产比值、每股收益以及资产收益率呈逐年下降趋势，类似地，其样本之间的差异也在逐渐缩小，如表 8.15 所示。

表 8.15　控制变量的描述性统计

变量	年度	COUNT	MIN	MAX	MEAN	STD.
CUTNETPRO	2010	1 381	-1.090	0.275	0.030	0.073
ASSET	2011	1 378	-0.318	0.616	0.029	0.058
	2012	1 387	-0.518	0.456	0.021	0.054
LEV	2010	1 381	0.012	2.613	0.508	0.236
	2011	1 378	0.007	2.362	0.509	0.222
	2012	1 387	0.016 4	0.954	0.506	0.204
EPP	2010	1 381	-2.480	4.870	0.340	0.449
	2011	1 378	-2.000	8.440	0.338	0.484
	2012	1 387	-1.080	12.820	0.301	0.580
ROA	2010	1 381	-0.720	2.933	0.050	0.114
	2011	1 378	-0.843	0.724	0.044	0.075
	2012	1 387	-0.272	1.090	0.038	0.068

表 8.16 描述了扣除非经常性损益后净利润以及资产总额的原始统计数据。

表 8.16　控制变量原始数据描述性统计

变量	年度	COUNT	MIN	MAX	MEAN	STD.
资产总额	2010	1 381	36 984 175	443 607 667 855	7 118 512 141	22 410 725 703
	2011	1 378	96 378 525	513 510 191 000	8 538 198 771	25 854 842 227
	2012	1 387	137 874 882	651 694 165 000	9 613 486 714	29 652 344 642
扣除非经常性损益后净利润	2010	1 381	-2 665 771 505	13 115 663 157	245 026 585	801 204 400
	2011	1 378	-1 232 929 823	16 656 350 130	273 258 993	939 295 827
	2012	1 387	-3 520 403 445	20 477 080 086	240 574 989	1 091 531 036

8.4.2　实证检验结果及分析

（一）管理层年薪回归结果

被解释变量为盈余管理，解释变量为管理层年薪与总资产的比值，控制变量为资产负债率、每股收益、资产收益率、扣除非经常性损益后净利润与总资产的比值，以及公司总资产的自然对数。此外，模型中还包括年份和行业的虚拟变量，回归结果如表 8.17 的（1）列所示。

由表 8.17 可知，样本的回归模型具有显著的线性关系，并且均具有统计学上的意义。回归结果显示，管理层年薪与总资产比值、扣除非经常性损益后净利润与总资产比值、资产收益率均在 10%、5% 或 1% 的显著性水平下通过了检验。其中，管理层年薪与总资产比值的系数为负。

（二）管理层股权激励回归结果

被解释变量为盈余管理，解释变量为管理层持股比例，控制变量为资产负债率、每股收益、资产收益率、扣除非经常性损益后净利润与总资产的比值，以及公司总资产的自然对数。此外，模型中还包括年份和行业的虚拟变量，回归结果如表 8.17 的（2）列所示。

由表 8.17 可知，样本的回归模型具有显著的线性关系，并且均具有统计学上的意义。回归结果显示，管理层持股比例（*STOCKRATE*）、扣除非经常性损益后净利润与总资产比值、资产收益率以及常数项均在 10%、5% 或 1% 的显著性水平下通过了检验。其中，管理层持股比例的系数为正。

（三）全部变量回归结果

被解释变量为盈余管理，解释变量为管理层年薪与总资产比值、管理层持股比例以及管理层年薪和股权激励的交叉项变量，控制变量为资产负债率、每股收益、资产收益率、扣除非经常性损益后净利润与总资产的比值，以及公司总资产的自然对数。此外，模型中还包括年份和行业的虚拟变量，回归结果如表 8.17 的（3）列所示。

由表 8.17 可知，样本的回归模型具有显著的线性关系，并且均具有统计学上的意义。回归结果显示，管理层年薪与总资产比值、管理层持股比例、扣除非经常性损益后净利润与总资产比值以及资产净利率均在 10%、5% 或 1% 的显著性水平下通过了检验。其中，管理层年薪与总资产比值的系数为负，管理层持股比例的系数为正。但是，管理层年薪与总资产比值和管理层持股比例的交叉项变量的回归系数并不显著。

表 8.17　回归结果

VARIABLE	(1)	(2)	(3)
PAYASSET	-5.747 **	——	-7.228 **
	(-2.30)	——	(-2.06)
STOCKRATE	——	0.057 **	0.059 **
	——	(1.97)	(1.96)
PASTOCK	——	——	1.483
	——	——	(0.43)
LNASSET	0.008 *	0.013 ***	0.008 *
	(1.81)	(3.69)	(1.87)
CUTNETPROASSET	-0.398 ***	-0.411 ***	-0.415 ***
	(-4.80)	(-4.94)	(-4.98)
LEV	-0.007	-0.003	-0.004
	(-0.35)	(-0.13)	(-0.19)
EPP	0.000	-0.000	0.001
	(0.03)	(-0.01)	(0.10)
ROA	0.704 ***	0.690 ***	0.703 ***
	(13.69)	(13.51)	(13.68)
Cons	-0.118	-0.254 ***	-0.127
	(-1.28)	(-3.23)	(-1.36)
$Adj-R^2$	0.07	0.07	0.07
F	12.70	12.64	11.95
Sig.	0.000	0.000	0.000
N		4 146	

8.4.3　稳健性检验及分析

我们通过构建静态面板数据模型，对模型进行进一步的稳健性检验。其中拟从原有的 4 146 个样本中选取三年的面板数据 4 095 个，共 1 365 家公司的面板数据，通过面板数据的随机效应模型进行检验，回归结果如表 8.18 所示。由表 8.18 可知，静态面板数据的回归结果与原混合数据的回归结果在显著性和系数方面，均具有相似性，表明我们的模型的回归结果具有较高的可信度。

通过以上的实证分析，本研究的结论支持了之前提出的两个假设，即管理层年薪显著负向影响盈余管理行为，管理层股权激励显著正向影响盈余管理行为。虽然股权激励同管理层年薪的交叉变量系数不显著，但是二者之间的交互影响因同时引入到一个模型中而发生系数调整，依然值得予以重视和考究。此外，值得注意的是，和资产收益率与盈余管理呈现出显著的正相关性，扣除非经常性损益后净利润与总资产比值与盈余管理呈现出显著的负相关性。

表 8. 18　回归结果

VARIABLE	*DA*	*Z*
PAYASSET	-8.563 ***	-2.64
STOCKRATE	0.050 *	1.79
PASTOCK	2.369	0.75
LNASSET	0.005	1.28
CUTNETPROASSET	-0.400 ***	-5.25
LEV	-0.013	-0.69
EPP	-0.004	-0.47
ROA	0.725 ***	15.46
_cons	-0.054	-0.63
$Adj-R^2$	0.09	
N	4 095	

8.5　研究结论

我们选取 2010—2012 年沪深两市的上市公司作为研究对象，采用修正的截面琼斯模型计算可操纵性应计利润，实证检验了经理人薪酬契约同盈余管理之间的关系，研究结论如下：①我国大多数上市公司在 2010—2012 年之间均存在盈余管理行为，并且这些公司多数存在正向盈余管理；②管理层年薪与上市公司的盈余管理程度呈显著负相关关系。就管理层是否持有本公司的股票而言，管理层持股的公司与管理层未持股的公司相比，前者盈余管理程度显著高于后者。这说明，股权激励越多，越容易致使管理层在面对未来的不确定性时，短期内更希望提升公司市值，并急于将手中股权变现积累个人收益，进而施行盈余管理。

第9章　管理者情绪偏差对盈余管理影响研究

9.1　研究背景

已有的心理学研究表明，由于现实状况的多重不确定性，人们在认知方面普遍存在一定的主观性，这种主观性很可能导致人们在决策过程中的偏差。如前文所述，管理者情绪发生变化时，不论是过度自信、过度乐观，还是过度悲观或者过度谨慎，都是人们对于自身能力以及外部环境的认知偏差的体现。现有文献鲜少围绕管理者认知偏差对上市公司盈余管理的影响进行实证检验，未能真正挖掘出二者之间的根本机理。基于此，本研究重点从管理者情绪的正面，即自信和乐观这两个行为特征出发，构建了适用于中国资本市场的上市公司盈余管理约束模型，填补了现有研究中存在的不足，具有重要的理论意义和现实价值。

（一）盈余管理理论

股东和管理者之间的委托代理关系导致了盈余管理行为的产生。企业规模的不断扩大、多元化发展、企业内部管理层级的拉长等，使得企业经营管理越来越复杂。如前文提到的养鱼塘的例子，企业发展壮大使股东不能够完全了解公司的实际状况，而作为代理人的管理者为了自身的利益，很可能利用其对公司的经营控制权以及公司内部信息优势，通过会计等手段进行盈余管理，侵害股东利益。为了有效监督和控制管理者作为代理人可能对股东造成的侵害，股东必须从内部和外部两个层面采取措施，建立有效的公司治理机制，同时充分利用外部监管手段，将委托代理风险降至相对合理的水平。所有者与经营者之间关系的理论基础是委托代理理论，而决定二者之间均衡稳定存在的关键是博弈论。

（二）委托代理理论

信息不对称诱发了委托代理问题，导致股东和管理者之间为了各自的私利而展开博弈，如果不能达成均衡，可能会给企业带来损失。在《国富论》中，亚当·斯密第一个指出了由此带来的许多问题，并且提出为了缓解股东和管理者在利益方面的矛盾，企业需要建立一套较为完善，并且严格执行的制度[①]。在此基础上，伯利（Berle）和米恩斯（Means）围绕着现代企业中的委托代理问题展开了研究。他们认为在现代企业中股东和管理者的目标均为自身利益最大化；现代企业的所有权和经营权是分离的，股东仅提供资金，并不参与企业的日常管理，而管理者提供人力资本并负责企业日常管理，出于追求个人私利的目的，管理者可能会做出损害股东利益的经营管理决策[②]。委托代理理论经国外众多学者不断尝试着进行改善，已经有了一个严谨的逻辑框架[③]。另外，施莱佛（Shleifer）和维什尼（Vishny）深入研究了管理者侵占股东权益的手段，发现管理者可能会采取内部人交易、非理性投资、建立帝国大厦、转移现金等手段来侵占股东的合法权益[④]。

所有权与经营权是委托代理权的分离，但是委托代理并不是导致管理者侵占的必然原因。在现代社会中，引发所有者和经营者矛盾的最主要原因在于相互之间的不信任关系。由于诚信教育的缺失以及道德水准的下降，所有者与经营者的利益冲突必然产生。加之现代企业日趋庞大，经营日益多元化，同时股东比较分散，无法直接去管理企业，于是产生了职业经理人市场。企业聘请熟悉经营业务的职业经理人管理企业，而股东通过股东大会等方式监督激励经理人，经理人利用专业知识帮助企业发展壮大，为股东带来收益，由此构成了委托代理关系。委托代理理论认为企业股东和管理者之间的代理关系存在以下特点：

---

① 亚当·斯密．国富论［M］．杨敬年，译．西安：陕西人民出版社，2001.

② Berle J A，Means G C. The Modern Corporation and Private Property［M］. New York：Macmillan，1932.

③ Coase R. The Nature of the Firm［J］. Economics，1937（4）：386－405；Jensen M，Meckling W. Theory of the Firm：Managerial Behavior，Agency Costs and Ownership Structure［J］. Journal of Financial Economics，1976（4）：305－360；Fama E F. Agency Problems and the Theory of the Firm［J］. The Journal of Political Economy，1980（2）：288－307；Fama E，Jensen M. Separation of Ownership and Control［J］. Journal of Law and Economics，1983（26）：301－325；Oviatt B M. Agency and Transaction Cost Perspective on the Manager-shareholder Relationship：Incentives for Congruent Interests［J］. Academy of Management Review，1988：13；Grossman S，Hart O. The Costs and Benefits of Ownership：A Theory of Vertical and Lateral Integration［J］. Journal of Political Economy，1986（94）：691－719.

④ Shleifer A，Vishny R. A Survey of Corporate Governance［J］. Journal of Finance，1997（2）：737－783.

第一，企业管理者的专业技能强过企业的股东，而股东由于能力、精力和时间的问题无法对管理者形成有效的制约。

第二，股东监管管理者的日常经营管理活动需要付出成本，这就造成股东之间关于监督管理者问题进行推诿，因为某一个股东付出成本对管理者进行监督，其他股东就可以免费享有该股东进行监管获得的成效，这种“搭便车”问题的存在造成了不同股东在约束和监督管理者时出现分歧。

第三，由于股东和管理者在企业中扮演着不同的角色，这就造成两者承担的风险有所不同。企业股东可以通过投资组合来避免风险带来的损失，而管理者作为被雇佣的企业经营者，对公司特质风险无法轻易有效规避①。

第四，为了理论研究便利，委托代理理论剔除了股东和管理者的异质性特点，而将企业股东视为一致行为人（即个体委托人），将所有的管理人员作为个体代理人，在同质的假设下研究委托代理问题②。现实状况下，高度分散的股权结构使得股东对管理者的监督只能是类似“用脚投票”的方式。分散的股东更倾向于通过资本市场的有效投资组合收取股利或转让差价款，这成为其主要利益目标。

然而，近年来公司股权集中趋势显现，大股东由于自身持有的股份比例庞大，其利益与公司整体经营状况的优劣紧密联系，通过转让股权赚取差价的方式不再适用，迫使大股东不得不转变态度，积极投身公司治理，关注公司的经营决策。控股股东有着企业重大经营决策的决定权，在企业信息获取方面也有一定优势，这就使得企业的委托代理冲突得到了有效缓解，但同时也使得委托代理问题的重心发生了转移：一方面，欲望是无止境的，大股东在有效保障其自身利益不被侵害之后，会凭借其特有的优势地位，利用管理者侵害中小股东的利益。施莱佛（Shleifer）和拉波尔塔（La Porta）等的经验证据表明，在大型企业中，大股东和小股东之间的矛盾已经超过了股东和管理者之间的矛盾，成为现代企业委托代理问题的主体③。我国一些学者的研究也表明，单委托代理理论

① Eisenhardt K M. Agency theory: An Assessment and Review [J]. Academy of Management Review, 1998 (14): 57－74; Nilakant V. Transdisciplinary Approach to a Theory of Performance in Organizations [J]. Human Systems Management, 1994 (13): 41－48.

② 冯根福. 双重委托代理理论：上市公司治理的另一种分析框架 [J]. 经济研究, 2004 (12): 16～25.

③ Shleifer A, Vishny R. A Survey of Corporate Governance [J]. Journal of Finance, 1997 (2): 737～783; La-Porta R, Lopez-de-Silanes F, Shleifer A. Corporate Ownership around the World [J]. The Journal of Finance, 1999 (2): 471－517.

已不足以或不适于解释股权集中趋势条件下的委托代理问题[①]。随后，让·梯若尔为了发现控股股东道德风险的内在机理，建立了控股股东道德风险模型，也为股东道德风险的后续研究提供了有益的启示[②]。我国学者冯根福分析了在不同股东类型下委托代理模型的变动，研究结果表明当企业存在控股股东或大股东时企业的委托代理模型就会有所变化[③]。另一方面，由于控股股东所处的决定性位置，其可以更加准确地掌握管理者的行为动向，此时，管理者和控股股东之间存在的信息不对称已不再是基于企业内部实际经营状况的沟通问题，而是控股股东对管理者真实能力和宏观经济状况的真正认识，包括了解管理者出现过度自信或过度乐观等认知偏差。

（三） 博弈论的进展

国内外学者关于"博弈"的界定基本上无实质性的差异，是指在多决策主体的行为具有相互作用时，每个决策主体依据所掌握信息及对自身能力的认知，做出的有利于自身利益的一种行为[④]。

我国古代的《孙子兵法》算得上是最早的一部博弈论思想著作。随着近代关于博弈论问题研究的广泛开展，博弈论解决的已不再是棋牌竞技中的简单胜负问题，其基本思想已更广泛地被应用于经济研究领域，成为经济行为学研究的不可或缺的重要组成部分。约翰·冯·诺依曼（John von Neumann）（1928）对博弈论的科学性进行了验证，首次宣布了博弈论的诞生[⑤]。此后，约翰·冯·诺依曼（1944）等人共同完成的《博弈论和经济行为》（*The Theory of Games and Economic Behaviour*），将基本博弈论思想引入经济学领域，奠定了合作博弈的基础[⑥]。约翰·福布斯·纳什（John Forbes Nash）（1950）提出了静态博弈模型并给出了纳什均衡[⑦]，证实了纳什均衡存在于有 N 个决策主体的静态有限非合作博弈中[⑧]，为双主体、多主体的非合作博弈提供基础，也为博弈论由静态向动态发展，由非合作向合作博弈发展奠定了基础。

在 20 世纪 60 年代，莱因哈德·泽尔腾（Reinhard Selten）在动态博弈的系列研究中

---

① 冯根福，赵健．现代公司治理结构新分析——兼评国内外现代公司治理结构研究的新进展［J］．中国工业经济，2002（11）：75～83；郑志刚．投资者之间的利益冲突和公司治理机制的整合［J］．经济研究，2004（2）：115～125；马若微．控股股东侵占中小股东利益的定义和度量问题研究［J］．企业经济，2005（11）：210～211，125.

② Tirole J. Corporate Governance［J］. Econometrica，2001（69）：1－35.

③ 冯根福．双重委托代理理论：上市公司治理的另一种分析框架［J］．经济研究，2004（12）：16～25.

④［美］朱·弗登博格，［法］让·梯若尔．博弈论［M］．黄涛，等译．北京：中国人民大学出版社，2003：9.

⑤ Von-Neumann J. Zur Theorie der Gesellschaftsspiele［J］. Mathematische Annalen，1928（100）：295－300.

⑥ Von-Neumann J，Morgenstern O. Theory of Games and Economic Behavior［M］. Princeton：PrincetonUniversity Press，1944.

⑦ Nash J F. Equilibrium Points in N-person Games［J］. PNAS，1950（36）：48－49.

⑧ Nash J F. Non-cooperative Games［J］. Annals of Mathematics，1951（54）：286－295.

加入了纳什均衡理论，并提出了“子博弈精炼纳什均衡”理论，以此来排除“空洞威胁”①。进一步地，约翰·海萨尼（John Harsanyi）从不完全信息视角出发，研究了在不完全信息情况下的博弈分析，成功地提出了“贝叶斯纳什均衡”，并建立了不完全信息博弈的一般解法，重新对“混合策略纳什均衡”进行了解释②。

20世纪80年代，克瑞普斯和罗伯特·威尔逊（Robert Wilson）提出了“序贯均衡”概念，将子博弈完美性的思想应用到不完全信息博弈的求解③。米尔格罗姆（Milgrom）和罗伯茨（Roberts）在原有的重复博弈基础上引进了不完全信息的概念，在此基础上提出了著名的声誉模型④。科尔伯格（Kohlberg）和默滕斯（Mertens）的研究指出，企业之间的博弈同样存在某些战略组合的稳定集合，即战略均衡解⑤。博弈论中的典型例子，如“囚徒困境”、“劣币驱逐良币”、“二手车市场”等，给予我们非常生动的解释。总体而言，博弈论发展至今，已经形成了一个系统、全面的学科，成为经济学、社会学、心理学、认知科学等诸多学科的理论基础之一，对指导这些领域的研究具有重要意义。

（四）影响盈余管理的因素分析

“安然事件”导致了更加严厉的监管措施出台，从外部监督和内部控制两方面来加强公司治理，防范管理者造假。但是从本质上讲，“安然事件”也反映了一个资本主义社会不能忽视的问题，当一切以价值（金钱）作为衡量手段时，社会经济秩序必然会受到冲击。而且，如果人的自利被发挥到极致且缺乏自律时，资本主义的崩溃就为时不远了。

随着公司治理研究的不断深入，国内外学者将研究的重点转向如何从内部治理和外部监管两个角度采取如增加违规成本、建立激励机制等措施，从而有效抑制盈余管理行为。相关的研究主要集中在公司治理机制、法律体系以及外部审计对盈余管理行为的影响。

1. 公司治理对于盈余管理的影响

公司治理是一种制度安排，其存在的根本目的是为了缓解内部人与内部人，以及内部人与外部人之间的利益冲突。现阶段国内外围绕公司治理对盈余管理的影响开展了大

① Selten R. Spieltheoretische Behandlung Eines Oligopolmodells Mit Nachfagetraytheit [J]. Zeitschrift fur Die Gesamate Staatswissenschaft, 1965 (12): 301 -324.

② Harsanyi J. Games with Incomplete Information Played by Bayesian Players [J]. Management Science, 1967 - 1968 (14): 159 -182, 320 -334, 486 -502.

③ Kreps D, Wilson R. Sequential Equilibrium [J]. Econometrica, 1982 (50): 863 -894.

④ Milgrom P, Roberts J. Predation, Reputation and Entry Deterrence [J]. Journal of Economic Theory, 1982 (27): 280 -312.

⑤ Kohlberg E, Mertens J. -F. On the Strategic Stability of Equilibria [J]. Econometrica, 1986 (5): 1 003 -1 037.

量研究，主要可以分为以下三个方面：

（1）董事会对盈余管理的有效治理

董事会可以有效监管企业管理者的重大经营决策行为，且在监督财务报告编制以及对外披露中发挥着关键作用。法玛和詹森认为董事会成员在公司治理中，具有决策控制和决策管理两种基本职能，其中就包含了对财务信息披露质量的监督。谢（Xie）等的实证研究结果表明，董事会的规模越大，越能够有效地监管企业的盈余管理行为。这一点可以通过以下原因来解释：在较大规模的董事会中，更有可能存在较多的经验丰富的董事成员[①]，他们很多都是行业专家或者财务专家，能够发现盈余管理的蛛丝马迹。康格（Conger）等指出，董事会可以通过召开会议来提升董事会办事效率，董事会成员参加会议可以有效地维护股东的合法权益，更好地履行董事会应尽的职责[②]。德肯等则以美国的上市公司为研究对象，通过分析发现董事会成员拥有的对盈余管理的限制能力，会随着其中外部董事比例的增大而增强[③]。除了上述研究之外，还有文献指出，董事会下属的职能委员会的构成和运作也会对董事会监管效率产生重要的影响。如凯斯纳（Kesner）认为，董事会许多重要的决议在最开始是以其下属委员会为基础的[④]。此外，万斯（Vance）通过实证分析发现，薪酬委员会、审计委员会、执行委员会等机构在企业的日常经营管理中发挥了积极的作用[⑤]。

以上的研究结果表明，董事会能够有效抑制公司的盈余管理行为，然而仍有部分文献对上述结论提出了质疑。詹森通过实证分析发现，相对于规模较小的董事会而言，规模较大的董事会的治理效率较低，同时规模较大的董事会也更容易被管理者操控[⑥]。比斯利（Beasley）的进一步研究则指出，董事会规模与财务造假呈显著的正相关关系，具体而言，相对董事会规模较小的企业，董事会规模较大的企业出现财务造假的概率更大[⑦]。

---

① Xie B, Davidson W. I, DaDalt P. J. Earnings Management and Corporate Governance: The Role of the Board and the Audit Committee [J]. Journal of Corporate Finance, 2003 (9): 295 -316.

② Conger J, Finegold D, Lawler E. Appraising Boardroom Performance [J]. Harvard Business Review, 1998 (76): 136 -148.

③ Dechow P M, Sloan R, Sweeney A. Detecting Earnings Management [J]. Accounting Review, 1995 (2): 193 -225.

④ Kesner I F. Directors' Characteristics and Committee Membership: An Investigation of Type, Occupation, Tenure, and Gender [J]. Academy of Management Journal, 1988 (31): 66 -84.

⑤ Vance S C. Corporate Leadership: Boards, Directors, and Strategy [M]. New York: McGraw -Hill, 1983.

⑥ Jensen M. The Modern Industrial Revolution, Exit, and the Failure of Internal Control Systems [J]. Journal of Finance, 1993 (48): 831 -880.

⑦ Beasley M. An Empirical Analysis of the Relationship between Board of Director Composition and Financial Statement Fraud [J]. The Accounting Review, 1996 (71): 443 -465.

（2）股权结构对盈余管理的治理困境

众多经典理论均指出，大股东在监管企业管理者的日常经营管理活动中有着至关重要的作用，特别是，大股东比小股东更有对管理层实施监督的动机和能力。大股东的地位使其自身利益与企业的经营状况密切相关，为了维护自身利益，大股东就应该保证公司稳健运营并产生良好的回报，因此加强对管理层的监督更加必要。与此同时，大股东在保障自身利益的同时，也会存在侵占上市公司利益而损害中小股东利益的情况，从而引发大股东与中小股东的利益冲突。例如：中国轻骑集团占用上市公司济南轻骑往来款多达20亿元，使济南轻骑因现金流短缺而陷入困境；吉林造纸集团同样是占用上市公司吉林纸业的资金，而导致吉林纸业退市。借助控股地位，大股东可以通过控制董事会、聘任总经理等方式实际掌控企业，并与管理层成为一体或者利益共享，虽然避免了所有者与经营者之间的冲突，但是大股东可以通过盈余管理行为来侵占小股东的利益，导致了第二类委托代理问题的产生。

拉波尔塔等学者的研究表明，股权集中度负向影响财务报告质量①。毛洪涛等通过实证分析后发现，股权集中度越高的上市公司，大股东操作应计盈余管理的可能性越大②。然而，也有研究结果表明，大股东持股与盈余管理程度之间并非呈现一种线性关系，张祥建和郭岚的研究就证实了两者之间存在一种非线性凸关系，第一大股东持股比例超过53.2%这一拐点时两者关系发生逆转③。雷光勇也发现控股股东持股比例显著影响盈余管理水平，同时，国家控股公司的盈余管理程度比非国家控股公司的要低④。

综上发现，股权结构对于盈余管理的治理存在困境，是约束了盈余管理，还是放任了盈余管理，目前尚存疑点。本书比较赞同非线性的拐点效应，大股东与中小股东的矛盾随着大股东持股比例的增加而出现变化。当大股东的股权比例过高时，上市公司可以视为大股东的子公司，大股东与上市公司成为一体，也就没有侵占利益的必要，小股东只要"搭便车"即可。

（3）机构投资者对盈余管理的治理效果

随着我国资本市场的逐渐成熟，机构投资者渐渐成为市场的重要力量。机构投资者以其专业知识、强大的信息收集与分析能力、较大规模的资本，逐渐成为人们关注的焦

① La-Porta R, Lopez-Silanes F, Shleifer A. Law and Finance [J]. The Journal of Political Economy, 1998 (6): 1 113－1 155.

② 毛洪涛，吴将君. 股权集中度与盈余管理相关性实证研究 [J]. 财会通讯，2007 (4): 13～16.

③ 张祥建，郭岚. 大股东控制与盈余管理行为研究 [J]. 南方经济，2006 (1): 72～86.

④ 雷光勇，刘慧龙. 大股东控制、融资规模与盈余操纵程度 [J]. 管理世界，2006 (1): 129～136.

点和研究对象，已有研究结果表明，机构投资者在监督管理者行为、完善公司治理机制、促进上市公司经营规范化和有效化等方面均起到显著作用①。随着机构投资者积极参与到企业的公司治理中，他们在上市公司的治理活动中扮演着日益重要的角色。

蒙克斯（Monks）分别从动机和能力两个方面出发研究了机构投资者对企业管理者的影响，结果表明，机构投资者的确可以对管理者产生重要的影响，持股越多的机构投资者对上市公司的管理者产生的影响更大②。钟（Chung）和普鲁伊特（Pruitt）发现，由于有大型机构投资者持股，企业管理层为了谋求个人私利而进行盈余管理的行为会受到有效的约束。而且有经验证据表明，持股比例较低的机构投资者对上市公司盈余管理的约束能力较弱③。格雷夫斯（Graves）和波特（Porter）的研究结果发现，机构投资者对企业的长期发展并不感兴趣，更偏好于通过频繁的股票交易来实现自己的短期利益。此时，管理者为了迎合机构投资者股票交易的需求，会通过向上调整盈余管理行为来提升股价④。由于机构投资者一般规模较大，但是又区别于大股东，他们在公司治理中的作用介于大股东与中小股东之间。当机构投资者持股比例处于控股地位时，他们的作用就相当于大股东；当他们的持股比例较低时，作用同中小股东无疑，因为在表决时缺少影响力。

2. 注册会计师对盈余管理的治理

已经有文献发现，注册会计师审计会对缓解企业的委托代理问题产生巨大的作用。注册会计师作为外部审计机构，以其自身的对立性、中立性、客观性和专业性，越来越受到股东、外部监管部门以及其他利益相关者的重视。目前的研究主要从审计意见、审计报告质量以及非审计服务等角度研究外部审计与盈余管理的关系。

（1）审计意见与盈余管理

由于外部投资者进行投资决策的主要依据是公司对外披露的财务信息，而且对财务信息的真实性、可靠性的判断只能根据外部的审计意见，因此审计意见能够影响投资者的投资行为，李增泉的研究结果证实了这一点⑤。何红渠和张志红⑥以及徐浩萍⑦的研究

---

① 黄谦．中国证券市场机构投资者与上市公司盈余管理关联性的研究［J］．当代经济科学，2009（4）：108～115.

② Monks R，Minow N. Corporate Governance［M］. Cambridge：MA Blackwell，1995.

③ Chung K H，Pruitt S W. A Simple Approximation of Tobin's Q［J］. Financial Management，1994（23）：70－74.

④ Graves S B. Institutional Ownership and Corporate R&D in the Computer Industry［J］. Academy of Management Journal，1988（31）：417－428；Porter M E. Capital Disadvantage：America's Fail Capital Investment System［J］. Harvard Business Review，1992（70）：65－82.

⑤ 李增泉．实证分析：审计意见的信息含量［J］．会计研究，1999（8）：16～22.

⑥ 何红渠，张志红．有关审计意见识别盈余管理能力的研究［J］．财经理论与实践，2003（6）：70～74.

⑦ 徐浩萍．会计盈余管理与独立审计质量［J］．会计研究，2004（1）：44～49.

表明，上市公司被出具非标准无保留意见审计报告的可能性与公司盈余管理程度呈正相关。而夏立军[①]和周兵、王德义等[②]对此却持有相反的观点，认为我国注册会计师审计并未能发挥应有的职能，注册会计师审计抑制上市公司盈余管理行为的作用并不大，其出具的审计意见也没有充分考虑或重视上市公司的盈余管理行为。

（2）审计质量与盈余管理

审计质量的好坏对于防止盈余管理行为具有重要作用，公司的财务报告要经过注册会计师的审计才能对外披露，高质量的审计必然会发现公司盈余管理行为，并向管理层提出修改意见。如果管理层不进行修改，审计师可能会发表保留意见、否定意见的审计报告，给管理层造成巨大压力。因此，审计质量是一种很好的外部治理手段。

现有的研究结果显示，随着我国法制建设的不断推进，我国的注册会计师的审计质量日益提升，在抑制上市公司盈余操作方面发挥了不可替代的作用[③]。事务所变更与上市公司盈余管理行为呈正相关关系，且事务所的变更与所处时间以及前期审计意见类型存在关系[④]。伍利娜[⑤]、刘运国等[⑥]研究发现，当上市公司处于“保牌”状态时，其审计费用会出现显著的上升现象。而蔡春等则通过实证研究指出，国内排名靠前的会计师事务所可有效地发现上市公司的盈余操作[⑦]。

（3）非审计服务与盈余管理

国外学者对于事务所提供非审计类服务是否会对识别上市公司盈余管理行为产生影响观点不一。一种观点认为，非审计服务会影响审计师的独立性，额外的服务类报酬会使审计师在审计过程中有意或无意地忽视审计客户的盈余管理行为，这种既担任球员又兼职裁判的行为很可能使审计质量下降[⑧]。另一种相反的观点认为，非审计服务能够给审计师深入了解审计客户的真实情况提供良好的机会，且目前的法律制度健全，审计师为

① 夏立军，杨海斌．注册会计师对上市公司盈余管理的反映［J］．审计研究，2002：28～35.
② 周兵，王德义．盈余管理与审计意见关系的实证研究［J］．财会月刊，2005（29）：48～49.
③ 宋建波，陈华的．我国注册会计师审计与上市公司盈余管理研究［J］．财经问题研究，2005（3）：87～90.
④ 刘伟，刘星．审计师变更与盈余管理关系的实证研究［J］．财经理论与实践，2006（139）：87～92.
⑤ 伍利娜．盈余管理对审计费用影响分析［J］．会计研究，2003（12）：39～44.
⑥ 刘运国，麦剑青，魏哲妍．审计费用与盈余管理实证分析［J］．审计研究，2006（2）：74～80.
⑦ 蔡春，黄益建，赵莎．关于审计质量对盈余管理影响的实证研究［J］．审计研究，2005（2）：3～10.
⑧ Simunic D A. Auditing，Consulting，and Auditor Independence［J］. Journal of Accounting Research，1984（2）：679－702；Firth M. The Provision of Non-audit Services by Accounting Firms to Their Audit Clients［J］. Contemporary Accounting Research，1997（14）：1－21；Palmrose Z.－V. The Effect of Non-audit Services on the Pricing of Audit Services［J］. Journal of Accounting Research，1986（2）：405－411.

了自身的长久发展和声誉的保全，不会做出损害自身独立性的行为[①]。“安然事件”导致了安达信会计师事务所的倒闭，这家具有80多年历史、年收入高达93亿美元的企业因为帮助造假而倒闭，迫使美国出台了最严厉的萨班斯法案，加强了对审计师和上市公司的监管，并严格规定会计师事务所不能再为其主审的上市公司提供非审计服务。

3. 法律体系对盈余管理的治理

投资者保护是公司长期发展、证券市场有效运行的源泉。目前国内外对法律体系与盈余管理的关系基本达成共识，即投资者保护程度的强弱显著影响证券市场的有序健康发展[②]，而投资者保护程度的强弱主要取决于一国或地区的法律起源[③]。投资者保护的基础是委托代理关系，现阶段学术界的研究重心逐渐由第一类委托代理问题向第二类委托代理问题转变，重点研究中小股东、债权人等利益相关者如何保护自己的利益不受侵害[④]。

拉波尔塔首先从法律体系的视角考察公司的盈余管理行为，并发起了投资者保护的研究，通过对世界不同国家的法律环境以及资本市场成熟度的数据分析，发现法律体系的不同会导致投资者保护程度的不同，进而影响上市公司的盈余管理行为[⑤]。鲍尔（Ball）等学者从国家法律性质的角度研究发现，普通法国家的会计盈余比大陆法体系国家更稳健，在管理层有足够的决策权选择会计政策时，其进行盈余管理以降低公司盈余波动程度的可能性更大[⑥]。洛茨（Leuz）等学者的研究也表明，法律的有效执行能够降低公司操纵会计盈余的可能性[⑦]。此外，吴克平等从实证的角度，基于修正的琼斯模型，利用上市公司的相关财务数据，发现新会计准则下公允价值变动损益、资产减值准备的计提等在一定程度上扩大了上市公司的盈余管理空间，新会计准则的实施并未显著遏制上

① Antle R，Griffen P A，Teece D J. An Economic Analysis of Auditor Independence from Amulti-client，Multiservice Public Accounting Firm [R]. Report Prepared for the AICPA by the Law & Economics Consulting Group，inc，1997；Pitt L，Birenbaum B. Serving the Public Interest：A New Concept Framework for Audit Impendence [M]. New York：NY American Institute of Certified Public Accountants，1997；Arruñada B. The Economic of Audit Quality：Private Incentives and Regulation of Audit and Nonaudit Services [M]. Norwell MA：Kluwer Academic Publishers，1999.

② La-porta R，Lopez-Silanes F，Shleifer A. Investor Protection and Corporate Valuation [J]. The Journal of Finance，2002 (3)：1 147 -1 170.

③ La-porta R，Lopez-Silanes F，Shleifer A. Legal Determinants of External Finance [J]. The Journal of Finance，1997 (3)：1 131 -1 150；郑志刚．金融发展的决定因素——一个文献综述 [J]. 管理世界，2007 (3)：138 ~151.

④ Jensen M，Meckling W. Theory of the Firm：Managerial Behavior，Agency Costs and Ownership Structure [J]. Journal of Financial Economics，1976 (4)：305 -360.

⑤ La-Porta R，Lopez-Silanes F，Shleifer A. Law and Finance [J]. The Journal of Political Economy，1998 (6)：1 113 -1 155.

⑥ Ball R，Robin A，Wu J S. Incentives Versus Standards：Properties of Accounting Income in Four East Asian countries [J]. Journal of Accounting and Economics，2003 (36)：235 -270.

⑦ Leuz C，Nanda D，Wysocki P D. Earnings Management And Investor Protection：An International Comparison [J]. Journal of Financial Economics，2003 (69)：505 -527.

市公司的盈余管理[①]。但总体而言，法律体系的完善以及执行机制的有效性直接增加了公司操纵会计利润的风险，能够在很大程度上抑制公司的盈余管理行为。

综上所述，公司治理对于盈余管理具有良好的约束作用，不论是从控股股东、机构投资者角度，还是从董事会规模、独立董事比例的视角，都对治理盈余管理产生积极影响。因此公司治理必然作为我们研究中的控制变量。

9.2 管理者情绪与纳什均衡

管理者情绪是其行为特征的表现形式之一，具体包括乐观情绪（包括过度乐观情绪）、自信态度（包括过度自信）、悲观情绪（包括过度悲观情绪）和谨慎态度（包括过度谨慎）等等。我们重点研究管理者自信和乐观情绪对盈余管理的影响。当管理者存在自信和乐观情绪，尤其是过度的自信和乐观情绪时，他的认知会发生偏差，这种偏差有可能造成决策失误，给企业、投资者带来损失。

同时，当管理者存在过度自信的态度，形成过度乐观情绪时，会错误地认为大股东的决策态度与自己相同，两者之间存在“纳什均衡”。在对待盈余管理问题时，管理者会高估大股东的忍耐力，从而做出较高强度的盈余管理行为。

（一）管理者乐观情绪下博弈双方的纳什均衡

当管理者存在过度乐观的情绪时，控股股东可以充分了解企业内外部环境和经营状况，从股东利益最大化的角度出发，有效地甄别管理者的错误行为，防止管理者过度自信带来的利益损失。因此，企业管理者与控股股东若存在着信息不对称，控股股东不会依据信息对称情况下的混合策略纳什均衡模型来求解，而是采用下面的两阶段策略模型进行决策。

首先，通过合理计量管理者乐观情绪指数，引入公司治理控制变量，结合大股东利益，构建“混合策略纳什均衡模型”，并求解最优解。

其次，建立企业管理者乐观情绪与盈余管理的影响模型。以企业股东收益最大化为目标，将上面计算得到的管理者乐观情绪指数引入到模型中，寻找企业股东监督行为最优解，以及管理者的最佳决策解。为了详细描述管理者乐观情绪下纳什均衡的形

---

① 吴克平，于富生．新会计准则对盈余管理影响的实证研究［J］．山西财经大学学报，2013（2）：107 ~115.

成过程，我们绘制了图 9.1，用来表述管理者与大股东监管方的博弈过程，以及纳什均衡状态。

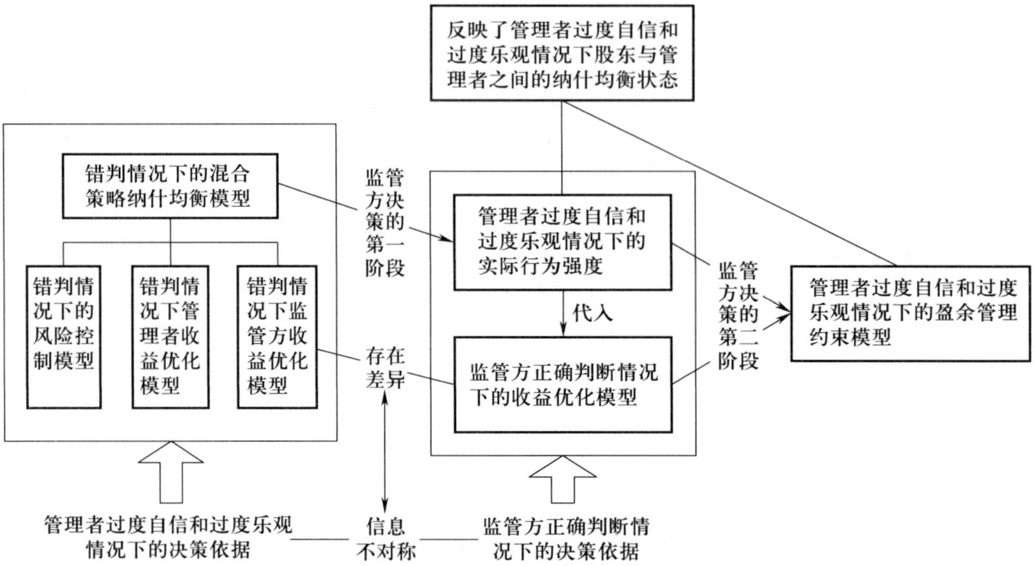

图 9.1　管理者乐观情绪下的博弈双方纳什均衡

值得注意的是，达成纳什均衡时企业管理者乐观情绪（过度自信和过度乐观）程度、企业股东监督强度等，均是基于股东和管理者之间的非合作静态博弈，并未将管理者认知、信息不对称等问题考虑在内。

（二） 代理变量

管理者乐观情绪，包括过度自信和过度乐观等分别代表了人们在自我认知和对客观外部环境（如经济繁荣、战争是否爆发等）评价过程中产生的偏差。按照前面所讲内容，公司管理者在进行行为决策时会受到自身情绪（过度自信和过度乐观）的影响。

本研究假设：过度自信表示管理者对企业盈利风险的低估，这里用 AGR 表示企业盈利能力（用总资产利润率指标），用 $\sigma_{\varepsilon_t^{AGR}}$ 表示盈利波动风险，用 $\Delta\sigma_{\varepsilon_t^{AGR}}$ 表示管理者对风险的低估程度，即过度自信程度。用 $\sigma_{\varepsilon_t^{AGR}} - \Delta\sigma_{\varepsilon_t^{AGR}}$ 代表管理者对本企业盈利风险的主观判断，如果 $\sigma_{\varepsilon_t^{AGR}} - \Delta\sigma_{\varepsilon_t^{AGR}} < \sigma_{\varepsilon_t^{AGR}}$，即 $\Delta\sigma_{\varepsilon_t^{AGR}} > 0$，说明管理者存在过度自信情绪，低估了企业盈利风险；反之，如果 $\sigma_{\varepsilon_t^{AGR}} - \Delta\sigma_{\varepsilon_t^{AGR}} > \sigma_{\varepsilon_t^{AGR}}$，即 $\Delta\sigma_{\varepsilon_t^{AGR}} < 0$，说明管理者存在过度悲观情绪，高估了企业盈利风险。

同时假设，过度乐观是管理者对宏观经济运行环境的高估，这里用 ME_t 表示第 t 期宏观经济运行状况。用 ΔME_t 表示管理者的高估程度，即过度乐观程度。$ME_t + \Delta ME_t$ 表示管理者的综合判断，如果 $ME_t + \Delta ME_t > ME_t$，即 $\Delta ME_t > 0$，说明管理者存在过度乐观情绪，高估了经济运行状况；反之，当 $ME_t + \Delta ME_t < ME_t$，即 $\Delta ME_t < 0$，说明管理者存在过度悲观情绪，低估了经济运行状况。

在这里本研究考虑了管理者情绪的另一方面，即悲观情绪和谨慎态度等，它们是乐观情绪和自信态度的对立面，我们认为，过度乐观和过度自信的正向经济后果，就是过度悲观和过度谨慎的反向经济后果，反之亦然。

9.3 管理者过度自信态度的约束模型

建立盈余管理约束模型的目的在于，当管理者情绪出现偏差时，股东可以通过调整预期收益参数，来约束管理者的非理性行为，达到纳什均衡。

（一）管理者出现过度自信态度时的计量

根据一阶泰勒方程，我们给出计算管理者自信态度的计量公式：

$$\begin{cases} \widehat{ma}_{t,M}(-\Delta\sigma_{\varepsilon_t^{AGR}}) = \widehat{ma}_{t,M} - \Delta\sigma_{\varepsilon_t^{AGR}} \dfrac{\partial \widehat{ma}_{t,M}}{\partial \sigma_{\varepsilon_t^{AGR}}} \\ \hat{e}_{t,M}(-\Delta\sigma_{\varepsilon_t^{AGR}}) = \hat{e}_{t,M} - \Delta\sigma_{\varepsilon_t^{AGR}} \dfrac{\partial \hat{e}_{t,M}}{\partial \sigma_{\varepsilon_t^{AGR}}} \end{cases} \tag{9.1}$$

其中，$-\Delta\sigma_{\varepsilon_t^{AGR}}$ 表示管理者对于企业总资产利润率波动风险的低估数值，$\Delta\sigma_{\varepsilon_t^{AGR}}$ 代表管理者自信程度；$\widehat{ma}_{t,M}(-\Delta\sigma_{\varepsilon_t^{AGR}})$ 和 $\hat{e}_{t,M}(-\Delta\sigma_{\varepsilon_t^{AGR}})$ 分别代表管理者获得收益函数和工作努力函数。

将 $\dfrac{\partial \widehat{ma}_{t,M}}{\partial \sigma_{\varepsilon_t^{AGR}}}$ 和 $\dfrac{\partial \hat{e}_{t,M}}{\partial \sigma_{\varepsilon_t^{AGR}}}$ 的表达式代入上式可得：

$$\begin{cases} \widehat{ma}_{t,M}(-\Delta\sigma_{\varepsilon_t^{AGR}}) = \widehat{ma}_{t,M}\left[1 - \dfrac{\Delta\sigma_{\varepsilon_t^{AGR}} \dfrac{\partial \hat{F}_t}{\partial \sigma_{\varepsilon_t^{AGR}}}}{\dfrac{1}{w} - (1 - \hat{F}_t)} \zeta_{\widehat{ma}_{t,M}}(x)\right] \\ \hat{e}_{t,M}(-\Delta\sigma_{\varepsilon_t^{AGR}}) = \hat{e}_{t,M} - \dfrac{\dfrac{\Delta\sigma_{\varepsilon_t^{AGR}} \dfrac{\partial \hat{F}_t}{\partial \sigma_{\varepsilon_t^{AGR}}}}{\dfrac{1}{w} - (1 - \hat{F}_t)} \zeta_{\hat{e}_{t,M}}(x)}{\dfrac{A_t(2 + ME_t)\alpha_{e_M}^{AGR}}{\max(e_{t,M})}\left(1 - \dfrac{\alpha_{s_{MS}}^{OMC} \hat{s}_{t,MS}}{\max(s_{t,MS})}\right)} \end{cases} \tag{9.2}$$

由式 9.2 可知，当$\frac{\partial \hat{F}_t}{\partial \sigma_{\varepsilon_t^{AGR}}}<0$的时候，$\widehat{ma}_{t,M}(-\Delta\sigma_{\varepsilon_t^{AGR}})-\widehat{ma}_{t,M}$和$\hat{e}_{t,M}(-\Delta\sigma_{\varepsilon_t^{AGR}})-\hat{e}_{t,M}$的符号与$\Delta\sigma_{\varepsilon_t^{AGR}}$的符号方向一致，即管理者在自信态度下的决策，获得的收益和付出的代价与$\Delta\sigma_{\varepsilon_t^{AGR}}$变化方向一致。其中，$\hat{F}_t$是静态博弈中可能存在均衡解的概率。

（二）管理者过度自信的约束模型

1. 一阶导数条件

以$\widehat{ma}_{t,M}(-\Delta\sigma_{\varepsilon_t^{AGR}})$代替$\widehat{ma}_{t,M}$可以得到$\widehat{OMC}_t(-\Delta\sigma_{\varepsilon_t^{AGR}})$的表达式如下：

$$\widehat{OMC}_t(-\Delta\sigma_{\varepsilon_t^{AGR}})=\left(1-\frac{\alpha_{s_{MS}}^{OMC}\hat{s}_{t,MS}}{\max(s_{t,MS})}\right)\alpha_{ma_M}^{OMC}\frac{\widehat{ma}_{t,M}(-\Delta\sigma_{\varepsilon_t^{AGR}})}{\max(ma_{t,M})} \tag{9.3}$$

以$\hat{e}_{t,M}(-\Delta\sigma_{\varepsilon_t^{AGR}})$代替$\hat{e}_{t,M}$可以得到$E(\widehat{AGR}_t(-\Delta\sigma_{\varepsilon_t^{AGR}}))$的表达式如下：

$$E(\widehat{AGR}_t(-\Delta\sigma_{\varepsilon_t^{AGR}}))=\alpha_{e_M}^{AGR}\left[(2+ME_t)\frac{\hat{e}_{t,M}(-\Delta\sigma_{\varepsilon_t^{AGR}})}{\max(e_{t,M})}-1\right] \tag{9.4}$$

以$\widehat{OMC}_t(-\Delta\sigma_{\varepsilon_t^{AGR}})$和$E(\widehat{AGR}_t(-\Delta\sigma_{\varepsilon_t^{AGR}}))$分别代替大股东收益优化模型当中的$OMC_t$和$E(AGR_t)$，计算大股东实施监督的强度。以此作为大股东对盈余管理约束模型的一阶导数条件：

$$\begin{aligned}&\hat{s}_{t,CS}(-\Delta\sigma_{\varepsilon_t^{AGR}})\\&=\max(s_{t,CS})\frac{\alpha_{s_{CS}}^{IMC}}{2\alpha_{s_{CS}}^{C}}A_t\cdot E(\widehat{AGR}_t(-\Delta\sigma_{\varepsilon_t^{AGPR}}))\widehat{OMC}_t(-\Delta\sigma_{\varepsilon_t^{AGR}})\\&=\max(s_{t,CS})\frac{\alpha_{s_{CS}}^{IMC}}{2\alpha_{s_{CS}}^{C}}\alpha_{e_M}^{AGR}\alpha_{ma_M}^{OMC}A_t\left(1-\frac{\alpha_{s_{MS}}^{OMC}\hat{s}_{t,MS}}{\max(s_{t,MS})}\right)\times\\&\left[(2+ME_t)\frac{\hat{e}_{t,M}(-\Delta\sigma_{\varepsilon_t^{AGR}})}{\max(e_{t,M})}-1\right]\frac{\widehat{ma}_{t,M}(-\Delta\sigma_{\varepsilon_t^{AGR}})}{\max(ma_{t,M})}\end{aligned} \tag{9.5}$$

将式 9.2 代入上式可得：

$$\begin{aligned}&\hat{s}_{t,CS}(-\Delta\sigma_{\varepsilon_t^{AGR}})\\&=\max(s_{t,CS})\frac{\alpha_{s_{CS}}^{IMC}}{\alpha_{s_{CS}}^{C}}\frac{\alpha_{ma_M}^{OMC}}{2}\frac{\widehat{ma}_{t,M}}{\max(ma_{t,M})}\left[1-\frac{\Delta\sigma_{\varepsilon_t^{AGR}}\frac{\partial\hat{F}_t}{\partial\sigma_{\varepsilon_t^{AGR}}}}{\frac{1}{w}-(1-\hat{F}_t)}\zeta_{\widehat{ma}_{t,M}}(x)\right]\times\\&\left[A_t\cdot\alpha_{e_M}^{AGR}\left(1-\frac{\alpha_{s_{MS}}^{OMC}\hat{s}_{t,MS}}{\max(s_{t,MS})}\right)\left(\frac{(2+ME_t)\hat{e}_{t,M}}{\max(e_{t,M})}-1\right)-\frac{\Delta\sigma_{\varepsilon_t^{AGR}}\frac{\partial\hat{F}_t}{\partial\sigma_{\varepsilon_t^{AGR}}}}{\frac{1}{w}-(1-\hat{F}_t)}\zeta_{\hat{e}_{t,M}}(x)\right]\end{aligned} \tag{9.6}$$

另外，以 $\widehat{OMC}_t(-\Delta\sigma_{\varepsilon_t^{AGR}})$ 和 $E(\widehat{AGR}_t(-\Delta\sigma_{\varepsilon_t^{AGR}}))$ 分别代替中小股东当期的保持现状期望收益率子函数中的 OMC_t 和 $E(AGR_t)$，可以计算得到 $\widehat{EERM}_{t,MS}(-\Delta\sigma_{\varepsilon_t^{AGR}})$，表达式如下：

$$\begin{aligned}
&\widehat{EERM}_{t,MS}(-\Delta\sigma_{\varepsilon_t^{AGR}}) \\
&= \frac{(1-\hat{F}_t)(1-w)}{1-ALR_t}\left[1-\left(1-\frac{\alpha_{s_{MS}}^{OMC}\hat{s}_{t,MS}}{\max(s_{t,MS})}\right)\alpha_{ma_M}^{OMC}\frac{\widehat{ma}_{t,M}(-\Delta\sigma_{\varepsilon_t^{AGR}})}{\max(ma_{t,M})}\right]\times \\
&\quad \alpha_{e_M}^{AGR}\left[(2+ME_t)\frac{\hat{e}_{t,M}(-\Delta\sigma_{\varepsilon_t^{AGR}})}{\max(e_{t,M})}-1\right]-\frac{(1-\hat{F}_t)(1-w)}{1-ALR_t}ALR_t\cdot I_t
\end{aligned}\tag{9.7}$$

将 $\widehat{EERM}_{t,MS}(-\Delta\sigma_{\varepsilon_t^{AGR}})$ 迭代入中小股东收益优化模型，可以得到中小股东监管对策集，具体表达式如下所示：

$$\begin{aligned}
&\frac{2\alpha_{s_{MS}}^{C}}{\alpha_{s_{MS}}^{EEERC}}\frac{\hat{s}_{t+1,MS}(-\Delta\sigma_{\varepsilon_t^{AGR}})}{\max(s_{t+1,MS})} \\
&= A_{t+1}(1-LEV_{t+1})(1-\theta_{t+1})(1+\widehat{EERM}_{t,MS}(-\Delta\sigma_{\varepsilon_t^{AGR}})) \\
&= A_{t+1}(1-LEV_{t+1})(1-\theta_{t+1})\times \\
&\quad \left\{1+\frac{(1-\hat{F}_t)(1-w)}{1-LEV_t}\left[1-\left(1-\frac{\alpha_{s_{MS}}^{OMC}\hat{s}_{t,MS}}{\max(s_{t,MS})}\right)\alpha_{ma_M}^{OMC}\frac{\widehat{ma}_{t,M}(-\Delta\sigma_{\varepsilon_t^{AGR}})}{\max(ma_{t,M})}\right]\times\right. \\
&\quad \left.\alpha_{e_M}^{AGR}\left[(2+ME_t)\frac{\hat{e}_{t,M}(-\Delta\sigma_{\varepsilon_t^{AGR}})}{\max(e_{t,M})}-1\right]-\frac{(1-\hat{F}_t)(1-w)}{1-LEV_t}LEV_t\cdot I_t\right\}
\end{aligned}\tag{9.8}$$

对于中小股东而言，可以选择的对策不多，要么退出该企业，要么忍受管理者的利益侵占。由于集团诉讼、委托投票、累计投票等方法的实施暂时不具备条件，所以当管理者情绪失控，过度自信的决策行为损害到中小股东的利益时，中小股东可以选择退出，即“用脚投票”。中国资本市场上典型的案例是中国平安的高管拿取了高额薪酬，中小股东被迫卖出股票，该股票的价格从最高达 149 元/股，下跌到 20 元/股，跌幅超过了 85%，导致第二年该公司的高管薪酬大幅下降，甚至有人只拿 1 元薪酬。

将式 9.2 代入上式可得：

$$\begin{aligned}
&\frac{2\alpha_{s_{MS}}^{C}}{\alpha_{s_{MS}}^{EEERC}}\frac{\hat{s}_{t+1,MS}(-\Delta\sigma_{\varepsilon_t^{AGR}})}{\max(s_{t+1,MS})} \\
&= A_{t+1}(1-LEV_{t+1})(1-\theta_{t+1})\times
\end{aligned}$$

$$\left\{1+\frac{(1-\hat{F}_t)(1-w)}{1-LEV_t}\left[1-\left(1-\frac{\alpha_{s_{MS}}^{OMC}\hat{s}_{t,MS}}{\max(s_{t,MS})}\right)\frac{\alpha_{ma_M}^{OMC}\widehat{ma}_{t,M}}{\max(ma_{t,M})}\left(1-\frac{\Delta\sigma_{\varepsilon_t^{AGR}}\frac{\partial\hat{F}_t}{\partial\sigma_{\varepsilon_t^{AGR}}}}{\frac{1}{w}-(1-\hat{F}_t)}\zeta_{\widehat{ma}_{t,M}}(x)\right)\right]\right.\times$$

$$\left.\alpha_{e_M}^{AGR}\left[\frac{(2+ME_t)\hat{e}_{t,M}}{\max(e_{t,M})}-\frac{\frac{\Delta\sigma_{\varepsilon_t^{AGR}}\frac{\partial\hat{F}_t}{\partial\sigma_{\varepsilon_t^{AGR}}}}{\frac{1}{w}-(1-\hat{F}_t)}\zeta_{\hat{e}_{t,M}}(x)}{A_t\cdot\alpha_{e_M}^{AGR}\left(1-\frac{\alpha_{s_{MS}}^{OMC}\hat{s}_{t,MS}}{\max(s_{t,MS})}\right)}-1\right]-\frac{(1-\hat{F}_t)(1-w)}{1-LEV_t}LEV_t\cdot I_t\right\}$$

(9.9)

其中，

$$x=A_t\cdot E(\widehat{AGR}_t)\left(1-\frac{\alpha_{s_{MS}}^{OMC}\hat{s}_{t,MS}}{\max(s_{t,MS})}\right)$$

和

$$\hat{F}_t=F(E(\widehat{DIPG}_t))=P(\varepsilon_t^{AGR}<E(\widehat{DIPG}_t))=\int_{-\infty}^{E(\widehat{DIPG}_t)}f(x)dx$$

另外，$\hat{e}_{t,M}$和$\widehat{ma}_{t,M}$根据一阶导数条件确定，$\frac{\partial\hat{F}_t}{\partial\sigma_{\varepsilon_t^{AGR}}}$的表达式是通过将$b_{t,S}=\hat{b}_{t,S}$代入得到的，即，

$$\frac{\partial\hat{F}_t}{\partial\sigma_{\varepsilon_t^{AGR}}}=-\left[\frac{\hat{F}_t}{\sigma_{\varepsilon_t^{AGR}}}\left(1-\frac{(E(\widehat{DIPG}_t))^2}{\sigma_{\varepsilon_t^{AGR}}^2}\right)+\frac{2\psi\left(\frac{\partial\hat{F}_t}{\partial\sigma_{\varepsilon_t^{AGR}}}\right)}{\sigma_{\varepsilon_t^{AGR}}^3}\right]$$

其中，

$$\psi\left(\frac{\partial\hat{F}_t}{\partial\sigma_{\varepsilon_t^{AGR}}}\right)=E(\widehat{DIPG}_t)\int_{-\infty}^{E(\widehat{DIPG}_t)}\int_{-\infty}^{y}f(z)dzdy-\int_{-\infty}^{E(\widehat{DIPG}_t)}\int_{-\infty}^{x}\int_{-\infty}^{y}f(z)dzdydx$$

式 9. 6 中，

$$\psi\left(\frac{\partial\hat{F}_t}{\partial\sigma_{\varepsilon_t^{AGR}}}\right)=E(\widehat{DIPG}_t)\int_{-\infty}^{E(\widehat{DIPG}_t)}\int_{-\infty}^{y}f(z)dzdy-\int_{-\infty}^{E(\widehat{DIPG}_t)}\int_{-\infty}^{x}\int_{-\infty}^{y}f(z)dzdydx$$

式 9. 6 中，$\frac{\Delta\sigma_{\varepsilon_t^{AGR}}\frac{\partial\hat{F}_t}{\partial\sigma_{\varepsilon_t^{AGR}}}}{\frac{1}{w}-(1-\hat{F}_t)}$表示企业管理者态度过度自信时，大股东的监管行为强度，

是 $\Delta\sigma_{\varepsilon_t^{AGR}}$ 的二次函数，其二次项系数是正数。式 9.9 中，$\dfrac{\Delta\sigma_{\varepsilon_t^{AGR}}\dfrac{\partial \hat{F}_t}{\partial\sigma_{\varepsilon_t^{AGR}}}}{\dfrac{1}{w}-(1-\hat{F}_t)}$ 表示中小股东的监管对策选择，是中小股东对管理者情绪偏好的直接反应，是 $\Delta\sigma_{\varepsilon_t^{AGR}}$ 的二次函数，其二次项系数可能为负数。$\hat{F}_t$ 是静态博弈中可能存在均衡解的概率。

2. 二阶导数条件

$\widehat{ma}_{t,M}$、$\hat{e}_{t,M}$ 代表过度自信情况下，管理者收益程度和成本付出的函数，两者满足静态博弈纳什均衡的二阶导数条件。

综上，公式 9.6 和 9.9 就是管理者过度自信情绪下，进行盈余管理行为的约束模型，公式 9.6 表示大股东的监管力度，公式 9.9 表示中小股东的监管力度。两者结合，共同作用于管理者的盈余管理行为，约束管理者克服过度乐观和过度自信情绪，防止行为偏差。

9.4 管理者过度乐观情绪的约束模型

（一） 管理者过度乐观收益的计量

根据前面的公式推导过程，可以求解 $\hat{F}_t$，即股东和管理者静态博弈中可能存在均衡解的概率，从而推断出博弈模型中的解析解是否存在，并估计 $\sigma_{\varepsilon_t^{AGR}}$、$ME_t$ 等变量，同时判断管理者过度乐观或者过度自信的测量值 $\sigma_{\varepsilon_t^{AGR}}$、$ME_t$，为了计量简便起见，当 ΔME_t 数值较小时，我们根据泰勒公式计量由于情绪偏差导致的管理者收益程度和成本支付水平：

$$\begin{cases} \widehat{ma}_{t,M}(\Delta ME_t)=\widehat{ma}_{t,M}+\Delta ME_t\dfrac{\partial \widehat{ma}_{t,M}}{\partial ME_t} \\ \hat{e}_{t,M}(\Delta ME_t)=\hat{e}_{t,M}+\Delta ME_t\dfrac{\partial \hat{e}_{t,M}}{\partial ME_t} \end{cases} \tag{9.10}$$

用 ΔME_t 表示管理者的高估程度，即过度乐观程度。$ME_t+\Delta ME_t$ 表示管理者的综合判断，如果 $ME_t+\Delta ME_t>ME_t$，即 $\Delta ME_t>0$，说明管理者存在过度乐观情绪，高估了经济运行状况；反之，当 $ME_t+\Delta ME_t<ME_t$，即 $\Delta ME_t<0$，说明管理者存在过度悲观情绪，低估了经济运行状况。

$\widehat{ma}_{t,M}(\Delta ME_t)$ 和 $\hat{e}_{t,M}(\Delta ME_t)$ 分别代表在管理者过度乐观情绪的作用下，管理者实际

获得的收益和实际付出的努力程度。过度乐观情绪会使管理者出现决策偏差，这些决策的后果会反映到上市公司盈利预期上，而盈利水平或者盈余管理的程度会对管理者薪酬（收益）和成本（工作努力）产生影响。

将$\frac{\partial \widehat{ma}_{t,M}}{\partial ME_t}$和$\frac{\partial \hat{e}_{t,M}}{\partial ME_t}$的表达式代入上式可得：

$$\begin{cases} \widehat{ma}_{t,M}(\Delta ME_t) = \widehat{ma}_{t,M}\left\{1 + \frac{\Delta ME_t}{2 + ME_t}\left[1 - \frac{f(E(\widehat{DIPG}_t))(E(\widehat{AGPR}_t) + \alpha_{e_M}^{AGR})}{\frac{1}{w} - (1 - \hat{F}_t)}\right]\zeta_{\widehat{ma}_{t,M}}(x)\right\} \\ \hat{e}_{t,M}(\Delta ME_t) = \hat{e}_{t,M} + \frac{\frac{\Delta ME_t \max(e_{t,M})\zeta_{\hat{e}_{t,M}}(x)}{A_t(2 + ME_t)^2\alpha_{e_M}^{AGR}}}{1 - \frac{\alpha_{s_{MS}}^{OMC}\hat{s}_{t,MS}}{\max(s_{t,MS})}}\left[1 - \frac{f(E(\widehat{DIPG}_t))(E(\widehat{AGPR}_t) + \alpha_{e_M}^{AGR})}{\frac{1}{w} - (1 - \hat{F}_t)}\right] \end{cases} \tag{9.11}$$

由式9.11可知，当$E(\widehat{AGR}_t) < \frac{\frac{1}{w} - (1 - \hat{F}_t)}{f(E(\widehat{DIPG}_t))} - \alpha_{e_M}^{AGR}$，即企业资产利润率较低时，$\widehat{ma}_{t,M}(\Delta ME_t) - \widehat{ma}_{t,M}$和$\hat{e}_{t,M}(\Delta ME_t) - \hat{e}_{t,M}$的符号与$\Delta ME_t$的符号相同。说明管理者由于情绪偏差导致的管理者收益程度和成本支付水平，与管理者过度乐观程度变化趋势相同。本研究在前文的实证研究结果表明，管理者乐观情绪和自信态度会使其高估外部经济环境，并高估自己的决策成功概率，从而导致盈余管理水平向上调整。模型9.10、9.11推导出的结论与实证研究的结果相近，说明当企业资产利润率预期值较小时，管理者会高估外部经济环境和企业未来盈余，以及盈余管理带来的收益，这就使得管理者为了获取收益而进行更多的盈余管理。

（二）管理者过度乐观的约束模型

1. 一阶导数条件

以$\widehat{ma}_{t,M}$（ΔME_t）代替$\widehat{ma}_{t,M}$可以得到$\widehat{OMC}_t(\Delta ME_t)$的表达式如下：

$$\widehat{OMC}_t(\Delta ME_t) = \left(1 - \frac{\alpha_{s_{MS}}^{OMC}\hat{s}_{t,MS}}{\max(s_{t,MS})}\right)\alpha_{ma_M}^{OMC}\frac{\widehat{ma}_{t,M}(\Delta ME_t)}{\max(ma_{t,M})} \tag{9.12}$$

以$\hat{e}_{t,M}(\Delta ME_t)$代替$\hat{e}_{t,M}$可以得到$E(\widehat{AGR}_t(\Delta ME_t))$的表达式如下：

$$E(\widehat{AGR}_t(\Delta ME_t)) = \alpha_{e_M}^{AGR}\left[(2 + ME_t + \Delta ME_t)\frac{\hat{e}_{t,M}(\Delta ME_t)}{\max(e_{t,M})} - 1\right] \tag{9.13}$$

当管理者情绪出现偏差时，在过度乐观情绪的作用下，其决策也会出现偏差。随着乐观情绪越来越强烈，管理者进行盈余管理的幅度也会随着增长，以此来增加私人收益，这必然减少股东的收益。我们用$\widehat{OMC}_t(\Delta ME_t)$和$E(\widehat{AGR}_t(\Delta ME_t))$替代股东收益优化模型中的$OMC_t$和$E(AGR_t)$，用来计量大股东对管理者的约束力度，即约束管理者过度乐观行为偏差模型的一阶导数条件，表达式如下：

$$\begin{aligned}
&\hat{s}_{t,CS}(\Delta ME_t)\\
&=\max(s_{t,CS})\frac{\alpha_{s_{CS}}^{IMC}}{2\alpha_{s_{CS}}^{C}}A_t\cdot E(\widehat{AGR}_t(\Delta ME_t))\widehat{OMC}_t(\Delta ME_t)\\
&=\max(s_{t,CS})\frac{\alpha_{s_{CS}}^{IMC}}{2\alpha_{s_{CS}}^{C}}\alpha_{e_M}^{AGR}\alpha_{ma_M}^{OMC}A_t\left(1-\frac{\alpha_{s_{MS}}^{OMC}\hat{s}_{t,MS}}{\max(s_{t,MS})}\right)\times\\
&\left[(2+ME_t+\Delta ME_t)\frac{\hat{e}_{t,M}(\Delta ME_t)}{\max(e_{t,M})}-1\right]\frac{\widehat{ma}_{t,M}(\Delta ME_t)}{\max(ma_{t,M})}
\end{aligned}\tag{9.14}$$

将式 9.11 代入上式可得：

$$\begin{aligned}
&\hat{s}_{t,CS}(\Delta ME_t)\\
&=\max(s_{t,CS})\frac{\alpha_{s_{CS}}^{IMC}}{2\alpha_{s_{CS}}^{C}}\alpha_{e_M}^{AGR}\alpha_{ma_M}^{OMC}A_t\left(1-\frac{\alpha_{s_{MS}}^{OMC}\hat{s}_{t,MS}}{\max(s_{t,MS})}\right)(2+ME_t+\Delta ME_t)\times\\
&\left\{\frac{\hat{e}_{t,M}}{\max(e_{t,M})}-\frac{1}{2+ME_t+\Delta ME_t}+\frac{\frac{\Delta ME_t\frac{\zeta_{\hat{e}_{t,M}}(x)}{A_t\alpha_{e_M}^{AGR}}}{(2+ME_t)^2}}{1-\frac{\alpha_{s_{MS}}^{OMC}\hat{s}_{t,MS}}{\max(s_{t,MS})}}\left[1-\frac{f(E(\widehat{DIPG}_t))(E(\widehat{AGPR}_t)+\alpha_{e_M}^{AGR})}{\frac{1}{w}-(1-\hat{F}_t)}\right]\right\}\times\\
&\frac{\widehat{ma}_{t,M}}{\max(ma_{t,M})}\left\{1+\frac{\Delta ME_t}{2+ME_t}\left[1-\frac{f(E(\widehat{DIPG}_t))(E(\widehat{AGR}_t)+\alpha_{e_M}^{AGR})}{\frac{1}{w}-(1-\hat{F}_t)}\right]\zeta_{\widehat{ma}_{t,M}}(x)\right\}
\end{aligned}\tag{9.15}$$

另外，用$\widehat{OMC}_t(\Delta ME_t)$和$E(\widehat{AGR}_t(\Delta ME_t))$替代中小股东收益优化模型中的$OMC_t$和$E(AGR_t)$，可以计算得到$\widehat{EERM}_{t,MS}(\Delta ME_t)$，表达式如下：

$$\begin{aligned}
&\widehat{EERM}_{t,MS}(\Delta ME_t)\\
&=\frac{(1-\hat{F}_t)(1-w)}{1-LEV_t}\left[1-\left(1-\frac{\alpha_{s_{MS}}^{OMC}\hat{s}_{t,MS}}{\max(s_{t,MS})}\right)\alpha_{ma_M}^{OMC}\frac{\widehat{ma}_{t,M}(\Delta ME_t)}{\max(ma_{t,M})}\right]\times\\
&\alpha_{e_M}^{AGR}\left[(2+ME_t+\Delta ME_t)\frac{\hat{e}_{t,M}(\Delta ME_t)}{\max(e_{t,M})}-1\right]-\frac{(1-\hat{F}_t)(1-w)}{1-LEV_t}LEV_t\cdot I_t
\end{aligned}\tag{9.16}$$

将 $\widehat{EERM}_{t,MS}(\Delta ME_t)$ 代入公式 9.8 中，可以得到中小股东的监管力度，根据其监管力度的强弱判断对管理者过度乐观情绪的监管效果，具体计量公式为：

$$\begin{aligned}
&\frac{2\alpha_{s_{MS}}^{C}}{\alpha_{s_{MS}}^{EEERC}}\frac{\hat{s}_{t+1,MS}(\Delta ME_t)}{\max(s_{t+1,MS})}\\
&=A_{t+1}(1-LEV_{t+1})(1-\theta_{t+1})(1+\widehat{EERM}_{t,MS}(\Delta ME_t))\\
&=A_{t+1}(1-LEV_{t+1})(1-\theta_{t+1})\times\\
&\left\{1+\frac{(1-\hat{F}_t)(1-w)}{1-LEV_t}\left[1-\left(1-\frac{\alpha_{s_{MS}}^{OMC}\hat{s}_{t,MS}}{\max(s_{t,MS})}\right)\alpha_{ma_M}^{OMC}\frac{\widehat{ma}_{t,M}(\Delta ME_t)}{\max(ma_{t,M})}\right]\times\right.\\
&\left.\alpha_{e_M}^{AGR}\left[(2+ME_t+\Delta ME_t)\frac{\hat{e}_{t,M}(\Delta ME_t)}{\max(e_{t,M})}-1\right]-\frac{(1-\hat{F}_t)(1-w)}{1-LEV_t}LEV_t\cdot I_t\right\}
\end{aligned}\tag{9.17}$$

将式 9.11 代入上式可得：

$$\begin{aligned}
&\frac{2\alpha_{s_{MS}}^{C}}{\alpha_{s_{MS}}^{EEERC}}\frac{\hat{s}_{t+1,MS}(\Delta ME_t)}{\max(s_{t+1,MS})}\\
&=A_{t+1}(1-LEV_{t+1})(1-\theta_{t+1})(1-\frac{(1-\hat{F}_t)(1-w)}{1-LEV_t}LEV_t\cdot I_t)+\\
&A_{t+1}(1-LEV_{t+1})(1-\theta_{t+1})\frac{(1-\hat{F}_t)(1-w)}{1-LEV_t}\alpha_{e_M}^{AGR}\left\{1-(1-\frac{\alpha_{s_{MS}}^{OMC}\hat{s}_{t,MS}}{\max(s_{t,MS})})\frac{\alpha_{ma_M}^{OMC}\widehat{ma}_{t,M}}{\max(ma_{t,M})}\times\right.\\
&\left.\left[1+\frac{\Delta ME_t\cdot\zeta_{\widehat{ma}_{t,M}}(x)}{2+ME_t}(1-\frac{f(E(\widehat{DIPG}_t))(E(\widehat{AGR}_t)+\alpha_{e_M}^{AGR})}{\frac{1}{w}-(1-\hat{F}_t)})\right]\right\}\left\{(2+ME_t+\Delta ME_t)\times\right.\\
&\left.\left[\frac{\hat{e}_{t,M}}{\max(e_{t,M})}+\frac{\frac{\frac{\Delta ME_t}{(2+ME_t)^2}\zeta_{\hat{e}_{t,M}}(x)}{A_t\cdot\alpha_{e_M}^{AGR}}}{1-\frac{\alpha_{s_{MS}}^{OMC}\hat{s}_{t,MS}}{\max(s_{t,MS})}}\left(1-\frac{f(E(\widehat{DIPG}_t))(E(\widehat{AGR}_t)+\alpha_{e_M}^{AGR})}{\frac{1}{w}-(1-\hat{F}_t)}\right)\right]-1\right\}
\end{aligned}\tag{9.18}$$

其中，

$$x=A_t\cdot E(\widehat{AGR}_t)\left(1-\frac{\alpha_{s_{MS}}^{OMC}\hat{s}_{t,MS}}{\max(s_{t,MS})}\right)$$

和

$$\hat{F}_t=F(E(\widehat{DIPG}_t))=P(\varepsilon_t^{AGR}<E(\widehat{DIPG}_t))=\int_{-\infty}^{E(\widehat{DIPG}_t)}f(x)dx$$

在公式 9.15 中，ΔME_t 的函数项表示的是控股股东的监管力度，它反映控股股东为了维护自身利益而加强对管理者的监管，其值为正数说明监管有效，即控股股东监管力度越大，其收益越高。

在公式 9.18 中，ΔME_t 的函数项表示的是中小股东的监管力度，它反映中小股东为了维护自身利益对管理者进行监管，其值为负数，说明中小股东监管无效，即中小股东监管力度越大，其收益越小。

2. 二阶导数条件

在上面的公式中，$\widehat{ma}_{t,M}$、$\hat{e}_{t,M}$表示管理者的收益函数和成本支付函数，说明管理者在同股东的博弈中，其进行盈余管理的收益以及努力工作所付出的成本高低。

根据推导出的公式 9.15 和 9.18 的计算结果，说明控股股东的约束是有效的，而中小股东的监管系数为负，其最优策略就是“用脚投票”，卖出这家公司的股票。管理者在过度乐观情况下进行盈余管理时，必然会考虑控股股东和中小股东的反应，从而约束自己的行为。

综上所述，当管理者存在过度乐观或者过度自信的情绪偏差时，会增加管理者收益，降低股东收益。但是当管理者存在相反的情绪，即管理者过度悲观或者过度谨慎时，则会降低管理者收益，增加股东收益。用一个简单的例子便可以说明，2012 年我国经济开始出现调整，但是由于前期 40 000 亿的经济刺激计划使得房价高涨，房地产公司的管理者出于对宏观经济的乐观估计，以及对房地产企业发展的自信，高价购地，不断扩张，地王频现，但是实际经营业绩已经出现了滞涨。部分企业管理者采取了提前收款、提前验收等方式将未来收入提前实现，增加了公司利润。银行也对房地产给予支持，提供多种融资方式帮助房地产业扩张。这时候，房地产、银行的管理者处于过度乐观和过度自信之中，管理者的压力不大，但是薪酬等却很高。2014 年，中国的房地产出现了危机的苗头，房地产、银行的高管对于经济发展前景的估计不再乐观，甚至出现了悲观看法，银行的信贷支持已经减弱，房地产的扩张不再，管理者开始谨慎行事，这时候他们的工作压力大、投入大，但是薪酬等收益却在减少。

9.5 管理者情绪偏差状态下的盈余管理约束模型

根据前面的陈述可以看出，管理者情绪偏差包括过度自信和过度乐观，以及它们的反面过度悲观和过度谨慎四种情形。前面的研究我们给出了当管理者出现过度自信或者过度乐观单一情形时，其进行盈余管理的收益函数和成本支付函数，以及控股股东和中小股东对此所做的监管策略。但是管理者的过度自信和过度乐观往往是相伴而生的，当两者同时发生时，其盈余管理的程度会加大，给股东造成的危害也会增强。因此，股东应该从维护自身利益出发，加强对管理者盈余管理行为的监管，从而约束管理者的情绪偏差，维护公司利益。

9.5.1 管理者情绪偏差行为的计量

根据前面的公式，当管理者出现情绪偏差时，其与股东博弈的纳什均衡公式如下：

$$
\begin{cases}
\widehat{ma}_{t,M}(\Delta\sigma_{\varepsilon_t^{AGR}},\Delta ME_t)=\widehat{ma}_{t,M}-\Delta\sigma_{\varepsilon_t^{AGR}}\dfrac{\partial\widehat{ma}_{t,M}}{\partial\sigma_{\varepsilon_t^{AGR}}}+\Delta ME_t\dfrac{\partial\widehat{ma}_{t,M}}{\partial ME_t}\\[2ex]
\hat{e}_{t,M}(\Delta\sigma_{\varepsilon_t^{AGR}},\Delta ME_t)=\hat{e}_{t,M}-\Delta\sigma_{\varepsilon_t^{AGR}}\dfrac{\partial\hat{e}_{t,M}}{\partial\sigma_{\varepsilon_t^{AGR}}}+\Delta ME_t\dfrac{\partial\hat{e}_{t,M}}{\partial ME_t}
\end{cases}
\tag{9.19}
$$

其中，$\widehat{ma}_{t,M}(\Delta\sigma_{\varepsilon_t^{AGR}},\Delta ME_t)$和$\hat{e}_{t,M}(\Delta\sigma_{\varepsilon_t^{AGR}},\Delta ME_t)$代表管理者情绪偏差状态下的收益程度和成本支付水平，这里反映管理者乐观（或悲观）和自信（谨慎）共同作用用时管理者的收益程度。

将$\dfrac{\partial\widehat{ma}_{t,M}}{\partial\sigma_{\varepsilon_t^{AGR}}}$、$\dfrac{\partial\hat{e}_{t,M}}{\partial\sigma_{\varepsilon_t^{AGR}}}$、$\dfrac{\partial\widehat{ma}_{t,M}}{\partial ME_t}$和$\dfrac{\partial\hat{e}_{t,M}}{\partial ME_t}$代入上式可得：

$$
\begin{cases}
\widehat{ma}_{t,M}(\Delta\sigma_{\varepsilon_t^{AGR}},\Delta ME_t)=\widehat{ma}_{t,M}-\widehat{ma}_{t,M}\cdot\Delta\sigma_{\varepsilon_t^{AGR}}\dfrac{\dfrac{\partial\hat{F}_t}{\partial\sigma_{\varepsilon_t^{AGR}}}\zeta_{\widehat{ma}_{t,M}}(x)}{\dfrac{1}{w}-(1-\hat{F}_t)}+\\[3ex]
\qquad\Delta ME_t\dfrac{\widehat{ma}_{t,M}}{2+ME_t}\left[1-\dfrac{f(E(\widehat{DIPG}_t))(E(\widehat{AGR}_t)+\alpha_{e_M}^{AGR})}{\dfrac{1}{w}-(1-\hat{F}_t)}\right]\zeta_{\widehat{maa}_{t,M}}(x)\\[3ex]
\hat{e}_{t,M}(\Delta\sigma_{\varepsilon_t^{AGR}},\Delta ME_t)=\hat{e}_{t,M}-\dfrac{\dfrac{\Delta\sigma_{\varepsilon_t^{AGR}}\cdot\max(e_{t,M})}{A_t(2+ME_t)\alpha_{e_M}^{AGR}}}{1-\dfrac{\alpha_{s_{MS}}^{OMC}\hat{s}_{t,MS}}{\max(s_{t,MS})}}\dfrac{\dfrac{\partial\hat{F}_t}{\partial\sigma_{\varepsilon_t^{AGR}}}\zeta_{\hat{e}_{t,M}}(x)}{\dfrac{1}{w}-(1-\hat{F}_t)}+\\[3ex]
\qquad\dfrac{\dfrac{\Delta ME_t\max(e_{t,M})\zeta_{\hat{e}_{t,M}}(x)}{A_t(2+ME_t)^2\alpha_{e_M}^{AGR}}}{1-\dfrac{\alpha_{s_{MS}}^{OMC}\hat{s}_{t,MS}}{\max(s_{t,MS})}}\left[1-\dfrac{f(E(\widehat{DIPG}_t))(E(\widehat{AGR}_t)+\alpha_{e_M}^{AGR})}{\dfrac{1}{w}-(1-\hat{F}_t)}\right]
\end{cases}
\tag{9.20}
$$

9.5.2 管理者情绪偏差状态下约束模型的建立

（一）一阶导数条件

当管理者出现情绪偏差时，根据前面的公式，我们以$\widehat{ma}_{t,M}(\Delta\sigma_{\varepsilon_t^{AGR}},\Delta ME_t)$代替$\widehat{ma}_{t,M}$，可以得到$\widehat{OMC}_t(\Delta\sigma_{\varepsilon_t^{AGR}},\Delta ME_t)$的表达式如下：

$$\widehat{OMC}_t(\Delta\sigma_{\varepsilon_t^{AGR}},\Delta ME_t)=\left(1-\frac{\alpha_{s_{MS}}^{OMC}\hat{s}_{t,MS}}{\max(s_{t,MS})}\right)\alpha_{ma_M}^{OMC}\frac{\widehat{ma}_{t,M}(\Delta\sigma_{\varepsilon_t^{AGR}},\Delta ME_t)}{\max(ma_{t,M})} \tag{9.21}$$

以 $\hat{e}_{t,M}$（ΔME_t）代替 $\hat{e}_{t,M}$，可以得到 E（$\widehat{AGR}_t$（ΔME_t））的表达式如下：

$$E(\widehat{AGR}_t(\Delta\sigma_{\varepsilon_t^{AGR}},\Delta ME_t))=\alpha_{e_M}^{AGR}\left[(2+ME_t+\Delta ME_t)\frac{\hat{e}_{t,M}(\Delta\sigma_{\varepsilon_t^{AGR}},\Delta ME_t)}{\max(e_{t,M})}-1\right] \tag{9.22}$$

本研究用$\widehat{OMC}_t(\Delta\sigma_{\varepsilon_t^{AGR}},\Delta ME_t)$和$E(\widehat{AGR}_t(\Delta\sigma_{\varepsilon_t^{AGR}},\Delta ME_t))$替代股东的收益优化模型中的 OMC_t 和 $E(AGR_t)$，用来计量大股东对管理者的约束力度。在管理者出现过度的情绪偏差时，大股东约束管理者盈余管理行为模型的一阶导数条件，公式如下：

$$\begin{aligned}
&\hat{s}_{t,CS}(\Delta\sigma_{\varepsilon_t^{AGR}},\Delta ME_t)\\
&=\max(s_{t,CS})\frac{\alpha_{s_{CS}}^{IMC}}{2\alpha_{s_{CS}}^{C}}A_t\cdot E(\widehat{AGR}_t(\Delta\sigma_{\varepsilon_t^{AGR}},\Delta ME_t))\widehat{OMC}_t(\Delta\sigma_{\varepsilon_t^{AGR}},\Delta ME_t)\\
&=\max(s_{t,CS})\frac{\alpha_{s_{CS}}^{IMC}}{2\alpha_{s_{CS}}^{C}}\alpha_{e_M}^{AGR}\alpha_{ma_M}^{OMC}A_t\left(1-\frac{\alpha_{s_{MS}}^{OMC}\hat{s}_{t,MS}}{\max(s_{t,MS})}\right)\times\\
&\quad\left[(2+ME_t+\Delta ME_t)\frac{\hat{e}_{t,M}(\Delta\sigma_{\varepsilon_t^{AGR}},\Delta ME_t)}{\max(e_{t,M})}-1\right]\frac{\widehat{ma}_{t,M}(\Delta\sigma_{\varepsilon_t^{AGR}},\Delta ME_t)}{\max(ma_{t,M})}
\end{aligned} \tag{9.23}$$

将公式 9.20 代入公式 9.23 得到如下模型：

$$\begin{aligned}
&\hat{s}_{t,CS}(\Delta\sigma_{\varepsilon_t^{AGR}},\Delta ME_t)\\
&=\max(s_{t,CS})\frac{\alpha_{s_{CS}}^{IMC}}{2\alpha_{s_{CS}}^{C}}\alpha_{e_M}^{AGR}\alpha_{ma_M}^{OMC}A_t\left(1-\frac{\alpha_{s_{MS}}^{OMC}\hat{s}_{t,MS}}{\max(s_{t,MS})}\right)\frac{\widehat{ma}_{t,M}}{\max(ma_{t,M})}\left\{\frac{\hat{e}_{t,M}(2+ME_t+\Delta ME_t)}{\max(e_{t,M})}-1+\right.\\
&\left.\frac{\dfrac{1+\dfrac{\Delta ME_t}{2+ME_t}}{A_t\alpha_{e_M}^{AGR}}\zeta_{\hat{e}_{t,M}}(x)}{1-\dfrac{\alpha_{s_{MS}}^{OMC}\hat{s}_{t,MS}}{\max(s_{t,MS})}}\left[\frac{\Delta ME_t}{2+ME_t}\left(1-\frac{f(E(\widehat{DIPG}_t))(E(\widehat{AGR}_t)+\alpha_{e_M}^{AGR})}{\dfrac{1}{w}-(1-\hat{F}_t)}\right)-\frac{\Delta\sigma_{\varepsilon_t^{AGR}}\dfrac{\partial\hat{F}_t}{\partial\sigma_{\varepsilon_t^{AGR}}}}{\dfrac{1}{w}-(1-\hat{F}_t)}\right]\right\}\times
\end{aligned}$$

$$\zeta_{\widehat{ma}_{t,M}}(x)\left\{\frac{1}{\zeta_{\widehat{ma}_{t,M}}(x)}-\frac{\Delta\sigma_{\varepsilon_t^{AGR}}\frac{\partial\hat{F}_t}{\partial\sigma_{\varepsilon_t^{AGR}}}}{\frac{1}{w}-(1-\hat{F}_t)}+\frac{\Delta ME_t}{2+ME_t}\left[1-\frac{f(E(\widehat{DIPG_t}))(E(\widehat{AGR_t})+\alpha_{e_M}^{AGR})}{\frac{1}{w}-(1-\hat{F}_t)}\right]\right\} \tag{9.24}$$

另外，用$\widehat{OMC}_t(\Delta\sigma_{\varepsilon_t^{AGR}},\Delta ME_t)$和$E(\widehat{AGR}_t(\Delta\sigma_{\varepsilon_t^{AGR}},\Delta ME_t))$替代中小股东收益优化模型中的$OMC_t$和$E(AGR_t)$，可以计算得到$\widehat{EERM}_{t,MS}(\Delta\sigma_{\varepsilon_t^{AGR}},\Delta ME_t)$，表达式如下：

$$\begin{aligned}&\widehat{EERM}_{t,MS}(\Delta\sigma_{\varepsilon_t^{AGR}},\Delta ME_t)\\&=\frac{(1-\hat{F}_t)(1-w)}{1-LEV_t}\left[1-\left(1-\frac{\alpha_{s_{MS}}^{OMC}\hat{s}_{t,MS}}{\max(s_{t,MS})}\right)\alpha_{ma_M}^{OMC}\frac{\widehat{ma}_{t,M}(\Delta\sigma_{\varepsilon_t^{AGR}},\Delta ME_t)}{\max(ma_{t,M})}\right]\times\\&\alpha_{e_M}^{AGR}\left[(2+ME_t+\Delta ME_t)\frac{\hat{e}_{t,M}(\Delta\sigma_{\varepsilon_t^{AGR}},\Delta ME_t)}{\max(e_{t,M})}-1\right]-\frac{(1-\hat{F}_t)(1-w)}{1-LEV_t}LEV_t\cdot I_t\end{aligned} \tag{9.25}$$

将$\widehat{EERM}_{t,MS}(\Delta\sigma_{\varepsilon_t^{AGR}},\Delta ME_t)$代入公式9.25中，可以得到中小股东的监管力度，根据其监管力度的强弱判断对管理者过度乐观和过度自信等情绪偏差的监管效果，具体计量公式为：

$$\begin{aligned}&\frac{2\alpha_{s_{MS}}^{C}}{\alpha_{s_{MS}}^{EEERC}}\frac{\hat{s}_{t+1,MS}(\Delta\sigma_{\varepsilon_t^{AGR}},\Delta ME_t)}{\max(s_{t+1,MS})}\\&=A_{t+1}(1-LEV_{t+1})(1-\theta_{t+1})(1+\widehat{EERM}_{t,MS}(\Delta\sigma_{\varepsilon_t^{AGR}},\Delta ME_t))\\&=A_{t+1}(1-LEV_{t+1})(1-\theta_{t+1})\times\\&\left\{1+\frac{(1-\hat{F}_t)(1-w)}{1-LEV_t}\left[1-\left(1-\frac{\alpha_{s_{MS}}^{OMC}\hat{s}_{t,MS}}{\max(s_{t,MS})}\right)\alpha_{ma_M}^{OMC}\frac{\widehat{ma}_{t,M}(\Delta\sigma_{\varepsilon_t^{AGR}},\Delta ME_t)}{\max(ma_{t,M})}\right]\times\right.\\&\left.\alpha_{e_M}^{AGR}\left[(2+ME_t+\Delta ME_t)\frac{\hat{e}_{t,M}(\Delta\sigma_{\varepsilon_t^{AGR}},\Delta ME_t)}{\max(e_{t,M})}-1\right]-\frac{(1-\hat{F}_t)(1-w)}{1-LEV_t}LEV_t\cdot I_t\right\}\end{aligned} \tag{9.26}$$

将公式9.20代入上式可得：

$$\begin{aligned}&\frac{2\alpha_{s_{MS}}^{C}}{\alpha_{s_{MS}}^{EEERC}}\frac{\hat{s}_{t+1,MS}(\Delta\sigma_{\varepsilon_t^{AGR}},\Delta ME_t)}{\max(s_{t+1,MS})}\\&=A_{t+1}(1-LEV_{t+1})(1-\theta_{t+1})\frac{(1-\hat{F}_t)(1-w)}{1-LEV_t}\alpha_{e_M}^{AGR}\left\{1-\left(1-\frac{\alpha_{s_{MS}}^{OMC}\hat{s}_{t,MS}}{\max(s_{t,MS})}\right)\frac{\alpha_{ma_M}^{OMC}\widehat{ma}_{t,M}}{\max(ma_{t,M})}\times\right.\end{aligned}$$

$$\zeta_{\widehat{ma}_{t,M}}(x)\left[\frac{1}{\zeta_{\widehat{ma}_{t,M}}(x)}+\frac{\Delta ME_t}{2+ME_t}\left(1-\frac{f(E(\widehat{DIPG_t}))(E(\widehat{AGR_t})+\alpha_{e_M}^{AGR})}{\frac{1}{w}-(1-\hat{F}_t)}\right)-\frac{\Delta\sigma_{\varepsilon_t^{AGR}}\frac{\partial\hat{F}_t}{\partial\sigma_{\varepsilon_t^{AGR}}}}{\frac{1}{w}-(1-\hat{F}_t)}\right]\Bigg]\Bigg\}\times$$

$$\Bigg\{\left[\frac{\Delta ME_t}{2+ME_t}\left(1-\frac{f(E(\widehat{DIPG_t}))(E(\widehat{AGR_t})+\alpha_{e_M}^{AGR})}{\frac{1}{w}-(1-\hat{F}_t)}\right)-\frac{\Delta\sigma_{\varepsilon_t^{AGR}}\frac{\partial\hat{F}_t}{\partial\sigma_{\varepsilon_t^{AGR}}}}{\frac{1}{w}-(1-\hat{F}_t)}\right]\frac{\frac{1+\frac{\Delta ME_t}{2+ME_t}}{A_t\alpha_{e_M}^{AGR}}}{\frac{1-\frac{\alpha_{s_{MS}}^{OMC}\hat{s}_{t,MS}}{\max(s_{t,MS})}}{\zeta_{\hat{e}_{t,M}}(x)}}+$$

$$\frac{\hat{e}_{t,M}(2+ME_t+\Delta ME_t)}{\max(e_{t,M})}-1\Bigg\}+A_{t+1}(1-LEV_{t+1})(1-\theta_{t+1})\left(1-\frac{(1-\hat{F}_t)(1-w)}{1-LEV_t}LEV_t\cdot I_t\right) \tag{9.27}$$

其中，

$$x=A_t\cdot E(\widehat{AGR_t})\left(1-\frac{\alpha_{s_{MS}}^{OMC}\hat{s}_{t,MS}}{\max(s_{t,MS})}\right)$$

和

$$\hat{F}_t=F(E(\widehat{DIPG_t}))=P(\varepsilon_t^{AGR}<E(\widehat{DIPG_t}))=\int_{-\infty}^{E(\widehat{DIPG_t})}f(x)\,dx$$

（二） 二阶导数条件

在上面的公式中，$\widehat{ma}_{t,M}$、$\hat{e}_{t,M}$分别表示管理者的收益函数和成本支付函数，说明了管理者在同股东的博弈中，其进行盈余管理的收益以及努力工作所付出的成本的高低。

根据推导出的公式 9.24 和 9.27，使之作为控股股东和中小股东对管理者情绪偏差的约束模型。当管理者受过度自信和过度乐观双重情绪支配而进行盈余管理时，全体股东可以依据公式的运算结果，选择监管强度，或者“用脚投票”。

9.6 研究结论

企业盈余管理问题一直备受实务界和理论界的关注，现有文献已经围绕着公司治理、法律体系等主题对盈余管理的影响进行了深入研究，并取得了一定的成果。我们基于现有理论和研究成果，从管理者的非理性行为出发，研究了企业存在管理者过度自信、过度乐观等情绪偏差时对盈余管理活动所产生的影响，最终构建了管理者出现情绪偏差时，股东对其盈余管理行为的约束模型。研究发现：首先，管理者过度乐观程度可以用管理者对宏观经济运行状况的高估表示，过度自信可以用管理者对总资产利润率波动风险的低估表示。其次，我们探讨了企业管理者存在过度自信和过度乐观时对控股股东与管理者自身认知一致性的认识偏差程度，研究发现，当管理者存在认知偏差时，也会对自身与控股股东之间的信息不对称问题产生认识偏差，而企业控股股东在认清公司现状和宏观经济环境的基础上，可以有效地甄别管理者的错判行为。最后，我们构建了管理者情绪偏差状态下盈余管理的约束模型。模型分为两部分，首先测量管理者过度自信和过度乐观导致的行为偏差程度；之后在此基础上，引入控股股东与中小股东的收益优化模型，形成管理者情绪偏差状态下盈余管理的约束模型。

第10章　考虑管理者风险偏好的收益优化模型研究

10.1　问题的提出

人类社会的不断发展，使得经济社会各个领域都出现了广泛深入的社会分工。企业规模的不断扩大、现代经济活动的复杂化使得公司所有人不能够完全胜任企业的经营管理，职业经理人作为具备相关专业知识和技能的高水准的人才，逐渐成为企业经营管理的主要掌控人，其受雇于企业股东，本质目标是提高企业资源配置效率，增加企业经营成果，为股东创造价值。然而，所有权与经营权分离导致的一系列公司治理方面的问题也接踵而至。

完善的公司治理结构被认为是提高企业财务报告信息质量、约束盈余管理行为的有效机制，但是公司治理要发挥作用，需要良好的资本市场环境和经济社会环境，在一个经济社会环境存在欠缺、资本市场不完善的环境中，公司治理机制的作用要大打折扣。国内众多关于公司治理机制的研究也证实了这一点。由于盈余管理是管理者决策中的重要内容，盈余管理行为对公司、股东、管理者的利益会产生不同影响。因此，加强公司治理来约束盈余管理正成为一项重要工作。

在理论研究方面，对于公司治理能否约束盈余管理的问题，已经有文献的实证结果表明，上市公司的盈余管理行为会受到所在上市公司公司治理水平制约[①]；但是也有相反的研究结果，史丛莉（2006）、张兆国等（2009）的实证结果表明，公司治理并不能有

① 曹廷求，钱先航．公司治理与盈余管理：基于上市公司的实证分析［J］．山东大学学报，2008（6）：50～58.

效地约束上市公司的盈余管理行为，例如董事会机制、独立董事制度和审计委员会等与盈余管理并未有显著的负相关关系①。随着中国资本市场的不断完善，投资者逐渐成熟，监管制度不断完善，公司治理的作用会不断加强。

中国资本市场发展历史和上市公司股权结构存在特殊性，上市公司普遍存在“一股独大”的问题。控股股东在股东大会中占据绝对优势位置，在监督管理层行为、保证大股东自身利益不受侵害的同时，又可以利用大股东地位进行关联交易、转移资金等活动，从而侵占中小股东利益，导致双重委托代理问题。

中国的市场经济是双轨制下的经济，市场经济和计划经济并存，国有经济与民营经济并存，这种双轨制导致资源配置效率不高，国有企业竞争能力不强，缺乏自生能力。由于企业市场竞争能力不足，管理者迫于压力和自身利益需求而进行盈余管理就成为必然。

企业所有者和管理者之间的代理问题一直是公司治理领域研究的热点。由于控股股东决定性地支配着企业的内部治理，这会使其产生为侵占中小股东利益，从而操纵管理者进行盈余管理，因此在股东与管理者之间的监督与被监督关系之上，又产生了中小股东与控股股东之间的监督与被监督关系。目前来看，中小股东“用脚投票”的监管作用有限，但随着市场经济制度的健全和法治建设的不断深入，中国上市公司的治理水平日益提升，中小股东逐渐参与到企业的日常经营决策中，在提升上市公司治理效率方面发挥了不可替代的作用。

前文中，本书已经验证了上市公司盈余管理程度受到管理者风险偏好的影响，本章重点从管理者风险偏好这一行为特征的角度出发，进一步研究管理者与盈余管理之间的关系。通过分析股东与管理者、大股东与中小股东的委托代理关系，构建基于管理者风险偏好特征的双重委托代理关系的最优收益模型，以此来有效约束盈余管理行为，从而为建立良好的公司治理机制提供理论依据。

10.2 理论研究背景

经济学的三大理论基石包括理性人假设、信息透明假设和市场有效假设，由于现实

① 史丛莉．中国上市公司内部治理结构与盈余管理的实证研究［J］．沈阳工业大学学报，2006（3）：348～353；张兆国．公司治理结构与盈余管理——来自中国上市公司的经验数据［J］．中国软科学，2009（1）：122～133.

资本市场中信息不透明造成了委托代理中的冲突，使得股东与管理者之间由于利益不一致而产生公司治理的矛盾，盈余管理就是其中的主要表现之一。委托人和代理人之间存在着动态博弈，股东和管理者由于利益目标不同，为了各自的利益最大化，不断重复着"管理者违约—股东加强监督—管理者受到约束—管理者出现新违约"的博弈过程。在博弈过程中，股东和管理者可能出现暂时的利益一致而产生纳什均衡，产生了最优解。但是大部分时间两者利益不一致，无法达成均衡。管理者利用其所处地位和信息优势，能够了解公司真实经营状况，而且出于自利动机，可以利用盈余管理的手段侵蚀上市公司的利益。股东为了维护合法权益，通过股东会、监事会、加强外部审计等手段，构建合理的公司治理机制，实施公司治理措施，并充分利用外部监管，从而对经理人的侵占行为予以约束，将股东与经理人之间的冲突关系调整到股东相对满意的状态。

前文中已经论述了委托代理理论的产生和发展以及现代企业中委托代理关系的主要特点等内容，此处不再赘述。

需要说明的是，在现代企业制度下，所有权和经营权的分离导致了第一类委托代理问题，即所有权和经营权的冲突。在股权集中程度较高的企业中还可能存在第二类委托代理问题，其产生机理如下：由于中小股东持股比例小，在股东会的决策中往往处于弱势，相比较而言，大股东持股比例大，所以能够对公司事项产生重大影响，尤其是占有控股地位的控股股东可以在经理人的聘任、薪酬、晋升、考核等方面发挥决定作用，使得控股股东与经理人的关系较为紧密。正是利用这种特殊地位，控股股东会产生操纵经理人侵占中小股东利益。因此，当存在控股股东时，中小股东与控股股东之间的利益冲突构成公司治理的第二类委托代理问题①。

首先，施莱佛和维什尼、拉波尔塔提出，股东与管理者之间的委托代理问题已不再是大多数国家的大型公司的主要代理问题，取而代之的是控股股东与中小股东之间的委托代理问题，朱志文和汪金爱（2009）等学者也同意上述观点②。此外，国内一些研究也表明，股权高度集中的情况下，作为公司治理措施之一的股权激励性质上已转变为控股股东与管理者合谋侵占中小股东利益的契约安排③。冯根福（2002）认为，西方传统

① 郑志刚. 投资者之间的利益冲突和公司治理机制的整合［J］. 经济研究，2004（2）：115～125；Su Y Y，Xu D，Phan P H. Principal-principal Conflict in the Governance of the Chinese Public Corporation［J］. Management and Organization Review，2008（1）：17－38.

② Shleifer A，Vishny R. A Survey of Corporate Governance［J］. Journal of Finance，1997（2）：737－783；La－Porta R，Lopez－de－Silanes F，Shleifer A. Corporate Ownership around the World［J］. The Journal of Finance，1999（2）：471－517；朱至文，汪金爱. 多重委托－代理关系、公司控制机制与大股东通过关联交易掠夺［J］. 中大管理研究，2009（2）：61～92.

③ 潘颖，聂建平. 大股东利益侵占对股权激励实施效应的影响［J］. 经济与管理，2010（1）：35～38.

的单委托代理理论并不适合解释股权集中情况下的委托代理问题①。

其次，获得内部治理权的控股股东与管理者之间已基本上不存在信息不对称问题，不仅如此，控股股东还能够在判断管理者认知偏差方面获得优势，如前面第九章内容介绍的当管理者存在过度自信和过度乐观从而产生认知偏差时，会认为控股股东也与其抱持相同的认知，而事实上，控股股东能够了解管理者的真实能力、外部宏观状况，以及管理者的认知偏差。

委托代理问题产生的根源在于经济学的理论假设之一——信息透明假设受到了冲击，这也是资本市场不完善的表现。市场不完善导致了经理人的不完全理性，他们的决策会违背期望收益理论。投资者和其他利益相关者同样因为不完全理性而导致决策的非理性，对经济学的理性经济人假设产生影响。这样的结果会使资本市场有效性受到质疑。如果市场无效或者部分有效，对企业、投资者、管理者、股票的信息内涵等又会造成不良影响。所以说，解决委托代理问题的最根本出路在于建立一个完善、有效、透明、自由的资本市场。

10.3 期望收益函数的构建原则

管理者进行盈余管理的目的是使自身利益最大化，但在这个过程中会损害股东利益，因此，股东对管理者行为的监督也必然成为约束盈余管理行为的重要举措之一。因此，本研究以管理者进行盈余管理行为代表管理者谋求私利行为，同时以股东的监管行为代表股东所采取的各种约束措施。

此外，由于在浮动薪酬模式下，管理者为了获得更多的薪酬会努力工作，从而增加企业的利润。我们将以管理者的薪酬激励为出发点，建立股东与管理者之间的博弈模型，发挥浮动薪酬模式对管理者行为的监督和激励作用。在这里，我们设定管理者薪酬比例作为代理变量，薪酬比例是指管理者薪酬占企业利润的比例。一般来说，管理者薪酬比例越高，股东的收益会相应减少。美国国际集团（AIG）利用政府救援资金给高管发放了 2 亿元的奖金而遭到公众吐槽；平安集团的公司利润低于中国人寿，但部分高管的年薪却达到了 4 000 万元以上，是中国人寿高管的 20 倍，被股东用脚投票等等。

---

① 冯根福，赵健．现代公司治理结构新分析——兼评国内外现代公司治理结构研究的新进展［J］．中国工业经济，2002（11）：75 ~83.

基于第一类委托代理问题和第二类委托代理问题，我们描述了股东和管理者之间的利益关系，如图 10. 1 所示。在图中，委托代理冲突表现在三方面：首先是委托人和代理人的冲突，企业管理者利用信息不对称来侵占股东的利益；其次是大股东和中小股东的冲突，控股股东利用自身的信息优势和控制地位，在保证自身利益不被管理者侵占的同时，又与管理者合谋侵占中小股东利益；最后，中小股东在权力有限，并存在信息劣势的情况下，利用“用脚投票”等市场机制来监管控股股东以及管理者。

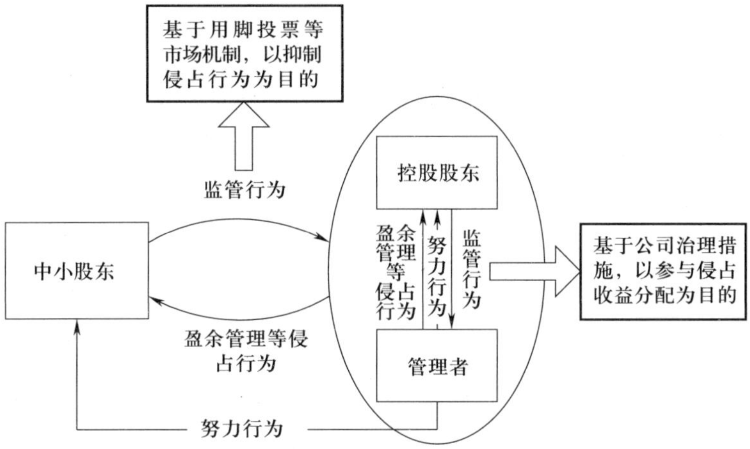

图 10. 1　股东与管理者之间的利益关系

从图中可以看出，管理者、控股股东、中小股东之间既有共同利益，又存在利益冲突，只有在完善公司治理的情况下才能削弱冲突而实现共同利益。在构建管理者、控股股东与中小股东的期望收益函数时，应该主要考虑以下原则：①体现管理者、控股股东、中小股东之间的委托代理关系原则；②满足可比性原则，在不同企业之间管理者期望收益率和股东期望收益率具有可比性；③充分考虑企业面临的宏观经济环境、监管部门查处盈余管理的力度等外部因素的原则；④充分考虑各行为主体的成本和管理者的风险偏好的原则；⑤充分考虑管理者风险偏好和行为特征原则。

10. 3. 1　控股股东、小股东、管理者之间的委托代理关系

控股股东的出现，使原来投资者和经营者之间的委托代理问题变成了大股东、小股东和经营者三个利益主体之间的矛盾，三者为了实现各自的利益最大化而进行博弈[①]。管

① 郑春艳. 管理者风险偏好对上市公司盈余管理的影响研究［D］. 大连理工大学博士论文，2011.

理者因拥有绝对信息优势而谋取个人私利，并可能损害股东利益；控股股东基于股权优势会谋取大股东利益最大化，并可能损害小股东利益；中小股东在股东会表决、掌握公司信息等方面处于劣势，但是他们可以通过“用脚投票”、累计投票权、网络监督等方式来维护自身权利。我们期望利用三者之间的博弈过程，构建期望收益模型，找到最优解，为实现三者的利益均衡找到答案。

（一）管理者收益函数

管理者的收益主要表现为薪酬和在职消费，这些收益会引起股东收益的减少。管理者收益函数（Revenue Function of Managers，简称RFM）是指管理者获得的收益占企业资产的比例，这部分利益没有与控股股东进行分享。管理者收益函数与收益质量指数（Earnings Quality Index，简称EQI）之间存在函数关系。管理者收益函数表达式设定如下：

$$RFM = 1 - (\alpha_{EQI}^{RFM})^{EQI} \tag{10.1}$$

其中，

$$\begin{cases} EQI \in (0, +\infty) \\ \alpha_{EQI}^{RFM} \in (0,1) \end{cases}$$

因此有，

$$RFM \in (0,1)$$

（1）变量设置

α_{B}^{TYPE}：管理者收益质量对效率函数的影响系数，本文假设它是一个稳定值；

B：管理者盈余管理类型；

$TYPE$：管理者收益类型，包括薪酬、在职消费等；

（2）影响管理者收益函数的规律表达式

管理者收益函数受管理者行为强度影响的规律可以由管理者收益行为强度中关于收益函数的导数表示。

$$\begin{cases} \dfrac{\partial RFM}{\partial EQI} = -(\alpha_{EQI}^{RFM})^{EQI}\ln(\alpha_{EQI}^{RFM}) \\ \dfrac{\partial^2 RFM}{\partial EQI^2} = -(\alpha_{EQI}^{RFM})^{EQI}(\ln(\alpha_{EQI}^{RFM}))^2 \end{cases} \tag{10.2}$$

（二）虚增利润系数

虚增利润行为的动机主要是能够给管理者带来更高的基于绩效的薪酬回报，虚增利润系数（Exaggerating Profit Coefficient，简称EPC）表示管理者虚增利润水平引起的虚增资产的比例水平。具体表达式如下所示：

$$EPC_t = 1 - (\alpha_{ep_M}^{EPC})^{ep_{t,M}} \tag{10.3}$$

其中，

$$\begin{cases} ep_{t,M} \in (0, +\infty) \\ \alpha_{ep_M}^{EPC} \in (0,1) \end{cases}$$

因此有，

$$EPC_t \in (0,1)$$

对虚增利润系数的解释如下：

（1）变量设置

管理者的虚增利润行为强度 $ep_{t,M}$ 和虚增利润行为回报系数 $\alpha_{rs_{CS}}^{IRSC}$ 都是虚增利润系数的影响因素。

（2）影响表达式取值因素的规律

虚增利润系数受虚增利润行为强度的影响规律，可以由虚增利润行为强度 $ep_{t,M}$ 关于虚增利润系数 EPC_t 的导数来表示：

$$\begin{cases} \dfrac{\partial EPC_t}{\partial ep_{t,M}} = -(\alpha_{ep_M}^{EPC})^{ep_{t,M}} \ln(\alpha_{ep_M}^{EPC}) \\ \dfrac{\partial^2 EPC_t}{\partial ep_{t,M}{}^2} = -(\alpha_{ep_M}^{EPC})^{ep_{t,M}} (\ln(\alpha_{ep_M}^{EPC}))^2 \end{cases} \tag{10.4}$$

（三）寻租分享系数

寻租分享系数（Rent-seeking and Sharing Coefficient，简称 RSSC）指控股股东通过寻租行为来分享管理者收益的比例，具体公式如下：

$$RSSC_t = 1 - (\alpha_{rss_{CS}}^{RSSC})^{rss_{t,CS}} \tag{10.5}$$

其中，

$$\begin{cases} rss_{t,CS} \in (0, +\infty) \\ \alpha_{rss_{CS}}^{RSSC} \in (0,1) \end{cases}$$

因此有，

$$RSSC_t \in (0,1)$$

以下是对寻租分享系数的说明：

（1）变量设置

本文用 $rss_{t,CS}$ 表示控股股东的寻租分享行为强度；

用 $\alpha_{rs_{CS}}^{IRSC}$ 表示控股股东的寻租分享行为回报系数。

（2）影响公式 10.5 取值的规律分析

本研究构建模型 10.6 来反映寻租分享系数的影响规律，可以由寻租分享行为强度关于寻租分享系数的导数来反映：

$$\begin{cases}\dfrac{\partial RSSC_t}{\partial rss_{t,CS}} = -(\alpha_{rss_{CS}}^{RSSC})^{rss_{t,CS}}\ln(\alpha_{rss_{CS}}^{RSSC}) \\ \dfrac{\partial^2 RSSC_t}{\partial rss_{t,CS}{}^2} = -(\alpha_{rss_{CS}}^{RSSC})^{rss_{t,CS}}(\ln(\alpha_{rss_{CS}}^{RSSC}))^2\end{cases} \tag{10.6}$$

（四） 知情权

信息知情权（DC）是指中小股东在多大程度上了解企业的真实经营状况，它用如下形式表达：

$$DC_t = 1 - (\alpha_{s_{MS}}^{DC})^{s_{t,MS}} + \varepsilon_t^{DC}$$

中小股东对于企业真实经营状况的信息知情权的期望值如下：

$$E(DC_t) = 1 - (\alpha_{s_{MS}}^{DC})^{s_{t,MS}} \tag{10.7}$$

其中，

$$\begin{cases} s_{t,MS} \in (0, +\infty) \\ \alpha_{s_{MS}}^{DC} \in (0,1) \\ \varepsilon_t^{DC} \sim U(-a_t^{DC}, a_t^{DC}) \end{cases}$$

因此有，

$$E(DC_t) \in (0,1)$$

以下是对知情权的说明：

（1）变量设置

中小股东监管行为强度 $s_{t,MS}$ 和监管行为回报系数 $\alpha_{s_{MS}}^{DC}$ 都是信息知情权的影响因素。

（2）影响因素对于信息知情权取值的作用规律

本研究构建模型 10.8 来反映中小股东监管行为对信息知情权的影响规律，可以由中小股东监管行为强度关于知情权的导数来反映：

$$\begin{cases}\dfrac{\partial DC_t}{\partial s_{t,MS}} = \dfrac{\partial E(DC_t)}{\partial s_{t,MS}} = -(\alpha_{s_{MS}}^{DC})^{s_{t,MS}}\ln(\alpha_{s_{MS}}^{DC}) \\ \dfrac{\partial^2 DC_t}{\partial s_{t,MS}{}^2} = \dfrac{\partial^2 E(DC_t)}{\partial s_{t,MS}{}^2} = -(\alpha_{s_{MS}}^{DC})^{s_{t,MS}}(\ln(\alpha_{s_{MS}}^{DC}))^2\end{cases} \tag{10.8}$$

10.3.2 考虑宏观经济状况对企业资产收益率的影响

本研究用企业资产收益率 AGR 表示营业利润占总资产的比重，其中，营业利润扣除了支付给管理者的薪酬和融资利息。企业资产收益率是公司预期收益率 $EERM_t$ 的基础。管理者是企业战略的决策者，以及各项经营战略的执行者，所以，管理者的行为强度 $e_{t,M}$ 和宏观经济状况 ME_t 直接影响着企业资产收益率水平的高低。企业资产收益率的表达式设定如下：

$$AGR_t = ((1 + ME_t)\alpha_{e_M}^{AGR} + 1)^{\frac{e_{t,M}}{\bar{e}_{t,M}}} - 1 + \varepsilon_t^{AGR} \tag{10.9}$$

企业资产收益率的期望值如下：

$$E(AGR_t) = ((1 + ME_t)\alpha_{e_M}^{AGR} + 1)^{\frac{e_{t,M}}{\bar{e}_{t,M}}} - 1 \tag{10.10}$$

其中，

$$\begin{cases} e_{t,M} \in (-\infty, +\infty) \\ \alpha_{e_M}^{AGR} \in (0, +\infty) \\ ME_t \in (-1, +\infty) \\ \varepsilon_t^{AGR} \sim U(-a_t^{AGR}, a_t^{AGR}) \end{cases}$$

因此有，

$$E(AGR_t) \in (-1, +\infty)$$

以下是对企业资产收益率的说明：

（一） 变量设置

宏观经济状况 ME_t、管理者行为强度 $e_{t,M}$、管理者努力回报系数 $\alpha_{e_M}^{AGR}$ 以及随机误差项 ε_t^{AGR}，都是影响资产收益率的因素。假设变量之间相互独立，并且 ε_t^{AGR} 服从均匀分布 $U(-a_t^{AGR}, a_t^{AGR})$。

（二） 影响资产收益率（公式 10.10）取值的规律

本研究构建导数 10.11 来反映股东和管理者行为等因素对资产收益率的影响规律。

$$
\begin{cases}
\dfrac{\partial AGR_t}{\partial e_{t,M}} = \dfrac{\partial E(AGR_t)}{\partial e_{t,M}} = \left((1+ME_t)\alpha_{e_M}^{AGR}+1\right)^{\frac{e_{t,M}}{\bar{e}_{t,M}}} \dfrac{\ln\left((1+ME_t)\alpha_{e_M}^{AGR}+1\right)}{\bar{e}_{t,M}} \\
\dfrac{\partial^2 AGR_t}{\partial {e_{t,M}}^2} = \dfrac{\partial^2 E(AGR_t)}{\partial {e_{t,M}}^2} = \left((1+ME_t)\alpha_{e_M}^{AGR}+1\right)^{\frac{e_{t,M}}{\bar{e}_{t,M}}} \left(\dfrac{\ln\left((1+ME_t)\alpha_{e_M}^{AGR}+1\right)}{\bar{e}_{t,M}}\right)^2 \\
\dfrac{\partial AGR_t}{\partial ME_t} = \dfrac{\partial E(AGR_t)}{\partial ME_t} = \alpha_{e_M}^{AGR}\dfrac{e_{t,M}}{\bar{e}_{t,M}}\left((1+ME_t)\alpha_{e_M}^{AGR}+1\right)^{\frac{e_{t,M}}{\bar{e}_{t,M}}-1} \\
\dfrac{\partial^2 AGR_t}{\partial {ME_t}^2} = \dfrac{\partial^2 E(AGR_t)}{\partial {ME_t}^2} = \left(\alpha_{e_M}^{AGR}\right)^2 \dfrac{e_{t,M}}{\bar{e}_{t,M}}\left(\dfrac{e_{t,M}}{\bar{e}_{t,M}}-1\right)\left((1+ME_t)\alpha_{e_M}^{AGR}+1\right)^{\frac{e_{t,M}}{\bar{e}_{t,M}}-2}
\end{cases}
\tag{10.11}
$$

10.3.3 考虑各主体的行为成本因素

只有在期望收益率函数中综合考虑行为的回报与成本，才能充分揭示管理者与股东之间博弈的权衡规律。管理者与股东的行为成本并不像企业的经营成本能够随着宏观经济状况的变化而变化，行为成本主要指行为主体做出行为所花费的时间、精力以及物质资源等。因此，宏观经济状况并不会对管理者与股东的行为成本产生显著影响。

管理者与股东的侵占行为成本 C(Cost)表达式如下：

$$
\begin{cases}
C(e_{t,M}) = \left(\alpha_{e_M}^{C}\right)^{-|e_{t,M}|} - 1 \\
C(EQI) = \left(\alpha_{EQI}^{C}\right)^{-EQI} - 1 \\
C(ep_{t,M}) = \left(\alpha_{ep_M}^{C}\right)^{-ep_{t,M}} - 1 \\
C(rss_{t,CS}) = \left(\alpha_{rss_{CS}}^{C}\right)^{-rss_{t,CS}} - 1 \\
C(s_{t,MS}) = \left(\alpha_{s_{MS}}^{C}\right)^{-s_{t,MS}} - 1
\end{cases}
\tag{10.12}
$$

其中，

$$\alpha_{e_M}^{C}, \alpha_{EQI}^{C}, \alpha_{ep_M}^{C}, \alpha_{rss_{CS}}^{C}, \alpha_{s_{MS}}^{C} \in (0,1)$$

相应行为强度 $b_{t,S}$ 是行为成本 $C(b_{t,S})$ 的主要影响因素。行为成本期望的取值范围是 $C(b_{t,S}) \in (0, +\infty)$，其中，行为成本系数由 $\alpha_{b_S}^{C}$ 表示，用来衡量成本函数取值时的放大程度如何受行为强度的影响。

各因素对行为成本的影响程度可以由行为成本关于各个影响因素的导数来说明，见公式 10.13 和 10.14。

$$
\begin{cases}
\dfrac{\partial C(e_{t,M})}{\partial e_{t,M}} = -(\alpha_{e_M}^C)^{-|e_{t,M}|}\ln(\alpha_{e_M}^C)\dfrac{|e_{t,M}|}{e_{t,M}} \\
\dfrac{\partial C(EQI)}{\partial EQI} = -(\alpha_{EQI}^C)^{-EQI}\ln(\alpha_{EQI}^C) \\
\dfrac{\partial C(ep_{t,M})}{\partial ep_{t,M}} = -(\alpha_{ep_M}^C)^{-ep_{t,M}}\ln(\alpha_{ep_M}^C) \\
\dfrac{\partial C(rss_{t,CS})}{\partial rss_{t,CS}} = -(\alpha_{rss_{CS}}^C)^{-rss_{t,CS}}\ln(\alpha_{rss_{CS}}^C) \\
\dfrac{\partial C(s_{t,MS})}{\partial s_{t,MS}} = -(\alpha_{s_{MS}}^C)^{-s_{t,MS}}\ln(\alpha_{s_{MS}}^C)
\end{cases}
\tag{10.13}
$$

和

$$
\begin{cases}
\dfrac{\partial^2 C(e_{t,M})}{\partial e_{t,M}^2} = (\alpha_{e_M}^C)^{-|e_{t,M}|}(\ln(\alpha_{e_M}^C))^2 \\
\dfrac{\partial^2 C(EQI)}{\partial EQI^2} = (\alpha_{EQI}^C)^{-EQI}(\ln(\alpha_{EQI}^C))^2 \\
\dfrac{\partial^2 C(ep_{t,M})}{\partial ep_{t,M}^2} = (\alpha_{ep_M}^C)^{-ep_{t,M}}(\ln(\alpha_{ep_M}^C))^2 \\
\dfrac{\partial^2 C(rss_{t,CS})}{\partial rss_{t,CS}^2} = (\alpha_{rss_{CS}}^C)^{-rss_{t,CS}}(\ln(\alpha_{rss_{CS}}^C))^2 \\
\dfrac{\partial^2 C(s_{t,MS})}{\partial s_{t,MS}^2} = (\alpha_{s_{MS}}^C)^{-s_{t,MS}}(\ln(\alpha_{s_{MS}}^C))^2
\end{cases}
\tag{10.14}
$$

10.3.4 考虑企业受罚的风险

为了构建期望收益率函数，还需考虑企业利润操纵被查处而受到的惩罚风险。

本研究中，企业被查处风险由 F_t^{DC} 来表示，F_t^{DC} 是中小股东正确判断管理者是否进行侵占行为及其强度的概率，其中，中小股东对于企业状况了解清晰度的阈值用$\widehat{DC}_t$ 表示。具体表达式如下：

$$
\begin{aligned}
F_t^{DC} &= P(DC_t > \widehat{DC}_t \mid \varepsilon_t^{DC} \in [-a_t^{DC}, a_t^{DC}]) \\
&= P(\varepsilon_t^{DC} > \widehat{DC}_t - E(DC_t) \mid \varepsilon_t^{DC} \in [-a_t^{DC}, a_t^{DC}]) \\
&= \int_{\max(\widehat{DC}_t - E(DC_t), -a_t^{DC})}^{\max(\max(\widehat{DC}_t - E(DC_t), -a_t^{DC}), a_t^{DC})} f(\varepsilon_t^{DC})\, d\varepsilon_t^{DC} \\
&= \int_{\max(\widehat{DC}_t - E(DC_t), -a_t^{DC})}^{\max(\max(\widehat{DC}_t - E(DC_t), -a_t^{DC}), a_t^{DC})} \frac{1}{2a_t^{DC}}\, d\varepsilon_t^{DC}
\end{aligned}
$$

$$= \frac{\max(\max(\widehat{DC}_t - E(DC_t), -a_t^{DC}), a_t^{DC}) - \max(\widehat{DC}_t - E(DC_t), -a_t^{DC})}{2a_t^{DC}}$$

$$= \frac{\max(0, a_t^{DC} - \max(\widehat{DC}_t - E(DC_t), -a_t^{DC}))}{2a_t^{DC}}$$

$$= \frac{\max(0, \min(E(DC_t) + a(P_t) - \widehat{DC}_t, 2a_t^{DC}))}{2a_t^{DC}} = \max\left(\min\left(\frac{E(DC_t) + a_t^{DC} - \widehat{DC}_t}{2a_t^{DC}}, 1\right), 0\right)$$

$$= \begin{cases} \dfrac{E(DC_t) + a_t^{DC} - \widehat{DC}_t}{2a_t^{DC}}, & -a_t^{DC} \leqslant E(DC_t) - \widehat{DC}_t \leqslant a_t^{DC} \\ 0 & , E(DC_t) - \widehat{DC}_t < -a_t^{DC} \\ 1 & , E(DC_t) - \widehat{DC}_t > a_t^{DC} \end{cases} \tag{10.15}$$

各因素对于查处风险 F_t^{DC} 的影响规律可以由企业被查处风险 F_t^{DC} 关于各变量的导数来说明。

由于存在，

$$\begin{cases} \dfrac{\partial F_t^{DC}}{\partial s_{t,MS}} = -\dfrac{1}{2a_t^{DC}}(\alpha_{s_{MS}}^{DC})^{s_{t,MS}} \ln(\alpha_{s_{MS}}^{DC}), -a_t^{DC} \leqslant E(DC_t) - \widehat{DC_t \leqslant a_t^{DC}} \\ \dfrac{\partial F_t^{DC}}{\partial s_{t,MS}} = 0, else \end{cases} \tag{10.16}$$

因此有，

$$\begin{cases} \dfrac{\partial^2 F_t^{DC}}{\partial s_{t,MS}{}^2} = -\dfrac{1}{2a_t^{DC}}(\alpha_{s_{MS}}^{DC})^{s_{t,MS}}(\ln(\alpha_{s_{MS}}^{DC}))^2, -a_t^{DC} \leqslant E(DC_t) - \widehat{DC_t \leqslant a_t^{DC}} \\ \dfrac{\partial^2 F_t^{DC}}{\partial s_{t,MS}{}^2} = 0, else \end{cases} \tag{10.17}$$

10.3.5 考虑行为主体的过度风险偏好状况

行为主体存在过度风险偏好时，会基于其个体偏好对查处风险的估计产生偏差，错估的查处风险用 $\pi(F_t^{DC})$ 表示，具体如下：

$$\pi(F_t^{DC}) = a_{F_t^{DC}}^{\pi}\left(F_t^{DC} - \frac{1}{2}\right) + \frac{1}{2} \tag{10.18}$$

其中，$a_{F_t^{DC}}^{\pi}$ 表示管理者的风险偏好水平，其取值范围如下：

$$-1 \leqslant -\frac{1}{|2F_t^{DC} - 1|} \leqslant a_{F_t^{DC}}^{\pi} \leqslant \frac{1}{|2F_t^{DC} - 1|} \leqslant 1$$

各因素对于错估查处风险的影响程度，可以由错估后的查处风险的导数来计量。

由于存在：

$$\begin{cases} \dfrac{\partial \pi(F_t^{DC})}{\partial s_{t,MS}} = a_{F_t^{DC}}^{\pi} \dfrac{\partial F_t^{DC}}{\partial s_{t,MS}} = -\dfrac{a_{F_t^{DC}}^{\pi}}{2a_t^{DC}} (\alpha_{s_{MS}}^{DC})^{s_{t,MS}} \ln(\alpha_{s_{MS}}^{DC}),\ -a_t^{DC} \leqslant E(DC_t) - \widehat{DC_t} \leqslant a_t^{DC} \\ \dfrac{\partial \pi(F_t^{DC})}{\partial s_{t,MS}} = a_{F_t^{DC}}^{\pi} \dfrac{\partial F_t^{DC}}{\partial s_{t,MS}} = 0, else \end{cases} \tag{10.19}$$

因此有：

$$\begin{cases} \dfrac{\partial^2 \pi(F_t^{DC})}{\partial s_{t,MS}{}^2} = a_{F_t^{DC}}^{\pi} \dfrac{\partial^2 F_t^{DC}}{\partial s_{t,MS}{}^2} = -\dfrac{a_{F_t^{DC}}^{\pi}}{2a_t^{DC}} (\alpha_{s_{MS}}^{DC})^{s_{t,MS}} (\ln(\alpha_{s_{MS}}^{DC}))^2,\ -a_t^{DC} \leqslant E(DC_t) - \widehat{DC_t} \leqslant a_t^{DC} \\ \dfrac{\partial^2 \pi(F_t^{DC})}{\partial s_{t,MS}{}^2} = a_{F_t^{DC}}^{\pi} \dfrac{\partial^2 F_t^{DC}}{\partial s_{t,MS}{}^2} = 0, else \end{cases} \tag{10.20}$$

10.4 期望收益函数的构建

10.4.1 管理者期望收益函数的构建

管理者的期望回报率主要与利润操纵、资产侵占和自身努力行为的期望报酬率相关，而上述三种行为的期望成本率都包括在管理者的期望成本中，二者的差额就是管理者的期望收益率（Expected Earnings Ratio，简称 EER）。具体表达式如下：

$$EER_{t,M} = \frac{(1-\pi(F_t^{DC}))}{N_{t,M}} \begin{pmatrix} w_t(AGR_t + EPC_t - RFM - LEV_t I_t) A_t \\ - RSSC_t w_t EPC_t A_t + (1 - RSSC_t) RFMA_t \end{pmatrix} +$$

$$\frac{\pi(F_t^{DC})}{N_{t,M}} \begin{pmatrix} w_t(AGR_t + EPC_t - RFM - LEV_t I_t) A_t \\ - RSSC_t w_t EPC_t A_t + (1 - RSSC_t) RFMA_t \\ - (1 - RSSC_t) w_t EPC_t A_t r_t - (1 - RSSC_t) RFMA_t r_t \end{pmatrix} -$$

$$\frac{C(e_{t,M}) + C(EQI) + C(ep_{t,M})}{N_{t,M}}$$

$$= \frac{(1-\pi(F_t^{DC}))}{N_{t,M}} \begin{pmatrix} w_t(AGR_t - RFM - LEV_t I_t) A_t \\ + (1 - RSSC_t) w_t EPC_t A_t + (1 - RSSC_t) RFMA_t \end{pmatrix} +$$

$$\frac{\pi(F_t^{DC})}{N_{t,M}} \begin{pmatrix} w_t(AGR_t - RFM - LEV_t I_t) A_t \\ + (1 - RSSC_t) w_t EPC_t A_t (1 - r_t) + (1 - RSSC_t) RFMA_t (1 - r_t) \end{pmatrix} -$$

$$\frac{C(e_{t,M})+C(EQI)+C(ep_{t,M})}{N_{t,M}}$$

$$=\frac{A_t}{N_{t,M}}\begin{pmatrix} w_t(AGR_t-RFM-LEV_tI_t) \\ +(1-\pi(F_t^{DC})r_t)(1-RSSC_t)(w_tEPC_t+RFM) \end{pmatrix}- \tag{10.21}$$

$$\frac{C(e_{t,M})+C(EQI)+C(ep_{t,M})}{N_{t,M}}$$

其中，t 期管理者期望收益率由 $EER_{t,M}$ 表示，t 期企业管理者人数由 $N_{t,M}$ 表示，管理者的薪酬比率由常数 w 表示，t 期发现侵占行为的处罚力度由 r_t 表示，t 期初的企业资产规模由 A_t 表示，t 期初资产负债率由 LEV_t 表示，t 期的利息率由 I_t 表示。

各因素对管理者的期望收益率的影响规律可以由管理者的期望收益率关于各变量的导数来说明。

其中，管理者的努力行为强度对管理者的期望收益率影响规律如下：

$$\frac{\partial EER_{t,M}}{\partial e_{t,M}}=((1+ME_t)\alpha_{e_M}^{AGR}+1)^{\frac{e_{t,M}}{\bar{e}_{t,M}}}\frac{\ln((1+ME_t)\alpha_{e_M}^{AGR}+1)}{\bar{e}_{t,M}}\frac{A_tw_t}{N_{t,M}}+ \frac{1}{N_{t,M}}(\alpha_{e_M}^{C})^{-|e_{t,M}|}\ln(\alpha_{e_M}^{C})\frac{|e_{t,M}|}{e_{t,M}} \tag{10.22}$$

和

$$\frac{\partial^2 EER_{t,M}}{\partial {e_{t,M}}^2}=((1+ME_t)\alpha_{e_M}^{AGR}+1)^{\frac{e_{t,M}}{\bar{e}_{t,M}}}\left(\frac{\ln((1+ME_t)\alpha_{e_M}^{AGR}+1)}{\bar{e}_{t,M}}\right)^2\frac{A_tw_t}{N_{t,M}}- \frac{1}{N_{t,M}}(\alpha_{e_M}^{C})^{-|e_{t,M}|}(\ln(\alpha_{e_M}^{C}))^2 \tag{10.23}$$

管理者直接侵占收益行为强度对管理者的期望收益率影响规律如下：

$$\frac{\partial EER_{t,M}}{\partial EQI}=\left(1-\frac{(1-RSSC_t)(1-r_t\pi(F_t^{DC}))}{w_t}\right)\frac{A_tw_t}{N_{t,M}}(\alpha_{EQI}^{RFM})^{EQI}\ln(\alpha_{EQI}^{RFM})+ \frac{1}{N_{t,M}}(\alpha_{EQI}^{C})^{-EQI}\ln(\alpha_{EQI}^{C}) \tag{10.24}$$

和

$$\frac{\partial^2 EER_{t,M}}{\partial EQI^2}$$

$$=\left(1-\frac{(1-RSSC_t)(1-r_t\pi(F_t^{DC}))}{w_t}\right)(\alpha_{EQI}^{RFM})^{EQI}(\ln(\alpha_{EQI}^{RFM}))^2\frac{A_tw_t}{N_{t,M}}-\frac{1}{N_{t,M}}(\alpha_{EQI}^{C})^{-EQI}(\ln(\alpha_{EQI}^{C}))^2 \tag{10.25}$$

管理者的虚增利润行为强度对管理者的期望收益率影响规律如下：

$$\frac{\partial EER_{t,M}}{\partial ep_{t,M}}=-(1-RSSC_t)(1-r_t\pi(F_t^{DC}))(\alpha_{ep_M}^{EPC})^{ep_{t,M}}\ln(\alpha_{ep_M}^{EPC})\frac{A_t w_t}{N_{t,M}}+\frac{1}{N_{t,M}}(\alpha_{ep_M}^{C})^{-ep_{t,M}}\ln(\alpha_{ep_M}^{C})\tag{10.26}$$

和

$$\frac{\partial^2 EER_{t,M}}{\partial ep_{t,M}{}^2}=-(1-RSSC_t)(1-r_t\pi(F_t^{DC}))(\alpha_{ep_M}^{EPC})^{ep_{t,M}}(\ln(\alpha_{ep_M}^{EPC}))^2\frac{A_t w_t}{N_{t,M}}-\frac{1}{N_{t,M}}(\alpha_{ep_M}^{C})^{-ep_{t,M}}(\ln(\alpha_{ep_M}^{C}))^2\tag{10.27}$$

10.4.2 控股股东期望收益函数的构建

控股股东的期望回报率包括股权和监管期望回报率，控股股东的期望成本率包括上述行为的期望成本率，控股股东的期望收益率等于二者的差额。具体表达式如下：

$$\begin{aligned}
EER_{t,CS}&=\frac{(1-\pi(F_t^{DC}))}{A_t(1-LEV_t)\theta_t}\left(\begin{array}{l}\theta_t\left(\begin{array}{l}(AGR_t-RFM-LEV_tI_t)A_t\\-w_t(AGR_t+EPC_t-RFM-LEV_tI_t)A_t\end{array}\right)\\+RSSC_tw_tEPC_tA_t+RSSC_tRFMA_t\end{array}\right)+\\
&\quad\frac{\pi(F_t^{DC})}{A_t(1-LEV_t)\theta_t}\left(\begin{array}{l}\theta_t\left(\begin{array}{l}(AGR_t-RFM-LEV_tI_t)A_t\\-w_t(AGR_t+EPC_t-RFM-LEV_tI_t)A_t\end{array}\right)\\+RSSC_tw_tEPC_tA_t+RSSC_tRFMA_t\\-RSSC_tw_tEPC_tA_tr_t-RSSC_tRFMA_tr_t\end{array}\right)-\frac{C(rss_{t,CS})}{A_t(1-LEV_t)\theta_t}\\
&=\frac{1}{1-LEV_t}\left(\begin{array}{l}(AGR_t-RFM-LEV_tI_t)\\-w_t(AGPR_t+EPC_t-RFM-LEV_tI_t)\end{array}\right)+\\
&\quad\frac{RSSC_tw_tEPC_t(1-\pi(F_t^{DC})r_t)}{(1-LEV_t)\theta_t}+\frac{RSSC_tRFM(1-\pi(F_t^{DC})r_t)}{(1-LEV_t)\theta_t}-\frac{C(rss_{t,CS})}{A_t(1-LEV_t)\theta_t}\\
&=\frac{(AGR_t-RFM-LEV_tI_t)(1-w_t)-\pi(F_t^{AGR})w_tEPC_t}{1-LEV_t}+\\
&\quad\frac{(1-\pi(F_t^{DC})r_t)}{(1-LEV_t)\theta_t}RSSC_t(w_tEPC_t+RFM)-\frac{C(rss_{t,CS})}{A_t(1-LEV_t)\theta_t}
\end{aligned}\tag{10.28}$$

其中，$EER_{t,CS}$表示 t 期控股股东期望收益率，θ_t 表示 t 期控股股东持股比例。

控股股东的期望收益率可以反映控股股东寻租分享行为对其期望收益率的影响，具体用公式 10.29 表示。

$$\frac{\partial EER_{t,CS}}{\partial rss_{t,CS}}=\frac{1}{A_t(1-LEV_t)\theta_t}\frac{\partial RSSC_t}{\partial rss_{t,CS}}(1-\pi(F_t^{DC})r)(w_tEPC_t+RFM)A_t-\frac{1}{A_t(1-LEV_t)\theta_t}\frac{\partial C(rss_{t,CS})}{\partial rss_{t,CS}}$$

$$=-(\alpha_{rss_{CS}}^{RSSC})^{rss_{t,CS}}\ln(\alpha_{rss_{CS}}^{RSSC})(1-\pi(F_t^{DC})r_t)(w_tEPC_t+RFM)\frac{1}{(1-LEV_t)\theta_t}+\frac{1}{A_t(1-LEV_t)\theta_t}(\alpha_{rss_{CS}}^{C})^{-rss_{t,CS}}\ln(\alpha_{rss_{CS}}^{C})$$

(10.29)

和

$$\frac{\partial^2 EER_{t,CS}}{\partial rss_{t,CS}^2}=\frac{\partial^2 RSSC_t}{\partial rss_{t,CS}^2}(1-\pi(F_t^{DC})r)(w_tEPC_t+RFM)A_{t-1}-\frac{\partial^2 C(rss_{t,CS})}{\partial rss_{t,CS}^2}$$

$$=-(\alpha_{rss_{CS}}^{RSSC})^{rss_{t,CS}}(\ln(\alpha_{rss_{CS}}^{RSSC}))^2(1-\pi(F_t^{DC})r)(w_tEPC_t+RFM)\frac{1}{(1-LEV_t)\theta_t}-\frac{1}{A_t(1-LEV_t)\theta_t}(\alpha_{rss_{CS}}^{C})^{-rss_{t,CS}}(\ln(\alpha_{rss_{CS}}^{C}))^2$$

(10.30)

10.4.3 中小股东期望收益函数的构建

近年来，中国逐渐发展起来的机构投资者作为中小股东的代表，在充分利用市场制度和法律法规的基础上，在企业监督方面起到了越来越明显的作用。机构投资者也因此越来越受到理论界与实务界的关注。

中小股东的期望回报率包括股权和监管期望回报率，中小股东的期望成本率包括上述行为的期望成本率，中小股东的期望收益率等于二者的差额。具体表达式如下：

$$EER_{t,MS}=\frac{(1-\theta_t)\begin{pmatrix}(AGR_t-RFM-LEV_tI_t)A_t\\-w_t(AGR_t+EPC_t-RFM-LEV_tI_t)A_t\end{pmatrix}+\pi(F_t^{DC})r_t(RFMA_t+w_tEPC_tA_t)-C(s_{t,MS})}{A_t(1-LEV_t)(1-\theta_t)}$$

$$=\frac{A_t\begin{pmatrix}(1-\theta_t)(1-w_t)(AGR_t-RFM-LEV_tI_t)\\+\pi(F_t^{DC})r_tRFM+(\pi(F_t^{DC})r_t-(1-\theta_t))w_tEPC_t\end{pmatrix}-C(s_{t,MS})}{A_t(1-LEV_t)(1-\theta_t)}$$

$$
\frac{(1-w_t)(AGR_t - RFM - LEV_t I_t) + \frac{\pi(F_t^{DC}) r_t}{1-\theta_t} RFM + \left(\frac{\pi(F_t^{DC}) r_t}{1-\theta_t} - 1\right) w_t EPC_t}{1 - LEV_t} - \frac{C(s_{t,MS})}{A_t(1-LEV_t)(1-\theta_t)} \quad (10.31)
$$

其中，$EER_{t,MS}$表示中小股东期望收益率。

中小股东的期望收益率可以反映中小股东监管行为对其期望收益率的影响，具体可以用公式 10.32 和公式 10.33 表示。

$$
\begin{cases}
\dfrac{\partial EER_{t,MS}}{\partial s_{t,MS}} = -\dfrac{a_{F_t^{DC}}^{\pi}}{2a_t^{DC}} \dfrac{(\alpha_{s_{MS}}^{DC})^{s_{t,MS}} \ln(\alpha_{s_{MS}}^{DC}) r_t (RFM + w_t EPC_t)}{(1-LEV_t)(1-\theta_t)} + \dfrac{(\alpha_{s_{MS}}^{C})^{-s_{t,MS}} \ln(\alpha_{s_{MS}}^{C})}{A_t(1-LEV_t)(1-\theta_t)} & , -a_t^{DC} \leqslant E(DC_t) - \widehat{DC}_t \leqslant a_t^{DC} \\
\dfrac{\partial EER_{t,MS}}{\partial s_{t,MS}} = -\dfrac{\dfrac{\partial C(s_{t,MS})}{\partial s_{t,MS}}}{A_t(1-LEV_t)(1-\theta_t)} = \dfrac{(\alpha_{s_{MS}}^{C})^{-s_{t,MS}} \ln(\alpha_{s_{MS}}^{C})}{A_t(1-LEV_t)(1-\theta_t)} & , else
\end{cases}
\quad (10.32)
$$

和

$$
\begin{cases}
\dfrac{\partial^2 EER_{t,MS}}{\partial {s_{t,MS}}^2} = -\dfrac{a_{F_t^{DC}}^{\pi}}{2a_t^{DC}} \dfrac{(\alpha_{s_{MS}}^{DC})^{s_{t,MS}} (\ln(\alpha_{s_{MS}}^{DC}))^2 r_t (RFM + w_t EPC_t)}{(1-LEV_t)(1-\theta_t)} - \dfrac{(\alpha_{s_{MS}}^{C})^{-s_{t,MS}} (\ln(\alpha_{s_{MS}}^{C}))^2}{A_t(1-LEV_t)(1-\theta_t)} & , -a_t^{DC} \leqslant E(DC_t) - \widehat{DC}_t \leqslant a_t^{DC} \\
\dfrac{\partial^2 EER_{t,MS}}{\partial {s_{t,MS}}^2} = -\dfrac{\dfrac{\partial^2 C(s_{t,MS})}{\partial {s_{t,MS}}^2}}{A_t(1-LEV_t)(1-\theta_t)} = -\dfrac{(\alpha_{s_{MS}}^{C})^{-s_{t,MS}} (\ln(\alpha_{s_{MS}}^{C}))^2}{A_t(1-LEV_t)(1-\theta_t)} & , else
\end{cases}
\quad (10.33)
$$

10.5 收益优化模型研究

10.5.1 收益优化模型概述

在控制了其他各方行为的条件下，某一方获得最大期望收益所需的行为强度，这就是收益优化决策。

求解期望收益率最大化需要在满足一阶导数构成条件的基础上，同时满足二阶导数构成条件。我们假设管理者与股东的期望收益率对于其侵占行为和监督行为强度的一阶导数期望值为零；同时，其二阶导数的期望值小于或等于零，这主要是为了保证极值能够与最大值重合。

本研究在界定各变量取值范围之后，还假设各股东的期望收益率和企业资产收益率均大于 -1，即假设亏损限额最多为投入的全部资金，其中，S 代表相关主体。由于大概率事件基本都会成立，因此，上述假设能够在不丢失重要信息的前提下，保证不等式中移项等运算过程的简便。

10.5.2 管理者的收益优化模型研究

管理者期望收益率对于其自身行为强度的一阶导数等于零，二阶导数不大于零，这是管理者侵占行为、虚增利润行为以及努力行为的期望收益最大化的充要条件。其中，一阶导数为零的条件如下：

$$\begin{cases}\dfrac{\partial EER_{t,M}}{\partial e_{t,M}}=0\\[2ex] \dfrac{\partial EER_{t,M}}{\partial EQI}=0\\[2ex] \dfrac{\partial EER_{t,M}}{\partial ep_{t,M}}=0\end{cases}\Leftrightarrow\begin{cases}\left(\left(1+ME_t\right)\alpha_{e_M}^{AGR}+1\right)^{\frac{e_{t,M}}{\bar{e}_{t,M}}}\left(\alpha_{e_M}^{C}\right)^{|e_{t,M}|}=\dfrac{-\ln\left(\alpha_{e_M}^{C}\right)\dfrac{|e_{t,M}|}{e_{t,M}}}{A_t w_t\dfrac{\ln\left(\left(1+ME_t\right)\alpha_{e_M}^{AGR}+1\right)}{\bar{e}_{t,M}}}\\[4ex] \left(\alpha_{EQI}^{C}\alpha_{EQI}^{RFM}\right)^{EQI}=\dfrac{\dfrac{\ln\left(\alpha_{EQI}^{C}\right)}{\ln\left(\alpha_{EQI}^{RFM}\right)}}{A_t w_t\left(\dfrac{\left(1-RSSC_t\right)\left(1-r_t\pi\left(F_t^{DC}\right)\right)}{w_t}-1\right)}\\[4ex] \left(\alpha_{ep_M}^{C}\alpha_{ep_M}^{EPC}\right)^{ep_{t,M}}=\dfrac{\dfrac{\ln\left(\alpha_{ep_M}^{C}\right)}{\ln\left(\alpha_{ep_M}^{EPC}\right)}}{A_t w_t\left(1-RSSC_t\right)\left(1-r_t\pi\left(F_t^{DC}\right)\right)}\end{cases}\tag{10.34}$$

上式成立的条件是：

$$\begin{cases}E\left(AGR_t\right)+EPC_t-RFM-LEV_tI_t<-a_t^{AGR}\\ or\\ E\left(AGR_t\right)+EPC_t-RFM-LEV_tI_t>a_t^{AGR}\end{cases}$$

将公式 10.34 代入管理者期望收益率关于管理者各种行为的二阶导数中得到：

$$
\begin{cases}
\left.\dfrac{\partial^2 EER_{t,M}}{\partial {e_{t,M}}^2}\right|_{\frac{\partial EER_{t,M}}{\partial e_{t,M}}=0} = -\dfrac{1}{N_{t,M}}(\alpha_{e_M}^{C})^{-|e_{t,M}|}(\ln(\alpha_{e_M}^{C}))^2\left(\dfrac{|e_{t,M}|}{e_{t,M}}\dfrac{\ln((1+ME_t)\alpha_{e_M}^{AGR}+1)}{\bar{e}_{t,M}\ln(\alpha_{e_M}^{C})}+1\right) \\
\left.\dfrac{\partial^2 EER_{t,M}}{\partial EQI^2}\right|_{\frac{\partial EER_{t,M}}{\partial EQI}=0} = -\dfrac{1}{N_{t,M}}(\alpha_{EQI}^{C})^{-EQI}(\ln(\alpha_{EQI}^{C}))^2\left(\dfrac{\ln(\alpha_{EQI}^{RFM})}{\ln(\alpha_{EQI}^{C})}+1\right) \\
\left.\dfrac{\partial^2 EER_{t,M}}{\partial {ep_{t,M}}^2}\right|_{\frac{\partial EER_{t,M}}{\partial ep_{t,M}}=0} = -\dfrac{1}{N_{t,M}}(\alpha_{ep_M}^{C})^{-ep_{t,M}}(\ln(\alpha_{ep_M}^{C}))^2\left(\dfrac{\ln(\alpha_{ep_M}^{EPC})}{\ln(\alpha_{ep_M}^{C})}+1\right)
\end{cases}
\tag{10.35}
$$

上式成立的条件是：

$$
\begin{cases}
E(AGR_t)+EPC_t-RFM-LEV_tI_t<-a_t^{AGR} \\
or \\
E(AGR_t)+EPC_t-RFM-LEV_tI_t>a_t^{AGR}
\end{cases}
$$

以下是在管理者期望收益率最大化的充要条件中，二阶导数不大于零的条件：

$$
\begin{cases}
\left.\dfrac{\partial^2 EER_{t,M}}{\partial EQI^2}\right|_{\frac{\partial EER_{t,M}}{\partial EQI}=0}\leqslant 0 \\
\left.\dfrac{\partial^2 EER_{t,M}}{\partial {e_{t,M}}^2}\right|_{\frac{\partial EER_{t,M}}{\partial e_{t,M}}=0}\leqslant 0 \\
\left.\dfrac{\partial^2 EER_{t,M}}{\partial {ep_{t,M}}^2}\right|_{\frac{\partial EER_{t,M}}{\partial ep_{t,M}}=0}\leqslant 0
\end{cases}
\Leftrightarrow
\begin{cases}
\dfrac{\ln((1+ME_t)\alpha_{e_M}^{AGR}+1)}{\dfrac{e_{t,M}}{|e_{t,M}|}\bar{e}_{t,M}\ln(\alpha_{e_M}^{C})}\geqslant -1 \\
\dfrac{\ln(\alpha_{EQI}^{RFM})}{\ln(\alpha_{EQI}^{C})}\geqslant -1 \\
\dfrac{\ln(\alpha_{ep_M}^{EPC})}{\ln(\alpha_{ep_M}^{C})}\geqslant -1
\end{cases}
\Leftrightarrow \dfrac{|e_{t,M}|}{e_{t,M}}\dfrac{\ln((1+ME_t)\alpha_{e_M}^{AGR}+1)}{\bar{e}_{t,M}\ln(\alpha_{e_M}^{C})}\geqslant -1
\tag{10.36}
$$

上式成立的条件是：

$$
\begin{cases}
E(AGR_t)+EPC_t-RFM-LEV_tI_t<-a_t^{AGR} \\
or \\
E(AGR_t)+EPC_t-RFM-LEV_tI_t>a_t^{AGR}
\end{cases}
$$

从以上结果可以看出：

① $\pi(F_t^{DC})$是错估的查处风险，该项的值越大，则等式右侧值越大；在回报系数 α_{EQI}^{RFM} 和管理者直接侵占收益行为成本系数 α_{EQI}^{C} 都为介于(0,1)之间的常数时，则需要 EQI，即管理者直接侵占收益行为强度处于一个低水平。因此，错估的查处风险与管理者的直接侵占收益行为强度呈负相关关系。由于错估的查处风险 $\pi(F_t^{DC})=a_{F_t^{DC}}^{\pi}\left(F_t^{DC}-\dfrac{1}{2}\right)+\dfrac{1}{2}$，则：

当 $F_t^{DC} > \frac{1}{2}$ 时，管理者的风险偏好水平 $a_{F_t^{DC}}^{\pi}$ 与错估的查处风险呈正相关关系，与管理者的直接侵占收益行为强度呈负相关关系，说明当存在较高的查处风险时，即使是风险偏好水平较高的管理者也会收敛自己的侵占行为。因此，中小股东如果能充分发挥其有限权利的作用，将会对管理者的直接侵占行为形成有限约束。

当 $F_t^{DC} < \frac{1}{2}$ 时，管理者的风险偏好水平与错估的查处风险呈负相关关系，与管理者的直接侵占收益行为强度呈正相关关系，即当实际查处风险较低时，风险偏好较高的管理者会增加直接侵占行为。该论断符合我国中小股东目前在资本市场上监管作用有限的现实情况。

② 错估的查处风险 $\pi(F_t^{DC})$ 越大，等式右侧值越大；当回报系数 $\alpha_{ep_M}^{EPC}$ 和管理者虚增利润行为成本系数 $\alpha_{ep_M}^{C}$ 都在(0,1)之间时，那么需要管理者的虚增利润行为强度处于一个低水平。因此，错估的查处风险与管理者的虚增利润行为强度 $ep_{t,M}$ 呈负相关关系。由于错估的查处风险 $\pi(F_t^{DC}) = a_{F_t^{DC}}^{\pi}\left(F_t^{DC} - \frac{1}{2}\right) + \frac{1}{2}$，那么，

当 $F_t^{DC} > \frac{1}{2}$ 时，管理者的风险偏好水平与错估的查处风险呈正相关关系，与管理者的虚增利润行为强度呈负相关关系，即风险偏好较高的管理者在实际查处风险较高时不会进行更多的盈余管理行为。

当 $F_t^{DC} < \frac{1}{2}$ 时，管理者的风险偏好水平与错估的查处风险呈负相关关系，与管理者的虚增利润行为强度呈正相关，即当实际查处风险较低时，风险偏好水平较高的管理者会进行更多的盈余管理行为侵占股东利益。这符合我国中小股东在资本市场上监管作用有限的现实情况。

10.5.3 控股股东的收益优化模型研究

控股股东寻租分享行为期望收益最大化的充要条件是，控股股东期望收益率关于其自身行为强度的一阶导数为零，二阶导数不大于零。以下是一阶导数为零的条件：

$$\frac{\partial EER_{t,CS}}{\partial rss_{t,CS}} = 0 \Leftrightarrow (\alpha_{rss_{CS}}^{C}\alpha_{rss_{CS}}^{RSSC})^{rss_{t,CS}} = \frac{1}{A_t}\frac{\ln(\alpha_{rss_{CS}}^{C})}{\ln(\alpha_{rss_{CS}}^{RSSC})}\frac{1}{(1-\pi(F_t^{DC})r_t)(w_t EPC_t + RFM)} \quad (10.37)$$

在控股股东期望收益率关于控股股东各种行为的二阶导数中引入一阶导数条件得到：

$$\frac{\partial^2 EER_{t,CS}}{\partial rss_{t,CS}^{\ 2}}\Bigg|_{\frac{\partial EER_{t,CS}}{\partial rss_{t,CS}}=0} = -\frac{(\alpha_{rss_{CS}}^{C})^{-rss_{t,CS}}(\ln(\alpha_{rss_{CS}}^{C}))^{2}\left(\frac{\ln(\alpha_{rss_{CS}}^{RSSC})}{\ln(\alpha_{rss_{CS}}^{C})}+1\right)}{A_t(1-ALR_t)\theta_t} \tag{10.38}$$

因此有：

$$\frac{\partial^2 EER_{t,CS}}{\partial rss_{t,CS}^{\ 2}}\Bigg|_{\frac{\partial EER_{t,CS}}{\partial rss_{t,CS}}=0} \leqslant 0$$

恒成立。

以上结果说明：

错估的查处风险 $\pi(F_t^{DC})$ 越大，则等式右侧值越小；在控股股东寻租分享行为成本系数 $\alpha_{rss_{CS}}^{C}$ 介于(0,1)之间时，需要控股股东寻租分享行为强度 $rss_{t,CS}$ 处于一个低水平。因此错估的查处风险与控股股东寻租分享行为强度之间呈负相关。由于错估的查处风险 $\pi(F_t^{DC})=a_{F_t^{DC}}^{\pi}\left(F_t^{DC}-\frac{1}{2}\right)+\frac{1}{2}$，则：

当 $F_t^{DC}>\frac{1}{2}$ 时，管理者的风险偏好水平与错估的查处风险呈正相关关系，与控股股东寻租分享行为强度呈负相关关系。即高水平的实际查处风险能够在很大程度上约束控股股东根据管理者的风险偏好水平进行寻租分享行为。

当 $F_t^{DC}<\frac{1}{2}$ 时，管理者的风险偏好水平与错估的查处风险呈负相关关系，与控股股东寻租分享行为强度呈正相关关系。即控股股东的寻租分享行为强度受到低水平的实际查处风险的诱使，会与管理者的风险偏好水平呈正相关。

10.5.4 中小股东的收益优化模型研究

中小股东监管行为的期望收益最大化的充要条件是，中小股东期望收益率对其自身行为强度的一阶导数为零，二阶导数不大于零。

由于不满足 $-a_t^{DC}\leqslant E(DC_t)-\widehat{DC_t}\leqslant a_t^{DC}$ 时 $\frac{\partial EER_{t,MS}}{\partial s_{t,MS}}=0$ 无解，因此，中小股东期望收益率最大化的充要条件中的一阶导数条件如下：

$$\frac{\partial EER_{t,MS}}{\partial s_{t,MS}}=0 \Leftrightarrow (\alpha_{s_{MS}}^{C}\alpha_{s_{MS}}^{DC})^{s_{t,MS}}=\frac{\frac{\ln(\alpha_{s_{MS}}^{C})}{\ln(\alpha_{s_{MS}}^{DC})}}{\frac{a_{F_t^{DC}}^{\pi}}{2a_t^{DC}}A_t r_t(RFM+w_t EPC_t)},\ -a_t^{DC}\leqslant E(DC_t)-\widehat{DC}_t\leqslant a_t^{DC} \tag{10.39}$$

在中小股东期望收益率对各种行为的二阶导数中引入一阶导数条件，得到：

$$\left.\frac{\partial^2 EER_{t,MS}}{\partial s_{t,MS}^{\ \ 2}}\right|_{\frac{\partial EER_{t,MS}}{\partial s_{t,MS}}=0} = -\frac{(\alpha_{s_{MS}}^{C})^{-s_{t,MS}}(\ln(\alpha_{s_{MS}}^{C}))^2}{A_t(1-ALR_t)(1-\theta_t)}\left(\frac{\ln(\alpha_{s_{MS}}^{DC})}{\ln(\alpha_{s_{MS}}^{C})}+1\right), -a_t^{DC}\leqslant E(DC_t)-\widehat{DC}_t\leqslant a_t^{DC} \tag{10.40}$$

因此有：

$$\left.\frac{\partial^2 EER_{t,MS}}{\partial s_{t,MS}^{\ \ 2}}\right|_{\frac{\partial EER_{t,MS}}{\partial s_{t,MS}}=0}\leqslant 0$$

恒成立。

以上结果说明：

管理者的风险偏好水平越高，则等式右侧的数值$\dfrac{\dfrac{\ln(\alpha_{s_{MS}}^{C})}{\ln(\alpha_{s_{MS}}^{DC})}}{\dfrac{a_{F_t^{DC}}^{\pi}}{2a_t^{DC}}A_t r_t(RFM+w_t EPC_t)}$越小；当回报系数 $\alpha_{s_{MS}}^{DC}$和中小股东监管行为成本系数 $\alpha_{s_{MS}}^{C}$都在（0，1）之间时，则需要中小股东的监管行为强度 $s_{t,MS}$处于一个高水平。即，需要中小股东进行监管的强度与企业管理者的风险偏好水平呈正相关。

10.6 研究结论

本部分主要立足于企业的管理者、控股股东和中小股东等行为主体，详细地剖析了存在于三者之间的委托代理问题，并在综合考虑管理者的风险偏好状况，以及权衡各利益相关者的成本与收益的基础上，建立了三者之间的收益优化模型，在考虑管理者的风险偏好的同时，为股东的最优决策提供理论参考。

研究结果主要包括：首先，实际查处风险会显著地影响企业管理者的侵占行为。具体而言，当企业面临着较高的查处风险时，即使是风险偏好水平较高的管理者也会收敛自己的侵占行为；而高风险偏好管理者的侵占行为会在查处风险水平较低时，更加肆意。因此，中小股东如果能充分发挥其有限权利的作用，将会对管理者的直接侵占行为形成有限约束。

其次，实际查处风险与虚增利润等盈余管理行为之间关系显著。高水平实际查处风险能够有效抑制管理层虚增利润等盈余管理行为。

再次，高水平的实际查处风险能够在很大程度上约束控股股东根据管理者的风险偏好水平进行寻租分享行为。相反，控股股东的寻租分享行为强度受到低水平的实际查处风险的诱使，会与管理者的风险偏好水平呈正相关。

最后，在管理者风险偏好水平较高时，需要企业的中小股东在公司治理和约束盈余管理方面加强监管。

本部分的创新点主要有两方面：一方面，构建了管理者、控股股东与中小股东之间的期望收益函数。在模型构建的过程中，根据管理者的努力行为、侵占行为和股东的监管行为所产生的成本与收益，充分考虑三者之间的双重委托代理关系，同时将企业资产毛利的随机波动、宏观经济状况变化、违规风险以及管理者的认知偏差导致的过度行为等因素均考虑在内。另一方面，依据前面得到的期望收益函数，运用数学求导方法，建立了管理者、控股股东与中小股东三者之间的收益优化模型，深入挖掘了影响三个行为主体之间关系的因素，具有重要的理论价值和现实意义。

参考文献

中文著作

[1] 陈野华. 行为金融学 [M]. 成都: 西南财经大学出版社, 2006: 370 -371.

[2] 崔巍. 行为金融学 [M]. 北京: 中国发展出版社, 2008: 37.

[3] 何大安. 选择行为的理性与非理性融合 [M]. 上海: 上海人民出版社, 2006: 1.

[4] 蒋义宏, 魏刚. 净资产收益率与配股条件 [M]. 上海: 上海财经大学出版社, 1998.

[5] 任春艳. 上市公司盈余管理与会计准则制定 [M]. 北京: 中国财政经济出版社, 2004.

[6] 汪丁丁, 叶航. 理性的追问——关于经济学理性主义的对话 [M]. 桂林: 广西师范大学出版社, 2003.

[7] [美] 赫伯特·西蒙. 《管理行为》[M]. 詹正茂, 译. 北京: 机械工业出版社, 2009.

[8] [美] 威廉·斯科特. 《财务会计理论》 [M]. 陈汉文, 等译. 北京: 机械工业出版社, 2000.

[9] [美] 亚当·斯密. 《国富论》[M]. 杨敬年, 译. 西安: 陕西人民出版社, 2001.

[10] [美] 朱·弗登博格, [法] 让·梯若尔. 博弈论 [M]. 黄涛, 等译. 北京: 中国人民大学出版社, 2002.

中文论文

[1] 包世泽. 考虑委托代理冲突的公司治理与盈余管理研究 [D]. 大连理工大学，2008.

[2] 蔡春，黄益建，赵莎. 关于审计质量对盈余管理影响的实证研究 [J]. 审计研究，2005 (2): 3 -10.

[3] 曹廷求，钱先航. 公司治理与盈余管理: 基于上市公司的实证分析 [J]. 山东大学学报，2008 (6): 50 -58.

[4] 陈共荣，李琳. IPO 前盈余管理与抑价现象的实证研究 [J]. 系统工程，2006 (9): 74 -80.

[5] 陈国进，林辉，王磊. 公司治理、声誉机制和上市公司违法违规行为分析 [J]. 南开管理评论，2005 (6): 35 -40.

[6] 陈杰. 晋升制度、过度自信与基金经理的投资风险水平 [J]. 现代经济，2008，7 (9): 23 -27.

[7] 陈其安，曹国华. 基金管理人行为对股票市场的作用机制研究 [J]. 中国管理科学，2006，14 (1): 129 -135.

[8] 陈其安，陈耿，陈亮等. 基于过度自信的上市公司经理股票补偿研究 [J]. 系统工程学报，2008 (1): 36 -44.

[9] 陈其安，方彩霞，肖映红. 基于上市公司高管人员过度自信的股利分配决策模型研究 [J]. 中国管理科学，2010，18 (3): 174 -184.

[10] 陈其安，刘星. 基于过度自信和外部监督的团队合作均衡研究 [J]. 管理科学学报，2005 (6): 60 -68.

[11] 陈其安，杨秀苔. 基于代理人过度自信的委托代理关系模型研究 [J]. 管理工程学报，2007 (1): 110 -116.

[12] 陈其安，杨秀苔. 基于过度自信的合伙人合作均衡研究 [J]. 管理评论，2005 (10): 34 -39.

[13] 陈千里. 股权激励、盈余操纵与国有股减持 [J]. 中山大学学报 (社会科学版)，2008，48 (1): 149 -155.

[14] 陈小悦，肖星，过晓燕. 配股权与上市公司利润操纵 [J]. 经济研究，2000 (1): 30 -36.

[15] 陈信元，夏立军．审计任期与审计质量：来自中国证券市场的经验证据［J］．会计研究，2006（1）：44－53.

[16] 陈艳．我国独立董事的声誉激励机制研究［J］．经济体制改革，2008（3）：77－82.

[17] 冯根福，赵健．现代公司治理结构新分析——兼评国内外现代公司治理结构研究的新进展［J］．中国工业经济，2002（11）：75－83.

[18] 冯根福．双重委托代理理论：上市公司治理的另一种分析框架［J］．经济研究，2004（12）：16－25.

[19] 付杰．基于管理者风险偏好的上市公司盈余管理研究［D］．大连理工大学，2009.

[20] 高鸿桢，林嘉永．信息不对称资本市场的实验研究［J］．经济研究，2005（2）：63－71.

[21] 高志谦，王平心，崔宏．中央企业负责人基于薪酬的盈余管理行为检验［J］．生产力研究，2007（15）：105－109.

[22] 高志蕊．我国国企会计信息质量的现状及原因分析［J］．现代商业，2010（2）：248－249.

[23] 耿照源，邬咪娜，高晓丽．我国上市公司股权激励与盈余管理的实证研究［J］．统计与决策，2009（10）：141－143.

[24] 郭佳瑜．基于股权结构分析的上市公司盈余管理与薪酬激励的实证研究［J］．河北企业，2009（6）：5－7.

[25] 郭巧云．声誉机制与会计契约履行［J］．商业会计，2005（6）：11－12.

[26] 韩丹，闵亮，陈婷．管理层股权激励与上市公司会计造假相关性的实证检验［J］．统计与决策，2007（9）：69－72.

[27] 郝颖，刘星，林朝南．我国上市公司高管人员过度自信与投资决策的实证研究［J］．中国管理科学，2005，13（5）：142－148.

[28] 何贵兵．决策任务特征对风险态度的影响［J］．人类工效学，1996，02：12－16.

[29] 何红渠，张志红．有关审计意见识别盈余管理能力的研究［J］．财经理论与实践，2003（6）：70－74.

[30] 何威风，刘启亮，刘永丽．管理者过度自信与企业盈余管理行为研究［J］．投资研究，2011（11）：73－92.

[31] 何威风，熊回，玄文琪．晋升激励与盈余管理行为研究［J］．中国软科学，2013（10）：111－123.

[32] 洪剑峭，张静，娄贺统．防止上市公司虚假信息披露机制的一个模型分析 [J]．复旦学报（自然科学版），2003（5）：803－806.

[33] 胡旭阳．中介机构的声誉与股票市场信息质量 [J]．证券市场导报，2003（2）：58－61.

[34] 黄健柏，杨涛，朱学红．基于过度自信的相关研究及应用综述 [J]．预测，2007，26（3）：1－7.

[35] 黄谦．中国证券市场机构投资者与上市公司盈余管理关联性的研究 [J]．当代经济科学，2009（4）：108－115.

[36] 贾生华，吴波．基于声誉的私人契约执行机制 [J]．南开经济研究，2004（6）：16－20.

[37] 姜付秀，张敏，陆正飞，陈才东．管理者过度自信、企业扩张与财务困境 [J]．经济研究，2009（1）：131－143.

[38] 雷光勇，刘慧龙．大股东控制、融资规模与盈余操纵程度 [J]．管理世界，2006（1）：129－136.

[39] 雷晶晶．公司治理、高管变更与盈余管理的关系研究 [D]．大连理工大学，2009.

[40] 李朝霞，陈俊宇，吕峻．关于市场声誉监督效果的实证分析 [J]．经济研究导刊，2008（9）：90－93.

[41] 李军林．声誉、控制权与博弈均衡——一个关于国有企业经营绩效的博弈分析 [J]．上海财经大学学报，2002，4（4）：38－45.

[42] 李丽，王明好．基金经理过度自信对基金收益与风险的影响研究 [J]．运筹与管理，2005（1）：95－97.

[43] 李善民，陈文婷．企业并购决策中管理者过度自信的实证研究 [J]．中山大学学报，2010（5）：192－201.

[44] 李维安，王新汉，王威．盈余管理与审计意见关系的实证研究——基于非经营性收益的分析 [J]．财经研究，2004，30（11）：126－135.

[45] 李心合．会计制度的信誉基础 [J]．会计研究，2002（4）：17－23.

[46] 李延喜，包世泽，高锐，孔宪京．薪酬激励、董事会监管与上市公司盈余管理 [J]．南开管理评论，2007，10（6）：55－61.

[47] 李云鹤，李湛．自由现金流代理成本假说还是过度自信假说？ [J]．管理工程学报，2011（3）：155－161.

[48] 李增泉. 实证分析：审计意见的信息含量 [J]. 会计研究，1999 (8)：16 -22.

[49] 李智勇，何明升. 理性与非理性的撞击——现代金融理论的拓展研究 [J]. 哈尔滨工业大学学报（社会科学版），2010 (2)：84 -88.

[50] 林永坚，王志强，李茂良. 高管变更与盈余管理——基于应计项目操控与真实活动操控的实证研究 [J]. 南开管理评论，2013，16 (1)：4 -14.

[51] 刘惠萍，张世英. 基于声誉理论的我国经理人动态激励模型研究 [J]. 中国管理科学，2005，13 (4)：78 -86.

[52] 刘江会. 我国承销商声誉与承销服务费用关系的研究 [J]. 财经研究，2004 (4)：108 -118.

[53] 刘立国，杜莹. 公司治理与会计信息质量关系的实证研究 [J]. 会计研究，2003 (2)：28 -37.

[54] 刘伟，刘星. 审计师变更与盈余管理关系的实证研究 [J]. 财经理论与实践，2006 (139)：87 -92.

[55] 刘运国，麦剑青，魏哲妍. 审计费用与盈余管理实证分析 [J]. 审计研究，2006 (2)：74 -80.

[56] 陆建桥. 中国亏损上市公司盈余管理实证研究 [J]. 会计研究，1999 (9)：25 -35.

[57] 陆正飞，魏涛. 配股后业绩下降：盈余管理后果与真实业绩滑坡 [J]. 会计研究，2006 (8)：52 -59.

[58] 罗进，李延喜. 管理者过度自信与盈余管理 [J]. 财务月刊，2012 (12)：33 -38.

[59] 马连福，刘丽颖. 高管声誉激励对企业绩效的影响机制 [J]. 系统工程，2013，31 (5)：22 -32.

[60] 马若微. 控股股东侵占中小股东利益的定义和度量问题研究 [J]. 企业经济，2005 (11)：125，210 -211.

[61] 毛洪涛，吴将君. 股权集中度与盈余管理相关性实证研究 [J]. 财会通讯，2007 (4)：13 -16.

[62] 毛明来，陈通. 项目投资决策中的有限理性实现程度 [J]. 科技进步与对策，2008 (07)：138 -140.

[63] 潘颖，聂建平. 大股东利益侵占对股权激励实施效应的影响 [J]. 经济与管理，2010 (1)：35 -38.

[64] 冉茂盛，向伟，罗富碧. 股权激励与盈余管理关系的实证研究——基于面板数据模型

[J]. 商场现代化，2009 (4): 362 -363.

[65] 饶育蕾，王建新. CEO 过度自信、董事会结构与公司业绩的实证研究 [J]. 管理科学，2010，23 (5): 2 -12.

[66] 沈艺峰，陈舒予. 董事会过度自信、CEO 变更与公司经营业绩关系的实证研究 [J]. 管理学报，2009 (10): 1 340 -1 346，1 383.

[67] 史丛莉. 中国上市公司内部治理结构与盈余管理的实证研究 [J]. 沈阳工业大学学报，2006 (3): 348 -353.

[68] 史永东，朱广印. 管理者过度自信与企业并购行为的实证研究 [J]. 金融评论，2010 (2): 73 -85.

[69] 宋建波，陈华昀. 我国注册会计师审计与上市公司盈余管理研究 [J]. 财经问题研究，2005 (3): 87 -90.

[70] 孙世敏，赵希男，朱久霞. 国有企业管理者声誉评价体系设计 [J]. 会计研究，2006 (3): 75 -79.

[71] 孙铮，王跃堂. 资源配置与盈余操纵之实证研究 [J]. 财经研究，1999 (4): 3 -9.

[72] 田嘉，占卫华. 投资银行声誉与 IPO 定价偏低关系的实证研究 [J]. 中国社会科学院研究生学报，2000 (4): 33 -36.

[73] 王健，庄新田. 基金经理过度自信条件下基金收益与风险的动态变化关系 [J]. 系统工程，2006，24 (6): 64 -67.

[74] 王克敏，王志超. 高管控制权、报酬与盈余管理——基于中国上市公司的实证研究 [J]. 管理世界，2007 (07): 111 -119.

[75] 王少飞，唐松，李增泉. 盈余管理、事务所客户资源控制权的归属与审计质量 [J]. 审计研究，2010 (1): 55 -64.

[76] 王霞，张敏，于富生. 管理者过度自信与企业投资行为异化——来自我国证券市场的经验证据 [J]. 南开管理评论，2008，11 (2): 77 -83.

[77] 王学瓅，刘爽. 管理者过度自信的度量及其对企业盈余管理的影响 [J]. 商业经济，2013 (7): 60 -61.

[78] 王阳. 管理者过度自信和乐观情况下的盈余管理约束模型研究 [D]. 大连理工大学，2010.

[79] 王重鸣，梁立. 风险决策中动态框架效应研究 [J]. 心理学报，1998，30 (4): 394 -400.

[80] 文凤华，黄德龙，兰秋军等. 过度自信、后悔厌恶对收益率分布影响的数值模拟研究 [J]. 系统工程理论与实践，2007 (7): 10 –18.

[81] 吴克平，于富生. 新会计准则对盈余管理影响的实证研究 [J]. 山西财经大学学报，2013 (2): 107 –115.

[82] 伍利娜. 盈余管理对审计费用影响分析 [J]. 会计研究，2003 (12): 39 –44.

[83] 夏欢欢. 高管过度自信与企业多元化的动因研究 [D]. 西南交通大学，2008: 10 –26.

[84] 夏立军，杨海斌. 注册会计师对上市公司盈余管理的反应 [J]. 审计研究，2002 (04): 28 –35.

[85] 夏立军. 盈余管理计量模型在中国股票市场的应用研究 [J]. 中国会计与财务研究，2003 (2): 94 –153.

[86] 肖峰雷，李延喜，栾庆伟. 管理者过度自信与公司财务决策实证研究 [J]. 科研管理，2011 (8): 151 –160.

[87] 肖淑芳，张晨宇，张超等. 股权激励计划公告前的盈余管理——来自中国上市公司的经验证据 [J]. 南开管理评论，2009，12 (4): 113 –119.

[88] 徐冬林. 上市公司独立董事的声誉机制研究 [J]. 中南财经政法大学学报，2005，(2): 72 –76.

[89] 徐浩萍，戴晓娟. 投资银行声誉与发行公司质量 [C]. 第四届中国实证会计国际研讨会，2005.

[90] 徐浩萍. 会计盈余管理与独立审计质量 [J]. 会计研究，2004 (1): 44 –49.

[91] 徐晋，王爱民，陈宏民. 考虑声誉效应的风险投资控制权激励机制 [J]. 管理工程学报，2007，21 (3): 67 –71.

[92] 徐学锋. 行为金融视角下金融机构管理者非理性决策行为分析 [J]. 企业经济，2010 (4): 164 –166.

[93] 严建苗，万建军. 国有企业间经理人市场的声誉机制分析 [J]. 数量经济技术经济研究，2002 (3): 36 –39.

[94] 杨亚达，徐虹. 国有企业经理人声誉激励机制 [J]. 经济理论与经济管理，2004 (4): 49 –51.

[95] 姚宏，李延喜，高锐等. 信息结构、风险偏好与盈余操纵行为——一次实验研究的结论 [J]. 会计研究，2006 (5): 58 –65.

[96] 姚宏，李延喜，薛光等. 市场监管、信息成本与声誉机制——对市场舞弊行为约束效应

的实验研究 [J]. 中国金融评论，2007 (3): 21-38.

[97] 姚贤跃. 法律制度、声誉机制与有限合伙制 [J]. 证券市场导报，2002 (6): 52-56.

[98] 叶蓓. 管理者过度自信、投资——现金流敏感度与投资效率 [D]. 华中科技大学，2008: 116.

[99] 易超琴，方建平. 两阶段动态委托——代理模型研究 [J]. 管理学报，2005 (2): 173-176.

[100] 于富生，张胜，李岩. 管理者过度自信与权益资本成本 [J]. 审计与经济研究，2011 (1): 72-80.

[101] 于国红. 基于盈余管理视角的会计信息披露质量研究 [J]. 生产力研究，2010 (3): 237-239.

[102] 于窈，李纾. 过分自信的研究及其跨文化差异 [J]. 心理科学进展，2006 (3): 468-474.

[103] 余明桂，夏新平，邹振松. 管理者过度自信与企业激进负债行为 [J]. 管理世界，2006 (8): 104 -112.

[104] 袁莉敏. 大学生乐观、归因方式和心理幸福感的关系研究 [D]. 河北大学，2005.

[105] 张玲. 风险任务特征与偏好反转的实验研究 [J]. 人类工效学，1999，5 (2): 9-12.

[106] 张荣武，刘文秀. 管理者过度自信与盈余管理的实证研究 [J]. 财经理论与实践，2008，29 (151): 72-77.

[107] 张圣平，熊德华，张峥等. 现代经典金融学的困境与行为金融学的崛起 [J]. 金融研究，2003 (4): 44-56.

[108] 张维迎. 企业家与职业经理人: 如何建立信任 [J]. 北京大学学报 (哲学社会科学版)，2003，40 (5): 29-39.

[109] 张祥建，郭岚. 大股东控制与盈余管理行为研究 [J]. 南方经济，2006 (1): 72-86.

[110] 张祥建，徐晋. 盈余管理的原因、动机及测度方法前沿研究综述 [J]. 南开经济研究，2006 (6): 123-141.

[111] 张原，陈玉菲. 中外盈余管理研究综述与启示 [J]. 商业时代，2013 (8): 72-73.

[112] 张兆国. 公司治理结构与盈余管理——来自中国上市公司的经验数据 [J]. 中国软科学，2009 (1): 122-133.

[113] 章卫东. 定向增发新股与盈余管理——来自中国证券市场的经验证据 [J]. 管理世界，2010 (1): 54-64.

[114] 章永奎，刘峰．盈余管理与审计意见的相关性研究［J］．中国会计与财务研究，2002（1）：1－13.

[115] 赵息，石延利，张志勇．管理层股权激励引发盈余管理的实证研究［J］．西安电子科技大学学报（社会科学版），2008，18（3）：23－28.

[116] 赵震宇，杨之曙，白重恩．影响中国上市公司高管层变更的因素分析与实证检验［J］．金融研究，2007（8）：76－88.

[117] 郑春艳．管理者风险偏好对上市公司盈余管理的影响研究［D］．大连理工大学，2011.

[118] 郑志刚．金融发展的决定因素——一个文献综述［J］．管理世界，2007（3）：138－151

[119] 郑志刚．投资者之间的利益冲突和公司治理机制的整合［J］．经济研究，2004（2）：115－125.

[120] 支晓强，童盼．盈余管理、控制权转移与独立董事变更［J］．管理世界，2005（11）：137－144.

[121] 周兵，王德义．盈余管理与审计意见关系的实证研究［J］．财会月刊，2005（29）：48－49.

[122] 周繁，谭劲松，简宇寅．声誉激励还是经济激励——独立董事“跳槽”的实证研究［J］．中国会计评论，2008，6（2）：177－192.

[123] 周嘉南，黄登仕．过度自信对经理业绩分享系数与风险之间关系的影响［J］．系统管理学报，2007（6）：269－274.

[124] 周泽将，杜兴强．高层管理人员薪酬与盈余成分相关性的实证研究——基于中国证券市场的经验证据［J］．财贸研究，2009（2）：114－120.

[125] 朱至文，汪金爱．多重委托——代理关系、公司控制机制与大股东通过关联交易掠夺［J］．中大管理研究，2009（2）：61－92.

[126] 庄锦英．情绪边框影响决策认知过程的实验研究［J］．心理科学，2004，6（27）：1 340－1 343.

英文著作

[1] Aaker D A. Brand Equity: Capitalizing on the Value of a Brand Name [M]. New York:

Free Press, 1991.

[2] Arrow K J. Essays in the Theory of Risk Bearing [M]. Chicago: Markham, 1971.

[3] Arruñada B. The Economic of Audit Quality: Private Incentives and Regulation of Audit and Nonaudit Services [M]. Norwell MA: Kluwer Academic Publishers, 1999.

[4] Berle J A, Means G C. The Modern Corporation and Private Property [M]. New York: Macmillan, 1932.

[5] Carver C S, Scheier M F. Attention and Self-regulation: A Control-theory approach to Human Behavior [M]. New York: SPringer -Verlag, 1981: 372.

[6] Cooppersmith S. The Antecedents of Self-esteem [M]. San Francisco: Freeman, 1967.

[7] Fombrun C J. Reputation: Realizing Value from the Corporate Image [M]. Boston, MA: Harvard Business School Press, 1996.

[8] Galang M C, Elsik W, Russ G S. Legitimacy in Human Resources Management [M]. Stanford, CT: JAI Press, 1999.

[9] Hammack J, Brown G M. Waterfowl and wetlands: Toward bioeconomic analysis [M]. Washington, DC: Resources for the Future, 1974.

[10] Hoffman E, Spitzer M L. The Divergence Between Willingness-to-pay and Willingness-to-accept: Measures of Value [M]. California In stitute of Technology, 1990.

[11] John V N, Oskar M. The Theory of Games and Economic Behavior [M]. Princeton: Princeton University Press, 1944.

[12] John W P, James R B, Eric J J. The Adaptive Decision Maker [M]. Cambridge: Cambridge University Press, 1993: 348.

[13] Kahneman D, Tversky A. Choices, values, and frames [M]. Cambridge: Cambridge University Press, 2000: 860.

[14] Kellogg I, Kellogg L B. Fraud, Window Dressing, and Negligence in Financial Statements [M]. New York: McGraw -Hill, 1991.

[15] Merrow, Edward W, Kenneth E P, et al. Understanding Cost Growth and Performance Shortfalls in Pioneer Process Plants [M]. Santa Monica: Rand, 1981.

[16] Monks R, Minow N. Corporate Governance [M]. Cambridge: MA Blackwell, 1995.

[17] P M Lencioni. The Five Temptations of A Manager: A Leadership Fable [M]. Hoboken: John Wiley & Sons, 1998.

[18] Pitt L, Birenbaum B. Serving the Public Interest: A New Concept Framework for Audit Impendence [M]. New York: NY American Institute of Certified Public Accountants, 1997.

[19] Riahi - Belkaoui A, Pavlik E L. Accounting for Corporate Reputation [M]. Westport, CT: Quorum Books, 1992.

[20] Rosenbloom J S. A case study in risk management [M]. New York: Prentice Hall, 1972.

[21] Shefrin H. Behavioral Corporate Finance [M]. New York: McGraw - Hill, 2006: 250 - 280.

[22] Shefrin H. Beyond Greed and Fear: Understanding Behavioral Finance and the Psychology of Investing [M]. MA: Harvard Business School Press, 1999: 360 - 371.

[23] Spence M A. Market Signaling: Informational Transfer in Hiring and Related Screening Processes [M]. Cambridge, MA: Harvard University Press, 1974.

[24] Vance S C. Corporate Leadership: Boards, Directors, and Strategy [M]. New York: McGraw - Hill, 1983.

[25] Von - Neumann J, Morgenstern O. Theory of Games and Economic Behavior [M]. Princeton: Princeton University Press, 1944.

[26] Watts R, Zimmerman J. Positive Accounting Theory [M]. London: Prentice Hall, 1986.

[27] Williams R. Keywords: A vocabulary of culture and society [M]. Oxford: Oxford University Press, 1985.

英文论文

[1] A Abdul - Rahman, S Hailes. Supporting Trust in Virtual Comminities [D]. Department of Computer Science, Iniversity College London, 2000.

[2] A Grief. Institutions and Impersonal Exchange: The European Experience [D]. Department of Economics Stanford University, 2003.

[3] A S Peter, D S Sarah CEO and Ethical Reputation: Visionary of Mercenary [J]. Management Decision, 2003 (41): 1 050 - 1 057.

[4] Abdel K, Ahmed R. An Empirical Analysis of Managers Risk Aversion and the Propensity to Smooth Earnings Volatility [J]. Journal of Accounting, Auditing and Finance Forthcoming, 2006, 11: 138 - 160.

[5] Allais M. Le Comportement de l'Homme Rationnel Devantle Risque: Critique des Postulates et Axioms de l'Ecole Americaine [J]. Economedtrica: Journal of the Econometric Society, 1953 (21): 503 -546.

[6] Allen W D, D A Evans. Bidding and Overconfidence in Experimental Financial Markets [J]. Journal of Behavioral Finance, 2005 (6): 108 -200.

[7] Allen W D, Evans D A. Bidding and Overconfidence in Experimental Financial Markets [J]. Journal of Behavioral Finance, 2005, 6: 108 - 128.

[8] Antle R, Griffen P A, Teece D J. An Economic Analysis of Auditor Independence from Amulti-client, Multiservice Public Accounting Firm [R]. Report Prepared for the AICPA by the Law & Economics Consulting Group, inc, 1997.

[9] B Holmstrom. Moral Hazard in Team [J]. Bell Journal of Economic, 1982 (13): 324 -340.

[10] Bajtelsmit, Vickie L, Alexandra Bernasek. Risk Preferences and the Investment Decisions of Older Americans [R]. Research Report No. 2001 - 11. Washington, D. C.: American Association of Retired Persons, 2001.

[11] Baker M, Ruback R, Wurgler J. Behavioral corporate finance: A survey [C]. In The Handbook of Corporate Finance: Empirical Corporate Finance edited by Eckbo, E, New York: Elsevier /North Holland, 2006: 145 - 186.

[12] Ball R, Robin A, Wu J. S. Incentives Versus Standards: Properties of Accounting Income in Four East Asian countries [J]. Journal of Accounting and Economics, 2003 (36): 235 -270.

[13] Balvers R J, McDonald B, Miller R E. Underpricing of New Issues and the Choice of Auditor as a Signal of Investment Banker Reputation [J]. Accounting Review, 1988, 63 (4): 605 -622.

[14] Barber B M, Odean T. Boys Will Be Boys: Gender, Overconfidence, and Common Stock Investment [J]. Quarterly Journal of Economics, 2001, 6: 261 -292.

[15] Barney J. Firm Resources and Sustained Competitive Advantage [J]. Journal of

Management, 1991 (17): 99 -120.

[16] Bartov E, Gul F A, Tsui J S. Discretionary Accruals Models and Audit Qualifications [J]. The Accounting Review, 2000, 76 (1): 27 -58.

[17] Bates T, Bates W, Dunbar G G. Investment Bank Reputation, Market Power, and the Pricing and Performance of IPOs [R]. Working Paper, University of Western Ontario, 2002.

[18] Battalio R C, MacDonald D N. Animals Choices over Uncertain Outcomes: Some Initial Experimental Results [J]. American Economic Review, 1985 (75): 597 -613.

[19] Baumeister R F. Self-esteem, Self-presentation, and Future Interaction: A Dilemma of Reputation [J]. Journal of Personality, 1982 (50): 29 -45.

[20] Beasley M. An Empirical Analysis of the Relationship between Board of Director Composition and Financial Statement Fraud [J]. The Accounting Review, 1996 (71): 443 -465.

[21] Beatty A L, Harris D. The Effects of Taxes, Agency Costs and Information Asymmetry on Earnings Management: A Comparison of Public and Private Firms [J]. The Review of Accounting Studies, 1999 (4): 299 -326.

[22] Beatty A, Chamberlain S, Magliolo J. Managing Financial Reports of Commercial Banks [J]. Journal of Accounting Researeh, 1995 (2): 195 -212.

[23] Beaver W H, Engel E E. Discretionary Behavior with Respect to Allowances for Loan Losses and the Behavior of Security Prices [J]. Journal of Accounting and Economies, 1996 (1 -3): 177 -206.

[24] Beaver W H, McNichols M F. The Characteristics and Valuation of Loss Reserves of Property Casualty Insurers [J]. Review of Accounting Studies, 1998 (3): 73 -95.

[25] Bellante D, Carole A G. Relative Risk Aversion among the Elderly [J]. Review of Financial Economics, 2004, 13: 269 -281.

[26] Bengtssona C, M Perssonb, P Willenhag. Gender and Overconfidence [J]. Economics Letters, 2005 (86): 199 -203.

[27] Benos A. Aggressiveness and Survival of Overconfident Traders [J]. Journal of Financial Markets, 1998 (1): 353 -383.

[28] Bergstresser D, Philippon T. Manager Incentives and Earnings Management [J].

Journal of Financial Economics, 2006 (80): 511 -529.

[29] Bernard V L, Skinner D J. What Motivates Managers' Choice of Discretionary Accruals [J]. Journal of Accounting and Economies, 1996 (3): 313 -325.

[30] Biais B, Hilton D, K Mazurier. Judgmental Overconfidence Self-monitoring, and Trading Performance in an Experimental Financial Market [J]. Review of Economic Studies, 2005 (72): 287 -312.

[31] Bickerton D. Corporate Reputation Versus Corporate Branding: The Realist Debate [J]. Corporate Communications, 2000 (5): 42 -48.

[32] Booth J, R Smith. Capital Raising Underwriting and the Certification Process [J]. Journal of Financial Economics, 1986 (15): 261 -281.

[33] Brown P R. Earnings Management: A Subtle (and Troublesome) Twist to Earning Quality [J]. Journal of Financial Statement Analysis, 1999 (4): 61 -63.

[34] Burgstahler D C, Dichev I D. Earnings Management to Avoid Earnings Decreases and Losses [J]. Journal of Accounting and Economies, 1997 (1): 99 -126.

[35] Burns N, Kedia S. Do Executive Stock Options Generate Incentives for Earnings Management? Evidence from Accounting Restatements [J]. Working Paper, Harvard Business School, 2004.

[36] Butler S A, Newman H A. Agency Control Mechanisms Effectiveness and Decision Making in An Executive's Final Year with a Firm [J]. Journal of Institutional and Theoretical Economics, 1989, 145 (3): 451 -464.

[37] Byrnes J P, Miller D C, Shafir W D. Gender Differences in Risk Taking: A Meta - Analysis [J]. Psychological Bulletin, 1999, 125: 367 -383.

[38] Jonathan C, Elijah B, Ali A G. Reputation Formalization for Information - Sharing Multi - Agent System [J]. Computational Intelligence, 2002, 18 (4): 515 -534.

[39] Camerer C F, Ho, T - H. Violation of the Betweeness Axiom and Nonlinearity in Probability [J]. Journal of Risk and Uncertainty, 1994 (8): 167 -196.

[40] Camerer C F, Kunreuther H. Decision processes for low probability events: Policy implications [J]. Journal of Policy Analysis and Management, 1989, 8 (4): 565 -592.

[41] Carter R, Manaster S. Initial Public Offerings and Underwriter Reputation [J]. Jour-

nal of Finance, 1990 (45): 1 045 -1 067.

[42] Charles R P. Rational Foundations of Economic Behavior [C]. London: Macmillan and NY; St. Martin's, 1996.

[43] Christoffersen S, S Sarkissian. Location Overconfidence [D]. McGill University: 2002.

[44] Chung K H, Pruitt S W. A Simple Approximation of Tobin's Q [J]. Financial Management, 1994 (23): 70 -74.

[45] Coase R. The Nature of the Firm [J]. Economics, 1937 (4): 386 -405.

[46] Cobb -Walgren C J, Ruble C A, Donthu N. Brand Equity, Brand Preference, and Purchase Intent [J]. Joural of Advertising, 1995 (24): 25 -40.

[47] Cohn, Richard A, Wilbur G et al. Individual Investor Risk Aversion and Investment Portfolio Composition [J]. The Journal of Finance, 1975, 30: 605 -620.

[48] Conger J, Finegold D, Lawler E. Appraising Boardroom Performance [J]. Harvard Business Review, 1998 (76): 136 -148.

[49] Conlisk J. Bounded Rationality and Market Fluctuations [J]. Journal of Economic Behavior and Organization, 1998, 29 (2) .

[50] Conlisk J. Three variants on the Allais example [J]. American Economic Review, 1989, 79 (3): 392 -407.

[51] Cooper A. C, Carolyn Y. Woo, William C, Dunkelberg. Entrepreneurs Perceived Chances for Success [J]. Journal of Business Venturing, 1988, 2 (1): 97 -108.

[52] Corporate Reputation Watch Survey [C]. Hill & Korn/Ferry International, Forbes/Manager/Forum. October 1 -3, 2003.

[53] D Diamond. Monitoring and Reputation: The Choice between Bank Loans and Directly Placed Debt [J]. Journal of Political Economy, 1991, 99 (4): 689 -721.

[54] Daniel B. Exposition of a New Theory on the Measurement of Risk (Original 1738) [J]. Economitrica, 1954 (22): 23 -36.

[55] Daniel K D, Hirshleifer, A Subrahmanyam. A Theory of Overconfidence, Self-attribution and Security Market Under-and over-reactions [J]. Journal of Finance, 1998 (53): 1 839 -1 885.

[56] David B. Regret in Decision Making under Uncertainty [J]. Operations Research, 1982 (20): 961 -981.

[57] Davis M A, Bobko P. Contextual effects on escalation processes in public sector decision making [J]. Organizational Behavior and Human Decision Processes, 1986, 37 (1): 121 -138.

[58] De Angelo L E. Accounting Numbers as Market Valuation Substitutes: A Study of Management Buyouts of Public Stock Holders [J]. The Accounting Review, 1986 (3): 400 -420.

[59] De B, Werner F M, Richard H T. Financial Decision-making in Markets and Firms: A Behavioral Perspective [J]. Finance, Handbooks in Operations Research and Management Science, 1995 (9): 385 -410.

[60] DeAngelo H, DeAndelo L, Skinner D. Reversal of Fortune Dividend Signaling and the Disappearance of Sustained Earnings Growth [J]. Journal of Financial Economics, 1996 (40): 341 -371.

[61] Deaves R, E Luders, G Y Luo. An Experimental Test of the Impact of Overconfidence and Gender on Trading Activity [D]. McMaster University, 2004.

[62] DeBondt W F M Thaler R. Does the Stock Market Overreact [J]. Journal of Finance, 1985 (40): 793 -805.

[63] Dechow P M, Sloan R G. Executive Incentives and the Horizon problem: An Empirical Investigation [J]. Journal of Accounting and Economies, 1991 (1): 51 -89.

[64] Dechow P M, Sloan R Sweeney A. Detecting Earnings Management [J]. Accounting Review, 1995 (2): 193 -225.

[65] Dechow P, Sloan R G. Executive Incentives and the Horizon Problem [J]. Journal of Accounting and Economics, 1991, 14 (5): 51 -89.

[66] Dember W N, Martin S H, Hummer M. K, et al. The Measurement of Optimism and Pessimism [J]. Current Psychology, 1989 (8): 102 -109.

[67] Diamond D W, Verrecchia R E. Optimal Managerial Contracts and Equilibrium Security Prices [J]. Journal of Political Economy, 1982, 37 (5): 275 -287.

[68] Doby V J, Kaplan R D. Organizational Stress as Threat to Reputation: Effects on Anxiety at Work and at Home [J]. Academy of Management Journal, 1995 (38): 1 105 -1 123.

[69] Donkers, Bas, Bertrand Melenberg A et al. Estimating Risk Attitudes Using Lotteries:

A Large Sample Approach [J]. The Journal of Risk and Uncertainty, 2001 (22): 165 -195.

[70] Dorla A E. The Role of Markets in Reducing Expected Utility Violations [J]. Journal of Political Economy 1997 (105): 622 -636.

[71] Dunbar G G. Factor Affecting Investment Bank Initial Public Offering Market Share [J]. Journal of Financial Economics, 2000 (55): 3 -41.

[72] Dunning D, Parpal M. Mental addition versus subtraction in counterfactual reasoning: On assessing the impact of personal actions and life events [J]. Journal of Personality and Social Psychology, 1989, 57 (1): 5.

[73] E F Fama. Agency Problems and the Theory of the Firm [J]. Journal of Political Economy, 1980, 88 (2): 288 -307.

[74] Eisenhardt K M. Agency theory: An Assessment and Review [J]. Academy of Management Review, 1998 (14): 57 -74.

[75] Ellen E K, Remes J, Sovio U. Social and Developmental Predictors of Optimism from Infancy to Early Adulthood [J]. Social Indicators Research, 2004 (69): 219 -242.

[76] F Jennifer, H H Allen, R Shivaram et al. CEO Reputation and Earnings Quality [J]. Contemporary Accounting Research, 2008, 25 (1): 109 -147.

[77] Fama E F, French K R. Testing Trade-off and Pecking Order Predictions about Dividends and Debt [J]. Review of Financial Studies, 2002 (5): 1 -33.

[78] Fama E F, Jensen M C. Separation of Ownership and Control [J]. Journal of Law and Economics, 1983, 26 (2): 301 -326.

[79] Fama E F. Agency Problems and the Theory of the Firm [J]. The Journal of Political Economy, 1980 (2): 288 -307.

[80] Fama E, Jensen M. Separation of Ownership and Control [J]. Journal of Law and Economics, 1983 (26): 301 -325.

[81] Fang L H. Investment Bank Reputation, the Pricing and Quality of Underwriting Services [R]. Working Paper, 2002.

[82] Feldwick P. What Is Brand Equity Anyway, and How Do You Measure It [J]. Journal of the Marketing Research Society, 1996 (38): 85 -104.

[83] Firth M. The Provision of Non-audit Services by Accounting Firms to Their Audit Clients

[J]. Contemporary Accounting Research, 1997 (14): 1 -21.

[84] Fombrun C J, Riel C V. The Reputation Landscape [J]. Corporate Reputation Review, 1997, 4 (3): 114 -125.

[85] Fombrun C, Shanley M. What's in a Name? Reputation Building and Corporate Strategy [J]. Academy of Management Journal, 1990 (33): 233 -258.

[86] Francis J, Huang A H, Rajgopal Set al. CEO Reputation and Earnings Quality [J]. Contemporary Accounting Research, 2008, 25 (1): 109 -147.

[87] Frascara J. Cognition, Emotion and Other Inescapable Dimensions of Human Experience [J]. Visible Language, 1999 (8): 55 -70.

[88] Friend, Irwin, Marshall E et al. The Demand for Risky Assets [J]. The American Economic Review, 1975 (65): 900 -922.

[89] Gardner M, Steinberg L. Peer influence on risk taking, risk preference, and risky decision making in adolescence and adulthood: an experimental study [J]. Developmental psychology, 2005, 41 (4): 625 -635.

[90] Gaver J J, Gaver K M, Austin J R. Additional Evidence on Bonus Plans and Income Management [J]. Journal of Accounting and Economies, 1995 (1): 3 -28.

[91] Gaver J J, Paterson J S. Earnings Management under Changing Regulatory Regimes: State Accreditation in the Insurance Industry [J]. Journal of Accounting and Public Policy, 2000 (4 -5): 399 -420.

[92] Gervais S, Heaton JB, Odean T. Capital budgeting in the presence of managerial overconfidence and optimism [R]. Working Paper, University of Pennsylvania, 2000.

[93] Gervais S, Odean T. Learning to Be Overconfident [J]. Review of Financial Studies, 2001 (56): 877 -919.

[94] Gibbons R, Murphy K. Optimal Incentive Contracts in the Presence of Career Concerns: Theory and Evidence [J]. Journal of Political Economy, 1992, (100): 468 -506.

[95] Gioia D A, Jr Sims H P. Perceptions of Managerial Power as a Consequence of Managerial Behavior and Reputation [J]. Journal of Management, 1983 (9): 7 -26.

[96] Gioia D A, Schultz M, Corley K G. Organizational Identity, Image, and Adaptive Instability [J]. Academy of Management Review, 2000 (25): 63 -81.

[97] Glaser M, M Weber. Overconfidence and Trading Volume [D]. Mannheim Universi-

ty, 2004.

[98] Glaser M, Schafer P, Weber M. Managerial Optimism and Corporate Investment: Is the CEO Alone Resposible for the Relation [R]. AFA 2008 New Orleans Meetings Paper, 2007.

[99] Gode D K, Sunder S. Allocative efficiency of markets with zero-intelligence traders: Market as a partial substitute for individual rationality [J]. Journal of political economy, 1993, 101 (1): 119.

[100] Goel A, A Thakor. Rationality, Overconfidence, and Leadership [D]. Michigan Business School, 2000.

[101] Graves S B. Institutional Ownership and Corporate R & D in the Computer Industry [J]. Academy of Management Journal, 1988 (31): 417 -428.

[102] Gray E R, Balmer J M T. Managing Corporate Image and Corporate Reputation [J]. Long Range Planning, 1998, 31 (5): 695 -702 .

[103] Grether D M, Plott C R. Economic theory of choice and the preference reversal phenomenon [J]. The American Economic Review, 1979, 69 (4): 623 -638.

[104] Griffin D, A Tversky. The Weighing of Evidence and the Determinants of Confidence [J]. Cognitive Psychology, 1992 (24): 411 -435.

[105] Grossman S, Hart O. The Costs and Benefits of Ownership: A Theory of Vertical and Lateral Integration [J]. Journal of Political Economy, 1986 (94): 691 -719.

[106] Guidry F, Leone A, Rock S. Earnings -based Bouns Plans and Earnings Management by Business Unit Managers [J]. Journal of Accounting and Economics, 1999 (26): 113 -142.

[107] Guiso, Luigi, Monica Paiella. Risk Aversion, Wealth and Background Risk [D]. Bank of Italy and University of Sassari, 2002.

[108] Harsanyi J. Games with Incomplete Information Played by Bayesian Players [J]. Management Science, 1967 -1968 (14): 159 -182, 320 -334, 486 -502.

[109] Hart O. Corporate Governance: Some Theory and Implications [J] . The Economic Journal, 1995 (105): 678 -689.

[110] Hartog, Joop, Ada Ferrer-i-Carbonell et al. Linking Measured Risk Aversion to Individual Characteristics [J]. Kyklos, 2002 (55): 3 -26.

[111] Healy P M. The Effect of Bonus Schemes on Accounting Decisions [J]. Journal of Accounting and Economics, 1985 (7): 85 -107.

[112] Healy P, Palepu K. The Effects of Firms' Financial Disclosure Strategies on Stock Prices [J]. Accounting Horizons, 1993 (1): 1 -12.

[113] Healy P, Palepu K. The Challenges of Investor Communication: the Case of CUC International [J]. Journal of Financial Economies, 1995 (2): 111 -140.

[114] Healy P, Wahlen J. A Review of the Earnings Management Literature and Its Implications for Standard Setting [J]. Accounting Horizons, 1999 (4): 365 -389.

[115] Healy P, Wahlen J. A Review of the Earnings Management Literature and its Implications for Standard Setting [J]. Accounting Horizons, 1999 (17): 365 -383.

[116] Heath C, Tversky A. Preference and Belief: Ambguty and Competence in Choice under Uncertainty [J]. Journal of Risk and Uncertainty, 1991 (4): 5 -28.

[117] Heaton J B. Managerial Optimism and Corporate Finance [J]. Financial Management, 2002, 31 (7): 33 -46.

[118] Heinonen K, Raikkonen K, Keltikangas J L. Dispositional Optimism: Development over 21 Years from Perspectives of Perceived Temperament and Mothering [J]. Personality and Individual Differences, 2005 (38): 425 -435.

[119] Herbig P, Milewicz J, Golden J. A Model of Reputation Building and Destruction [J]. Journal of Business Research, 1994 (31): 23 -31.

[120] Herbig P, Milewicz J. The Relationship of Reputation and Credibility to Brand Success [J]. Journal of Consumer Marketing, 1993 (10): 5 -10.

[121] Holmstrom B. Managerial Incentive Problems: A Dynamic Perspective [J]. Review of Economic Studies, 1999 (66): 169 -182.

[122] Holmstrom B. Moral Hazard in Team [J]. Bell Journal of Economic, 1982 (13): 324 -340.

[123] Hooker K, Monahan D, Shifren K, et al. Mental and Physical Health of Spouse Caregivers: the Role of Personality [J]. Psychology and Aging, 1992 (7): 367 -375.

[124] Houlthausen R W, Larcker D, Sloan R. Annual Bonus Schemes and the Manipulation of Earnings [J]. Journal of Accounting and Economics, 1995 (2): 9 -74.

[125] Hribar P, H Yang. Manager's Overconfidence, Management Earnings Forecasts,

and Earnings Management [R]. Working Paper, 2006.

[126] Hribar P, Yang H. Does CEO Overconfidence Affect Management Forecasting and Subsequent Earnings Management? [R]. Working Paper, 2010.

[127] Hsee C K, Weber E U. A Fundamental Prediction Error: Self-other Discrepancies in Risk Preference [J]. Journal of Experiment Psychology: General, 1997 (126): 45 -53.

[128] J F Nash. Equilibrium Points in N-person Games [J]. PNAS, 1950 (36): 48 -49.

[129] J Karpoff, J Lott Jr. The Reputation Penalty Firms Bear from Committing Criminal Fraud [J]. Journal of Law and Economics, 1993 (36): 757 -802.

[130] J Siegel. Can Foreign Firms Bond Themselves Effectively by RentingU. S. Securities Laws [J]. Journal of Financial Economic, 2005 (75): 319 - 359.

[131] J Warner, R Watts, K Wruck. Stock Prices and Top Management Changes [J]. Journal of Financial Economics, 1988 (20): 461 -492.

[132] James C C, David M G. The Preference Reversal Phenomenon: Response Mode, Markets and Incentives [J]. Economic Theory, 1996 (7): 381 -405.

[133] James C. Relationship-specific Assets and the Pricing of Underwriter Services [J]. Journal of Finance, 1992 (47): 1 865 -1 885.

[134] Jean - Sebastien M. Does Managerial Optimism Lead to Long-run Underperformance? [R]. Working paper, 2010.

[135] Jegadeesh N, Titman S. Returns to Buying Winners and Selling Losers: Implications for Stock Market Efficiency [J]. Journal of Finance, 1993 (1): 65 -91.

[136] Jensen M, Meckling W. Theory of the Firm: Managerial Behavior, Agency Costs and Ownership Structure [J]. Journal of Financial Economics, 1976 (4): 305 -360.

[137] Jensen M. The Modern Industrial Revolution, Exit, and the Failure of Internal Control System [J]. Journal of Finance, 1993 (13): 831 -880.

[138] Johnson N. The Problem of "Earnings Management" Insights [J]. The Corporate and Securities Law Advisor, 1999 (1): 1 -10.

[139] Jones J. Earnings Management during Import Relief Investigations [J]. Journal of Accounting Researeh, 1991 (2): 193 -228.

[140] Joos P, Leone A J, Zimmerman J L. Selecting CEOs: Matching the Person to the

Job [D]. University of Rochester, 2002.

[141] Jvarenpaa S L, Tractimsky N. Vitale M. Consumer Trust in and Internet Store [J]. Information Technology and Management, 2000 (1): 45 - 71.

[142] Kahneman D, D Lovallo. Timid Choices and Bold Forecasts: A Cognitive Perspective on Risk Taking [J]. Management Science, 1993 (39): 17 -31.

[143] Kahneman D, Riepe M. Aspects of Investor Psychology [J]. The Journal of Portfolio Management, 1998 (24): 52 -65.

[144] Kahneman D, Tversky A. Prospect Theory: An Analysis of Decision under Risk [J]. Econometrica, 1979 (47): 313 -327.

[145] Kang S H, Sivaramakrishnan K. Issues in Testing Earnings Management and an Instrumental Variable Approach [J]. Journal of Accounting Researeh, 1995 (2): 353 -367.

[146] Kaplan R S. Comments on Paul Healy: Evidence on the Effect of Bonus Schemes on Accounting Procedure and Accrual Decisions [J]. Journal of Accounting and Economies, 1985 (7): 109 -113.

[147] Kaplan S N, David R. Outside Directorships and Corporate Performance [J]. Journal of Financial Economics, 1990 (10): 389 -410.

[148] Keller W. Accounting for Corporate Social Performance [J]. Management Accounting, 1974 (2): 39 -41.

[149] Kesner I F. Directors' Characteristics and Committee Membership: An Investigation of Type, Occupation, Tenure, and Gender [J]. Academy of Management Journal, 1988 (31): 66 -84.

[150] Kirchler E, B Maciejovsky, Simultancous. Over-and-under-confidence: Evidence from Experimental Asset Markets [J]. Journal of Risk and Uncertainty, 2002 (25): 65 -85.

[151] Knetsch J L. The endowment effect and evidence of nonreversible indifference curves [J]. The American Economic Review, 1989, 79 (5): 1 277 -1 284.

[152] Ko K J, Z (James) Huang. Arrogance Can Be A Virtue: Overconfidence, Information Acqusition, and Market Efficiency [J]. Journal of Financial Economics, 2007 (84): 529 -560.

[153] Kohlberg E, Mertens J. -F. On the Strategic Stability of Equilibria [J]. Econometrica, 1986 (5): 1 003 -1 037.

[154] Koriat A, Lichtenstein S, Fischhoff B. Reasons for Confidence [J]. Journal of Experimental Psychology: Human Learning and Memory, 1980 (6): 107 -118.

[155] Kouarfis M, Wlliam H S. The Development of Initial Trust in an Online Company by New Customers [J]. Information & Management, 2004 (41): 377 -397.

[156] Kreps D M, Milgrom P, Roberts J et al. Rational Cooperation in the Finitely Repeated Prisoners' Dilemma [J]. Journal of Economic Theory, 1982, 27: 245 -252.

[157] Kreps D, Wilson R. Sequential Equilibrium [J]. Econometrica, 1982 (50): 863 -894.

[158] Lam D M, Machuga S M. Earnings Management Surrounding Top Executive Turnover in Japanese Firms [J]. Review of Pacic Basin Financial Markets and Policies, 2002, 5 (3): 343 -371.

[159] Landier, A, David T. Financial Contracting with Optimistic Entrepreneurs: Theory and Evidence [D]. University of Chicago, 2004.

[160] La - Porta R, Lopez-de - Silanes F, Shleifer A. Corporate Ownership around the World [J]. The Journal of Finance, 1999 (2): 471 -517.

[161] La-porta R, Lopez -Silanes F, Shleifer A. Investor Protection and Corporate Valuation [J]. The Journal of Finance, 2002 (3): 1 147 -1 170.

[162] La -Porta R, Lopez -Silanes F, Shleifer A. Law and Finance [J]. The Journal of Political Economy, 1998 (6): 1 113 -1 155.

[163] La-porta R, Lopez -Silanes F, Shleifer A. Legal Determinants of External Finance [J]. The Journal of Finance, 1997 (3): 1 131 -1 150.

[164] Leuz C, Nanda D, Wysocki P. D. Earnings Management And Investor Protection: An International Comparison [J]. Journal of Financial Economics, 2003 (69): 505 -527.

[165] Li Y -x, Wang Y, Zheng C -y, et al. Testing the Pecking Order Theory and Trade-off theory of Capital Structure [C]. International Conference on Engineering Management and Service Sciences. Beijing, 2009.

[166] Lichtenstein S, Slvioc P. Reversals of Preference between Bids and Choice in Gam-

bling Decisions [J]. Journal of Experimental Psychology, 1971 (89): 46 -55.

[167] Lin Y -h, Hu S -y, Chen M -s. Managerial Optimism and Corporate Investment: Some Empirical Evidence fromTaiwan [J]. Pacific - Basin Finance Journal, 2005 (5): 523 -546.

[168] Linchtenstein S, Fishoff B. Do Those Who Know More Also Know More about How Much They Know? The Calibration of Probability Judgments [J]. Organizational Behavior and Human Performance, 1977 (3): 552 -564.

[169] Locke P R, S C Mann. House Money and Overconfidence on the Trading Floor [D]. George Washington University, 2001.

[170] Logue D. On the Pricing of Unseasoned Equity Issues: 1965 -69 [J]. Journal of Financial Quantitative Analysis, 1973 (8): 91 -103.

[171] Long J B D, Sehleifer A, Summers L H, et al. The survival of Noise Trades [J]. Journal of Business, 1991 (64): 1 -19.

[172] Loomes G, Sugden R. Regret theory: An alternative theory of rational choice under uncertainty [J]. Economic journal, 1982, 92 (368): 805 -824.

[173] Lundeberg, Fox, Puncochar et al. Highly Confident but Wrong: Gerder Differences and Similarities in Confidence Judgments [J]. Journal of Educational Psychology, 1994 (86): 114 -121.

[174] Lynch M, Miller R M, Plott C R. Research in Experimental Economics [C]. Greenwich, Conn. Jal Press, 1991.

[175] M Jensen, K J Murphy. Performance Pay and Top - management Incentives [J]. Journal of Political Economy, 1990, 98 (2): 225 -262.

[176] Malmendier U, G Tate. Manager Overconfidence and Corporate Invesment [J]. Journal of Finance, 2005 (60): 2 661 -2 770.

[177] Malmendier U, G Tate. CEO Overconfidence and Corporate Investment [J]. Journal of Finance, 2005 (6): 2 661 -2 700.

[178] Malmendier U, Tate G. Who Makes Acquisitions? CEO Overconfidence and the Market's Reaction [J]. Journal of Financial Economics, 2008, 89 (1): 20 -43.

[179] Malmendier U, Tate G. Superstar Managers [D]. University of California, Berkeley and University of California, Los Angeles, 2007.

[180] Malmendier U, Tate G. CEO Overconfidence and Corporate Investment [J]. Journal of Finance, 2005 (6): 2 661 -2 700.

[181] Mark J M. Choices under Uncertainty: Problems Solved and Unsolved [J]. Journal of Economic Perspectives, 1987 (1): 121 -154.

[182] Markowitz H. Portfolio selection [J]. The journal of finance, 1952, 7 (1): 77 -91.

[183] Marshall G N, Wonrtlna C B, Kusulas J W, et al. Distinguishing Optimism from Pessimism: Relations to Fundamental Dimensions of Mood and Personality [J]. Journal of Personality and Social Psychology, 1992 (62): 1 067 -1 074.

[184] Mattews M R. A Suggested Classification for Social Accounting [J]. Journal of Accounting and Public Policy, 1984 (4): 199 -222.

[185] Mayhew B W, Schutzberg J W, Sevcik G R. The Effect of Accounting Uncertainty and Auditor Reputation on Auditor Objectivity [J]. Auditing: A Journal of Practice and Theory, 2001 (9): 48 -70.

[186] McGettigan D. Current account and external sustainability in the Baltics, Russia, and other countries of the former Soviet Union [R]. Washington: International Monetary Fund, 2000.

[187] McNichols M, Wilson G P. Evidence of Earnings Management from the Provision for Bad Debts [J]. Journal of Accounting Researeh, 1988 (26): 1 -31.

[188] Michaely R, Shaw W H. The Pricing of Initial Public Offerings: Test of Adverse - Selection and Signaling Theories [J]. Review of Financial Studies, 1994, 7 (2): 279 -319.

[189] Milbourn TT. CEO Reputation and Stock - based Compensation [J]. Journal of Financial Economics, 2003 (68) 233 -262.

[190] Milgrom P, Roberts J. Predation, Reputation and Entry Deterrence [J]. Journal of Economic Theory, 1982 (27): 280 -312.

[191] Moers, Frank, Peek et al. An Empirical Analysis of the Role of Risk Aversion in Executive Contracts [D]. Maastricht University: 2000.

[192] Moore, D A, T G Kim. Myopic Social Prediction and the Solo Comparison Effect [J]. Journal of Personality and Social Psychology, 2003, 85 (6): 1 121 -1 135.

[193] Morin R A, A F Suarez. Risk Aversion Revisited [J]. The Journal of Finance, 1983,

38: 1 201 -1 216.

[194] Morrison A D, Wilhelm Jr W J. Partnership Firms, Reputation, and Human Capital [D]. Oxford Financial Research Center, 2003.

[195] Murphy K, Zimmerman J. Financial Performance Surrounding Manager Turnover [J]. Journal of Accounting and Economics, 1993 (16): 273 -316.

[196] Myers L, Skinner D J. Earnings Momentum and Earnings Management [D]. University of Michigan, 2000.

[197] Myers S. Determinants of corporate borrowing [J]. Journal of Financial Economics, 1977 (5): 141 -175.

[198] Nagar V, Nanda D, Wysoki P. Discretionary Disclosure and Stock - based Incentives [J]. Journal of Accounting and Economics, 2003 (34): 283 -309.

[199] Nash J F. Non -cooperative Games [J]. Annals of Mathematics, 1951 (54): 286 -295.

[200] Nilakant V. Transdisciplinary Approach to a Theory of Performance in Organizations [J]. Human Systems Management, 1994 (13): 41 -48.

[201] Oberlechner T, C L Olser. Overconfidence in Currency Markets [J]. SSRN, 2008 (3): 1 -40.

[202] Odean T, Volume V. Price, and Profit When All Taders Are above Average [J]. Journal of Finance, 1998, 53 (6): 1 887 -1 934.

[203] Odean T. Volume, Volatility, Price, and Profit When All Traders Are above Average [J]. Journal of Finance, 1998, 53 (6): 1 887 -1 934.

[204] Oviatt B M. Agency and Transaction Cost Perspective on the Manager -shareholder Relationship: Incentives for Congruent Interests [J]. Academy of Management Review, 1988: 13.

[205] Palmrose Z.-V. The Effect of Non -audit Services on the Pricing of Audit Services [J]. Journal of Accounting Research, 1986 (2): 405 -411.

[206] Pavlou P A. Institution -based Trust in Inter -organizational Exchange Relationships: the Role of Online B2B Marketplaces on Trust Formation [J]. Journal of Strategic Information Systems, 2002 (11): 215 -243.

[207] Perrino R, Allen M P, Michael S W. Measuring Investment Distortions When Risk -

Averse Managers Decide whether to Undertake Risky Projects [J]. Financial Management, 2005, 34 (1): 21 -60.

[208] Petroni K R. Optimistic Reporting in the Property - casualty Insurance Industry [J]. Journal of Accounting and Economies, 1992 (4): 485 -508.

[209] Porter M E. Capital Disadvantage: America's Fail Capital Investment System [J]. Harvard Business Review, 1992 (70): 65 -82.

[210] Pratt J. Risk Aversion in the Small and in the Large [J]. Econometrica: Journal of the Econometric Society, 1964 (32): 122 -136.

[211] R La Porta, F Lopez - de - Silanes, A Shleifer et al. Investor Protection and Corporate Governance [J]. Journal of Financial Economics, 2000 (58): 3 -27.

[212] R Lambert, D Larcker. Executive Compensation, Corporate Decision—Making and Shareholder Wealth: A Review of the Evidence [J]. Midland Corporate Finance Journal, Winter, 1985: 6 -22.

[213] Raiffa H. Risk, Ambiguity, and the Savage Axioms: Comment [J]. The Quarterly Journal of Economics, 1961, 75 (4): 690 -694.

[214] Rajgopal S, Shevlin T, Zamora V. CEOs' Outside Employment Opportunities and the Lack of Relative Performance Evaluation in Compensation Contracts [J]. The Journal of Finance, 2006, 61 (4): 1 813 -1 844.

[215] Reitenga A, Tearney M. Mandatory Manager Retirements, Discretionary Accruals, and Corporate Governance Mechanisms [J]. Journal of Accounting, Auditing and Finance, 2003 (18): 255 -280.

[216] Richard D M, Thomas RP. An Experimental Study of the Centipede Game [J]. Econometrica, 1992 (60): 803 -836.

[217] Riley W B, K V Chow. Asset Allocation and Individual Risk Aversion [J]. Financial Analysts Journal, 1992 (48) 32 -37.

[218] Rindova V P, and Fombrun C J. Constructing Competitive Advantage: The Role of Firm - constituent Interactions [J]. Strategic Management Journal, 1999 (20): 691 -710.

[219] Roll R. The Hubris Hypothesis of Corporate Takeovers [J]. Journal of Business, 1986 (59): 197 -216.

[220] Rosen S, Cochran W, Musser L M. Reactions to a Match Versus Mismatch between an Applicant's Self - presentational Style and Work Reputation [J]. Basic and Applied Social Psychology, 1990 (11): 117 -129.

[221] Russo J, Schoemaker P. Managing Overconfidence [J]. Sloan Management Review, 1992, 33 (2): 7 -17.

[222] S E Kaplan, S P Ravenscroft. The Reputation Effects of Earnings Management in the Internal Labor Market [J]. Business Ethics Quarterly, 2000, 14 (3): 453 -478.

[223] S Johnson, P Boone, E Friedman. Corporate Governance in the Asian Financial Crisis [J]. Journal of Financial Economics, 2002 (58): 141 -186.

[224] S Macaulay. Non - contractual Relationships in Business: A Preliminary Study [J]. American Sociological Review, 1963 (28): 55 -67.

[225] Santiago H, Leslie G R. Building Manager Capital: A Manager's Reputation Is Crucial to a Company's Success [J]. Latin Manager: Executive Strategies for the Americas, 2002 (1) .

[226] Scheier M. F, Carver C. S, Bridges M. W. Distinguishing Optimism from Neuroticism (and Trait Anxiety, Self - mastery and Self - esteem) : A Reevaluation of the Life Orientaion Test [J]. Journal of Personality and Social Psychology, 1994 (67): 1 063 -1 078.

[227] Scheier M F, Carver C S. Optimism, Coping and Health: Assessment and Implications of Generalized Outcome Expectancies [J]. Health Psychology, 1985 (4): 219 -247.

[228] Schmeidler D. Subjective probability and expected utility without additivity [J]. Econometrica, 1989, 57 (3): 571 -587.

[229] Schrand C, Zechman S. Executive Overconfidence and the Slippery Slope to financial misreporting [J]. Journal of Accounting and Economics, 2012 (53): 311 -329.

[230] Selten R. Spieltheoretische Behandlung Eines Oligopolmodells Mit Nachfagetraytheit [J]. Zeitschrift fur Die Gesamate Staatswissenschaft, 1965 (12): 301 -324.

[231] Shefrin H M. Behavioral Corporate Finance [J]. Journal of Applied Corporate Finance, 2001, 14 (8): 287 -312.

[232] Shleifer A, Vishny R. A Survey of Corporate Governance [J]. Journal of Finance, 1997 (2): 737 -783.

[233] Simunic D A. Auditing, Consulting, and AuditorIndependence [J]. Journal of Accounting Research, 1984 (2): 679 -702.

[234] Slovic P, Lichtenstein S. Comparison of Bayesian and Regression Approaches to the Study of Information Processing in Judgment [J]. Organizational behavior and human performance, 1971, 6 (6): 649 -744.

[235] Stanwick P A, Stanwick S D. CEO and Ethical Reputation: Visionary or Mercenary [J]. Management Decision, 2003 (41): 1 050 -1 057.

[236] Steven K, Susan R. The Reputation Effects of Earnings Management in the Internal Labor Market [J]. Business Ethics Quarterly, 2004, 14 (3): 453 -478.

[237] Su Y Y, Xu D, Phan P H. Principal -principal Conflict in the Governance of the Chinese Public Corporation [J]. Management and Organization Review, 2008 (1): 17 -38.

[238] T T Milbourn. Manager's Reputation and Stock -based Compensation [J]. Journal of Financial Economics, 2003 (68): 233 -262.

[239] Teoh S H, Wong T J, Rao G. Are Accruals during Initial Public Offerings Opportunitic? [J]. Review of Accounting Studies, 1998 (2): 175 -208.

[240] Thomosona M E, Atayb D O, Pollockc A C et al. The Influence of Trend Strength on Directional Probabilistic Currency Predictions [J]. Psychological Review, 2003 (19): 241 -256.

[241] Tim A, Vidhan K, Goya. The Investment Opportunity Set and Its Proxy Variables [J]. Journal of Financial Research, 2008 (31): 41 -63.

[242] Tirole J. A Theory of Collective Reputation [J]. Review of Economic Studies, 1996 (63): 1 -22.

[243] Tirole J. Corporate Governance [J]. Econometrica, 2001 (69): 1 -35.

[244] Tourani -Rad A, S Kirkby. Investigation of Investors' Overconfidence, Familiarity and Socialization [J]. Accounting and Finance, 2005 (45): 283 -300.

[245] Tsui A S. A Role Set Analysis of Managerial Reputation [J]. Organizational Behavior and Human Performance, 1984 (34): 64 -96.

[246] Tversky A, Kahneman D. The Framing of Decisions and Psychology of Choices [J]. Science, 1981 (21): 455 -458.

[247] U Malmendier, G Tate. Superstar CEO's [D]. University of California, Berkeley and University of California, Los Angeles: 2007.

[248] Von -Neumann J. Zur Theorie der Gesellschaftsspiele [J]. Mathematische Annalen, 1928 (100): 295 -300.

[249] W B Johnson, S M Young, M Welker. Managerial Reputation and the Informativeness of Accounting and Market Measures of Performance [J]. Contemporary Accounting Research, 1993, 10 (1): 305 -332.

[250] Wahlen J M. The Nature of Information in Commercial Bank Loan Loss Disclosures [J]. The Accounting Review, 1994 (3): 455 -478.

[251] Wang F A. Overconfidence, Delegated Fund, Management, and Survial [C]. Columbia University, Pressented at the NBEP -Sage Workshop on Behavioral Finance, Cambridge, MA, 1997.

[252] Warfirld T D, Wild J J, Wild K L. Managerial Ownership, Accounting Choices, and Informativeness of Earnings [J]. Journal of Accounting and Economics, 1995 (20): 61 -91.

[253] Wartick S L. The Relationship between Intense Media Exposure and Change in Corporate Reputation [J]. Business and Society, 1992 (31): 33 -42.

[254] Watts R L, Zimmerman J L. Positive Accounting Theory: A Ten Year Perspective [J]. Accounting Review, 1990 (1): 131 -158.

[255] Webster E, Webster R L, T S Ellis. Men's and Women's Self -confidence in Performing Financial Analysis [J]. Psychological Reports, 1996 (79): 1 251 -1 254.

[256] Weigelt K, Camerer C F. Reputation and Corporate Strategy: A Review of Recent Theory and Applications [J]. Strategic Management Journal, 1988 (9): 443 -454.

[257] Weisbach M S. Outside Directors and Manager Turnover [J]. Journal of Financial Economies, 1988 (1 -2): 431 -460.

[258] White H. A Heteroskedasticity -Consistent Covariance Matrix Estimator and a Direct Test for Heteroskedasticity [J]. Econometrica, 1980 (48): 817 -838.

[259] Wolosin R J, S J Sherman, A Till. Effects of Cooperation and Competition on Res-

posibility Attribution after Success and Failure [J]. Journal of Experimental Social Psychology, 1973 (9): 220 -235.

[260] Wright G N, L D Philips, P C Whalley et al. Cultural Differences in Probabilistic Thinking [J]. Journal of Cross -cultural Psychology, 1978 (9): 285 -299.

[261] Wright G N, L D Philips. Cultural Variation in Probabilistic Thinking: Alternative Ways of Dealing with Uncertainty [J]. International Journal of Psychology, 1980 (15): 239 -257.

[262] Xie B, Davidson W I, DaDalt P J. Earnings Management and Corporate Governance: The Role of the Board and the Audit Committee [J]. Journal of Corporate Finance, 2003 (9): 295 -316.

[263] Yates J F, Y Zhu, D L Ronis et al. Probability, Judgment Accuracy: China, Japan, and the United States [J]. Organizational Behavior and Human Decision Process, 1989 (43): 147 -171.

[264] Yermack D. Remuneration, Retention and Reputation Incentives for Outside Directors [J]. Journal of Finance, 2004 (10): 2 281 -2 308.

[265] Young S. Systematic Measurement Error in the Estimation of Discretionary Accruals: An Evaluation of Alternative Modeling Procedures [J]. Journal of Business Finance and Accounting, 1999 (7): 833 -861.

索　　引

后　　记

回想第一次涉及盈余管理的研究内容已经是十年前，从主持研究国家自然科学基金项目“创造会计背景下评价上市公司价值增长的现金增值模型”（70302008）开始，我和团队成员一直致力于研究盈余管理的识别方法和影响因素。相关研究主要分为两个阶段。在前四年当中，我们的研究主要集中于盈余管理行为对企业价值的影响方面。为了使相关研究建立在坚实的理论基础上，我和团队成员一直在关注经济学、金融学等相关学科的发展变化，并于2008年将行为金融学的研究方法和经典模型引入盈余管理的研究当中，基于管理者有限理性假设研究盈余管理的影响因素和变化机理，从而将团队的研究内容拓展到一个崭新的领域。

十余年来一直陪伴我的是一个积极进取的研究团队，团队中的很多学生在硕士研究生阶段就加入进来，现在已有多人博士毕业，毕业之后仍与团队保持着密切的联系与交流，与其说是我见证了他们的成长，不如说是我们共同见证了研究团队的发展与不断进步。

诚然，本书仍然留有许多的遗憾，但是若将其作为我和团队的阶段性研究总结还是恰当的，正所谓有缺憾才有进步，新的研究已然开始，已有的研究成果是我们不断前行的基础。

这些年来，团队成员秉承“博学之、审问之、慎思之、明辨之、笃行之”的研究理念，不断在公司财务和盈余管理领域努力钻研，并将沿着这条道路继续前行。

本书的出版得益于研究团队的不懈努力，同时也受益于高等教育出版社的大力帮助，感谢杨莉编辑的悉心审校，感谢大连理工大学管理与经济学部学术基金的支持！